한권에 담은

姓氏 族譜 兩班

洪顯國

國學資料院

이 도서의 국립중앙도서관 출판예정도서목록(CIP)은 서지정보유통 지원시스템 홈페이지(http://seoji.nl.go.kr)와 국가자료공동목록시스템 (http://www.nl.go.kr/kolisnet)에서 이용하실 수 있습니다. (CIP제어번 호: CIP2014023955)

21세기는 한 · 중 · 일이 중심이 되는 동아시아 시대라 한다. 그러면 동아시아 시대에 세계를 지도할 수 있는 사상과 체제는 무엇인가? 아무리 보아도 유교와 유교체제밖에 없다. 유교라고 하지만 시대에 따라 성향이 다르다. 고대유교도 있고, 훈고학도 있고, 사장학도 있고, 주자학도 있고, 양명학도 있다. 이 중에서 앞으로 세계의 지도 이념이 될 수 있는 이념은 주자학과 양명학의 심학(心學)이다. 주자학과 양명학의 심학은 고대유교의 실천윤리에다가 불교 · 도교의 형이상학을 가미한 동양사상의 총화이다.

주자학과 양명학의 심학이 세계를 지도할 수 있기 위해서는 우선 주자학과 양명학의 심학이 무엇인가를 알아야 하고, 그것이 새로운 시대를 이끌어 가려면 어떻게 변화해야 할 것인가가 문제이다. 더구나 새로운 시대는 지금까지처럼 서구의 가치를 그대로 모방할 수 없는 시대라는 것이다. 그러니 새로운 시대의 가치를 정립하기 위해서는 전통 유학을 잘 이해해 새로운 가치를 정립해야 할 것이다.

유교에 대한 연구는 이미 오래전부터 국내외에서 많이 연구되어 왔다. 특히 종교학·철학·역사학·문학·정치학 등 각 분야에서 많은 연구가 쏟아져 나왔다. 그러니 이론적으로는 어느 정도 분석이 되어 있을 것으로 생각한다. 그러나 전통시대의 유교의 실체를 알 수 있는 각종 자료들을 정리해 놓은 책들은 많지 않다. 자료들이 여기 저기 흩어져 있는 것을 일목요연하게 모아놓은 책은 드문 것이다.

그런데 이번에 나의 오랜 친구인 홍현국(洪顯國) 씨가 『한 권에 담은 성씨·족보·양반』이라는 책을 펴냈다. 이 책은 연구서라기보다는 자료집에 해당한다. 우리와 너무 친근해서 다 아는 것으로 오해하는 한국의 성씨·족보·양반에 대해 흩어져 있는 각 종 자료를 수집해 쉽게 이용할 수 있도록 편저한 것이다. 참고한 문헌은 주석으로 일일이 달지 않고, 책 뒤에 참고문헌으로 제시했다. 전문 학자는 아니지만 역사 동호인으로서 관련 논저를 읽고 발로 뛰어 필요한 자료를 모으고, 유물·유적을 직접 답사해 이 책을 정리한 것이다. 그러다 보니 분량도 많아지고, 편제도 미흡한 점이 없지 않다.

그러나 이러한 부분은 앞으로 계속 관심을 가지고 보완해 나가면 될 것으로 생각한다. 홍현국 씨는 본래 공직자였으나 일찍부터 보학에 관심이 많았다. 그는 내가 창립한 역사를 사랑하는 모임의 오랜 회원이기도 하다. 그는 어떤 영남 인사가 "성과 족보, 양반에 대해 부분적으로는 막연하게나마 알겠으나 체계적인 정리는 좀처럼 알 수 없다. 당신이 이 분야에 관심을 가지고 있는 것 같은데, 정리해 보면 어떻겠는가?"라는 말을 듣고 이 책을 편저하게 되었다고 한다. 이 분야에 관심이 있는 분들에게 일독을 권하는 바이다.

2014년 8월 15일
성고서당(省皐書堂)에서
한국역사문화연구원장 이 성 무

오늘날 우리나라는 다문화(多文化) 다인종국가(多人種國家)로 급변하고 있다. 이런 즈음 조금은 진부한 성씨(姓氏), 족보(族譜), 양반(兩班)에 관한 내용의 글을 편저한다는 것이 과연 시대흐름에 맞는 것인지 영 자신이 서지 않는다.

그러나 가까운 훗날 선조(先祖)들에 관한 흘러가는 얘깃거리의 한 토막은 되겠거니 하는 생각에서 기왕에 이 분야의 전문가들이 써놓은 저서를 참고하고, 지방에 아직 남아계시는 유림제현의 박식함을 귀동냥하여 누구나 좀 더 쉽고 친숙하게 체계적으로 이해하는 데 도움이 되도록 '성씨(姓氏)', '족보(族譜)', '양반(兩班)' 이야기를 연역적으로 서술해본다. 이 과정에서 많은 관련 저서들과 사전류를 참고 인용하였다. 그러나 일반 독자의 편의를 위하여 개별 인용 표시보다 책 말미(末尾)에 전체적인 참고문헌을 적시하였다.

각 성씨(姓氏)별 족보(族譜)나, 양반(兩班), 선조(先祖)의 행적(行蹟) 등을 깊이 서술한다는 것은 매우 민감한 사항이다. 따라서 각 성족(姓族)들의 선조(先祖)와 관련된 개별 행적에 대한 서술보다는 일반적인 우리 민족 성씨(姓氏)의 기원, 같은 성씨의 구성원을 표기한 족보, 족보를 통한 양반, 양반이 되기 위한 조건, 양반의 등급, 이와 관련된 내용 등에 초점을 맞추어 기술하였다. 이 책을 통하여 '나'의 뿌리는 어디이고, 족보는 어느 쪽에 등재되어 있고, 나의 조상은 그들이 살았던 시절에 어느 정도 사회적 위치에 있었는지를 일고(一考)해 보는 기회로 삼았으면 하는 생각이다.

성씨별로 족보에 관련된 내용 또는 사회적 신분은 조선시대를 중심(객관적 史料는 대부분 조선시대)으로 서술하였다. 특히 양반 또는 벌족의 고찰은 당시 시대적 상황의 한 단면일 뿐, 오늘날(1894년 갑오개혁 이후 신분제 타파)에는 전혀 승계되지 않음을 강조해 두는 바이다. 역사학을 전공하지 않은 비재(非才)로서 감히 용기를 내어 정리한 이 편서(編書)가 세월이 지나서도 진부하게 치부되지 않고 한 시대의 단면을 되돌아보는 의미를 갖게 되길 바라는 바이다.

내용의 체계적인 이해를 돕기 위하여 항목 구분을 정부 공문서 작성 방법(행정자치부령 제203호 2004. 1. 1)에 따라 1, 가, 1), 가), (1), (가), ①, ㉮의 순으로 표시하였다.

졸고(拙稿)에 과분한 격려와 지도의 글을 써주신 성고(省皐) 이성무(李成茂) 한국역사문화연구원장님과 비소(卑小)한 책자에 제자(題字)를 옥필(玉筆)로 단장(丹粧)해주신 소헌(紹軒) 정도준(鄭道準) 대형께 사은(謝恩)의 복배(伏拜)를 드리는 바이다. 또한 봄, 가을 전국 역사문화 탐방에 늘 함께 해 주는 정운(靜雲) 권오성(權五星) 외 고우(故友)들과 이수회(利水會)의 제위(諸位)에게도 따스한 정의(情誼)를 전한다. 어려운 한자어를 하나하나 옥편을 찾아보며 원고 정리를 해준 세무법인 '가덕'의 이미희 양과 조아라 양에게 고마운 마음을 간직하며 또한 우고(愚稿)를 책으로 펴내어준 국학자료원 정찬용(鄭贊溶) 원장님과 임직원에게도 가슴을 열어 감사를 표한다.

甲午年 季夏
於 牛眠山麓
南陽后人 古峴 洪顯國 謹識

목 차

二. 족보(族譜)

一장

성씨(姓氏)

一. 성씨(姓氏)

성(姓)이란 본관(本貫)과 함께 사용하여 같은 혈계(血系)를 나타내는 칭호이다. 즉 경주김씨(慶州金氏)는 경주(慶州)가 본관, 김(金)이 성(姓)에 해당하는데, 일반적으로 같은 성씨(姓氏)라 함은 본관과 성이 같은 동족(同族)의 혈족(血族)을 말한다.

성을 사용하기 시작한 것이 언제부터인가는 확실치 않으나, 혼인제도(婚姻制度)가 없었던 씨족사회(氏族社會)에서는 모계(母系)의 혈통(血統)을 나타낸 것이었다. 그러나 차츰 부권사회(父權社會)로 변천되면서 아버지의 혈통을 중심으로 성(姓)이 형성되었다.

1. 우리나라 성씨(姓氏)의 발생과 시대별 변천

우리나라의 성씨 사용은 막연히 일천 년이 넘으리라는 것이 일반론(一般論)이기는 하나 확실한 고증(考證)을 하기는 어렵다. 다만 삼국시대 이전에는 오늘날과 같은 성(姓)의 개념이 없었으리라 보인다.

가. 삼국(三國) 및 통일신라시대(統一新羅時代)

1) 고구려(高句麗)

삼국(三國) 중에서 가장 먼저 성(姓)을 사용한 나라는 일찍부터 한(漢)과 접촉하였던 고구려였을 것으로 유추된다. 고구려 왕실의 성은 고씨(高氏)인데, 처음에는 해씨(解氏)였으나 제6대왕인 태조왕(太祖王)부터 고씨가 왕위(王位)를 계승한 것으로 추정하기도 한다.

고구려 성씨를 확인할 수 있는 가장 이른 시기의 기록은 중국(中國)의 사서(史書)이다. 487년 제(齊)나라 무제(武帝) 영명(永明) 5년에 만든 송(宋)의 역사서『송서(宋書)』에는 고구려 장수왕(長壽王)을 '고련(高璉)'이라고 기재하고 있는데, 이것이 고구려왕의 성이 고씨(高氏)임을 확인할 수 있는 가장 오래된 기록이다.

그러나 현존하는 국내 최고(最古)의 역사서로 1145년 고려 인종(仁宗) 23년 김부식이 편찬한『삼국사기』에는 고구려가 건국 초부터 성을 사용한 것으로 나타난다. 왕실의 성 사용은 물론 성을 하사한 기사도 보이는데, 시조 동명성왕의 즉위년 기사에 보면 주몽이 부여에서 나와 졸본천에 이르는 과정 중 재사(再思)·무골(武骨)·묵거(默居) 3인을 만나 성을 내렸다고 한다. 재사에게 극씨

(克氏), 무골에게 중실씨(仲室氏), 묵거에게 소실씨(少室氏)의 성을 주었다는 것이다.

이 기록은 건국과정에서 공을 세운 세력을 귀족으로 편입하는 과정을 의제화(擬制化)한 이야기로 이해되고 있는데, 실제 해당시기 성의 사용 여부는 확신하기 힘들다. 다만 중국식 성씨관념은 아니었더라도 특정 집단이 자신들의 출신을 배타적으로 표시하려는 의식이 일찍부터 존재했으며, 그 표현 방법으로 고구려 고유의 성씨가 건국 초부터 사용된 것으로 볼 수도 있다.

고구려 초기 『삼국사기』 기록에 등장하는 성씨를 크게 3가지 유형으로 분석하기도 하는데, ① 신체특성에 따른 성씨 ② 출신지 표시식 성씨 ③ 세력 크기에 따른 성씨가 그것이다. 건국 초기부터 일부 집단 사이에서 자신들을 구분하는 배타적인 호칭이 등장하고, 국초에 국가는 세력별 또는 공훈별로 이들 집단을 재편성하면서 사성(賜姓)을 통해 이러한 호칭을 성씨로 정리했다는 것이다. 앞선 시기는 혈족분화가 덜 이루어진 시기였으므로, 성씨에도 혈연적인 관념보다 같은 지역 또는 같은 소국(小國) 출신이라는 공동체관념이 더욱 앞섰을 것이다. 그러나 점차 사회 발전에 따라 혈족이 분화되고 혈족개념이 우선시되며, 친족집단의 범위도 더욱 축소되어 갔을 것으로 본다.

고구려는 이처럼 왕족은 물론 일부 지배세력까지 국초부터 성씨를 사용하기 시작한 것으로 보이며, 중국으로부터의 영향보다는 자체적이고 고유한 면이 강했던 것으로 여겨진다. 『삼국사기』

에는 여러 성씨의 인물들이 기록되어 있는데, 일부 인명을 언급하자면 다음과 같다. 8대 신대왕 때의 명림답부(明臨荅夫, 명림씨), 10대 산상왕 때의 을파소(乙巴素, 을씨), 11대 동천왕 때의 고우루(高優婁, 고씨), 그 후의 을지문덕(乙支文德, 을지씨), 연개소문(淵蓋蘇文, 연씨) 등의 인명을 통해 고구려의 다양한 성씨를 확인할 수 있다. 그러나 현재 고구려의 성씨에 연원을 둔 성씨를 찾아보기는 힘들다.

현재 진주강씨(晉州姜氏)가 고구려의 장군이었다는 강이식(姜以式)을 시조(始祖)로 하고 있으며, 또한 고씨(高氏)의 경우 제주 고을나(高乙那)의 계통이 아닌 고구려왕실 후손이라고 주장하는 일부가 있는 것으로 알려지고 있다.

〈진주강씨 시조 사당〉

2) 백제(百濟)

'백제'라는 명칭으로 백제가 중국과 통교(通交)한 최초의 사행기록(使行記錄)이 보이는 것은 『진서(晋書)』이다. 이 『진서(晋書)』의 「간문제본기(簡文帝本紀)」에는 제13대 근초고왕의 성명인 '여구(餘句)'가 보여 백제가 근초고왕 대에는 확실히 성을 사용한 것이 확인된다. 『송서(宋書)』, 『양서(梁書)』, 『남사(南史)』, 『북사(北史)』, 『수서(隋書)』 등의 중국사서에는 근초고왕을 여구(餘句), 18대 전지왕(腆支王)을 여영(餘映), 19대 비유왕(毗有王)을 여비(餘毗), 20대 개로왕(蓋鹵王)을 여경(餘慶), 25대 무령왕(武寧王)을 여융(餘隆), 27대 위덕왕(威德王)을 여창(餘昌)으로 기록하는 등, 백제 왕실(王室)의 성이 여씨(餘氏)임을 보여준다. 한편 『주서(周書)』에서는 왕의 성을 부여씨(扶餘氏)라고 전하고 있으며, 당서(唐書)에도 29대 무왕(武王)~30대 의자왕대의 사실을 전하며 이들 왕의 성을 부여씨로 기록하고 있다.

이외에 중국 당(唐)나라 때 편찬된 『북사(北史)』 등에는 백제 귀족의 성(姓)으로 사(沙)·연(燕)·해(解)·진(眞)·국(國) 등 8대성을 전하고 있으나, 삼국시대 이후 이들 성은 보이지 않는다.

현재 우리가 사용하는 성은 고구려와 마찬가지로 백제에 연원을 두고 있는 경우는 극히 드문 것으로 보인다.

백제의 시조왕(始祖王)인 온조(溫祚)를 따라 건국공신이 되었다는 전섭(全攝)을 시조로 하는 천안전씨(모든 全氏는 전섭을 도시조

로 하고 있음)와 마여(馬黎)를 조상으로 하는 목천마씨(木川馬氏),
개루왕 때의 인물인 도미(都彌)를 시조(始祖)로 하는 성주도씨(星
州都氏) 등 백제의 인물을 시조로 하는 성씨가 있으나 그 연원과
세계(世系)가 과연 모두 분명하게 이어져온 것인지는 알 수 없다.

〈전씨시조 묘소 및 재실〉

3) 신라(新羅)

신라 왕실의 성은 박(朴), 석(昔), 김(金) 3개 성이 전한다. 한편
AD 32년, 유리이사금(儒理尼師今) 9년에 6부(部)에 각기 성을 내
렸다는 기록도 전하는데, 이(李)·최(崔)·손(孫)·정(鄭)·배(裵)·
설(薛)씨가 이에 해당한다. 그러나 6부의 성립 시기나 성씨 사용 시
기에 대해서는 대개 이 기록의 연대를 그대로 신뢰하지 않고 있다.

신라에서의 성씨 사용은 왕성(王姓)인 경우에도 6세기에서야 비
로소 시작되었고, 6부의 성은 통일과정 및 통일 후에 걸쳐 순차적

으로 이루어진 것으로 추측되고 있다.

〈경주이씨 시조 알평공 탄생지(표암공 재실)〉
경주이씨에서 진주(晋州)·원주(原州)·재령(載寧)·아산(牙山)·장수(長水)·합천(陜川)·
차성(車城)·우계(羽溪)로 분적

『삼국유사』기록에 나타난 왕실과 6촌장(6촌은 6부의 전신)의 득성(得姓) 연원(淵源)을 정리하면 다음과 같다.

<왕실과 6촌장의 득성 연원 및 시조>

구분	성(姓)	득성 연원 및 시조
왕실	박(朴)	나정(蘿井) 옆 숲 사이 알 속에서 나옴. 큰 알이 마치 박과 같아 박을 성으로 삼음–혁거세
	석(昔)	아진포(阿珍浦)에 떠내려 온 궤짝에서 나옴. 처음 궤짝이 왔을 때 까치 한 마리가 날아와 울면서 그것을 따랐으므로 작(鵲)에서 '조(鳥)'를 생략하여 석(昔)으로 성을 삼음–탈해

	김(金)	계림(鷄林)의 나뭇가지에 걸린 금궤에서 나옴—알지
6村 (6部로 변경)	이(李)	사성(賜姓)—알천양산촌장 알평
	정(鄭)	사성(賜姓)—돌산고허촌장 소벌도리(『삼국사기』에는 최씨)
	손(孫)	사성(賜姓)—무산대수촌장 구례마
	최(崔)	사성(賜姓)—자산진지촌장 지백호(『삼국사기』에는 정씨)
	배(裴)	사성(賜姓)—금산가리촌장 지타
	설(薛)	사성(賜姓)—명활산고야촌장 호진

　앞서 언급한 바와 같이 이들 9성(姓)은 당초부터 있었던 것이 아니고, 후대에 당나라 문화의 영향을 받아 중국식 성을 사용하게 되면서 소급하여 붙인 것이라고 보는 것이 일반적이다. 실제로 신라 24대 진흥왕이 세운 창녕의 척경비(拓境碑)나 북한산과 마운령의 순수비에는 이름만 있고 성이 표기된 경우는 나타나지 않고 있다.

〈창녕 척경비〉

중국과의 교류가 시작되는 진흥왕대 이후 대외적 필요에 의해 가장 먼저 국왕의 성씨 사용이 시작되었고(김씨), 기존 왕계에 따라 성씨를 나누고 왕실과 친연관계가 있는 귀족들에 대하여 부계 혈연관계에 따라 성씨를 구별하였던 것으로 보인다.

이후 고위귀족, 국가공신(예: 김해김씨의 김유신)이나 당나라와의 밀접한 인사(장보고, 최치원 등)들을 중심으로 성씨 사용이 확산되어간 것으로 보고 있다.

나. 고려시대(高麗時代)

현재와 같은 성씨가 널리 보급되기 시작한 것은 고려시대부터이다. 태조(太祖) 왕건(王建)은 후삼국(後三國)을 통일한 후, 중앙집권체제의 구축과 지방호족[地方豪族(opinion leader)]들에 대한 유화정책이 절실히 필요하였다. 이를 위해 태조는 측근세력이나 인적 물적 지원을 통하여 크게 개국(開國)에 공(功)을 세운 지방의 토호(土豪)들에게 성(姓)을 내렸는데, 이를 토성분정(土姓分定)이라 한다. 사성(賜姓)의 대상은 공신 외에도 지방사회의 안정을 도모하기 위해 고려왕조에 불복하였던 지방 유력세력도 포함되었다. 다만 불복 지역에 대해서는 지역 자체의 위상을 강등시키는 조치가 있었는데, 고려는 지방행정체제의 특성상 거주지에 따른 신분적 차별을 받는 사회였다.

〈고려 삼태사(權幸 · 金宣平 · 張貞弼) 묘정비〉

　토성분정(土姓分定) 정책은 성을 내리는 데 그치는 것이 아니라 해당 지역의 지배권을 인정해주는 것이었다. 건국 초기 고려왕조는 신라 말기부터 각 지방에서 할거하던 지방세력들을 단시일에 통합하여 중앙집권화하는 것이 쉽지 않았다. 따라서 일정기간 지방사회를 그 지배세력의 자율적 지배에 맡기는 것이 효율적이었다. 고려왕조는 각 지역을 장악하여 그 지역의 토지와 민(民)의 적(籍)을 작성하고, 그 지역의 유력한 세력에게 성씨를 부여하고 해당 지역을 본관(本貫)으로 삼아 지배권을 인정해줌으로써 지방사회를 국가질서 내로 편입시켰다. 예컨대 안동권씨(安東權氏) 시조

권행(權幸)은 본래 성이 김(金)이었는데, 후삼국 통일전쟁기 태조에게 협조하여 권(權)이라는 성을 부여받고, 이 지역을 본관으로 하여 지배권을 공식적으로 인정받았다.

토성분정 정책을 통해 오늘과 같은 성씨 사용이 보편화되는 계기가 되었고, 이에 따라 현재 상당수의 성씨들이 고려 개국공신을 시조(始祖) 또는 중시조(中始祖)로 모시고 있다. 개국공신 등 고려 초기 인물을 시조로 하는 성씨들을 살펴보면 다음과 같다.

<일등공신>

무순(無順)

시조(始祖) 또는 중시조(中始祖)	성씨(姓氏)
신숭겸(申崇謙)	평산신씨(平山申氏) <본래이름은 삼능산(三能山)>
배현경(裵玄慶)	경주배씨(慶州裵氏) <본래이름은 백옥삼(白玉衫)>
홍 유(洪儒)	부계홍씨(缶溪洪氏) <본래이름은 홍술(弘述)>
복지겸(卜智謙)	면천복씨(沔川卜氏) <본래이름은 복사귀(卜沙貴)>

<각 처(處)에서 창업에 공(功)을 세운 공신(功臣)>

시조 또는 중시조	성씨(姓氏)	공적(功績)
이총언 (李悤言)	벽진이씨 (碧珍李氏)	아들 영(永)으로 하여금 군사를 동원, 왕건(王建)을 도와 후백제와의 전쟁에 참여
황보능장 (皇甫能長)	영천황보씨 (永川皇甫氏)	왕건(王建)의 창업에 크게 기여함 영천 부원군에 봉작됨
유검필 (庾黔弼)	무송유씨 (茂松庾氏)	군인으로서 공(功)을 세워 중앙세력으로 등장
류차달 (柳車達)	문화류씨 (文化柳氏)	1천 량의 수레동원 군량보급 지원
이 도 (李棹)	전의이씨 (全義李氏)	남쪽지방 정벌 시 금강의 도강(渡江)을 적극 도움
허선문 (許宣文)	양천허씨 (陽川許氏)	왕건(王建)의 군사들에게 군량미 지원

<기타공신으로 하사받은 성씨(姓氏)>

시조(始祖)	성씨 (姓氏)	시조(始祖)	성씨(姓氏)
권 행 (權幸)	안동권씨 (安東權氏)	박술희 (朴述希)	면천박씨 (沔川朴氏)

김선평 (金宣平)	안동김씨 (安東金氏)	이 서 (李 舒)	아산이씨 (牙山李氏)
장정필 (張貞弼)	안동장씨 (安東張氏)	최준옹 (崔俊邕)	동주최씨 (東州崔氏)
한 란 (韓 蘭)	청주한씨 (清州韓氏)	조 맹 (趙 孟)	풍양조씨 (豐壤趙氏)
홍은열 洪殷悅	남양홍씨 (南陽洪氏)	전종회 (田宗會)	영광전씨 (靈光田氏)
홍 규 (洪 規)	홍주홍씨 (洪州洪氏)	김선궁 (金宣弓)	선산김씨 善山金氏
방계홍 (房季弘)	남양방씨 (南陽房氏)	김훤술 (金萱述)	해평김씨 海平金氏
원극유 (元克猷)	원주원씨 (原州元氏)	금용식 (琴用式)	봉화금씨 奉花琴氏
윤신달 (尹莘達)	파평윤씨 (坡平尹氏)	이능희 (李能希)	청주이씨 清州李氏
이길권 (李吉卷)	용인이씨 (龍仁李氏)		

<새 왕조의 지방 호장(戶長, 오늘날의 지방자치단체장格)으로
위촉하여 사성(賜姓)>

시조(始祖)	성씨(姓氏)	시조(始祖)	성씨(姓氏)
이순유 (李純由)	성주이씨 星州李氏	이 석 (李 碩)	진성이씨 (眞城李氏)
유의신 (兪義臣)	기계유씨 (杞溪兪氏)	이 개 (李 開)	합천이씨 (陜川李氏)
이자성 (李自成)	광주이씨 (廣州李氏)	이재술 (李在述)	덕산이씨 (德山李氏)
이윤경 (李允卿)	한산이씨 (韓山李氏)	류 영 (柳 英)	고흥류씨 (高興柳氏)
우 현 (禹 玄)	단양우씨 (丹陽禹氏)	조자장 (趙子長)	순창조씨 (淳昌趙氏)
신성용 (申成用)	고령신씨 (高靈申氏)	정회문 (鄭繪文)	동래정씨 (東萊鄭氏)
정공미 (鄭公美)	봉화정씨 (奉化鄭氏)	성인보 (成仁輔)	창녕성씨 (昌寧成氏)
김 상 (金 尙)	예안김씨 (禮安金氏)	박응주 (朴應珠)	반남박씨 (潘南朴氏)
조 잠 (趙 岑)	양주조씨 (楊州趙氏)	윤양비 (尹良庇)	무송윤씨 (茂松尹氏)

상국진 (尙國珍)	목천상씨 (木川尙氏)		

위에서 예로 든 성씨(姓氏) 이외에도 고려 초기의 인물을 시조로 하고 있는 성씨가 매우 많다. 고려 초에 성(姓)을 가진 계층은 공신·호족 등 지배계층이었고, 이후 과거제가 시행되면서 성(姓)의 보급이 더욱 확산되었다. 과거 응시 시 필수요건으로 성씨를 기입하게 되었으며, 더욱이 11대 문종 때부터는 본인의 성명은 물론 4대조(代祖)까지의 이름을 써서 봉하여 시험주관 부서에 제출하도록 하여 성(姓)이 확산되었다. 그러나 하층민들 다수는 여전히 성이 없었다.

다. 조선시대(朝鮮時代)

토성분정(土姓分定) 정책에 따라 고려시대 토성은 어디에나 존재했다. 그런데 고려 말 조선 초의 혼란기를 거쳐 토성은 분화되어 갔다. 유망(流亡)하여 망성(亡姓)이 되거나, 다른 곳에서 옮겨와 전입한 내성(來姓), 원래 있다가 없어진 토성을 이어받은 속성(續姓) 등 다양한 성씨가 분화되어 나타났다. 이 같은 성씨의 존재양태는 『세종실록지리지』각 읍(邑) 성씨조를 통해 확인할 수 있다. 여기에는 250여 성이 수록되어 있는데, 오늘에 이르기까지 그 수에는 큰 변동이 없다.

한편 조선시대에 들어와서도 성을 사용하는 인구비율은 한정적이었다. 15C까지도 천민층은 여전히 성을 사용하지 않고 있었다. 이들 무성층(無姓層)은 전체 인구 가운데 40~50% 정도에 해당되는 것으로 이해된다. 그러나 조선 후기에 접어들면서 성을 사용하는 비율이 확산되었다. 임진왜란 때에는 병역의무가 지워지지 않던 천민층까지 병사를 징발하여, 이들이 전쟁 중에 공을 세우면 평민신분으로 격상시켜 주기도 하였다. 또한 조선 후기 국가 재정의 궁핍으로 납속책(納粟策)을 실시하면서 그 대가로 면천(免賤)되는 노비들이 증가하였다. 이로써 성을 소유한 인구비율도 확대되었다. 특히 1894년 갑오개혁으로 종래의 신분계급이 타파되면서 성(姓)의 대중화가 촉진되었다. 이후 1909년 민적법이 시행되면서 누구나 다 성을 갖게 되었다.

라. 일제강점기(日帝强占期)

한일합방 후 일제는 당초 조선인의 성명을 원칙적으로 변경하는 것을 금했다. 조선인의 성명에 대해 일제 당국이 취한 당초의 정책은 다음으로 요약된다. 우선 모든 주민의 성명을 호적에 등록하게 하여, 불완전한 성명밖에 가지지 못했던 여성이나 노비 출신자도 성명과 본관을 등록하게 했다.

다음으로 성명의 변경을 원칙적으로 인정하지 않되 특별한 이유가 있는 경우만 허가했다. 조선의 관습이었던 어릴 적 이름을 성인명(成人名)으로 변경하는 것도 인정하지 않았으며, 성(姓)을 변경하는 것은 엄격히 금지하였다. 특히 조선인이 일본인과 같은 성명을 칭하는 것을 금지하였다. 이는 지배자로서의 일본인과 피지배자로서의 조선인 사이에 법률의 적용 및 관리의 대우 · 급여 등에 차별이 설정되어 있었기 때문에, 이름을 통해 구별하는 것이 편리했기 때문이었다.

그런데 일본(日本)은 내선일체(內鮮一體) 동조동근(同祖同根)이라는 미명 아래 1940년부터 창씨개명(創氏改名)을 시행하여 일본식 씨(氏)를 만들어 사용하게 하였다. 조선에는 氏라는 제도가 원래 없기 때문에 각 가족의 호주에게 '씨명'을 새로이 창설하여, 관청에 강제로 신고하게 했다. 이것은 부계 혈연집단인 가문(문중)을 중심으로 하는 조선 고유의 성씨를 버리고, 호주를 중심으로 하는 '가(家)' 단위의 일본식 氏제도를 도입하려는 목적에서였다. 당초의 정책이 일본인과 조선인의 구별 내지 차별을 위한 것이었다면, 창씨개명의 정책은 조선인을 황국 신민화하려는 목적이었다고 하겠다. 1931년 만주사변 이후 대륙침략을 본격화하였던 일본은 전쟁이 장기화되면서, 전쟁을 수행하기 위한 물자와 인력을 총동원하기 위해 나섰다. 이러한 차원에서 조선인의 민족의식과 저항을 잠재우고 전쟁협력을 강요하기 위해 조선인의 정체성을 말살하려 한 것이었다.

창씨개명의 신고기간은 1940년 2월 11일부터 1940년 8월 10일까지 6개월간이었다. 2월 중 창씨 신고율은 0.4%, 3월 말 1.5%, 4월 말 3.9%로 매우 저조하였고, 이 시기에 신고를 한 사람도 주로 관리·경찰관이나 도회·부회 의원 등에 불과했다고 한다. 일본인과 같이 씨를 가질 수 있도록 길을 열어 주는 것'이라는 대대적인 선전과 권장에도 이처럼 결과가 저조하자, 총독부는 권장 형식을 바꾸어 직·간접적 강제 방법을 동원하였다. 일제가 각종 강압적 수단을 동원한 결과, 사업이 만료된 시점의 신고율은 80% 남짓에 이르렀다.

창씨정책에 적극적으로 협력한 일부 친일 조선인도 있었다. 사법법규조사위원회 위원으로 활동하며, 창씨제 실시를 위한 법안 마련에 참여한 경우가 그에 해당한다. 또 종래의 성·본관과 무관한 씨를 솔선하여 창설하고, 일본식으로 개명하여 창씨제 실시 초기에 신고를 마친 경우도 있었다. 창씨를 독려한 인사들도 있었다. 관리로서 솔선 창씨하고 창씨를 독려한 조선총독부 고등관들의 사례, 글과 강연을 통해 권유 선전한 사례 등이 이에 해당한다. 그러나 대부분은 일제의 강압에 의해 고육지책으로 창씨 신고를 이행했다.

창씨 경향은 완전한 일본식은 극소수에 불과했고, 대개 창씨 속에 원성을 살려두거나 본관을 창씨로 함으로써 혈통의 뿌리를 밝히는 경우가 많았다. 이를테면 파평윤씨는 파평(坡平: 사까히라)·평소(平沼: 히라누마)·파정(坡井: 사까이)으로 평산신씨는 평산(平山: 히라야마), 전주이씨는 이가(李家: 리노이에)·국본(國本: 구니모또)·궁본(宮本: 미야모또) 등으로 혈통의식을 표현하고자 했다. 파평(坡平)·평소(平沼)·파정(坡井)·평산(平山) 등은 본관의 글자를 따서 혈통을 표현하려는 의도가, 이가(李家)는 원성을 그대로 살린 것이며, 국본(國本)·궁본(宮本) 등도 조선왕실의 성씨인 이씨였음을 드러낸 것이라 하겠다. 또한 시조나 현조(顯祖)와 관련하여 창씨하는 경우도 있었다. 이름·호·고사나 전설 등에서 글자를 취하는 것으로 예컨대 밀양박씨는 시조가 우물에서 태어났다고 하여 신정(新井)이라 하였다. 경주이씨는 시조가 바위 위에서 태어났다는 전설에 따라 암촌(岩村), 한산이씨는 목은(牧隱) 이색(李穡)의 후예임을 나타내기 위해 목산(牧山)이라 한 사례 등이 있다. 이 역시 가문의 정체성을 잃지 않기 위한 고육지책으로, 이러한 창씨는 주로 종중회의·가문회의 등을 통해 결정된 경우가 많았다.

한편 강압에 의해 창씨개명을 하면서도 저항의 뜻으로 창씨 속에 이를 조롱·풍자하는 내용을 넣기도 하였다. '산천초목(山川草木)'·'청산백수(靑山白水)' 등으로 장난삼아 창씨개명하거나, 성(姓)을 가는 놈은 개자식이라 해서 '견자(犬子)'라고 창씨하는 사람도 있었다고 한다.

창씨의 강압 속에서도 끝내 이를 거부한 애국적 인사도 있었는데, 이와는 달리 창씨개명을 하지 않은 사람 중에는 이름난 친일파들도 포함되어 있었다. 창씨하지 않은 저명한 친일파들의 경우는 굳이 강요할 필요가 없었을 뿐 아니라, 이 정책이 강제가 아니라는 전시적 효과를 노린 것이었다고 한다.

조선 고유의 성씨관념의 전통을 뒤흔드는 이 창씨개명은 해방과 함께 자동적으로 없어지고, 이전의 형태로 환원되었다. 그러나 일제가 조금만 더 조선을 지배하였다면 아마도 지금의 성씨는 존속되기 어려웠을 것이다.

한편 오늘날의 벽성이나 귀성 가운데는 1909년 민적법 시행 당시 호구조사를 할 때 잘못하여 그리된 경우도 있을 수 있다. 주재소 순사나 면사무소 호적 담당 서기가 실수하였거나, 무식하여 한자의 획을 잘못 긋거나 탈획 또는 가획을 한 데서 비롯된 경우도 없지 않은 것으로 사료된다. 또는 특정 성씨를 가진 집성촌에서 타성(他姓)이 홀로 거주(居住)한 경우, 호주상속 편제과정에서 집성촌의 본관으로 담당서기가 오기하여 본관이 바뀌는 경우도 있었다. 호주상속과정에서 호적리의 잘못으로 아버지와 아들의 성(姓)의 한자(漢字)가 달라지는 경우가 있는가 하면, 합본(合本: 본관을 합침) 과정에서 부자(父子) 간에 본관이 달라지는 경우도 있었다.

2. 본(本)

가. 의의(意義)

성씨(姓氏) 앞에 붙는 본(本)은 본관(本貫)·본향(本鄕)·관향(貫鄕)·관적(貫籍)·선향(先鄕) 등으로 불리며, 일반적으로 시조의 출생지(出生地)나 정착지(定着地)의 지명(地名)을 따서 본(本)으로 삼았다.

그러나 시조의 출생지나 연고지가 아니더라도 봉군(封君)이나 사관(賜貫: 공이 매우 큰 경우)에 의해 본관을 정하기도 하였으며, 또한 후손(後孫)들이 뿔뿔이 흩어져 거주하면서 현달(顯達)한 분을 중시조로 하여 그 지방(地方)을 본관으로 삼은 예도 많았다. 이를 분관(分貫) 또는 분적(分籍)이라 한다(동일한 시조 아래 본이 다른 성씨의 출현).

우리나라에서는 본관을 사용하지 않고 성[예: 김(金), 이(李), 박(朴)]만 표기하는 것은 큰 의미가 없다. 우리의 성씨제도가 중국의 것을 차용한 것은 사실이지만, 중국과는 다른 특성이 있기 때문이다. 15세기 성과 본관을 조사하여 정리한『세종실록지리지』에 따르면 우리나라에는 250여 개 성과 4,500여 본관이 존재했다. 15세기 이래 오늘에 이르기까지 250여 개의 성씨 수는 대략 유지되고 있는데, 중국의 2,500여 성, 일본의 10만 종에 가까운 씨에 비하면 매우 단출하다. 그러나 우리 성씨는 성에 그치는 것이 아니라, 다시 본관으로 구별되므로 더욱 복잡한 양상을 띤다. 즉 우리나라에서 성(姓)이라 함은 본관까지 포함된 개념이며, 이것이 우리 성씨제도의 특징이다.

그러나 현대사회에서 이러한 본관의 개념은 상당히 희미해졌다. 아들을 결혼시키고 새로운 며느리에게 "너희 본관이 어디냐"고 물었더니, 며느리 왈(曰) "저희 본관은 광화문에 있고 저는 서초동에 있는 별관에서 근무합니다"라고 답하더라는 지인의 이야기가 떠오른다. 이것이 오늘날 젊은 세대들의 보편적인 모습은 아닐는지.

나. 기원(起源)

원래 성(姓)은 같은 조상을 가진 혈계(血系)임을 나타내는 것이나, 앞서 본 바와 같이 우리나라의 경우에는 성(姓)이 같다고 해서 반드시 동일한 혈통(血統)이라고는 할 수 없다. 물론 본(本)이 하나뿐인 성씨의 경우에는 같은 혈통이라고 할 수 있으나 이에도 예외가 있다.

성 앞에 본관을 나타내는 오늘날과 같은 성관의 사용은 고려 초 확립되었다. 그런데 고려시대 본관은 거주지를 나타내는 것으로, 지배세력은 물론 호적에 기재되는 피지배세력 역시 누구라도 부여받았다. 고려시대 국가지배력의 척도인 호구(戶口) 파악을 위해 작성되는 호적에는 거주지인 본관이 기록되었다. 즉 고려시대 사람들은 성(姓)은 없어도 호적에 기재되는 평민 이상이라면 본관은 누구나 가지고 있었고, 조선시대나 오늘날과는 그 의미가 달랐다고 하겠다.

고려시대 본관제의 시행은 고려의 지방 통치원리와 밀접한 관련이 있었다. 앞서 보았듯 고려는 후삼국 통합 후 국가체제를 공고히 하기 위해 독립적 세력이었던 호족들이 장악하고 있는 지방사회의 통치질서 확립이 시급했다. 그러나 오랜 분열로 일시에 중앙집권적 통치체제를 구축하기는 쉽지 않았다. 따라서 토성분정 정책 등을 통해 지방세력의 지배권을 인정해주면서 국가체제 안에 흡수하고자 했다. 고려왕조는 위로는 지방의 유력세력에게 성을 부여하고 지역의 지배권을 인정하며 그 지역을 본관으로 삼게 하였고, 아래로 지역민들은 그 지역을 본관으로 하여 호적에 기재하고 해당 지역에서의 이탈을 금지시켰다. 이로써 지방사회의 안정을 기하는 것이 본관제 시행의 목적이었다.

그런데 고려는 사회·경제적 지역 간 발전 수준이 균일하지 않아, 지방행정구역의 위계가 지역마다 달랐다. 군현에 거주하는가 또는 지방관이 파견되지 않는 속군·속현이나 향(鄉)·소(所)·부곡(部曲)·처(處)·장(莊) 등 특수구역에 거주하는가에 따라 삶의 질이 달라졌다. 본관제에 의해 지역 간 이주 이탈도 금지되어 있어, 어느 곳에 태어나느냐에 따라 신분적 차별을 받게 되어 있었다. 이러한 지역 간 불평등은 사회경제적 모순이 심화되는 고려 후기 대대적인 민의 항쟁을 야기했다. 지역 간 불평등을 완전히 해소시키고 균일한 지방행정체제를 구축한 것은 조선이 개국하면서였다.

조선 건국 후 지방행정구역의 개편은 본관의 개변(改變)을 동반했다. 조선시대 지방통치 조직은 군현을 기본단위로 일원화되고, 모든 군현에 지방관이 파견되었다. 따라서 속현과 향·소·부곡 등이 소속 군현에 폐합되거나 소멸됨으로써, 종래 그곳을 본관으로 했던 속현성(屬縣姓)과 향·소·부곡성 등은 당초의 본관을 버리고, 소속 군현성(郡縣姓)에 흡수되거나 그 주읍을 자신들의 새 본관으로 정했다. 15세기에 작성된『세종실록지리지』에 250여 개 성과 4,500여 본관이 수록되어 있는 것에 대비하여, 현대의 국세조사에서 성씨의 수는 비슷하나 본관이 1,000여 개 줄어든 것(1985년 인구 센서스 결과: 성씨 274개, 본관 3,435개)은 이 같은 사정과 관련이 있다(2000년 인구주택 총 조사결과: 286개성, 4,351개의 본관 중 약 1,000

개의 본관은 최근 귀화한 본관 및 응답자의 오인으로 추론됨).

그런데 본관의 개변이 행정구역의 개편에서 온 불가피한 경우에 한정된 것은 아니었다. 스스로 본관을 바꾸는 개관(改貫)·모관(冒貫) 행위 등이 조선시대 다수 행해졌던 것이다.

조선은 양반사회였고, 양반에도 여러 품격이 존재했다. 양반가문의 품격은 성관이 무엇이며 어떠한 조상을 두었는가에 영향을 받았다. 따라서 양반사회의 발달에 따라 문벌의식이 고조되자, 명조(名祖)·현조(顯祖)를 두지 못한 벽관(僻貫)들이 기존 명문 대성에 동화되기 위해 본관을 바꾸는 경우가 많아졌다.

한편 조선 중기까지만 하여도 인구의 절반 정도가 성이 없는 노비들이었다. 이들은 조선 후기에 이르러 점차 양인화(良人化)되면서 성을 갖게 되고, 각기 거주지역에 편호(編戶)되면서 새로운 본관이 나타나게 되었다. 그러나 이들 대부분도 점차 저명한 본관으로 개관(改貫)하여, 원래의 본관이 오늘날까지 계승된 경우는 거의 드물다고 한다. 17세기 후반~18세기 후반 동안 유성층(有姓層)의 호수(戶數)가 거의 3배 가까이 증가한 데 반해, 본관의 수는 오히려 감소한 것도 같은 이유이다.

원칙상 성(姓)은 같아도 본관이 다르면 이족(異族)이며, 성과 본이 같으면 동족(同族)이라고 할 수 있다. 그러나 위와 같이 역사상 동성이본(同姓異本)의 성씨가 동성동본화(同姓同本化)된 경우가 많아, 오늘날 본(本)과 성(姓)이 같다고 하여 실제로 반드시 같은 혈족이라고 보기 곤란한 면도 있는 것이다.

시조, 본관, 성 사이의 관계를 도표로 살펴보면 별표와 같다.

<시조, 본관, 성의 상관관계도>

같은 경우: ○/ 틀린 경우: ×/ 지명의 변천: △

	구분	내용			해당 성씨
		시조	본관	성(姓)	
1	동조동본동성 (同祖同本同姓)	○	○	○	가장 전형적인 형태로 대부분이 이에 해당(예: 晋州姜氏, 平山申氏 등)
2	동조동본이성 (同祖同本異姓)	○	○	×	시조본관은 같으나 성이 다름 (예: 金海金氏-金海許氏)
3	동조이본동성 (同祖異本同姓)	○	×	○	시조와 성은 같으나 본관이 다름 ※ 새로운 파가 본관이 됨(예: 平海黃氏-昌原黃氏-長水黃氏, 全義李氏-禮安李氏)

		○	△	○	※ 본관의 지명이 바뀐 경우
					① 같은 혈계인데 혼용
					  (예: 禮安金氏-宣城金氏,
					    眞城李氏-眞寶李氏)
					② 혈계를 달리하는 경우
					  (예: 咸安尹氏-漆原尹氏
					    星州李氏-星山李氏 등)

4	동조이본이성	○	×	×	시조는 같으나 본과 성이 다름

	(同祖異本異姓				(예: 文化柳氏-延安車氏 金海許氏-仁川李氏)
5	이조동본동성 (異祖同本同姓)	×	○	○	시조는 다르나 본관과 성이 같은 경우(예: 南陽洪氏의 唐洪-土洪, 安東金氏의 新安東-舊安東, 金海金氏 중 일부) ※ 위의 경우는 혈통이 다름에도 불구하고 구민법에서는 혼인 불가하였음
6	이조동본이성 (異祖同本異姓)	×	○	×	시조나 성이 다르나 본관이 같은 경우(예: 慶州李氏-慶州崔氏, 南陽房氏-南陽洪氏) ※본관이 특정지역에 많이 편중됨
7	이조이본동성 (異祖異本同姓)	×	×	○	시조와 본관이 다르고, 성(姓)의 한자(漢字)만 같은 경우(예: 坡平尹氏-海平尹氏, 廣州李氏-延安李氏 등)

3. 한국성씨(韓國姓氏)의 연원과 특성

우리나라의 성(姓)은 매우 신성시(神聖視)되어 있다. 굳은 맹세를 할 때 "○○하면 성을 갈겠다"라고 표현할 만큼 성은 어떠한 경우에도 불변으로 생각하여온 것이 일반적인 가치였다. 그러나 앞서 보았듯 성(姓)은 역사적으로 많은 변화를 거쳤으며, 특히 본(本)은 개관(改貫), 모관(冒貫), 합관(合貫) 등을 통하여 개인 또는 씨족집단을 단위로 바뀐 경우도 허다하다. 특히 2005년 민법개정 이후 성은 바꾸기가 어렵지 않게 되었는바, 이제는 "성을 갈겠다"는 맹세를 믿고 큰 거래를 하였다가는 낭패 보기 십상이다.

가. 연원

우리나라의 성씨(姓氏)는 크게 구분방법에 있어서
◆ 득성 과정에 따라
모사성(模寫姓), 모계성(母系姓), 사성(賜姓)으로
◆ 취득 공간에 따라
고유성씨[固有姓氏: 토성(土姓)], 외래성씨(外來姓氏)로
◆ 인지도나 성씨(姓氏)의 세(勢)에 따라
저성(著姓), 희성(稀姓), 귀성(貴姓) 등으로 분류할 수 있다.

1) 득성 과정에 따라

가) 모사성(模寫姓)

모사성은 어떤 징표나 형상에 따라 성(姓)으로 삼은 경우인 바 대부분 시조 설화에서 유래한다.

대표적인 모사성으로 다음과 같은 예가 있다. 경주김씨 시조인 김알지는 금(金)궤짝에서 나왔다 하여 '김(金)'을 성으로 삼았다. 또한 남평문씨의 경우에는 시조인 문다성과 관련된 설화로, 남평 동녘 어느 연못가의 천길 높은 바위 위에 어린아이 울음소리가 들려 올라가보니 '문(文)'자가 쓰여진 석함(石函)이 있어 열어보니 어린아이가 있어 이를 근거로 성을 삼았다고 한다. '배(裵)'씨의 경우에도 시조가 금함(金函)에서 나올 때 비의(緋衣: 붉은 비단 옷)를 입고 있어서 '배(裵)'로 성을 삼았다는 설화가 전해진다. 모두 모사성에 해당된다.

〈경주 김알지 탄생기록비[慶州金閼智誕生記錄碑]〉

나) 모계성(母系姓)

모계성은 여인이 시조설화에 관련되어있는 성(姓)으로서 이를 테면 하음봉씨(河陰奉氏) 시조 설화가 이에 해당한다. 강화군 하음산(河陰山) 아래에 있는 우물가에서 한 노파(여인)가 석함(石函)을 발견하였다. 그 속에 단아한 아이가 있어 장차 큰 인물이 될 것이라 하여 왕에게 아이를 바치니(봉: 奉), 나라를 크게 도울(우: 佑) 것이라 하여 성명(姓名)을 봉우(奉佑)라고 하였다고 한다.

〈奉天臺: 하음봉씨 시조 탄생전승지〉   〈龍淵: 파평윤씨 시조 탄생전승지〉

파평윤씨의 시조 태사공(太師公) 윤신달(尹莘達)의 설화도 이에 해당한다. 파주의 파평산(坡平山) 아래 용연(龍淵)에서 한 노파가 옥함(玉函)을 건졌는데 옥함에 "尹"자가, 또는 옥함 속 아기의 손바닥에 "尹"자가 새겨져 있어 성으로 삼았다고 한다.

다) 사성(賜姓)

성씨(姓氏)의 득성(得姓) 과정에 절대적 권력(王)이 개입하여 성을 내려준 경우이다. 사성에는 설화적 요소가 개입한 경우가 많은데, 다음과 같은 예가 있다.

창녕조씨(昌寧曺氏)(조선 후기 曺씨로 표기)는 신라 때 인물이라는 조계룡을 시조로 하고 있다. 신라 귀족의 딸이 경남 창녕의 화왕산(火旺山: 2009년 정월보름날 억새 태우다 불난 곳) 정상의 연못에서 목욕한 후 병을 고치고 득남하였는데, 아이의 겨드랑이 밑에 '조(曺)'자가 뚜렷이 있었다고 한다. 꿈에 장부가 나타나 아이가 장성하여 큰 인물이 될 것이라고 하여 이를 왕에게 아뢰었다. 왕은 연못에 있는 용(龍)의 아들이라 하여 조계룡(曺繼龍)이라는 성명을 내렸다고 한다.

〈창녕조씨 득성설화지〉

충주어씨(忠州魚氏)의 시조는 어중익(魚重翼)으로, 본래 지씨(池氏)였다. 한 부인이 이류교혼을 통해 아들을 낳았는데 겨드랑이에 큰 비늘 셋이 있었다. 태조 왕건이 물고기에게서 나서 비늘이 있는 것이라 하여 어씨(魚氏)를 내렸다고 한다. 이로 인해 충주지씨(忠州池氏)에서 어씨(魚氏)로 분적(分籍)하였다는 것이다.

고려 태조 이후의 공신(功臣)들에 대한 사성(賜姓)은 설화적 요소가 아니더라도 공적이 다분히 과장 또는 왜곡된 것이 많은 것으로 보인다. 고려 때의 토성(土姓)인 각 성의 중시조 대부분이 문하시중(門下侍中) 또는 찬성사(贊成事), 평장사(平章事) 등을 역임한 것으로 족보에 기록되어 있는데, 과연 고려 때 고위직 정원(TO)이 그렇게 많았는지 의문이다.

2) 취득공간에 따라

가) 고유성씨(토성: 土姓)

토성(土姓)이란 말 그대로 토박이 성이란 뜻으로 고려 초에 성씨를 분정(分定)할 때에 그곳에 토착하면서 지배적인 위치에 있던 유력씨족 또는 그 곳을 본관으로 하면서 읍사를 구성하였던 성씨 집단이다. 따라서 토성은 성씨 가운데 대부분을 차지하며, 현재 성씨는 외국계 귀화성을 제외하면, 거의 다 토성에서 분정되었다고 볼 수 있다.

토성은 주(州)·부(府)·군(郡)·현(縣)의 호족(豪族) 세력의 성씨에서부터 향(鄕)·소(所)·부곡(部曲)·처(處)·역(驛) 지역에 거주하는 비교적 신분(身分)이 낮은 거주자의 씨족(氏族)에게도 토성이 형성되어 있었다. 그러나 이러한 향 · 소 · 부곡 · 처 · 역 등의 토성은 앞서 보았듯, 행정구획의 개편과 함께 망성(亡姓: 성이 없어지거나)되거나, 주 · 부 · 군 · 현의 성으로 점차 통합되었다.

나) 외래성(外來姓) · 귀화성(歸化姓)

토박이 성이 아니고 외국에서 들어온 사람에게 부여된 성을 외래성 또는 귀화성이라고 혼용해서 정의하고 있으나 이는 구분지어 정의 되어야 할 것이다. 즉 외래성은 우리가 성(姓)으로 쓰는 글자를 외국(주로 중국)에서 성(姓)으로 사용하던 글자를 차용해 사용하는 경우로서 시조의 귀화여부와는 관련이 없다. 즉 우리가 쓰는 한자성(漢字姓)의 대부분은 중국에서 기왕에 사용하던 성씨를 차용한 외래성씨이다. 따라서 고유 성씨인 토성(土姓)에 대칭되는 개념은 귀화 성씨(歸化姓氏)이다. 그런데 귀화 성씨의 정의를 어떻게 할 것인가도 아주 어려운 난제이다. "귀화"의 자의(字義)를 『국어사전』(동아출판사, 1992)에서는 두 가지의 뜻으로 풀이하고 있다.

즉 "① 지난날 정복당한 백성이 임금의 덕에 감화되어 그 백성이 되는 일 ② 다른 나라의 국적을 얻어 그 나라의 국민이 됨"으로 정의하고 있다. 우리나라 성씨 중에는 상당수가 귀화 성씨로 분류되고 있다. 이는 귀화 성씨의 시조가 오늘날의 한민족(韓民族)이 아닌 다른 혈통(血統: 주로 중국계)이라고 귀화 성관의 족보 서문에서 밝히고 있음에 따르고 있다. 그런데 이는 다른 혈통이라는 사실이 설령 객관적 자료에 의하여 입증된다 하더라도 이들 모두를 귀화 성씨라고 정의하는 데에는 쉽게 동의하기 어렵다. 왜냐하면 고려 이전에는 성관(姓貫)의 사용이 보편화되지 않았을 뿐만 아니라 민(民)의 관리는 국적(혈통)이 아니라 공간적 개념(오늘날의 속지주의)에서 생활의 거주지가 출신지로 쓰여졌으며 이로 말미암아 본관(本貫)이 생기게 되었다는 이론에 동의하기 때문이다. 고구려나 발해의 구성원 중 한족(漢族)이나 여진족(女眞族)의 상당수가 한반도로 유입되었다면 그들 모두를 귀화인으로 보아야 할 것인가? 신라의 왕가(王家)인 경주김씨가 한민족(韓民族)이 아니라는 설이 사실이라면 경주김씨 전부와 경주김씨에서 분관된 모든 성관을 과연 귀화 성씨로 보아야 할 것인지는 숙고의 대상이다. 따라서 귀화성은 성관체계가 어느 정도 확립된 고려 중기 이후에 귀화하였다고 주장되는 성관에 한정되어야 한다고 본다. 더 거슬러 올라가더라도 고려의 국가 체제가 정비된 광종(光宗; 재위 949~975) 이후에 입래한 본인에게 사성된 성씨부터 귀화성으로 분류하는 것이 한 방법이라고 본다. 귀화성은 입래인(入來人)에 대한 포상적 사성(褒賞的 賜姓)으로 부여된 것으로 본다면 역사상 최초의 귀화는 고려 광종 때의 후주인(後周人) 쌍기(雙冀)의 귀화가 효시일 수 있다(그의 후손은 전해지지 않고 있음). 즉 입래한 본인에게 성(姓)이 부여된 경우를 귀화 성씨로 보아야 할 것이며 입래한 후손이 그것도 몇백 년, 몇천 년 뒤에 취득한 성씨는 비록 그 조상이 귀화인이라 하더라도 귀화 성씨로 분류하는 것과는 별개이다. 따라서 고조선(古朝鮮), 기자조선(箕子朝鮮), 삼국시대(三國時代), 통일신라

시대(統一新羅時代)에 선조가 귀화하였다는 성씨는 비록 시조 동래(東來)는 사실이라 하더라도 귀화 성씨로 분류하는 데에는 무리가 따른다. 이들 대부분의 성족은 입래 시기부터 고려 중엽 이전 세계(世系)는 불분명한 것으로 되어 있다. 이들의 후손은 고려 또는 조선시대에 성관을 부여받거나 1909년 민적법 시행 당시 조상이 귀화인이었다는 사유로 성관 취득에 아무런 방해를 받지 않았다. 비유하자면 오늘날의 국적법 제5조에서 정하고 있는 귀화 요건의 심사 대상조차도 아니었기 때문이다. 고로 선조(先祖)의 입래 시기와 성씨의 취득 시기와는 별개로 파악되어야 할 것으로 본다. 오래전에 입래한 선조의 후손이 성관을 부여받거나 창성(創姓) 시점에는 몇 대를 내려오면서 이미 한민족(韓民族)으로의 혈통의 융합이 이루어져 있었다고 보아야 할 것이다. 귀화 성씨들은 대부분 그들의 족보 서문에서 입래하여 귀화한 동기를 밝히고 있는 바 대체로 아래와 같은 유형으로 구분 지어볼 수 있다.

- ◆ 정치적 망명이나 유배를 옴
- ◆ 문화사절(학사)의 자격으로 파견됨
- ◆ 항해도중 풍랑으로 기착
- ◆ 전쟁 때 원군으로 지원
- ◆ 외교관계로 왕래하다가 정착

또한 입래한 선조의 당초의 혈통은 대부분 중국계(中國系)이지만 몽고계(蒙古系), 위구르계(回鶻系), 아라비아계(回回系), 만주계(滿洲系), 베트남계(安南系), 일본계(日本系) 등의 인물도 있다. 입

래와 귀화에 대한 객관적 자료는 미비한 경우가 대부분으로서 문
헌비고에는 기술되어 있지는 않으나 각성족에서 발간한 족보나
사적(史蹟)에서 그들의 원조(遠祖)를 중국의 上代에까지 연접시킨
경우도 상당히 많은 바 이를테면 창녕성씨(昌寧成氏)는 주문왕(周
文王)의 후예, 강릉함씨(江陵咸氏)는 한(漢)나라로부터 입래한 함
왕(咸王)의 후예, 봉화금씨(奉化琴氏)는 공자의 제자인 금뢰(琴牢)
를 원조(遠祖)로 하는 등으로 기술하고 있는가 하면 영순태씨(永
順太氏)는 발해의 시조 대조영(大祚榮)의 후손으로 기록하고 있다.
이는 사대주의(事大主義)에 따른 시조동래설(始祖東來說) 또는 설
화적(說話的) 요소가 많은 것으로 추정되나 반증의 논거도 희박하
기는 마찬가지다. 『증보문헌비고』 등에서 기술하고 있는 귀화 성
관의 시조 입래 현황을 시대별로 정리해보면 별표와 같다.

<시대별 입래(入來)및 귀화(歸化) 성관 현황>
◆삼국시대 및 그 이전

성	본관	출신국	입래 및 귀화자	입래(귀화)유형
韓	청주	중국·요하	기자 후손	은(殷)나라 멸망 후 동래
奇	행주	중국·요하	기자 후손	은(殷)나라 멸망 후 동래
鮮于	태원	중국·요하	기자 후손	은(殷)나라 멸망 후 동래
南宮	함열	중국·周	南宮脩	箕子를 따라 동래
皇甫	영천	중국·周	皇甫儉	箕子를 따라 동래
景	태인	중국	景汝松	箕子를 따라 동래

魯	강화 等	중국 · 周	魯仲連	손자 노계(魯啓)가 동래
車	연안	중국 · 周	車無一	고조선 때 황제의 후손으로 동래
柳	문화	중국 · 周		車氏에서 분적
李	고성	중국 · 漢	李槃	반(槃)의 24세손 황(璜)을 시조로함
黃	평해 等	중국 · 後漢	黃洛	풍랑으로 기착
丘	평해	중국 · 後漢	丘大林	풍랑으로 기착
蘇	진주	중국 · 漢	蘇伐	혁거세를 도와 신라 건국에 기여
羅	금성 等	중국 · 唐	羅至強	정치적으로 신라에 망명
庾	무송	중국 · 晋	庾荀悠	사신으로 왔다가 정착
都	성주 等	중국	都祖	고구려 유리왕 때 입래
元	원주 等	중국 · 唐	元鏡	고구려에 학사로 입래 정착
睦	사천	중국 · 唐	睦沖	고구려에 학사로 입래 정착
李	연안	唐	李茂	당나라 원군으로 와서 정착
秦	풍기	唐	秦弼明	당나라 원군으로 와서 정착
魏	장흥	唐	魏鏡	학사로 신라에 입래
洪	남양	唐	洪天河	학사로 신라에 입래(洪殷悅을 1세로 함)
徐	남양	唐	徐赾	학사로 신라에 입래
方	온양	唐	方智	학사로 신라에 입래
卞	초계	唐	卞源	학사로 신라에 입래
房	남양	唐	房俊	학사로 고구려에 입래
邢	진주	唐	邢顯	학사로 고구려에 입래

◆통일신라시대

성	본관	출신국	입래 및 귀화자	입래(귀화)유형
嚴	영월	唐	嚴林義	당나라 사신으로 와서 정착
盧	광산 等	唐	盧穗	안록산(安祿山)의 난 때 망명옴
公	김포	唐	公允輔	안록산(安祿山)의 난 때 망명옴
白	수원 等	唐	白宇經	정치적으로 신라에 망명
周	상주 等	唐	周璜	정치적으로 신라에 망명
南	의령 等	唐	金忠	일본에 사신으로 가던 중 기착 (南氏로 사성)
安	죽산 等	唐	李瑗	신라 귀화 후 安氏로 사성(異說 있음)
丁	압해 等	唐	丁德盛	압해도에 유배된 후 정착
呂	함양 等	唐	呂禦梅	황소(黃巢)의 난 때 망명
司空	효령	唐	司空圖	황소의 난 때 망명
孟	신창	唐	孟承訓	한림학사(翰林學士)로 입래
崔	충주	唐	崔陞	唐의 병마사(兵馬使)로 신라에 와서 정착
廉	파주	唐	廉邢明	정치적 망명
辛	영산 等	唐	辛恃郞	신라에 사신으로 와서 정착
康	신천	唐	康好景	신라 말에 입래
諸葛	남양	唐	諸葛忠	신라 말에 입래 (諸葛亮의 후손으로 諸氏 葛氏로 분적)
林	평택 等	唐	林八及	정치적 망명 입래
殷	행주 等	唐	殷洪悅	학사로 입래
宋	남양	唐	宋奎	학사로 입래

성	본관	출신국	입래 및 귀화자	입래(귀화)유형
陸	옥천	唐	陸普	학사로 입래
玉	의령	唐	玉眞瑞	학사로 입래
吉	해평	唐	吉塘	학사로 입래
宋	여산 等	唐	宋自英	당나라 호부상서 송주은(宋杜殷)의 후손으로 입래

◆ 고려시대(원나라 지배 이전)

성	본관	출신국	입래 및 귀화자	입래(귀화)유형
李	태안	後唐	李奇	정치적으로 망명
尹	무송	後唐	尹鏡	오계(五季)의 난 때 망명
韋	강화	後唐	韋壽餘	고려에 관직을 제수 받음
表	신창	後周	表大玭	정치적으로 고려에 망명
任	장흥	宋	任灝	정난(政亂)을 피해 망명
池	충주	宋	池鏡	학사(學士)로 왔다가 귀화
劉	강릉 等	宋	劉筌	학사(學士)로 왔다가 귀화
杜	두릉	宋	杜慶寧	풍랑으로 기착
				※ 杜師忠(두사충)은 임진왜란 때 귀화
车	함평	宋	车慶	사신으로 와서 귀화
毛	함평	宋	毛慶	사신으로 와서 귀화
				※ 车氏의 시조와 본관이 같음
李	안성	宋	李仲宣	사신으로 와서 귀화
慎	거창	宋	慎修	고려 관직 제수 받아 귀화
蔣	아산	宋	蔣壻	정난(政亂)을 피해 망몋 귀화

鄭	서산	宋	鄭臣保	宋이 망하자 고려에 망명 귀화
沈	풍산	宋	沈滿升	고려 예종 때 귀화
郭	현풍	宋	郭鏡	학사(學士)로 와서 귀화
具	창원	宋	仇成吉	원래 仇氏였으며 고려 혜종 때 귀화설
鞠	담양	宋	鞠周	난을 피하여 고려에 입래 귀화
夏	달성	宋	夏欽	고려에 입래 귀화
魚	함종	宋	魚化仁	난을 피하여 고려에 입래 귀화
閔	여흥	宋	閔稱道	고려 중엽 사신으로 왔다가 귀화
章	거창	宋	章鑑	난을 피해 고려에 망명 귀화
陳	여양 等	宋	陳秀	난을 피해 고려에 망명 귀화
葉	경주	宋	葉公濟	몽고와의 화의 반대 고려 귀화
賓	달성	宋	賓于光	송이 망하고 고려에 귀화
朱	신안 等	宋	朱潛	송이 망하고 고려에 귀화
				(綾州등 본관을 1902년 신안으로 통일)

◆ 고려시대(원나라 지배 이후)

성	본관	출신국	입래 및 귀화자	입래(귀화)유형
唐	밀양	元.절강성	唐誠	전란을 피해 고려에 귀화
李	상산	하북성	李敏道	전란을 피해 고려에 귀화
明	서촉	대하	明昇	전란을 피해 고려에 귀화
昇	연안	대하		서촉 명씨와 동계 昇의 이름을 취함
皮	홍천	元	皮謂宗	고려에 안렴사(按廉使)로 와서 귀화
史	청주	明	史絲	고려 말 망명귀화
董	광천	明	董承宣	사신으로 와서 귀화

				(정유재란 때 귀화파도 동계)
宣	보성	明	宣允祉	고려 사신으로 와서 귀화
桂	수안	明	桂碩遜	고려 말 사신으로 와서 귀화
延	곡산	元	延壽菖	충렬왕비(제국공주: 濟國公主)를 배종(陪從) 후 귀화
楊	청주 等	元	楊起	충렬왕비(제국공주: 濟國公主)를 배종(陪從) 후 귀화
印	연안	元	印侯	충렬왕비(제국공주: 濟國公主)를 배종(陪從) 후 귀화
潘	거제	元	潘阜	충렬왕비(제국공주: 濟國公主)를 배종(陪從) 후 귀화
任	풍천	元	任溫	충렬왕비(제국공주: 濟國公主)를 배종(陪從) 후 귀화
范	금성	元	范承祖	충렬왕비(제국공주: 濟國公主)를 배종(陪從) 후 귀화
龐	개성	元	龐斗賢	공민왕비(노국공주: 魯國公主)를 배종(陪從) 후 귀화
路	개성	元	路闇儆	공민왕비(노국공주: 魯國公主)를 배종(陪從) 후 귀화
西門	안음	元	西門記	공민왕비(노국공주: 魯國公主)를 배종(陪從) 후 귀화
孔	곡부	元	孔紹	공민왕비(노국공주: 魯國公主)를 배종(陪從) 후 귀화(孔子의 53대손)
錢	문경	元	錢愉謙	공민왕비(노국공주: 魯國公主)를 배종(陪從) 후 귀화

성	본관	출신국	입래 및 귀화자	입래(귀화)유형
邊	원주 等	元	邊安烈	공민왕비(노국공주: 魯國公主)를 배종(陪從) 후 귀화
甘	회산	元	甘聯	공민왕비(노국공주: 魯國公主)를 배종(陪從) 후 귀화
陰	죽산	元	陰俊	공민왕비(노국공주: 魯國公主)를 배종(陪從) 후 귀화
彭	용강	元	彭遜	공민왕비(노국공주: 魯國公主)를 배종(陪從) 후 귀화
程	하남	元	程思祖	공민왕비(노국공주: 魯國公主)를 배종(陪從) 후 귀화
左	제주	元	左亨蘇	제주도 감목관(監牧官)으로 부임 후 정착
肖	제주	元	肖古道	목장 관리 후 정착 ※ 제주를 본관으로 하는 姜, 李, 張, 鄭,秦氏가 국세 통계조사에서 나타나고 있으나 성관의 세계(世系)는 불명확

◆ 조선시대

성	본관	출신국	입래 및 귀화자	입래(귀화)유형
浪	양주	明	浪礎	조선 인조 때 귀화
張	절강	明	張海濱	정유재란 때 원군으로 와서 귀화
冰	경주	明	冰如鏡	세조 때 사신으로 왔다가 정착

段	강음	明	段萬里	임진왜란 때 원군으로 와서 정착
東方	진주	明	東方昌	昌의 아들이 정조 때 문과
賈	소주	明	賈維鑰	정유재란 때 원군 와서 전사
				손자 가침(賈琛)이 귀화
千	영양	明	千萬里	임진왜란 때 원군으로 와서 귀화
片	절강	明	片碣頌	임진왜란 때 원군으로 와서 귀화
施	절강	明	施文用	정유재란 때 원군으로 와서 귀화
化	진양	明	化明臣	정유재란 때 원군으로 와서 귀화
徐	절강	明	徐鶴	정유재란 때 원군으로 와서 귀화
金	태원	明	金坪	인조 때 망명 귀화
扈	전주	明	扈浚	임진왜란 때 원군으로 와서 귀화
楚	파능	明	楚海昌	明이 망하자 현종 때 망명 귀화
馮	임구	明	馮三仕	병자호란 후 봉림대군 귀국 시 배종 귀화
鄭	낭야	明	鄭先甲	병자호란 후 봉림대군 귀국 시 배종 귀화
王	제남	明	王鳳崗	병자호란 후 봉림대군 귀국 시 배종 귀화
陳	광동	明	陳璘	정유재란 때 원군으로 온 진영소(陳泳溱)의 손자로 조선에 귀화
石	해주 等	明	石洊, 石潭	임진왜란 때 구원병을 보낸 석성(石星)의 아들이 망명 귀화
胡	파릉	明	胡克己	사신으로 왔다가 망명 귀화
李	농서	明	李天根	이여송(李如松: 성주이씨 이천년의 후손)의 아들로 明이 망하자 조선에 귀화 －성주이씨와 합본함
秋	전주	明	秋水鏡	원래 秋適(명심보감 편자)의 7대손으로 임진왜란 때 부장(副將)으로 큰 공을 세

성	본관	출신국	입래 및 귀화자	입래(귀화)유형
麻	상곡	明	麻舜裳	워 귀화, 완산부원군에 추증 −추계추씨와 동조동근으로 합본 정유재란 때 원군으로 온 마귀(麻貴)의 증손자로 조선에 귀화

◆ 중국계가 아닌 입래 및 귀화 성씨

성	본관	출신국	입래 및 귀화자	입래(귀화)유형
李	정선	베트남	李陽焜	宋에서 귀화하였으나 이양혼의 상계는 베트남인이라는 설
李	임천	위구르	李玄	고려 말에 입래 귀화
李	화산	베트남	李龍祥	정치적 망명으로 고려에 귀화
李	청해	여진	之蘭	고려 공민왕 때 입래, 조선 초 사관(賜 貫) 귀화
張	덕수	위구르	張舜龍	고려 충렬왕 때 제국 공주를 배종하여 귀화
偰	경주	위구르	偰遜	元에서 귀화하였으나 상계(上系)는 위 구르인
金	김해	일본	金忠善	임진왜란 때 가등청정(加藤清正)의 선 봉장으로 와서 귀화. 별칭 우록(友鹿)김 씨로 김수로 왕계와는 전혀 다름

　귀화 성씨의 신뢰성이 어느 정도 수준인지는 단정하기가 매우
어렵다. 고려 이전에 입래한 선조들의 후손들이 성관을 쓴 경우는
대부분 고려 때이며 심한 경우는 조선 왕조에 들어와 창성(創姓)

하면서 시조의 인물로 등장하기도 한다. 이런 씨족들이 근거로 내세우는 족보는 대부분 지금부터 300년 이내에 만들어진 것들이다. 고려 이전에 귀화하였다는 성씨 중에서 1454년 卞季良(초계), 孟思誠(신창), 權軫(안동), 尹淮(무송), 申檣(고령) 등이 편찬한『세종실록지리지(世宗實錄地理志)』나 1530년 李荇(덕수), 尹殷輔(해평), 申公濟(고령), 洪彦弼(남양), 李思鈞(경주) 등이 편찬한『신증동국여지승람(新增東國輿地勝覽)』에 귀화 성씨로 기록되어 있지 않은 성씨를 귀화 성씨로 보기는 어렵다. 그러나 조선시대에 귀화한 성씨는 비교적 사실에 근접하다고 보아야 할 것이다. 물론 고려 말이나 조선 초기에 없어졌던 성(姓)을 뒤늦게 소급해서 바로잡은 경우는 있을 수 있다. 성씨에 대한 기록은『세종실록지리지』와『신증동국여지승람』편간 이후 관찬(官撰)된 기록으로는 1782年에 이만운(李萬運: 함평)이 편찬한 증보『동국문헌비고(增補東國文獻備考)』와 1908년에 칙명(勅命)으로 편찬된『증보문헌비고(增補文獻備考)』가 있는 바 이는 각 성씨별로 편찬된 족보와는 다른 자료이며 이를 근거로 하여 1934년 조선총독부 중추원에서『조선의 성명 씨족에 관한 연구조사』를 펴내었다. 이 책에는 성씨별 귀화 사례 129건과 귀화 성씨 120개 정도가 게재되어 있다. 그러나 각 성씨별 족보 서문에서 주장하고 있는 귀화 성씨를 합계하면 이보다 훨씬 많은 숫자로 집계된다. 김학천(金學天) 저『姓의 기원』(2000년 청문각) 책자에는 귀화 성관을 454개로 밝히고 있다. 문헌비고(文獻備考)와 여지승람(輿地勝覽)에 귀화 성관으로 등재는 되어 있으

나 귀화의 구체적 내용에 관해서는 언급이 미비한 성관(姓貫) 등은
아래와 같다(족보 서문의 내용과는 다를 수 있음).

柴(태인), 邵(평산), 袁(비옥), 班(개성), 邦(광주), 阿(나주), 水(강
릉), 荀(하내), 舜(파주), 宗(통진), 鍾(영암), 平(충주), 包(순천), 邕
(순창), 伊(은천), 簡(가평), 連(예산), 雷(교동), 梅(충주), 獨孤(남원).

위의 성관 외에도 문헌비고에는 기록이 없으나 성씨별 족보 서
문에서 귀화성관이라고 밝히고 있는 성족은 매우 많은 바 이를테
면 안산汝氏, 목천頓氏, 청주敦氏, 거창昌氏, 담양國氏, 아산倉氏,
강화萬氏, 김해海氏, 요양慈氏, 면천曲氏, 요양墨氏, 회양后氏, 휘
주姚氏, 곡성冰氏, 진주疆氏, 진주謝氏 등으로 이들 성(姓)은 대부
분 희성(稀姓)이나 벽성(僻姓)들이다. 이상에 기술한 귀화 성씨 관
련 내용은 1930년 국세 조사 때까지 나타나고 있는 성관이다.

3) 성씨(姓氏)의 세(勢)에 따라

영조 때 도곡 이의현(陶谷 李宜顯: 龍仁李氏, 영의정)이 편찬한
『도곡총설(陶谷叢說)』에서는 우리 성(姓) 298개를 성세(姓勢)에 따
라 ① 저성(著姓), ② 희성(稀姓), ③ 벽성(僻姓), ④ 귀성(貴姓), ⑤
복성(複姓)으로 분류하였다. 아래 표와 같다.

① 著姓: 李·金·朴·鄭·尹·崔·柳·洪·申·權·趙·韓·
吳·姜·沈·安·許·張·閔·任·南·徐·具·成·宋·兪·元·

黃·曹·林·呂·梁·禹·羅·孫·盧·魚·睦·蔡·辛·丁·裵·
孟·郭·卞·邊·愼·慶·白·全·康·嚴·高 (53성)

② 稀姓: 田·玄·文·尙·河·蘇·池·奇·陳·庾·琴·吉·
延·朱·周·廉·潘·房·方·孔·偰·王·劉·秦·卓·咸·
楊·薛·奉·太·馬·表·殷·余·卜·芮·車·魯·玉·丘·
宣·都·蔣·陸·魏·車·邢·韋·唐·仇·邕·明·莊·葉·
皮·甘·鞠·承·公·石 (60성)

③ 僻姓: 印·昔·龔·杜·智·甄·松·晉·伍·拓·夜·賓·
門·于·秋·桓·胡·雙·伊·榮·恩·邵·貢·史·異·陶·麗·
溫·陰·龍·諸·夫·景·强·扈·錢·桂·簡 (38성)

④ 貴姓: 段·彭·范·千·片·葛·頓·乃·間·路·平·馮·
翁·童·鍾·鄧·宗·江·蒙·董·陽·章·桑·莨·程·荊·耿·
敬·甯·京·荀·井·原·遠·萬·班·員·堅·鴌·燕·時·傳·
瞿·稽·米·艾·梅·雷·柴·聶·包·何·和·賀·花·華·
賈·夏·麻·牛·僧·侯·曲·栢·翟·畢·谷·弓·種·邦·凉·
良·芳·卿·刑·永·乘·登·昇·勝·信·順·俊·藩·端·鮮·
芊·牙·水·彌·吾·珠·斧·甫·部·素·附·凡·固·台·
才·對·標·肖·那·爪·化·壽·祐·價·尋·森·占·汎·克·
郁·翌·宅·直·側·澤·綠·赫·冊·濯·骨·燭·律·物·別·

實 · 弼 · 合 · 乜 · 鴌 · 思 (136성)

⑤ 複姓: 南宮 · 皇甫 · 鮮于 · 石林 · 扶餘 · 獨孤 · 令狐 · 東方 · 西門 · 司馬 · 司空 · 諸葛 (12성)

위의 자료는 18C에 작성된 것으로 오늘날에는 현존하지 않는 성씨(姓氏)도 많이 보인다. 이 자료 이후 상당한 변화를 거쳤으며, 1909년 민적법 시행당시와 1930년 국세 조사 시에 새로이 등장한 성씨도 많았다. 그 뒤 정기적인 인구센서스 조사 때마다 새로운 성 관이 등장하고 있다. 2000년 인구 주택 총 조사 보고서(별첨 자료) 에 의하면 286개 성씨에 4,351개의 본관이 존재하는 것으로 조사 되었다. 오늘날에는 창성(創姓) · 창관(創貫)이 용이해지고, 동남 아인 등 외래인의 귀화가 많아지면서 매년 새로운 성관의 신청이 기존의 성관의 수보다 더 많은 건수에 이르고 있는 실정이다.

나. 특성

우리나라의 성씨(姓氏)는 중국의 영향을 많이 받았다고는 하지 만 본관 및 이름자까지 합쳐져 매우 특이하고 고유한 점이 많다. 즉 성(姓)과 본(本)은 씨족을, 이름자는 시조로부터 몇 대(代)인지 를 나타내는 항렬자(行列字)로 구성되어 있다.

한국의 성(姓)은 남계(男系) 혈통의 세계(世系)를 나타내며, 가족

(家族) 전체를 나타내는 가(家)의 성(姓)이 아니다. 즉 여성의 경우 출가하더라도 본래의 부계성(父系姓)을 가지게 되므로 같은 집에 살면서도 할머니, 어머니, 며느리, 아들·딸의 성이 제각각이다. 물론 할머니·어머니가 같은 성을 지닌 같은 가문에서 시집 온 경우는 성관이 같을 수 있지만, 우리나라 성이 부계혈통(父系血統)을 나타낸다는 점에서는 변함이 없다. 다른 대부분의 나라에서 성(姓)이 가족 공동구성원을 표시하는 것인 것과 비교되는 점이다. 대다수의 나라에서는 가령 김씨의 가정이라면 시집온 할머니도 어머니도 며느리도 모두 다 김(金)이라는 성(姓)을 갖게 된다.

이처럼 한국의 성(姓)이 불변을 원칙으로 한 것은 부계혈통을 중시하고, 성관에 따른 가문의 존비(尊卑)가 매우 중요한 사회적 신분의 척도였기 때문일 것이다(이 부분에 대한 고찰은 후술).

전술한 바 일반적으로 오늘과 같은 한국인의 성(姓)은 고려시대 초기를 넘어서면서 확산되었다. 국가에 대해 큰 공을 세워 표창적 성격으로 성을 부여받거나(귀화인 포함), 집권체제를 강화하기 위해 지방호족(地方豪族)들에 대한 예우로서 부여되기도 했다.

15세기 이전만 하더라도 성(姓)을 바꾸는 경우도 많았으며, 15세기 이후에는 본관이 주읍성에 흡수되거나, 새로운 주읍으로 바뀌어 본관을 바꾸거나 또는 명문가의 본관으로 개관(합병)하는 사례도 많았다. 반대로 같은 본관으로 있다가 분관한 경우도 많다. 예를 들면 경북 성주에는 조선 정조 때까지만 해도 성주를 본관으로 하는 이씨가 여섯 가문이 있었다. 그러나 그 후 성주(星州)·성산(星山)·벽진(碧珍)·경산(京山)·광평(廣平)·가리(加利)로 본관을 달리하였는데, 이들 지명은 모두 성주의 옛 지명이거나 성주에 속해있던 군(郡)·현(縣)의 지명 등이다.

고려시대 지방호족들은 중앙귀족으로 변화해가면서, 수도인 개경에 모여 사는 다른 귀족들과 자기 가문을 구별하는 의도를 갖게 되었다. 이에 따라 성관(姓貫)에 기반한 문벌귀족 가문이 형성되었다. 조선시대는 양반 지배체제 아래 사회적 신분제가 자리매김하면서, 성관(姓貫)은 한 가문에 있어 신분의 상징으로 대두되었다. 또한 같은 성관이라도 지역적인 특정가문에 따른 등급이 양반사족에게 보편적인 의식으로 수용되면서, ○○氏 ○○派로 파생되어 종사(宗事)나 혼사(婚事) 등에 주요한 가치로 인식되었다. 이에 따라 그 구성원의 결속이나 집단적 문중대응력을 높이기 위한 사료(史料)로서 가문의 혈통 또는 구성원을 표시하는 족보를 편찬하게 되었다.

다. 같은 성족(姓族)의 집성촌(集姓村) 형성

같은 조상 아래 동성의 구성원은 집단적으로 한 부락을 형성하여 정신적, 지리적 공간을 공유함으로써 구성원의 동류의식을 높이고 타 성족(姓族)에 대한 자기 문중의 위치를 명확히 하려고 했다.

대부분의 동족집단은 본관과 일치하거나 본관 인근지방에 밀집해 있는 것이 보통이었다. 왜냐하면 옛날에는 교통이 불편하고 통신시설이 없었으므로 분가를 하더라도 고향을 떠나 멀리가지 않았기 때문이다. 이에 따라 동성의 집단부락에 애착을 갖게 되고 부득이 떠나게 되더라도 회귀하려는 성향이 매우 짙었다.

다만 자신의 귀책으로 인하여 동족의 구성원에게 집단적 핍박을 받거나 경제적 어려움에 처하는 등 구성원의 지위 유지가 어려운 경우에는 동족부락의 인센티브를 포기하고, 타성(他姓)이 있는 마을로 이거하여 우거하는 경우도 있었다. 이는 기왕의 집단성족의 신분적 지위를 상실하게 되는 것으로, 양반의 후예가 양반대접을 못 받게 되는 결과를 낳기도 했다.

한편 호적이나 족보에서 사용하는 공식적인 본관과는 별도로 특정 세거지역의 마을 이름을 딴 명칭이 따로 통용되는 경우도 많았다. 같은 본관을 지닌 일반적인 동성과는 차별되는 가문의 별칭으로 특정지역 내에서 널리 쓰인 것이다. 대부분 그 지역의 동성집성촌에서 현조(大儒·高官 등)를 배출한 경우들로, 이를 통해 반격이 드러나기도 했다. 일반적으로 통용되는 지역적 범위의 광협(廣狹)은 반격의 위상(位相)을 가늠하는 척도가 되었다. 그 범위가 넓으면 넓을수록 명문계파(名門系派)로서의 위치를 나타내 준다고 할 수 있다.

다음은 동성마을의 실례와 특히 본관과는 별도로 세거지명(世居地名)을 이용한 성씨의 별칭 사례들이다.

◆ 창녕성씨(昌寧成氏) 동족부락(同族部落)

경남 창녕군 대지면 일원에 창녕성씨 동족부락이 여섯, 일곱 곳이나 있다. 이곳에는 해방 전후만 해도 동네 반장도 이장 · 면장도 성씨(成氏)요, 초등학교에 가면 교실의 급장도 전교 어린이 회장도 담임 선생님도 교장 선생님도 모두 성씨(成氏) 일색(一色)이었다.

그곳 대지면 맥산에는 창녕성씨 시조의 묘소(墓所)가 있으며 시제(時祭) 때만 되면 전국의 성씨(成氏)들이 모이는 곳이다. 또한, 우리나라에 양파를 처음 보급했다고 알려진 아석(我石) 고가(古家)도 이곳에 위치하고 있다.

〈창녕성씨 동족마을〉

◆ 경주최씨(慶州崔氏) 동족부락(同族部落)

경북 경주시 내남면 이조리에는 정무공(貞武公) 최진립(崔震立)의 후손들이 많을 때는 200여 호가 넘게 형성되어 있었다. 경주시

교동(校洞)에 분가한 소위 노블레스 오블리주를 실천한 10대 진사(進士), 12대 만석꾼 집안인 경주 최부잣집도 정무공의 후손이다. 정무공은 임진왜란(동생인 繼宗도 참전)과 정유재란·병자호란 3대 전란에 참여하였고, 병자호란 당시 용인전투에서 칠순의 나이에 장렬히 전사하고, 청백리(淸白吏)로도 녹선된 인물이었다. 이에 그 후손들은 명사(名士)의 후예라는 긍지를 가슴에 새기며 살고 있다.

〈忠義堂: 貞武公 崔震立 배향〉

◆ 풍산류씨(豊山柳氏: 하회류씨) 동족부락(同族部落)

경북 안동시 풍산면 하회마을은 풍산류씨 일족마을이다. 이 마을에서 서애(西厓) 류성룡(柳成龍)이 배출되어 마을이름을 딴 '하회류씨(河回柳氏)'라는 별칭으로 더 알려져 있다. 육지 속의 섬으로 된 이 마을에서의 타성(他姓)은 류씨 동족의 생계를 보조하기 위한 인적구성원이었다고 해도 큰 무리는 아닐 것이다.

풍산류씨의 시조는 고려 초에 풍산현(豊山縣) 호장(戶長)을 지낸 류절(柳節)이고, 그 후손 역시 3대에 걸쳐 풍산현의 호장을 지냈다. 7세조인 류종혜(柳從惠, 서애 류성룡의 6대조)가 조선 초 가선대부(嘉善大夫) 공조전서(工曹典書)를 역임하면서 풍산류씨가 알려지기 시작하였다. 입향조(入鄕祖)인 류종혜는 본래 풍산 상리에 살았는데, 하회마을의 아름다운 경관에 끌려 옮겨 살게 되면서 오늘에 이르렀다고 한다. 후손 류중영(柳仲郢)과 그의 아들 류운룡(柳雲龍) · 류성룡(柳成龍) 등 뛰어난 인물이 배출되면서 풍산류씨 동성마을로서의 위상을 다졌다.

〈하회마을 전경〉

소위 하회류씨(河回柳氏)는 서애 류성룡(柳成龍) 한분만으로도 자긍심이 대단한데, 영의정(領議政)까지 오른 영남의 대표적 정치가이며, 학자이자 경세가(經世家)인 그 분의 후손됨을 밖으로 내놓지는 않아도 대단히 자부하고 있다. 하회마을에는 류성룡 형제 관련 유적도 많이 남아 있는데, 대표적으로 하회류씨의 종택이며 겸암(謙庵) 류운룡과 서애(西厓) 류성룡이 출생한 양진당(養眞堂, 보물 306호)이 있다. 류운룡이 후학을 양성하고 수양하던 겸암정사(謙菴精舍)·빈연정사(賓淵精舍), 류운룡의 학덕을 기리고자 세운 화천서원(花川書院), 류성룡이 학문을 연마하던 옥연정사(玉淵精舍)·원지정사(遠志精舍) 등도 있다. 류성룡의 종택 충효당(忠孝堂, 보물 414호)에는 조선 중기 명필로 꼽혔던 미수(眉叟) 허목(許穆)이 쓴 현판이 아직 남아 있다.

◆ 청송심씨(靑松沈氏) 동족부락(同族部落)

경북 청송군 일원에는 청송심씨의 동족부락이 많이 있다. 파천면·부동면·부남면 등에 있는데, 특히 파천면 덕천리에 집단적으로 일족이 촌락(村落)을 형성하고 있다. 바로 이곳에 청송심씨 송소고택(松紹古宅: 청송 심부잣집)의 추녀 끝 풍경소리가 지나가는 나그네의 발걸음을 멈추게 한다.

이곳의 청송심씨는 향파(鄕派)로서, 조선의 개창에 반대하고 끝까지 고려에 충절을 지킨 두문동(杜門洞) 72현(賢)의 한분이신 악은(岳隱) 심원부(沈元符)의 후손들이다. 절신의 후예라는 긍지를 갖고 있으며, 영남일대에 살고 있는 청송심씨는 모두 이 고장에 뿌리를 두고 있는 후예로 보면 큰 무리가 없을 것이다.

〈청송심씨 동족마을〉

◆ 장흥고씨(長興高氏: 창평고씨) 동족부락(同族部落)

전라남도 담양군 창평면 월봉산 아래 제봉(霽峰) 고경명(高敬命, 1533~1592)의 후손들이 호남반가(湖南班家)의 전통가옥들을 다소곳이 보존하며 집성촌을 형성하고 있다. 고경명의 본관은 장흥(長興)이지만(제주고씨에서 분파, 현재는 제주를 단본으로 합본), 이 지역에서 고경명이 배출되었다 하여 이곳의 고씨들은 '창평고씨(昌平高氏)'라고도 별칭되었다.

이곳 창평고씨들은 유천이라는 동네와 삼지천이라는 동네로 나누어 살고 있는데, 양쪽 동네는 개화기에 정신적 특성을 달리하였다. 이를테면 유천마을은 녹천(鹿川) 고광순(高光洵), 동강(桐崗)

고광훈(高光薰) 형제를 비롯한 고제량(高濟亮), 고광채(高光彩), 고광수(高光秀) 등 구한말 의병에 참여했던 후손들이 많이 살고 있다. 반면 삼지천마을 쪽에는 영학숙(英學熟), 창흥의숙(昌興義熟) 등을 열어 신학문을 가르쳤던 춘강(春崗) 고정주(高鼎柱)의 후손들이 주로 살고 있다. 창흥의숙은 고재청(전 국회부의장)·고재호(전 대법관)·고재욱(전 동아일보 회장) 등 걸출한 인물을 많이 배출한 것으로도 유명하다.

여담이지만 고씨 관련 다음과 같은 말도 있다. 울산김씨인 인촌(仁村) 김성수(金性洙)는 어머니·부인·며느리가 모두 고씨여서 "인촌은 고씨들로 병풍을 둘렀다"는 우스갯말을 하기도 한다.

〈장흥고씨 동족마을·담양 삼지천마을〉

◆ 효령사공씨(孝令司空氏), 영천황보씨(永川皇甫氏) 동족부락

경북 군위군 효령면 노행동·성동·장군동 등에 효령사공씨의 집성촌이 있다. 고려 때 판의시사(判儀寺事)를 지낸 효령군(孝令君) 사공중상(司空仲常)을 1세조로 하고 있다. 계유정난(癸酉靖難) 때 지성균관사(知成均館事)로서 불의를 탄핵하고 관직에서 물러난 사공주(司空周) 선생의 절의를 숭앙하고, 종중원의 긍지로 여기며 집성촌을 형성하고 있다. 아마 사공씨 성을 가진 사람의 출신지를 물으면 거의 100%가 군위군이라고 대답할 것이다. 본관과 고향이 일치되는 전형적인 성족이다.

영천황보씨는 영천군 지곡면과 영일군 구룡포에 동족부락을 형성하고 있는 바, 전국에 살고 있는 황보씨는 모두 이 고장 출신이라고 보면 틀림없다.

◆ 은진송씨(恩津宋氏: 회덕송씨) 동족부락

대전광역시 대덕구 회덕동에 집성촌을 형성했던 은진송씨(恩津宋氏)들을 회덕송씨(懷德宋氏)라 칭하기도 한다. 이곳에서 우암 송시열(尤庵·宋時烈)과 동춘당(同春堂) 송준길(宋浚吉)을 배출하여 붙은 별칭이다.

◆ 나주임씨(羅州林氏: 회진임씨) 동족부락

백호(白湖) 임제(林悌)를 배출한 마을 이름이 회진이다. 이에 따라 이 고을에 모여 사는 나주임씨들은 회진임씨(會津林氏)로도 호칭되었다.

◆ 안동김씨(安東金氏: 장동김씨) 동족부락

조선말 세도정치 60년 권부의 인물들이 서울 장동(壯洞: 지금의 孝子洞)에 모여 세거하였다. 그로 인해 이곳에 살았던 안동김씨들을 장동김씨(壯洞金氏)라 별칭하였다. 일명 '장김(壯金)'이라고도 한다.

◆ 동래정씨(東萊鄭氏: 회동정씨) 동족부락

문익공(文翼公) 정광필(鄭光弼) 이래 13명의 정승을 배출한 동래정씨 가문이 회동(지금의 서울 會賢洞)에 모여 세거하였다. 이 가문을 회동정씨(會洞鄭氏)라 부른다.

동성마을은 전국적으로 분포했던 만큼 사례 명시가 무색할 정도로 많다. 또한 집성촌을 형성한 세거지명을 성씨에 붙여 별칭한 특별 사례 역시 열거할 수 없을 정도로 많다. 후자의 경우만 몇 가지 사례를 더 들자면 다음과 같다. 영조(英祖)의 계비를 배출한 서산의 한다리김씨(경주김씨), 회재(晦齋) 이언적(李彦迪)을 배출한 경주의 양동이씨(여주이씨), 사육신 중 한 명인 취금헌(醉琴軒) 박팽년(朴彭年) 후손의 달성 묘골박씨(순천박씨), 선조 때 영의정을 지낸 사암(思菴) 박순(朴淳)을 배출한 광주의 절골박씨(충주박씨), 가사문학의 대가이자 문신(좌의정)인 송강(松江) 정철(鄭澈)의 얼이 이어져온 담양의 지실정씨(연일정씨), 사계(沙溪) 김장생(金長生)과 신독재(愼獨齋) 김집(金集)의 출신지를 딴 연산김씨(광산김씨), 명재(明齋) 윤증(尹拯)의 가계를 배출한 충남 논산의 노성윤씨 (파평윤씨) 등이 이 같은 사례이다. 이들은 성씨 앞에 자연부락단 위의 세거지를 붙인 별칭을 성관(姓貫)보다 통용함으로써, 같은 본 관 내에서도 스스로를 차별화한 것이라 하겠다.

〈박팽년등 사육신을 제향하는 묘골의 육신사〉

이와 같은 동족부락은 통상 본관지방 또는 그 가까운 곳에 형성 해왔다. 물론 근래에는 농경사회에서 산업사회로 변화됨에 따라 농경지에 기반을 둔 집성촌의 본래 모습은 거의 사라졌다. 다만 불 천위사당을 모시는 문중은 봉사손만이 어쩔 수 없어 무거운 멍에 를 지고 이끼 낀 고택에서 전통문화에 관심 있는 손님을 맞이하고 있는 실정이다. 이도 얼마나 오래갈지.

본관지방에의 집중현상은 희성(稀姓: 인구가 적은 성)일수록 더 두드러진다. 즉 보성선씨(寶城宣氏)·장흥위씨(長興魏氏)는 전라남도에, 창원감씨(昌原甘氏)는 경상남도에, 제주부씨(濟州夫氏)는 제주도에, 금구온씨(金溝溫氏)는 전라북도에, 의흥예씨(義興芮氏)는 경북지방에 집중적으로 세거해 왔다.

4. 한국성씨의 본관별 현황

2000년도에 실시한 인구주택 총 조사 보고서(별표)에 의하면 우리나라의 성씨의 종류는 286개이며 이를 본관별로 구분하면 4,351개이다. 1개의 성에 평균 15개의 본관이 있는 것으로 조사되었다. 본관이 많은 성씨는 김씨가 350개로 단연 으뜸이고 이씨가 277개, 최씨가 160개, 정씨가 137개, 박씨가 120개로 각각 그 뒤를 잇고 있다. 인구주택 총 조사는 호적이나 족보에 의한 조사가 아니고 조사원에 의한 면담조사 또는 응답자의 기록에 의하여 집계된 것이기 때문에 인구가 천 명 이하로 보고된 성관(姓貫)은 최근에 귀화한 경우가 아니라면 본관의 기록은 상당한 오류가 내재되어 있다고 보여진다. 즉, 응답자가 자신의 성(姓)은 확실히 알고 있으나 본관 개념에 대한 몰이해로 주소지나 연고지 생활근거지 등을 본관으로 오해함으로써 본관 숫자가 많아진 결과를 초래했을 개연성이 상당히 높다. 우리나라 전체 인구수는 45,985천 명으로 조사되었으며 인구수가 많은 성(姓)별 순위 10위까지는 아래와 같다.

순위	성씨	인구수(천 명)	전국 인구수의 점유비(%)
1	金	9,925	21.5
2	李	6,794	14.7
3	朴	3,895	8.4
4	崔	2,169	4.7
5	鄭	2,010	4.3
6	姜	1,044	2.2
7	趙	984	2.1
8	尹	948	2.0
9	張	919	1.9
10	林	762	1.6

위의 10위까지 성씨들의 인구는 모두 30,156천 명으로서 전체 인구의 65.5%를 점하고 있는바 이는 우리나라의 성(姓)이 특정 성씨에 집중되어 있음을 알 수 있다. 즉, 10명이 모인 장소라면 거의 7명은 위에 10위 내에 있는 성을 지닌 사람으로 볼 수 있다.

또한 성(姓)과 본(本)이 같은 성씨로 인구수가 많은 성관별 순위 10위까지는 다음과 같다.

순위	성씨	인구수(천 명)	같은 성 인구수의 점유비(%)
1	金海金氏	4,124	41.5
2	密陽朴氏	3,031	77.8
3	全州李氏	2,609	38.4
4	慶州金氏	1,736	17.4
5	慶州李氏	1,424	20.9
6	慶州崔氏	976	44.9
7	晋州姜氏	966	92.5
8	光山金氏	837	8.4
9	坡平尹氏	713	75.2
10	清州韓氏	642	91.1

위의 표에 의하면 김해김씨(金海金氏)는 4,124천 명으로 우리나라 전체 인구의 8.9%로서 10명이 모인 장소에는 한 명 정도는 김해김씨 성관을 지닌 사람이 있다고 추론할 수 있다. 성과 본관이 같은 성씨의 10위까지의 합계 인구는 17,058천 명으로 전체인구의 37.0%를 점하고 있다. 우리나라 본관별 성씨가 4,351개인 것을 고려하면 같은 본관을 지닌 특정 성씨에 인구가 엄청나게 편중되어 있음을 알 수 있다. 즉, 우리나라 사람 3명 중 1명은 위의 10개 성관 중 어느 하나에 속한 성관을 지닌 사람이라고 할 수 있는 것이다.

<성씨, 본관별 현황>

성씨	인구 (천 명)	본관 수(개)	대표적 본관		
			본관	인구(천 명)	비율(%)
286개	45,985	4,351			
가(賈)	9	5	소주(소성)	9	99
간(簡)	2	8	가평	2	85
갈(葛)	3	21	남양	1	33
감(甘)	5	10	창원	2	45
강(姜)	1,044	34	진주(진양)	966	93
강(康)	109	26	신천	44	40
강(疆)	13	2	진주	13	99
강(强)	1	3	충주	0.9	58
강(剛)	0.5	2	곡산	0.5	99
강전(岡田)	0.05	0	없음	0.05	100
개(介)	0.08	1	여주	0.08	99
견(甄)	1	9	전주	0.7	66
견(堅)	0.5	5	여주	0.2	49
경(慶)	11	2	청주	11	99
경(景)	4	11	태인	1	35
경(京)	0.001	1	황간	0.001	100
계(桂)	6	6	수안	6	99
고(高)	435	52	제주	325	75
곡(曲)	0.1	2	용궁(예천)	0.1	95
공(孔)	83	11	곡부	73	88
공(公)	2	3	김포	1	70
곽(郭)	187	25	현풍	140	75

교(橋)	0.04	2	진주	0.03	93
구(具)	178	23	능성	120	68
구(丘)	13	2	평해	13	99
구(邱)	0.8	2	은진	0.8	98
국(鞠)	16	7	담양	15	94
국(國)	2	7	담양	1	54
국(菊)	0.4	2	영광	0.3	96
군(君)	0.04	1	남원	0.04	100
궁(弓)	0.5	1	토산(상원)	0.5	99
궉(鴌)	0.2	3	청주	0.1	66
권(權)	652	12	안동	629	96
근(斤)	0.2	1	청주	0.2	99
금(琴)	23	9	봉화	21	90
기(奇)	24	4	행주	21	88
기(箕)	2	2	행주	2	99
길(吉)	32	11	해평	20	63
김(金)	9,925	350	김해1	4,124	41.5
			경주	1,736	17.4
			광산	837	8.4
			김녕	513	5.1
			안동(구)	425	4.2
			의성	253	2.5
			김해2	199	2.0
			강릉	165	1.6
			선산	109	1.0
나(羅)	172	20	나주	108	63

난(欒)	0.08	1	충주	0.07	96
남(南)	257	23	의령	150	58
남궁(南宮)	18	2	함열(익산)	18	99
낭(浪)	0.3	2	양주	0.3	98
내(奈)	0.06	1	나주	0.06	99
내(乃)	0.3	3	개성	0.3	98
노(盧)	220	53	교하	53	24
노(魯)	67	24	함평	25	38
노(路)	3	5	개성	1	56
뇌(賴)	0.01	1	없음	0.01	100
뇌(雷)	0.08	2	교동(강화)	0.07	98
누(樓)	0.02	1	없음	0.02	100
단(段)	1	16	강음(김천)	0.5	41
단(單)	0.1	1	연안	0.1	99
단(端)	0.03	1	한산	0.03	100
담(譚)	0.05	1	등주	0.05	93
당(唐)	1	2	밀양	1	99
대(大)	0.6	2	밀양	0.4	81
도(都)	52	19	성주	46	88
도(陶)	1	11	순천	0.7	42
도(道)	0.6	2	고성	0.6	98
독고(獨孤)	0.8	5	남원	0.4	56
돈(頓)	0.1	2	목천	0.1	97
돈(敦)	0.02	1	청주	0.02	99
동(董)	5	17	광천	4	74
동방(東方)	0.2	2	청주	0.1	54

두(杜)	5	5	두룽(만경)	5	99
두(頭)	0.2	2	고산	0.2	97
마(馬)	35	12	장흥	28	81
마(麻)	0.9	4	열산(간성)	0.5	50
만(萬)	0.1	11	강화(진강)	0.07	44
망절(網切)	0.01	1	없음	0.01	100
매(梅)	0.2	2	충주	0.2	95
맹(孟)	20	5	신창	18	90
명(明)	26	10	연안	18	68
모(牟)	18	4	함평	17	95
모(毛)	0.8	10	공주(공산)	0.3	40
목(睦)	8	2	사천	8	99
묘(苗)	0.06	1	성산	0.06	100
묵(墨)	0.1	4	광녕	0.1	74
문(文)	426	46	남평	380	89
미(米)	0.1	4	재령	0.08	43
민(閔)	159	13	여흥	142	90
박(朴)	3,895	120	밀양	3,031	77.8
			반남	139	3.5
			함양	123	3.1
반(班)	2	8	광주	1	50
반(潘)	23	13	거제	10	43
방(龐)	1	3	개성	0.8	78
방(方)	81	31	온양	64	78
방(房)	35	15	남양	22	64
방(邦)	1	11	광주	0.5	36

배(裵)	372	60	성주	90	24
백(白)	351	35	수원	316	90
범(范)	3	3	금성	2	90
범(凡)	0.1	1	안주	0.1	99
변(卞)	78	21	초계	49	63
변(邊)	52	20	원주	37	71
복(卜)	8	10	면천	7	86
봉(奉)	11	10	하음	8	70
봉(鳳)	0.3	2	경주	0.3	97
부(夫)	9	4	제주	9	99
부(傅)	0.1	1	한양	0.1	97
비(丕)	0.09	3	용서	0.08	91
빈(賓)	3	6	달성	2	57
빈(彬)	1	2	달성	0.8	53
빙(冰)	0.7	2	경주	0.7	99
빙(氷)	0.001	1	경주	0.001	100
사(史)	9	20	청주	7	77
사(舍)	0.2	4	부평	0.1	85
사(謝)	0.1	3	진주	0.08	61
사공(司空)	4	3	효령	2	62
삼(森)	0.04	3	삼가	0.04	84
삼(杉)	0.002	1	미상	0.002	100
상(尙)	2	2	목천	2	99
서(徐)	693	58	달성	429	61.9
			이천	172	24.8
서(西)	1	3	진주	1	79

서문(西門)	1	2	안음(안의)	1	99
석(石)	46	24	충주(홍주)	35	77
석(昔)	9	5	경주	7	84
선(宣)	38	6	보성	34	90
선우(鮮于)	3	3	태원	3	99
설(薛)	38	11	순창	27	72
설(楔)	3	2	경주	3	99
섭(葉)	0.4	7	경주	0.2	63
성(成)	184	16	창녕	167	91
성(星)	0.8	1	선평	0.7	97
소(蘇)	39	4	진주	37	94
소(邵)	9	17	진주	5	54
소(肖)	0.001	1	광주	0.001	100
소봉(小峰)	0.01	1	없음	0.01	100
손(孫)	415	36	밀양	274	66
송(宋)	634	56	여산	232	36.5
			은진	208	32.8
송(松)	4	2	화순	4	98
수(水)	0.1	4	강릉	0.04	37
수(洙)	0.07	3	달성	0.04	61
순(荀)	1	4	홍산	0.8	83
순(舜)	0.1	3	파주	0.08	67
순(淳)	0.1	2	임천	0.1	83
순(順)	0.03	1	없음	0.03	97
승(承)	2	4	연일	1	73
승(昇)	0.8	6	남원	0.6	76

시(施)	2	3	절강	1	83
시(柴)	1	7	태인	0.8	45
신(申)	698	55	평산	496	71.0
			고령	116	16.6
신(辛)	167	12	영산	83	50
신(愼)	45	6	거창	43	96
심(沈)	252	17	청송	212	84
십(辻)	0.08	1	성진	0.08	99
아(阿)	0.6	5	나주	0.3	49
안(安)	637	42	순흥	468	74
애(艾)	0.1	3	영풍	0.05	46
야(夜)	0.1	7	개성	0.1	58
양(梁)	389	33	남원	218	56.0
			제주	133	34.1
양(楊)	93	16	남원	52	56
양(樑)	3	2	남양	3	99
양(襄)	0.8	1	없음	0.8	100
어(魚)	17	6	함종	13	76
어금(魚金)	0.05	1	청도	0.05	98
엄(嚴)	132	10	영월	124	94
여(呂)	56	26	함양	25	45
여(余)	18	4	의령	16	91
여(汝)	0.3	2	안산	0.3	99
연(延)	28	17	곡산	25	88
연(連)	0.5	2	전주(나주)	0.5	99
연(燕)	3	7	곡산	3	90

염(廉)	63	23	파주(서원)	53	84
엽(葉)	0.1	2	경주	0.1	89
영(永)	0.1	3	강령	0.07	56
영(榮)	0.08	1	영천	0.08	98
영(影)	0.04	1	선천	0.04	98
예(芮)	12	10	의흥	9	73
예(乂)	0.001	1	전주	0.001	100
오(吳)	706	72	해주	422	60
옥(玉)	22	12	의령	19	84
온(溫)	5	14	금구	2	42
옹(邕)	0.7	2	옥천	0.4	53
옹(雍)	0.1	3	파평	0.1	70
왕(王)	23	12	개성	19	84
요(姚)	0.1	3	휘주	0.1	65
용(龍)	14	8	홍천	12	91
우(于)	3	2	목천(천안)	3	97
우(禹)	176	14	단양	162	92
우(宇)	0.001	1	청주	0.001	100
운(雲)	0.1	3	함흥	0.09	57
운(芸)	0.06	2	전주	0.05	74
원(元)	119	12	원주	109	92
원(袁)	1	3	비안	0.9	85
원(苑)	0.005	2	진양	0.003	60
위(魏)	28	10	장흥	24	86
위(韋)	1	2	강화	1	99
유(柳)	603	57	문화	284	47

유(兪)	178	33	기계	113	64
유(庾)	16	4	무송	12	74
유(劉)	242	48	강릉(한양)	178	74
육(陸)	21	6	옥천	20	94
윤(尹)	948	48	파평(파주)	713	75
은(殷)	15	8	행주	12	78
음(陰)	5	19	죽산	2	38
이(李)	6,794	277	전주	2,609	38.4
			경주	1,424	20.9
			성주	186	2.7
			광주	158	2.3
			연안	145	2.1
			한산	136	2.0
			전의	133	1.9
			함평	125	1.8
			영천	116	1.7
			합천	115	1.6
이(異)	1	5	청양	0.5	34
이(伊)	0.8	4	은천(배천)	0.4	48
인(印)	20	15	교동	17	85
임(林)	762	118	나주	236	30.9
			평택	210	27.5
임(任)	172	30	풍천	99	58
자(慈)	0.1	4	요양	0.08	48
장(張)	919	77	인동	591	64
장(蔣)	17	2	아산	17	99

장(章)	5	1	거창	5	99
장(莊)	0.6	3	금천(과천)	0.4	73
장곡(長谷)	0.05	1	없음	0.05	99
저(邸)	0.04	1	없음	0.04	100
전(全)	493	74	정선	141	28.6
			천안	133	26.9
전(田)	188	51	담양	128	70
전(錢)	6	4	문경	5	91
점(占)	0.5	6	한산	0.1	21
정(鄭)	2,010	137	동래	442	21.9
			경주	303	15.0
			진양	238	11.8
			연일	216	10.7
			하동	158	7.8
			영일	100	4.9
정(丁)	187	23	나주	82	44
정(程)	32	15	동래	10	33
제(諸)	19	9	칠원	16	86
제(齊)	0.3	1	없음	0.3	99
제갈(諸葛)	4	7	남양	4	98
조(趙)	984	69	한양	307	31.1
			함안	257	26.1
조(曹)	362	21	창녕	338	93
종(鐘)	0.8	7	영암	0.5	62
종(宗)	0.1	4	임진(장단)	0.05	40
좌(左)	3	2	청주	2	86

주(朱)	176	31	신안	151	86
주(周)	38	20	상주	18	47
준(俊)	0.07	1	청주	0.06	88
쥬(辻)	0.004	1	성진	0.004	100
증(增)	0.003	1	연일	0.003	100
증(曾)	0.003	2	강화	0.002	99
지(池)	140	16	충주	118	84
지(智)	6	6	봉산	6	90
진(陳)	142	48	여양	97	68
진(秦)	21	19	풍기	11	52
진(晋)	5	5	남원	5	89
진(眞)	1	2	서산	1	98
차(車)	180	27	연안	161	89
창(昌)	1	8	거창	0.3	37
창(倉)	0.1	4	아산	0.1	70
채(蔡)	114	17	평강	69	61
채(菜)	3	3	영양	1	52
채(采)	1	2	여산	1	98
천(千)	103	47	영양	73	70
천(天)	8	7	여양	5	64
초(楚)	0.2	7	성주	0.1	42
초(肖)	0.07	2	진주	0.05	79
초(初)	0.04	1	운남	0.04	89
최(崔)	2,169	160	경주	976	44.9
			전주	392	18.0
			해주	181	8.3

			강릉	140	6.4
추(秋)	54	30	추계	39	73
추(鄒)	0.6	1	없음	0.6	99
춘(椿)	0.07	1	남양	0.07	100
탁(卓)	19	7	광산	15	81
탄(彈)	0.1	2	진주	0.1	72
태(太)	8	15	영순	4	51
판(判)	0.2	1	해주	0.2	100
팽(彭)	2	9	절강	1	56
편(片)	14	30	절강	10	73
편(扁)	0.6	2	회천	0.6	95
평(平)	0.6	6	충주	0.3	62
포(包)	0.1	3	순천	0.06	52
표(表)	28	15	신창	24	87
풍(馮)	0.5	1	임구	0.5	99
피(皮)	6	16	괴산	2	35
필(弼)	0.2	3	대흥	0.1	69
하(河)	209	17	진주	121	58
하(夏)	4	2	달성	4	99
학(郝)	0.1	2	산동	0.06	65
한(韓)	704	43	청주	642	91
한(漢)	11	4	충주	6	61
함(咸)	75	21	강릉	56	75
해(海)	0.3	3	김해	0.1	46
허(許)	300	33	양천	130	43.3
			김해	121	40.3

현(玄)	81	51	연주	59	72
형(邢)	6	5	진주(반성)	5	88
호(扈)	4	26	신평	1	44
호(胡)	1	12	가평	0.4	28
호(鎬)	0.2	1	배천	0.2	99
홍(洪)	518	42	남양 (당홍계)	379	73
화(化)	0.9	4	진양	0.8	87
환(桓)	0.1	1	평양	0.1	98
황(黃)	644	69	창원	252	39
			장수	146	22.6
			평해	137	21.2
황보(皇甫)	9	2	영천	8	97
후(后)	0.03	1	당인	0.03	100
후(候)	0.08	2	충주	0.07	95
흥(興)	0.4	1	없음	0.1	100
기타	1	1			
미상	7	1			

(자료: 통계청, 2000년 인구주택 총 조사보고서)

* 해당 성씨 중 인구가 가장 많은 성관과 인구 100천 명 이상 성관은 본관별 인구를 표기함.

二장
족보(族譜)

二. 족보(族譜)

　우리는 별로 변변치 못한 사람을 "그 ○은 족보(族譜)도 없는 ○이다"라고 하고, 화투의 섯다판에서조차도 족보를 정하여 돈 먹는 우선순위를 정하고 있다. 그러므로 앞에서 서술한 성관이 있더라도 족보가 있어야 하고, 족보가 있다 하더라도 등급(양반의 grade)이 있음을 알 수 있다. 그래서 족보에는 시조의 명망을 드러내고 선조들의 현창할 만한 행적 등을 소상히 기록한다. 예컨대 족보에는 공신, 벼슬, 시호, 문집, 혼맥, 배향(문묘 · 종묘 · 서원 · 사당 등에 향사), 정려(충신 · 효자 · 열녀 등의 정문) 등의 행적이 기록된다.

　족보의 편찬은 후손들이 조상들에 대한 사적(史蹟)을 알게 하고, 일족(一族)에 대한 동근성(同根性)을 인식케 하려는 의도가 있었다. 한편으로는 족보를 통하여 다른 성관에 대한 신분적 지위의 대항력을 높이려는 목적도 있었다.

1. 족보(族譜)의 의의(意義)

족보(族譜)는 한 씨족의 계통을 기록한 책으로서, 같은 씨족의 시조로부터 족보 편찬 당시의 자손까지 계보를 기록하고 있다. 이 때의 씨족(氏族)이란 성과 본관이 같은 남계(男系) 친족을 가리킨다. 동족(同族)의 세계(世系)를 기록한 역사이기 때문에, 족보를 통하여 종적으로는 시조로부터 현재 동족원까지의 세계와 관계를, 횡적으로는 현재의 동족 및 상호의 혈연적 친소원근(親疎遠近) 관계를 알 수 있다.

가계(家系)의 영속과 씨족의 유대를 존중하는 사회에 있어서는 족보가 매우 중요하게 여겨진다. 족보는 조상을 숭배하고 가계를 계승하며 씨족을 단결케 하고 소목(昭穆: 조상의 위차)을 분별하는 등 동족집단의 본질을 잘 나타내준다. 족보는 이처럼 동족결합의 물적 표현이기 때문에 이를 통하여 동족 조직의 성격을 알 수 있다. 또한 타 성씨에 대한 과시용이기도 하였다. 따라서 17세기 이전까지만 하여도 족보를 가지고 있으며, 족보에 수단되어 있는 것이 양반의 보증서 역할을 하였다.

각 성씨의 족보가 언제 처음 발행되었는가는 그 성씨의 성세(姓勢)를 나타내는 척도이다. 그러나 비록 당해 성씨의 족보(族譜)가 매우 일찍이 만들어졌다 하여도 본인의 직계존속이 등재되지 않았다면, 족보편집 당시에는 정통성을 인정받지 못한 가계(家系)였다고 여겨도 별 무리가 없다.

2. 족보(族譜) 편찬의 목적

족보는 부계(父系) 혈통으로 하여 수직 횡적으로 만들어지는 바, 주요목적은 종족(宗族)의 단결을 공고히 하고 같은 종중원(宗中員)의 내부 질서를 통제하기 위한 수단이라고 볼 수 있다.

첫째로 같은 종족(宗族)의 단결을 공고히 한다는 것은 다음의 의미이다.

- ◆ 종족(宗族) 구성원은 모두 동일한 시조에서 나왔다는 동근의식(同根意識)을 깊게 한다.
- ◆ 종족인(宗族人) 각자는 깊은 혈연을 통하여 횡(橫)의 관계에 대한 연대의식을 함양한다.

둘째로 종중(宗中) 구성원의 내부적인 질서를 통제한다는 것은 그 의미가 다음과 같다.

- ◆ 동일 시조하에 같은 구성원이라는 것을 자각하도록 한다.
- ◆ 종족인(宗族人) 상호 간에 상부상조하도록 하여 타성(他姓)과는 구별하도록 한다.
- ◆ 족보에 나타난 훌륭한 조상의 행적을 되새기며 구성원 스스로 조상을 욕되게 하지 않는 행동의 자제력을 갖게 한다.
- ◆ 종족인(宗族人)의 횡적 연합을 통하여 하나의 집단화(법인격 없는 한 개의 단체)로 내부적 규율과 대외적 대응력을 높인다.

이와 같이 족보는 가족의 혈통적 관계를 명확히 하고 족인의식(族人意識)을 자각토록 하며, 종족(宗族)의 영예(榮譽)나 조상의 업적을 회고케 함으로써 자긍심을 높이고, 같은 종족 상호 간에 종횡으로 얽힌 체제를 알도록 하여 그 질서에 순응하도록 만들어진 것이라고 볼 수 있다.

족보는 이 밖에 종족구성(宗族構成)의 기능 외에 선조(先祖)의 사적(事蹟)들이 기록되어 있으므로, 민족사의 한 편린은 물론 중요한 역사서(歷史書)의 보완적 기능도 갖고 있다. 또한 시조로부터 여러 대(代)를 내려오면서 종파(宗派)에서 갈려 동종원 간에 서로의 관계를 모르게 될 때에도 그 연원을 파악할 수 있게 한다.

한편 족인(族人)의 족보에 이름을 올림으로써 어느 성씨의 일족(一族)으로서 구성원이 된다. 이와 같은 종중원(宗中員)의 자격을 획득함으로써 종중(宗中)에 관련되는 제사, 종중대표의 선거, 종중 재산의 관리, 종중의 격(格)에 맞는 혼반(婚班) 등 유리한 점을 향유할 수가 있다. 물론 이와 같은 이점(利点)과는 별개로 종중원(中宗員)으로서 의무(예: 종중제사, 기금모금, 위토 마련 시 기금출연 등 경제적 부담)와 유·무형의 행동상 규제도 뒤따르게 된다.

3. 족보(族譜)의 유래

족보의 효시는 중국이다. 후한(後漢) 이후부터 고관을 배출하던 씨족들이 늘어나게 됨으로써 문벌과 가풍을 중요하게 여기는 경향이 생기게 되었고, 이는 입조(立朝)나 승진·혼인 등에까지 영향을 미치게 되었다. 이에 각 종족(宗族)은 자기 가문의 문벌과 계통을 기록할 필요성을 느끼게 되어 족보를 만들게 된 것이다.

위(魏)나라 때는 9품관인법(九品官人法)을 제정하여 관리를 등용하였는데, 9품관인법은 관직의 등급을 1품(品)에서 9품까지 구분하고 관품(官品)에 따라 대우를 달리한 것이었다. 이는 개인의 재덕(才德)에 따라 등용하는 것을 목적으로 하였으나, 현실적으로는 가격(家格)의 영향을 크게 받았다. 이에 인사를 관리하는 이부(吏部)에서는 귀족의 계보(系譜)를 외워 두고 가격에 따라 임관시켰다고 한다.

남북조(南北朝) 시대에 이르러서는 하나의 학문으로서 보학을 연구하기에 이르렀다. 남조(南朝)의 제(齊)나라 사람인 가희경(賈希鏡)을 보학연구의 선구자라고 하는데, 3대가 모두 보학에 밝았다고 한다. 그의 조부 가필지(賈弼之)는 각 성씨의 족보를 모아 기초를 닦았으며, 부친 가비지(賈匪之)도 이를 계속 연구하였다. 그러다가 가희경에 이르러 중국 전역 각 사족(士族)의 족보를 총망라하여 100질 700권에 달하는 방대한 저서를 만들어냈다. 이것이 사인(私人) 족보의 시초이며, 가장 정확한 계보(系譜)라고 한다.

이렇듯 족보는 처음에는 관리를 뽑기 위한 목적으로 사용되었으나, 차차 그 목적은 없어지고 종족(宗族)을 규합하는 성격으로 바뀌게 되었다.

우리나라에서도 이러한 중국의 영향을 받아 족보(族譜)를 만들게 되었으며, 고려 때 왕실의 계통을 기록한 것이 그 효시가 된다. 성종 때에 종묘제가 성립되어 왕실의 조상에 대한 제사가 본격적으로 시작되었다. 이때 왕실 족보를 관장하는 전중성(殿中省, 宗簿寺로 명칭이 바뀜)도 만들어져서 왕실의 계보가 정리된 것으로 보고 있다. 현재 전해지지 않지만 고려 중기 김관의(金寬毅)의『왕대종록(王代宗錄)』, 고려 후기 임경숙(任景肅)의『경원록』등도 고려 왕실 계보를 정리한 기록이다. 여기에는 왕실의 친척인 종자(宗子: 종가의 아들)는 물론 종녀(宗女)까지 함께 열기(列記)했을 것으로 여겨진다.

왕실뿐 아니라 귀족가문에서도 가계기록이 있었던 것을 고려시대 묘지명 등을 통해 확인할 수 있다. 왕실의 계보가 정리된 것으로 보이는 성종 때에는 친족조직을 기반으로 하는 여러 제도가 정비되었다. 예컨대 친족의 등급에 따라 상복을 달리 입는 오복(五服) 제도가 제정되었다. 또 친족 쌍방의 관계 속에서 조상의 음덕에 따라 자손이 관직을 받을 수 있는 제도인 음서(蔭敍)도 운영되기 시작하였다. 이러한 친족조직에 기반한 제도의 운영은 가계기록의 정리와 관련이 있다. 그러므로 이러한 정책이 시행되는 시기를 전후하여 귀족들 간에도 일정한 형식을 갖춘 가계기록이 등장했을 것으로 보인다.

고려시대에 만들어진 가계기록의 실물은 현재 하나도 남아 있지 않다. 그러나 가록(家錄)이나 세보(世譜) 혹은 가보(家譜) 등과 같은 가계기록물에 관한 용어는 이 시대의 기록 가운데 자주 나타나고 있다. 그밖에도 가기(家記)·가전(家傳)·가장(家狀)·가승(家乘)·세계(世系)·보첩(譜牒) 등의 용어도 쉽게 찾아볼 수 있다. 이때 가계기록의 대상이 되는 조상과 친족 범위는 동성동족(同姓同族)까지 확대된 형태는 아니었다.

고려 전기에는 주로 부·조·증조·외조의 사조(四祖)를 기준으로 하고, 여기에 처와 장인, 자녀와 사위의 이름을 적는 방식이 주종을 이루었다. 이는 직계를 중심으로 기록하는 단순한 것으로서, 개별적으로 자기의 가계를 정리한 가승(家乘)과 같은 성격이었다. 그러나 후기로 갈수록 묘지명 등의 기록물을 보면 외손·증손 등 후손에 대한 언급이 많아진다. 모계나 처계 혹은 며느리나 사위 등의 인척에 관한 기록도 증대되기 시작하였으며, 동일가계의 기록이라도 후기로 갈수록 가계의 먼 조상에 대한 언급이 더 풍부해진다. 이는 고려 후기 다양한 사회적 집단이 등장하면서 자신의 위상을 높이기 위해 가계의 격(格)과 유래를 끌어올리려 했기 때문이다. 그리하여 조상의 계보를 멀리 끌어올리고, 모계·처계는 물론 사위·며느리가계를 종합한 가계기록물이 등장하기 시작했다. 고려 말 도입된 성리학적 가족윤리는 이러한 경향을 더욱 촉진시켜 혈족집단의 종합보로서의 족보가 등장하는 배경이 되었다.

그러나 한 동족, 한 분파 전체를 포함하는 족보는 조선 중기에 이르러서 편찬되기 시작하였으며, 그것도 벌족가문을 중심으로 만들어졌다.

4. 우리나라 최초(最初)의 족보

우리나라에서 처음으로 족보가 만들어진 것은 조선 초기로 알려지고 있다.

가장 먼저 만들어진 족보는 1422년(세종4년)에 간행된 문화류씨 영락보(文化柳氏 永樂譜)인 것으로 확인되고 있으나 이 족보는 서문(序文)만 전해지고 족보구성의 가장 주요한 내용인 종원(宗員)이나 가계(家系)의 기록은 실전(失傳)되어 전해지지 않고 있다.

또한 남양홍씨 정통보(南陽洪氏 正統譜)는 1441년(세종23년)에, 진주하씨 경태보(晉州河氏 景泰譜)는 1451년(문종1년)에 발간되었다는 등 몇몇 가문의 족보들이 이미 만들어 졌다는 사실이 다른 문헌을 통해 확인되고는 있으나 족보의 실체는 전해지고 있지 않다.

그리고 전의이씨(全義李氏)는 1476년(성종7년)에, 여흥민씨(驪興閔氏)는 1478년(성종9년)에, 창녕성씨(昌寧成氏)는 1493년(성종24년)에 족보가 발간되었다고 당해 성씨의 족보발간 서문에서 기술하고 있으나 이들 족보 역시 초간본은 전해지지 않고 있는 실정이다. 족보의 구성체계에서 혈계의 내용이 기록 된 것으로서 현존하는 가장 오래된 족보는 1476년(성종7년)에 발간된 안동권씨 성화보(安東權氏 成化譜)이며, 그 다음으로 오래된 족보는 1562년(명종17년)에 간행된 문화류씨 가정보(文化柳氏 嘉靖譜)이다.

그런데 위의 안동권씨 성화보와 문화류씨 가정보는 혈계(血系)를 정리한 보책(譜册) 즉, 내외손(內外孫)을 차별없이 기록하였다.

이 족보에는 부계(父系)혈손은 물론 딸의 아들·딸, 또 그 딸의 아들·딸…을 기록 함으로써 혼인관계에 있는 타성(他姓)의 성관이 훨씬 많이 수록되어 있다.

한편 강릉김씨 을축보(江陵金氏 乙丑譜)는 1565년(명종20년)에 간행되었는바 우리나라에서 현존하는 족보 가운데 세 번째로 오래된 것으로서 총 99장 1권의 목판본(木版本)으로 되어있다.

이 족보는 앞서발행된 안동권씨 성화보나 문화류씨 가정보와는 달리 철저하게 부계 중심으로 편찬되어 동성(同姓)의 종원(宗員)이 수록된 최초의 족보이다.

서문(序文), 범례(凡例), 본관지(本貫地)의 연혁(沿革), 김알지(金閼智)를 시조(始祖)로 하는 세보(世譜)가 기록되어 있으며, 부록으로『고려사(高麗史)』김인존본전(金仁存本傳), 수보현산고묘기(修普賢山古墓記: 시조묘를 찾게 된 경위) 등이 수록되어 있다. 이후 발간된 족보체계는 일부 성족의 경우 외손의 수록범위를 3대, 2대까지로 한정 하다가 19C 이후로는 거의 모든 성족에서 부계(父系) 중심의 종원만을 수록하고 타성(他姓)은 사위까지만 등재하고 있는 것이 일반적이다.

〈강릉김씨 시조(명주군왕) 묘〉

강릉김씨 족보는 이후로 발간된 것도 전부 전해지고 있는 바, 이는 매우 드문 경우로 조선시대 족보의 전체적인 흐름을 파악하는 데 매우 유용하다. 강릉김씨(江陵金氏)의 족보가 이처럼 온전하게 재간·중간되면서도 보존된 것은 백동파(柏洞派)에서 계속 족보 간행을 주관해왔기 때문이다(갑인보 제외). 백동파는 강릉김씨 가운데 가장 벌족가문으로서 영의정 김상철(金尙喆)을 비롯하여 12명의 판서를 배출했고, 강릉김씨의 중추적 역할을 담당하였다.

한편 족보의 수보간격을 시기별, 성씨별로 대략 살펴보면 아래와 같다.

◆ 15세기에 시간(始刊)된 족보의 수보간격

　문화류씨(文化柳氏): 1423, 1562, 1688, 1740, 1803, 1864, 1926

　남양홍씨(南陽洪氏, 唐洪): 1454, 1716, 1775, 1834, 1876, 1920

　안동권씨(安東權氏): 1476, 1605, 1701, 1734, 1794, 1856

◆ 16세기에 시간된 족보의 수보간격

　한양조씨(漢陽趙氏): 1524, 1651, 1726, 1807, 1849, 1884, 1921

　합천이씨(陜川李氏): 1529, 1754, 1801, 1876, 1907

　강릉김씨(江陵金氏): 1565, 1743, 1873, 1903, 1925

　연일정씨(延日鄭氏): 1575, 1649, 1774, 1805, 1880, 1915

　능성구씨(綾城具氏): 1576, 1635, 1716, 1787, 1853

◆ 17세기에 시간된 족보의 수보간격

　양성이씨(陽城李氏): 1606, 1659, 1773, 1804, 1838, 1878, 1917

　청풍김씨(淸風金氏): 1638, 1715, 1750, 1857

　반남박씨(潘南朴氏): 1642, 1683, 1706, 1825

　한산이씨(韓山李氏): 1643, 1740, 1846, 1905, 1937

　기계유씨(杞溪兪氏): 1645, 1704, 1738, 1786, 1864, 1912

　풍양조씨(豊壤趙氏): 1678, 1731, 1760, 1826, 1900

　경주박씨(慶州朴氏): 1684, 1864, 1883, 1908

　경주김씨(慶州金氏): 1685, 1784, 1873

　인천이씨(仁川李氏): 1694, 1777, 1832, 1864, 1876, 1903

◆ 18세기에 시간된 족보의 수보간격

　달성서씨(達城徐氏): 1702, 1815, 1829, 1841, 1881, 1907

　대구서씨(大丘徐氏): 1702, 1736, 1775, 1818, 1852

　울산박씨(蔚山朴氏): 1705, 1781, 1819, 1875, 1925

　동복오씨(同福吳氏): 1712, 1793, 1846, 1866, 1904, 1926

연안김씨(延安金氏): 1719, 1765, 1870, 1912
포산곽씨(苞山郭氏): 1743, 1782, 1853
순창설씨(淳昌薛氏): 1749, 1786, 1848, 1875, 1912

◆ 19세기에 시간된 족보의 수보간격
 칠원제씨(漆原諸氏): 1821, 1883, 1925
　　　　　　　　　　 －출처:『한국민족문화대백과사전』

　위의 표에 의하면 족보의 평균 발행 간격은 30년 내지는 40년이
다. 또한 15세기나 16세기 이전에 처음 족보를 발간한 씨족의 재
간(再刊)까지의 간격은 상대적으로 길고, 18세기나 19세기에 처음
발간한 족보의 재간 간격은 짧다. 이는 16세기 이전에는 동족집단
의 형성이 미미하였고, 동족의식이 강렬하지 않았기 때문일 것으
로 생각된다.

　족보의 발간은 지역적 시기적으로 다음의 특성이 있다. 15세기
에서 17세기까지는 영남지방의 재지사족(在地士族)들에 의해서 많
이 편간되었고, 17~19세기 전반까지는 서울의 벌족가문을 중심
으로 경화지방에서 많이 발간되었다. 1910년 한일합방 이후로는
북한지방에서 많이 발간됨과 동시에 그때까지 족보를 발간하지
못하였던 다수의 성족(姓族)들이 족보를 편집 발간하였다.

　조선 후기에서 일제강점기를 거치면서 최근까지 초보(初譜)로서
창간된 족보는 충분한 고증(考証)이 불충분하거나, 성관(姓貫)이
나 조상체계(祖上體系)가 완전하다고 할 수 있는 것이 많지 않다.
반면 어느 성족(姓族)의 첫 족보 편찬시기가 조선 중기 이전이었다

면, 당시 명벌가문(名閥家門)이었다 해도 별 무리가 없을 것이다.

한편 아직까지도 족보를 갖지 못하고 있는 성족(姓族)도 적지 않으며, 족보가 있는 성족이라 하더라도 족보에 등재되지 않은 사람(남자의 경우에도)이 많이 있다.

5. 족보(族譜)의 종류와 명칭

족보의 종류는 수록(收錄)되는 동족(同族)의 범위에 따라 다음과 같이 구분된다.

가. 국내(國內) 성씨(姓氏) 전체를 망라한 계보(系譜)를 수록한 것으로서, 『만성대동보(萬姓大同譜)』·『조선씨족통보(朝鮮氏族統譜)』·『청구씨보(靑丘氏譜)』 등의 계보서(系譜書)가 있다.

나. 같은 동족(同族) 전체를 망라한 계보(系譜)를 수록한 것으로 대동보(大同譜)가 있다. 동성동본(同姓同本)은 물론 본(本)이 달라도 조상이 같은 동조이본관(同祖異本貫), 성(姓)은 달라도 한 조상에서 나온 동조이성(同祖異姓)을 모두 포괄하여 만든 것이다.

다. 두 파(派) 이상의 파족(派族)을 동보(同譜)로 편집한 세보(世譜)가 있다. 그러나 어느 한 파속(派屬)만을 수록했을 때라도 파보

(派譜)라는 것을 피하기 위하여 세보(世譜)라는 명칭을 사용하기도
한다.

라. 한 동족(同族) 안의 파조(派祖)를 중심으로 그 자손만을 수록
한 파보(派譜)가 있다. 대체로 저성(著姓)인 경우 한 족보에 다 수
록하기 어려워 따로 파보를 작성하거나, 파간(派間)에 동조(同祖)
의 확실성(確實性)이 모호하거나 현달한 선조가 있을 경우에도 다
른 자손과 구분하기 위하여 파보를 편간한다.

마. 이외에 조상(祖上)을 중심으로 한 하향식(下向式)이 아니라
자기(自己)를 중심으로 거슬러 올라가는 상향식(上向式) 계보(系
譜)로서 가보(家譜) 또는 가첩(家牒)이 있다. 주로 주손(冑孫)이나
봉사손(奉祀孫)에 의하여 작성되어 소장·관리된다. 족보는 바로
이 가보(家譜)·가첩(家牒)의 형태로 출발했다.

그러나 이러한 동족(同族)의 구분에 따른 족보의 명칭은 현실
적으로는 혼재되어 사용되어왔다. 이를테면『전주최씨 세보』는
1925~1940년까지 5회나 걸쳐 간행되었는데, 각기 편자와 발간지
및 수록된 동족성원이 다르다. 실제는 모두 파보인데 세보 명칭을
사용한 것이다. 아예『순홍안씨 제3파 세보』처럼 파보를 세보로 표
기한 것도 있다.

파보는 대개 같은 성족(姓族)에서 현달한 파조(派祖)의 시호(諡

號), 관직(官職), 당호(堂號), 지역(地域), 형제(兄弟)의 순차(順次) 등
에 의하여 명명된다. 이를테면 다음과 같다.

◆ 시호(諡號): 전주최씨(全州崔氏) 문충공(文忠公) 자손대동보
(子孫大同譜)

◆ 관직(官職): 남양홍씨(南陽洪氏) 판중추공파보(判中樞公派譜)

◆ 호(號): 경주김씨(慶州金氏) 호정공파보(昊亭公派譜)

◆ 지역(地域): 광주안씨(廣州安氏) 김해파보(金海派譜)

◆ 형제의 순차: 순흥안씨(順興安氏) 제3파보(弟3派譜)

6. 족보 구성(構成)의 체계

족보의 구성체계(構成体系)는 족보의 종류와 크기 또는 성족(姓
族)에 따라서 그 체계를 약간씩 달리하고 있으며, 특히 시대의 변
화에 따라 족보체계와 수록내용도 달라지고 있다. 그러나 전체적
인 편집체계와 구성내용은 일정한 틀에서 크게 벗어나지 않으므
로 공통적 요소별로 살펴보면 다음과 같다.

가. 서문(序文)과 발문(跋文)

서문(序文)이란 족보 발행의 동기와 의의, 동족의 내력 등을 설
명하는 글이다. 발문(跋文)은 족보의 말미에 편찬에 따른 추기(P.S)

를 한 것이다. 발문은 서문의 내용과 다름이 거의 없는데 편찬의
경위가 좀 더 자세히 기록된다. 시대적으로 추앙받는 다른 동족원
에 의해 쓰인 경우도 간혹 있기는 하나, 일반적으로 직계후손 중 명
망 있는 사람이 쓰는 것이 보통이다.

　세월이 지나서 족보를 증보하거나 수정하는 경우에도 앞서 발
간한 족보의 서문과 발문을 수록하는 것이 보편적이다.

　　나. 기(記) 또는 지(誌)

　시조(始祖) 또는 다음과 같은 현달한 선조의 역사적인 행적과 전
기 등을 간략하게 기술한 것이다. 최근에 편찬되는 족보에는 영
정 · 묘지 · 비각 · 유물 등을 사진으로 수록하여, 종원(宗員)에게
자긍심을 고취시키고 있다. 더불어 다른 문중(門中)에 대하여는 과
시 효과도 간접적으로 꾀하고 있다.

　　① 문묘배향자(文廟配享者), 종묘배향자(宗廟配享者), 서원배향
　　　자(書院配享者), 불천위조상(不遷位祖上)
　　② 문형(文衡): 대제학(大提學)을 지내신 분
　　③ 시호(諡號)를 받으신 분, 특히 '문(文)'자 시호
　　④ 성리학자(性理學者)로서 사림(士林)의 명성을 떨친 분과 저서
　　　(著書)를 남기신 분
　　⑤ 청백리(淸白吏)에 녹선(錄選)된 분

⑥ 중요관직(重要官職)을 지내신 분 및 호당입록자(湖堂入錄者)

⑦ 공신(功臣) 또는 봉작(封爵)을 받으신 분

⑧ 국혼자(國婚者, 왕실과 혼인을 맺은 분)

⑨ 문과 급제자(文科及第者)

⑩ 선조(先祖)의 사적(史蹟), 유물(遺物)

최대한 자신들 성족(姓族)의 위상을 높이기 위하여 조상 중 현달한 분을 세대별(世代別)로 수록하는 것이 일반적이다. 또한 고위직(高位職)을 지내신 분의 신도비문(神道碑文: 신도비는 실제 관직이나 사후 추증된 관직이 2품 이상인 경우 건립)이나 묘갈문(墓碣文)을 수록한다. 이때 비문을 누가 지었느냐에 따라 망자(亡者)의 격(格)이 평가되기 때문에 반드시 지은 사람을 표기하였다. 오늘날로 말하자면 한때 결혼식 주례를 누가 맡느냐에 따라 혼인 당사자의 격(格)이 평가되었듯이 말이다.

따라서 어느 사람의 성족에 대한 족보를 볼 기회가 있다면, 족보 서문 뒤에 나오는 위 열거사항만 슬쩍 보아도 개략적인 그 성씨의 위상을 가늠할 수 있다. 또 그가 수록되어 계시는 분의 직계인지 방계인지를 알면 그 성씨 내에서의 위치도 대략은 알 수 있다.

다. 범례(凡例)

일반 서적의 범례와 같이 기록의 내용을 파악하는 데 대단히 중요한 자료로서 대략 아래와 같은 사항에 대하여 설명하고 있다.

- ◆ 족보(族譜) 발행의 권수
- ◆ 신보(新譜)와 구보(舊譜) 서문(序文)의 게재 순서
- ◆ 묘지(墓地) 및 비문(碑文)의 설명
- ◆ 종원(宗員)의 게재순서[예: 출생 순서 또는 선남후녀(先男後女)]
- ◆ 종원별 기록내용[예: 자(字), 호(號), 생졸(生卒), 관직(官職), 상훈(賞勳), 시호(諡號), 문집(文集), 배위(配位) 등의 기술방법]
- ◆ 입계(入系)와 출계(出系) 표시 방법: 양자(養子)로 나가고 들어옴의 표시
- ◆ 부록(附錄)의 수록내용

이상의 내용 등을 표기(表記)하는 것이 일반적이나 가규(家規)나 가법(家法)과 같은 범례 이상의 것을 포함한 족보도 있다.

라. 전체세계도(全体世系圖)

시조(始祖)부터 족보발행일 현재까지 종원(宗員) 전체의 인명(人名)을 횡(橫)과 종(縱)의 도표에 계파별(系派別)로 게재한다. 나는 족보의 몇 권에 수록되어 있으며, 시조로부터는 몇 세(世)이며 어느 파(派)에 속하고, 현달한 선조(先祖)와 나의 직계(直系)가 몇 촌간(寸間)인지 간단히 확인할 수 있고, 현재의 특정 종원(宗員) 간 촌수의 근원(近遠)을 쉽게 파악할 수 있게 한다.

그러나 종원이 매우 많은 저성(著姓)일 경우, 이 세계도는 파보(派譜)에 수록은 가능하나 대동보일 경우에는 작성이 매우 어려워 대부분 생략하고 있다.

　　세계도(世系圖)가 있는 족보일 경우에는 내가 속해있는 파(派)만 알면, 족보 안에 자신이 어디에 수록되어 있는가를 쉽게 찾을 수 있다. 즉 개인별 색인부 역할을 한다고 할 수 있다.

　　"예시(例示)" 南陽洪氏世系圖 文僖公派

　　근래에는 아예 한글이름(父의 이름 병기)으로 "가·나·다"순에 의한 색인부를 만들어 더욱 찾기 쉽게 한 족보도 편찬되고 있다.

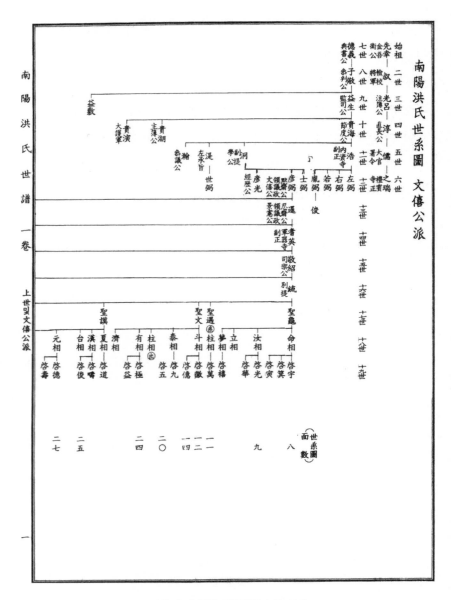

〈예시, 南陽洪氏世系圖 文僖公派〉

마. 인별계보표(人別系譜表)

일반적으로 족보(族譜)라 함은 인별계보표(人別系譜表)를 말하며 족보 전질의 대부분을 차지한다. 족보에 이름을 올렸느니 족보에서 이름을 지우느니 하는 것이 인별계보표 등재 여부를 두고 하는 말이다. 대체로 서문이나 기·범례·세계도 등은 족보의 제1권에, 편수자(편집위원·유사) 명기(名記)나 부록(족보 관련 참고사항) 수록은 제일 끝 권에 하고, 나머지 전부는 이 인별계보표로 구성된다. 족보(族譜)의 편간 목적이 바로 인별 계보를 종횡으로 수록하는 데 있기 때문이다.

기록양식(記錄樣式)은 시대의 흐름에 따라 많이 변화되어 왔으나(후술), 족보 편찬이 급증했던 17·18세기 이후의 그 수록내용은 대체로 다음과 같다.

우선 시조로부터 시작하여 세대 순으로 종계(縱系)를 이루고, 장마다 면을 표시하여(과거에는 천자문 순서, 오늘날에는 아라비아 숫자) 보기 편리하도록 하였다.

각각 수록된 족원(族員)에 대해서는 자(字)·호(號)·생졸일(生卒日)·관직(官職)·시호(諡號)·봉작(封爵)·과방(科榜)·충효(忠孝)·문장(文章)·저술(著述) 등 일체의 신분관계를 기입한다. 오늘날 개인의 이력서 내용에 해당한다고 하겠다. 자녀에 관하여는 친생자(親生子)는 그냥 '자(子)'로 표시하고, 양자(養子)로 입양하여 대(代)를 이었을 경우에는 이름 밑에 '繼(계)'를 표기한다. 반대로 양자(養子)로 출계(出系)하였을 경우에는 이름 밑에 '출(出)'이라고 명기(明記)한다.

적서(嫡庶: 적자와 서자)에 따라 서자(庶子)는 아예 수록하지 않았거나 수록하더라도 적자와는 구별을 둔 경우가 있다. 즉, 서자가 수록된 경우 '서(庶)'를 표시하거나, 또는 따로 표시는 하지 않더라도 자(子)의 연령에 관계없이 적자를 모두 기록한 다음에 서자(庶子)를 등재한 경우가 대부분이다. 어떤 경우라도 서자(庶子)를 장자(長子)로 게재한 족보(1900년 이전 발간)는 발견하기 어렵다. 서자가 있더라도 적자를 보지 못하면 양자(養子)를 입양시켜 적자로서 사손(祀孫)의 대(代)를 잇게 한 경우도 흔히 있었다. 이 때문에 영남의 어느 명문 사림가(士林家)에서는 오늘날까지도 후손들끼리 적서의 갈등관계가 있다.

여자의 경우 이름은 적지 않고(19세기 이전) 배우자인 남편의 성명을 기입하였으며, 왕실과 통혼한 경우에는 특히 이를 명기하였다.

사망한 사람에 대하여는 묘소의 위치와 묘지석(墓誌石)의 유무(有無) 등도 표시하였다.

족보의 인별계보표를 기록하는 방법과 족보 보는 요령을 설명하자면 다음과 같다. 다음은 죽산안씨 사과공파(竹山安氏 司果公派, 1976년 발간)의 실제 족보의 일부이다.

① 司果公諱子詮派

二十五世	二十四世	二十三世	二十二世	二十一世	二十世	四疊

② 悦 超子詮 18

④ 子世勾 字勾 本從○金 德陵淸安李氏 人面沙虎卯甲 坐乙雙龍 窆有 碣外墓古白首

子勾 字勾 本從○金邊陰 配商山金氏合窆 果公墓左子坐合窆

子元壽 宣略將軍 天姿英偉 亂世志節 壬有濟州 設壇崇祀 鄉人建碑 義殉節錦山 大志雄 直山祠招魂 東山金魯合窆 玄坐 撰碣 安蔚郡令書 亥人公密碣 陽有招魂 司蔚葬

子永壽 配光山金氏墓 合窆 果公墓後籠艮坐

⑤ 子慶壽 後無

子貞男 春本從木遠字汝 信陵實寺 黃山洞 配宜人黃氏 合窆卯坐 祖縣監瑞世 外祖白虎 德陵仙陵 石沙面 祖世昌 珩古奉祀 碣塍

子春男 字仁甫 配江華奉氏 墓先考衆坐有石床 父震

女徐駉龍 吉利川人子後吉浚

女李東元 原州人子蓉芴英

⑥ 子晛 生父春男 興高川洞長 配南陽洪氏 墓左坐合窆有石 風山墓右壬坐 床

⑦ 子晛 出后永壽

子昊 字良 崇禎紀元戊 生資憲 子三男

子國衡 字才乙 頴悟絶倫 鼎和門下見 業上弟子 揚名 出漢城段 不推弟甚

⑧ 子國弼 字粥 宜○老隆 宜望生員 光山月月一男 配○氏 父

⑨ 女吳天海 海興人子以泰 岐 1299

⑩ 女柳秀春 高興人子震章

⑪ 女宋世彭 子昌彦昌國

⑫ 女金履瑞 光山人子贊光 子

子 子 子

⑭ 嶠 1294
⑮ 嶢 1294
⑯ 徵 後無

족보(族譜)의 예시에서 ①의 내용은 다음과 같다. '오위(五衛)에 속한 정6품의 무관직인 사과(司果)의 벼슬을 지낸 분(公)으로, 이름(諱)이 자전(子詮)인 어른의 후손(派)를 게재한 족보이다.'

②의 '열(悅)'은 이 쪽(面)의 제일 앞에 나오는 분의 이름으로, 기두(起頭)라 한다. '열(悅)' 옆의 작은 글씨로 적힌 '자전(子詮)'은 열(悅)의 아버지이며, '초(迢)'는 자전(子詮)의 아버지인 열(悅)의 할아버지를 표시한 것이다. 그 옆에 큰 글씨로 쓰여 있는 사첩(四疊)은 가로로 네 번 바뀌었다는 뜻이다.

③의 '18'은 열(悅)이라는 분의 상계(上系) 즉 아버지 자전(子詮)의 기록내용이 이 책의 18쪽에 있다는 뜻이다.

④의 '20세(二十世)'는 열(悅)의 아들인 세균(世勻)이 시조인 1세(世)로부터 순차적으로 20번째의 세계(世系)에 해당한다는 의미이다.

⑤의 '영수(永壽)'는 열(悅)의 증손자(曾孫子)로서, 족보에 올라있는 보명(譜名) 또는 관명(冠名) 즉 이름이다.

(※족보에는 세계별(世系別)로는 성을 사용하지 아니한다. 다만 부인[配位]과 사위[婿], 외가(外家)는 성씨(姓氏)를 표시한다)

⑥의 '생부(生父) 춘남(春男)'은 위의 영수(永壽)가 아들이 없어서 동생인 춘남(春男)의 맏아들 현(晛)을 양자로 들였다는 뜻이다.

⑦의 '출후영수(出后永壽)'는 현(晛)이 춘남(春男)의 아들이나 영수(永壽)의 양자로 들어갔다는 표시이며, 출계(出系)라 한다.

⑧은 국필(國弼)의 자(字)와 관직(官職)을 기록한 것이다. 즉 자(字)는 필노(弼老)이며, 관직(官職)은 음직(蔭職, 과거가 아닌 蔭德으로 나간 관직)으로 참봉(參奉, 종9품 문관벼슬의 하나)을 지냈다는 기록이다. 호(號)가 있는 경우에는 자(字) 다음에 표기한다.

⑨의 '숭정(崇禎) 을해생(乙亥生)'은 국형(國衡)의 출생년도를 나타낸 것이다. 숭정은 명(明)나라의 마지막 황제(皇帝)인 의종(毅宗, 1628~1644)의 연호로서, '숭정 을해'는 1635년에 해당한다. 참고로 조선은 명나라가 망한 후에도 계속 명나라의 마지막 황제인 숭정연호를 사용했다.

⑩은 을해생(乙亥生) 이하 '자품영오(資稟穎悟) 재덕겸비(才德兼備)'부터의 내용으로, 국형(國衡)의 생전 행적을 기록한 것이다. 그 내용은 다음과 같다. 국형은 타고난 성품과 바탕이 준수하고 총명하였으며, 백계(栢溪) 은(殷) 선생에게서 수업을 받았으며, 정화(鼎和) 선생 문하(門下)에서는 과거 공부보다는 오직 의로운 일을 행함으로써 추앙을 받았고, 동생 국태(國台)와는 예지골에 있는 다섯 그루 회화나무 밑에 있는 널따란 돌 위에서 산책을 즐기곤 하였다는 것이다.

⑪은 국형(國衡)의 사망한 날과 나이를 표시한 것이다. 숙종(肅宗) 무인(戊寅)은 1698년에 해당한다.

⑫는 육십사(六十四) 다음의 '배(配)' 자(字)부터이다. 배우자의 본관과 성, 배우자의 아버지 이름, 할아버지의 계급(직위가 아님)과 이름, 증조할아버지의 직위(계급이 아님)와 이름을 표시하고 있다.

즉 국형의 부인은 상산김씨(商山金氏)로 장인의 이름은 일장(日章)이다. 처조부는 통덕랑(정5품)을 지냈고(근무처 및 직책은 누락), 이름은 혁(爀)이다. 처 증조부는 군자감(오늘날의 국군조달본부에 해당)의 정(正, 정3품 당하관 벼슬)을 지냈으며, 이름은 경신(敬信)이었음을 표시한다.

⑬은 '신(信)' 자(字) 이하 '외(外)' 자(字)부터이며, 국형(國衡)의 외할아버지 본관과 성 및 이름을 기록하고, 마지막으로 국형이 사망(死亡)한 후의 묘소 위치와 표식을 기록하였다.

즉 국형의 외할아버지는 광산정씨(光山鄭氏)로서 이름은 섭(涉)이다. 국형의 묘(墓)는 정심제방 북쪽 참봉공(參奉公, 국형의 할아버지 춘남) 묘 아래쪽 해좌(亥坐, 남남동쪽)를 바라보고 있으며, 부인(夫人) 상산김씨와 봉분 하나에 합장을 하였고, 묘 앞에는 묘제를 지낼 수 있는 상석이 놓여 있음을 기록하고 있다.

⑭의 '교(嶠) 1294'는 '교'가 국필(國弼)의 하계(下系)로서 맏아들이며, 그 이력(履歷)은 이 족보의 1,294쪽에 있음을 표시한다. 이때 1,294쪽의 기두(起頭)는 교(嶠)가 된다.

⑮의 요(嶢)는 둘째아들이다. 2남(男) 또는 차자(次子)로 표시하지 아니하고 오른쪽에서 왼쪽으로 표기해 나간다.

⑯의 징(徵)은 국필(國弼)의 셋째아들로 무후(無後)이다. 즉 아들을 보지 못했고 양자도 들이지 않아 후계가 이어지지 않았다.

⑰은 맏딸의 배우자, 즉 사위의 이름이다. 딸은 이름을 기록하지 않고 사위의 성명과 본관만 기록했다.

⑱은 사위의 본관과 사위의 아들 이름을 표시했다. 즉 사위는 오천해(吳天海)이며 해주오씨(海州吳氏)이고 외손자는 오이태(吳以泰)이다.

⑲의 셋째 사위 송세팽(宋世彭)은 본관이 누락되어 있다. 이 경우 족보 편제 시 누락되었거나 수단을 제출할 때 빠진 것으로 볼 수 있다.

7. 족보(族譜)의 변천(變遷)

족보의 구성 체계는 족보가 처음 만들어질 때부터 오늘에 이르기까지 많은 변화를 거듭하여왔다. 외형적인 제책(製冊) 방법은 물론이고 족보에 담겨 있는 내용과 기재방법에 있어서도 큰 변화를 계속하여 왔다. 동족(同族)의 족보라 하더라도 구보(舊譜)의 기록 내용과 신보(新譜)의 내용이 많은 부분에 있어서 서로 상이한 점이 발견되고 있다. 이는 조선시대 사회변화와 관련되어 있는 경우가 많다.

가. 조선시대의 사회변화

조선 후기 사회의 변화는 성리학 사상에 영향을 받은 혼속(婚俗)의 변화와 관계가 깊다. 사회의 기본단위라 할 수 있는 가정에서의 운영원리가 변화하면 그것은 친족집단, 나아가 국가사회로 확대되어 영향을 끼친다. 그 가정의 출발은 혼인에서 시작된다는 점에서 혼속의 변화는 사회변화로 이어진다고 하겠다.

조선은 성리학을 통치이념으로 하여 건국되었다. 따라서 주자가례를 사회규범으로 도입하고 이를 장려하였다. 혼례의 경우 주자가례의 6례(六禮)에 준하여 이를 조금 간소화한 4례를 원칙으로 하였다. 의혼(議婚: 혼인을 의논하는 일) · 납채(納采: 약속한 혼인을 받아들이는 일) · 납폐(納幣: 신랑집에서 신부집으로 폐물을 보내는 의식) · 친영(親迎)이 그에 해당한다. 여기서 가장 유교적인 특성을 나타내는 것이 '친영'이다. 친영이란 사위될 이가 여자의 집에 가서 부인될 이를 동반하여 본가로 돌아와 혼례식을 올리는 것을 말한다.

그러나 조선 초까지 이어진 우리나라의 혼속은 남귀여가혼(男歸女家f婚) 또는 서유부가혼(婿留婦家婚)이라 부르는 형태의 것이었다. 중국과 달리 혼례식을 여자의 집에서 올리고, 더 나아가 결혼 초에 사위는 여자의 집에 얼마간 머물다가 부인과 함께 본가로 가는 혼속을 이른다. 이러한 습속은 일찍이 고구려 서옥제(婿屋制)에서도 찾아진다. 고구려는 언약으로 양가 혼인이 정해지면 여자 집에서 본채 뒤에 서옥(婿屋: 사위집)을 지었는데, 남자가 여자의 집에 와서 혼례를 치룬 후 서옥에서 생활하였다고 한다. 기록에는 서옥에 머무는 기간이 명시되어 있지 않지만, "아이가 다 자란 후 본가로 돌아간다"는 표현을 통해 상당기간 처가 쪽에서 생활하였음을 짐작할 수 있다.

고려시대는 남자가 여자 집으로 장가가는 형태인 남귀여가혼이 보편적으로 이루어졌다. 조선 후기에 부계 중심의 친족구조를 보이는 것과 달리 고려시대에는 양계적(兩系的)으로 친족조직이 운영된 것도 이와 관련이 있다. 혼인제는 자손의 권리와 의무 행사에도 영향을 미쳤다. 즉 고려시대에는 아들과 딸의 구분 없이 재산을 균분하였고, 제사도 돌아가면서 행하였다. 고려시대 부모의 음덕으로 관직에 나아갈 수 있는 길이었던 음서(蔭敍)의 혜택도 아들과 친손자는 물론 사위와 외손자에게도 주어졌다. 심지어 음서 혜택의 범위는 외삼촌에게도 받을 수 있게 열려있었다.

조선은 건국 이래 성리학적 사회질서를 확립하기 위해 노력하였으나, 전통적 습속을 쉽게 바꿀 수는 없었다. 혼례의 경우 친영례를 장려 강조하였으나, 왕실에서 실행하는 정도로 일반에서는 그 실천이 쉽게 이루어지지 않았다. 태종·세종 연간 친영례를 실시하려는 여러 가지 정책이 시도되었으나 수용되지 못하였다. 성종대에도 "남자가 여자에게로 장가들고 처가살이 하는 풍습이 있어서 이성 간의 친분과 의리가 동성과 차별이 없다"고 한 기록을 보아, 남귀여가혼의 습속이 지속된 것으로 보인다. 이후 조정에서는 이와 관련하여 다양한 논의가 오고 갔다. 친영을 강하게 실행시켜 나가야 한다는 주장과 민속의 특성을 인정해야 한다는 의견이 대립하기도 했다. 이는 결국 반친영(半親迎)의 형태로 귀결되었다.

조선사회는 완전한 친영을 실현시키지는 못했지만, 반친영의 형태로 사위가 처가에 머무는 기간을 점차 단축시켜 나갔다. 여자 집에 가서 합근례(合卺禮: 혼례식에서 잔을 주고받는 절차)를 올리고, 그곳에서 3일간 머물다가 신행(新行: 혼인을 한 후 신부가 처음으로 시집에 들어가는 일)하여, 구고례(舅姑禮: 혼인할 때 신부가 폐백을 가지고 와서 시집에서 처음으로 시부모를 뵙는 일)를 올리는 것으로 혼속이 정리되었다. 이렇듯 친영례를 관철시켜 나간 결과 사위의 처가살이가 사라지고 처가·외가에 대한 의존도가 낮아졌다. 이에 따라 상대적으로 조선 후기 부계 혈통 의식은 강화되어 갔다.

한편 조선의 부처(夫妻) 형태는 고려 말의 그것에 일정 부분 영향을 받았다. 우선 고려시대의 부처형태는 논란은 있으나, 일부일처제(一夫一妻制)였다고 보는 것이 일반적이다. 다처혼(多妻婚)을 행한 국왕을 예외로 하고, 이를 제외한 왕실 종실이나 상층신분 및 향리와 서인(庶人)은 물론 하층민에 이르기까지 대부분이 일부일처제의 형태를 취하고 있었다고 본다. 그런데 고려 후기 원 간섭기에 접어들면 전통적인 부처제가 변화한다.

고려 후기 충렬왕대 박유(朴褕)라는 관인은 다음과 같은 이유로 다처혼을 행할 것을 주장하였다. 고려가 전통적인 일부일처제를 고집함으로써 (오랜 몽고와의 항전으로) 감소된 인구가 증가하지 못하였고, 몽고의 다처제(多妻制) 때문에 고려의 여성들이 원으로 유출되므로 국가의 장래가 염려된다는 것이었다. 이처럼 다처제를 법제화하자는 주장이 박유를 중심으로 제기되었으나, 재상들 중 상당수의 부정적 견해와 전통적인 일부일처제를 유지하려는 여성들의 반대로 법제적 뒷받침은 받지 못하게 되었다.

그러나 현실적으로 원 간섭 하 몽고풍의 영향은 전통적 혼인제도의 동요를 가져왔다. 몽고와 밀접한 관련을 가지고 원에서 머물던 고려인이나 고려에 머물던 몽고인을 통하여 다처의 풍습이 확산되어간 것이다. 고려 말 몽고의 영향력이 사라졌지만, 약 100여 년에 걸친 사회적 잔재는 쉽게 사라지지 않았다. 특히 원과 경계한 동북면을 기반으로 하였던 조선을 건국한 이성계 등도 다처제의 영향을 강하게 받았다. 그러나 이는 조선의 건국이념이었던 성리학의 가족윤리와 맞지 않았기 때문에 존속될 수 없었다. 성리학의 가족윤리에 따르면 처는 지아비에 종속적이었고, 동등한 지위의 다처도 인정되지 않았다. 그런데 다처제란 동등한 지위의 처가 동시에 같은 생활 단위 안에 복수로 존재하는 제도이다. 따라서 다수의 처는 철저히 서열화하여 정실부인과 첩으로 엄격하게 구분하게 된 것이다.

그러나 조선시대 부처의 형태였던 처첩제(妻妾制)가 조선 건국 직후 바로 시행된 것은 아니었다. 태조 이성계와 그의 핵심적 군사 기반이 몽고의 다처제 영향을 많이 받았고, 관인들 사이에도 다처가 적지 않았기 때문이다. 처첩제의 본격적 제정은 건국 후 10여 년이 지난 태종대부터 논의되었는데, 그 후 정치적 이유가 결합되어 조선 초기 빠르게 정착되었다. 앞서 살펴본 남귀여가혼속의 점진적 변화상과 비교되는 점이다. 그 정치적 배경은 다음과 같다.

조선은 고려 이래의 사회경제적 모순을 극복하고 건국의 초석을 다지기 위해 양인층(良人層)의 확산에 주력했다. 국가 기반인 양인층을 확보해나가기 위해 전제개혁(田制改革), 전민변정도감(田民辨正都監)의 설치, 보충군제(補充軍制)의 실시 등 여러 가지 정책이 시행되었다. 그와 동시에 양인층에게는 그들의 무거운 부담인 의무(조세, 역, 공납)에 대한 반대급부로서의 권리를 강화하여 주기 위하여 과거 응시 자격을 법제적으로 부여했다. 관인으로 나아갈 수 있는 길을 터준다는 의미였다. 조선 초기 양천(良賤)의 신분 구분을 강조한 것도 양인층의 확보를 위한 의도가 내포되어 있었다. 그러나 한편으로 조선의 위정자들은 그들의 기득권을 배타적으로 유지하기 위한 장치들을 동시에 마련하고 있었다. 예컨대 중인(中人)들의 상승을 막았고, 그들 자신세력에서도 가지치기를 단행했다. 처첩제를 통한 서얼(庶孽)의 차대책이 바로 그것이었다.

그런데 처첩제의 정착에는 태종 본인의 정치적 입장도 작용하고 있었다. 선대왕인 태조와 정종의 다처소생을 차별함으로써 왕위계승의 정통성을 태종 본인의 직계로 한정하는 데 처첩제가 유용한 제도였던 것이다. 그리하여 태종대부터 처첩제는 일반으로 확대되며 조선시대 전반에 걸친 부처형태로 자리 잡게 되었다. 이렇게 처첩제가 일찍이 정착되면서 적자(嫡子)와 서자(庶子)에 대한 차별은 조선 초기 법제적 규정까지 보게 된다.

이러한 혼속의 변화는 남녀의 지위를 변화시켰고, 친족제도 및 사회상도 변화시켰다. 남귀여가혼속이 변화되어 남성이 처가에 머무는 기간이 단축되고 여성의 시집살이가 길어지면서 여성의 권리와 지위는 더욱 제한되어 갔다. 이보다 앞서 부처제의 변화도 가정 내 여성은 물론 자녀 간 지위도 차등 변화시켰다. 그 변화상을 추적한 어느 연구 결과를 참조하면 다음과 같다.

우선 자손으로 가질 수 있는 권리인 재산상속의 경우, 전근대시대에는 노비·토지가 중심이었다. 노비상속의 경우 1600년대 중엽까지 철저히 적자녀(嫡子女)에게는 균분제(均分制)가 실시되었다고 한다. 그 후 1700년대 중엽까지는 균분제가 우세한 가운데도 장남우대 내지 여성차별의 상속제가 출현 증가하기 시작하였으며, 1700년대 중엽부터는 균분제가 거의 사라지고 장남우대 내지 여성차별의 상속제가 지배적이 되었다는 보고이다. 또한 토지도 노비상속과 같은 양상을 띠고 있었다고 한다.

이와 같이 조선 17세기를 전후로 상속제에 변화가 온다는 것이 많은 연구자들의 일반적 견해이다.

또한 재산 상속의 권리와 양면을 이루는 것이 제사에 대한 자손의 의무이다. 위의 재산 상속에서 소개한 한 연구에 따르면 1600년대 중엽에서 1700년대 초 장남봉사(長男奉祀)와 윤회제사(輪回祭祀)가 공존하면서 장남봉사로 이행해갔다고 한다. 이 시기 재산상속의 성격변화(균분상속과 차등상속 공존)와도 궤를 같이하는 것이다.

한편 서자녀(庶子女)에 대해서는 재산분급의 비율이 각 사례마다 다양하게 나타나고 있지만, 차별이 뚜렷하여 대체로 적자녀 상속분의 40% 미만을 분급하고 있다고 위의 연구에서 보고되었다. 또 적자녀에 대한 서자녀의 재산분급 비율은 시대적으로 별 차이가 없는 것으로 나타났는데, 처첩제와 적서(嫡庶)의 차별이 이른 시기 정착된 것과 일치된 현상이다. 서자녀 사이에는 장(長)·차(次) 구별도 별로 나타나지 않는다고 한다. 그도 그런 것이 조선 후기 적장자로 이어지는 가부장적 가족질서의 확립에 서자녀는 고려 대상도 아니었기 때문이다.

　재산 상속, 제사 이행상의 변화와 함께 족보의 기재 방식도 변화가 나타났다. 앞서 족보의 시기별 수보 간격이 차이를 보이는 것은 동족집단의 형성 및 동족의식의 발달과 관련이 있음을 언급하였다. 혼속의 변화는 이러한 부계 중심의 동족집단 형성에도 중요한 영향을 미쳤다. 즉 남성이 처가 쪽에 사는 기간을 단축시키고 여성의 시집살이가 늘어나면서 동성마을의 형성이 가능해진 것이다. 부계 중심 동족조직의 발달과 함께 동족의식도 강화되어, 족보의 발간이 활성화되고 그 내용에도 일정한 변화가 야기된 것이다. 예컨대 족보의 수록 범위나 기재순서, 항렬자 사용 범위 등은 혼속의 변화와 맥을 같이 한다.

나. 제책(製冊)의 변화

족보를 처음 만들기 시작한 조선 초기에는 종족원(宗族員) 중 현달한 명망가인 한 사람의 필사본(筆寫本)으로 만들어졌으며, 가첩(家牒)의 형태로 제작되었다. 이후 종원(宗員)에 대한 배부보급(配付普及)이 필요함에 따라 목판(木板)으로 판각하여, 목판인쇄로 제책하였다. 주물활자에 의한 인쇄는 숙종 조에 동활자(銅活字)를 개발함으로써 활성화되었다. 이후 많은 족보가 활판에 의하여 출간되게 되었다.

족보인쇄의 전성은 1894년 갑오개혁과 더불어 신분제가 타파되고, 조선의 통치권이 일본으로 넘어간 후 조선인 모두가 일본의 피치자가 되면서 신분의식이 물밑으로 잠재함에 따라 이루어졌다. 이틈을 노려 수많은 성관의 족보가 새로이 출판되거나 또는 신보(新譜)가 쏟아져 나오게 되었다. 동시에 아마도 이 시기에 가장 많은 족보의 위작과 투탁 등이 이루어졌을 것으로 사료된다.

일제강점기(1910~1945)에 족보를 간행한 성씨는 무려 125성씨에 달하며, 이는 1930년도의 한국인 성씨의 총수인 250개 성씨에 비하여 정확히 과반수인 50% 수준에 달한다.

다. 수록자손(收錄子孫) 범위의 변화

초기의 족보는 오늘날 족보의 의미인 '동성(同姓) 구성원을 수록한 것'이 아니라 한 사람을 축으로 하여 아들·딸 뿐만 아니라 딸의 딸, 또 그 딸의 딸까지 수록되어 있었다. 따라서 사위와 외손(外孫)이 수록됨으로서 이성자(異姓者)의 숫자가 적지 않았다. 족보라기보다 혈보(血譜) 또는 자손보(子孫譜)라고 하는 것이 더 타당할지도 모르겠다. 이는 앞서 본 조선 초기 사회상과 친족제도의 특성과 관련할 때 당연한 현상이었다.

조선 초기에서 중기, 말기로 넘어오면서 외손의 수록범위가 대폭 축소되어 외손은 3대, 2대까지만 등재하다가 오늘날에 와서는 대부분의 족보에서 사위까지만 등재하고 있는 것이 일반적이다. 이와 같은 변화는 혼속의 변화와 함께 초기의 혈계의식(血系意識)에서 점차 부계(父系) 중심의 사고가 팽배해지면서 동성(同姓)의 계보(系譜)를 중시하였기 때문이다.

<외손의 수록범위 변화>

동족	외손 3대까지	외손 2대
청주이씨	1657	
고성이씨	1633	
진성이씨	1600	
연안김씨	1719	1765
청송심씨		1653, 1712
인동장씨		1769
달성서씨	1815	

대구서씨		1702, 1736
동복오씨	1712	
연일정씨	1720	
풍양조씨		1731
청풍김씨	1750	
강릉김씨		1743
기계유씨	1704(4대)	1738
남원윤씨	1706, 1790	1860
반남박씨	1683	
문화유씨		1689
용인이씨	1732	
평산신씨		1732
강릉최씨		1702

(출처: 『한국민족문화대백과사전』)

라. 남녀 수록순서의 변화

조선 초기의 족보에는 아들, 딸을 구분하지 않고 출생 선후(先後)에 따라 기록하였다. 그러나 17세기 이후로 내려오면서 아들을 먼저 기재하고 딸(사위)을 나중에 기록하는 선남후녀(先男後女)의 방식으로 바뀌었다. 각 성씨마다 약간의 차이를 보이고 있지만 일반적 경향이라고 할 수 있다. 이 선남후녀(先男後女)의 수록의미는 성리학 질서의 강화에 따른 부권우위(父權優位) 현상으로, 본종(本種)을 중시한 영향이라 할 것이다.

한편 부계(父系)를 중심으로 한 선남후녀(先男後女)의 방식으로 바뀐 뒤에도 외손(外孫)만은 그대로 출생순서에 따라 기록한 경우가 있다[예: 기계유씨족보(1704), 대구서씨세보(1775)].

<족보의 남녀 기재순위 변화>

동 족	출생순위	선남후녀
남양홍씨		1716
반남박씨	1683, 1706	
양성이씨	1659	1773
연안김씨	1719	1765
청송심씨	1653	1712
평산신씨		1636
인동장씨		1769
달성서씨	1702	1815
대구서씨		1775
용인이씨	1732	
동복오씨	1712	1793
능성구씨		1787
경주김씨		1784
풍양조씨	1731	1760
청풍김씨	1750	1857
기계유씨		1704
남원윤씨	1706	
고성이씨		1633

진성박씨	1600	
청주이씨	1657	
문화유씨	1562	1689
안동김씨	1719	1790

(출처:『한국민족문화대백과사전』)

마. 편제양식의 변화

조선 중기 이후의 족보 편제 양식은 대부분 목판본에 의하여 만들어졌으며 세(世)는 종(縱: 세로)으로 6단 정도로 하였으며 횡(橫: 가로)으로는 각 세에 해당되는 족원(族員)을 명기하고 인적사항(관직, 혼인관계, 사망일 등)을 한자(漢字)로 표기하였다[예: 첨부 1745년(영조 21년)『선성김씨 족보』(宣城金氏 族譜)].

그 뒤 20세기에 들어서는 대부분 주조활자(鑄造活字)에 의하여 족보가 만들어졌으며 목판본의 제책 내용과 별다른 변화는 보이지 않으나 종(縱)으로 1단이 늘어 7단으로 하여 세(世)에 해당되는 족원의 수록을 더 많이 할 수 있도록 하였다[예: 첨부―『의성김씨 대동보(義城金氏 大同譜)』].

이렇게 편제된 족보는 집안 내 한자에 대한 식자(識者)를 제외하고는 접근하기가 매우 어렵다. 따라서 족보는 사랑채 선반 위에 그야말로 족보 모시듯 할 수밖에 없는 것이 대체적인 현실이다.

근래에는 이러한 족보에 대한 접근을 용이하게 편제양식을 변화하여 발간한 종중(宗中)도 있다. 1991년 발간된『남양홍씨세보(南陽洪氏世譜)』를 보면 종(縱)으로 한 족원(族員)에 대한 이름[名]을 쓰고, 그 아래로 모든 이력을 국한문(國漢文)으로 기록한 다음, 다시 횡(橫)으로 아랫줄에 자(子)의 이름을 기록하고, 종으로 인적 사항을 수록하였다. 이로써 통상적인 한자만 어느 정도 해득한 사람이면 누구나 볼 수 있도록 하였다[첨부-『남양홍씨세보(南陽洪氏世譜)』, 1991].

다시 최근에는 아예 인터넷세대에 걸맞게 족보의 수단(收單)도 인터넷으로 하고, 족보는 인쇄본 외에 CD로 제작하여 오히려 젊은 세대들이 접근하기가 용이하도록 하는 종중도 많이 있다[예: 김해김씨 ○○파보(波譜), 광산김씨 ○○파보 등]. 이러한 접근은 매우 바람직하다고 할 것이다.

그러나 다문화가정의 구성원 이름을 족보에 수록하자면 앞으로는 종전의 편제 체제로는 어려울지 모른다. 이름이 한두 글자가 아닌 10여 자가 넘는 경우, 이의 수록방법을 어떻게 해야 할지 각 종중의 족보 편수자들에게는 새로운 고민이 생겨날 것이다.

一世	二世	三世	四世	五世	六世
金尚 戶長	子存誠 戶長	子敦冨 戶長中尹 室南城趙氏 戶長元之女	子希寶 戶長 室福州權氏 圓丘壇直得 鈞之女祗 候先平之 孫郎將存 冨之曾孫	子成世 初名公漢 奉翊大夫密 直使上護軍 一云中顯大 夫備巡衛大 夫人福州權 氏及第萬紀 女神豪都紀 和之孫	子鈕

天

起十一世至 七世 八世 九世 十世 十一世

鈕
中顯大夫備
奉善大夫備
巡衛大護軍
室三陟金氏
贈通政
散員國正永
貴 以曾孫錟
貴 贈通政

七世
子方軾
公生於至正
十一年辛卯師
宜左右衛保
宣差娥至宣
集賢殿校理

八世
子輅
公生於至正
十七年甲子
文科正統丁
卯重試官至

九世
子小良
公生於洪武
宣德乙卯壽

十世
子曾澮 或云

十一世
庶子 金山
庶子 金川
庶女

義城金氏大同譜 卷之一 上系

金錫
義城君新羅敬順王第四子高麗太祖外孫受封義城
子孫因以爲貫

二世
逸 일
錫
內史令平章事

三世
子弘術 홍술
錫門衛上將軍增貫功臣
義城君

公瑀 공우
蜜光上
一諱公怖高官僚封按察
使以公怖衛兵令今平章事
載以金吾衛別將同正記
載而今考新羅通括打記
正

八世
九世
子龍庇 용비
子仁術 인술

四世
子國 국
門下侍郞平章事

子義 의

十世
子宜 의

五世
子景珍 경진
同正平章事

子景琰 경염

子忠彦 충언
工部侍郞

麟芝 린지

義城文興

十一世

六世
子彦美 언미
文待中平章事

子國美 국미
監察御史兼右司理使

子龍美 용미

子瑞芝 서지

子仁晦 인회

子仁守 인수

子仁挺 인정

子仁桓 인환

子國迪 국적

子忠美 충미

十二世

七世
子雙光 쌍광

子公瑞 공서

子公瑞 공서

子聖佑 성우

子吉和 길화

子士越 사월

子斯碼 사마

子景雲 경운

子祥雲 상운

十三世

八世
子公瑀 공우

子同賢 동현

子聖 성

子龍殷 용은

子笙 생

子萬三 만삼

子如意 여의

子承祿 승록

子吉 길

十四世

彦弼 언필

暹 섬

字는子美요 號는黙齋니成宗丙申(一四七六)七月十二日에生하여乙卯(一四九五)에司馬하고甲子(一五〇四)에文科하여南床과湖堂과兩館提學하고入者社은大匡輔國崇祿大夫議政府領議政兼領經筵弘文館藝文館春秋館觀象監事를지내고明宗朝에賜几杖하고己酉(一五四九)正月二十八日에卒하니壽는七十四요仁宗廟庭에配享되시고贈諡文僖하니墓는弘法里山三十番地癸坐니 文集이行于世하다○配 贈貞敬夫人奉化鄭氏는墓在廣州이다가甲寅(一九七四)에서울市擴張으로弘法里乾位墓右에三堲으로移安하다 父는府使요諱는叔堤이라 繼配 貞敬夫人礪山宋氏는成宗丁未(一四八七)七月一日에生하여庚辰(一五八〇)十二月五日에卒하니壽는九十四요三堲이다 父는領議政이요諱는軼이라 婿尹珍은都正이니坡平人이요 許應奉이요 鄭仁은武科하고李有文이다 ○神道碑銘은大提學鄭士龍撰하고誌文은大提學申光漢撰하고文集序는左贊成蘇世讓撰하다

字는退之요 號는忍齋니燕山甲子(一五〇四)九月十日에生하여戊子(一五二八)에司馬하고己丑(一五二九)文科에壯元하여遷湖堂하고選淸白吏하여버슬은大匡輔國崇祿大夫議政府領議政兼領經筵弘文館藝文館大提學春秋館觀象監事를지내며宣祖朝에賜几杖하고乙酉(一五八五)二月十一日에卒하니壽는八十二요贈諡景憲이니墓는弘法里山三十五番地丑坐나 安谷書院에配享하고文集行于世하다○配 贈貞敬夫人晉州柳氏는己巳(一五〇九)九月二十日에生하여壬寅(一五四二)八月二十三日에卒하니墓는弘法里山三十七番地丑坐다 父는晉山君이요諱는泓이라 繼配 貞敬夫人淸州韓氏는壬午(一五二二)五月八日에生하여己卯(一五七九)正月二十六日에卒하니雙塋다 父는縣監으로贈恭判하고諱는慈다 三配 全州李氏는戊辰(一五〇八)四月十八日에生하여戊子(一五八八)五月二十二日에卒하니壽는八十이요墓는弘法里山三十八番地丑坐다 ○神道碑銘은右議政金貴榮撰하고行狀은延陵府院君李好閔撰하고墓誌는右議政沈守慶撰하고文集序는左議政宋時烈撰하다

〈南陽洪氏世譜(1991)〉

8. 족보의 진정성(眞正性)

족보의 사전적 의미는 '한 가문의 대대(代代)의 혈통관계를 기록한 책'으로 서술하고 있다. 조선 초기에 족보가 특정가문에서 처음 만들어질 때에는 이러한 사전적 의미인 혈계(血系)를 기록하는 데 충실하였다고 할 수 있다.

그런데 차츰 세월이 흐르면서 족보는 단순히 혈연관계(Blood tree)를 표기하는 데서 나아가, 조상의 행적에 무게를 두어 타 문중에 대한 비교우위에 가치를 더 두게 되었다. 이에 따라 족보 기록은 태생적으로 과시(誇示)를 담을 수밖에 없었다. 또한 아예 성도 이름도 모르는 계층민이나, 같은 성씨(姓氏)라도 족보에 등재되지 않은 신분이 낮은 일족(一族)의 집단 편입도 있었다. 좀 더 나은 성족(姓族)의 일원이 되기 위하여 성을 고치거나 본관(本貫)을 고치기도 하였다.

족보의 진정성 여부에 대하여 지금까지 검증한 관청도 없었거니와 특정 성씨의 족보 발행연도별 내용을 대조 확인한 사항도 많지 않은 것으로 알고 있다. 법률상 기록되고 있는 호적(戶籍)도 고치는 판에 한 가문에서 관리되고 있는 족보야말로 그 내용에 가감이 가능했으리라 생각된다. 그것이 가문의 공통된 가치를 추구하는 사항이라면 말이다.

이러한 족보의 진정성에 흠결이 되는 내용을 정리해 보기로 한다.

가. 시조(始祖) 또는 비조(鼻祖)에 대한 과시

17세기 이전에 족보를 발간했거나 족보형태의 가승보가 계속 전승되어온 가문들은 그 후에 족보가 새로이 발행되었어도 조상의 세계와 족계(族系)에 대한 내용을 기왕의 내용에서 크게 날조할 수는 없었다. 그러나 상세한 기록 내지는 새로운 사적의 발견을 빌미로, 조상에 대한 미화 또는 시조(始祖)에 대한 사적(事績)을 과시하는 가필(加筆)을 행한 의혹에는 자유로울 수가 없다.

한편 조선 후기 내지 한말(韓末), 일제강점기에 와서야 처음으로 창간한 족보는 창간 당시 족원(族員)에 대한 수록에는 별다른 문제가 없었으나, 시조를 포함한 조상의 세계와 각 족파(族派) 간의 연접관계 등이 별로 명확하지 않은 편이었다. 기왕에 발간된 족보도 없고, 이를 철저히 추적하여 기록할 객관적 자료도 거의 없었기 때문에 족보편수인의 자의적인 조작(造作)과 상당부분 위작(僞作)이 가해지는 경우가 있을 수 있었다. 그러나 남의 족보 진위에 대하여 말로는 왈가왈부할 수 있을지 몰라도 법률적으로 판단한 사례는 거의 없다.

최근의 예로 ○○김씨의 계림군파가 ○○김씨 태자파를 상대로 낸 명예훼손 행위금지 및 위자료 청구 소송 항소심(2011 나 97 968)에서 법원은 다른 종중의 족보에 기재된 내용을 변경하거나 삭제를 요구하는 것은 부적합하다고 판단하고 있다. 이것은 ○○ 김씨 대장군파의 일부 종원이 대장군 김순웅(金順雄)이 마의태자의 차남이라는 서울대 규장각 자료를 발견하고, 마의태자를 시조로 한 태자공파를 구성해 새로운 족보를 만든 것에 대해 계림군파가 낸 소송이었다.

1) 사대주의(事大主義)에 입각한 시조(始祖)의 동래설(東來說)

모화사상(慕華思想)에 젖어 시조가 중국에서 학사(學士)로 왔다거나, 중국왕실의 후예로 중국 내의 정변에 의하여 동래(東來)하였다고 주장하는 경우가 많다. 이는 거의가 확실한 고증에 의하여 주장되고 있다고 보기에는 어렵다고 할 것이다(48쪽, 제1장 성씨편에서 '외래성' 부분에 상세 설명).

2) 시조의 고관대작으로의 미화

시조(始祖) 또는 중시조(中始祖)가 신라(新羅)나 고려(高麗) 왕실(王室)의 후예 또는 사위 또는 개국을 도운 공신이거나, 고려 때의 고관대작을 지낸 인물로 수록되어 있는 성관(姓貫)이 많다. 물론 상당부분 진정성에 부합하는 경우도 없지 않으나 관직 등은 지나치게 과장되어 있다고 보아야 할 것이다. 아마도 각 성관의 조상들이 역임한 고려시대 관직을 다 합쳐놓으면 고려의 고관 TO는 엄청나게 많아야 할 것이다.

나. 세계(世系)의 조작(造作)

족보상의 시조는 되도록 현달한 분으로 하고, 또한 유구한 역사를 지닌 분을 모시게 된다. 따라서 족보 편간 시 수백 년 어떤 경우에는 천여 년간의 중간세계(中間世系)에 대한 종적(縱的) 또는 횡적(橫的) 연결과 인적내용에 대한 자료를 확보해야 하는데, 그 객관적 자료가 거의 남아있기 힘들다. 이러다 보니 족보 세계의 종횡연결은 어쩔 수 없이 그 진정성이 훼손될 수밖에 없었다.

1) 세계별(世系別)로 독자로 이어짐(종적: 縱的)

대개의 성관 족보에는 시조로부터 중시조 또는 현달한 조상에 이를 때까지 독자(獨子: 한 분씩)로 세계를 연연히 이어오는 것으로 되어 있다. 양자도 없이 과연 10대(代) 내지는 더 많은 세계를 독자로 내려올 수 있었을까 하는 데에는 의심이 가지 않을 수 없다. 이는 후대에 와서 족보 창간 시 작명(作名)을 통하여 종적으로 연결시킨 것이 많다고 보아야 할 것이다.

이러한 현상은 조상의 세계를 너무 멀리 소급시킨 데 따른 것이라 하겠다. 설화에 나오는 인물을 시조로 하는가 하면, 삼한(三韓) 더 나아가 기자조선(箕子朝鮮) 등에서 시조의 연원을 찾다보니 이러한 현상은 필연적이다.

그래도 단군신화에 나오는 단씨(檀氏)를 성으로 하고 내가 그 종손(宗孫)이라고 자처하는 사례는 없으니, 그나마 거기까지는 미치

지 못한 것 같다. 아마도 그랬으면 그 분은 우리 한민족 전체의 진
짜 대종손이 되었을 터인데 말이다.

2) 특정 대(代)에 와서 많은 형제를 둠(횡적: 橫的)

족보의 세계(世系)가 한 분씩 종적으로 내려오다가 어느 대(주로
현달한 분)에 와서 갑자기 여러 명의 자식(남자)을 둔 것으로 되어
있는 경우가 많이 있다.

그 형제들이 당해 성(姓)의 파조(派祖)를 이루게 되는데, 족보 창
간 시부터 등재되어 있었다면 그나마 진정성에 가깝다고 볼 수 있
다. 그러나 족보(대동보)를 재간, 삼간할 때마다 형제가 불어났다
면 출산에 의한 증가라기보다는 족보 편수자에 의하여 형제들이
태어났다고 보아야 한다. 형제라는 증빙으로 분묘를 새로 발견했
다거나 묘지석에 기록되어 있다는 그럴싸한 명분을 만들어 명문
가 등의 족보에 혈손으로 등재시킨 경우도 있었다고 보아야 할 것
이다.

신라(新羅) 왕릉(王陵)조차도 능비(陵碑)가 있던 무열왕릉(武烈
王陵)을 제외하고는 조선 전기까지도 왕릉(王陵)의 주인이 누구인
지 미상(未詳)이었다. 그러니 조선 이전의 사가(私家)의 분묘는 조
성 시 묘비를 남긴 경우를 제외하고는 대부분 실전(失傳)되었다고
보아야 할 것이다. 조선 후기 위보(僞譜)의 속출과 새로이 창간되
는 족보에 부수적으로 진정성이 결여된 지석(誌石)과 조상의 분묘

들이 만들어진 경우도 있다고 여겨진다.

다. 명문가(名文家)에 연접

17세기 이후(임진왜란 및 병자호란 이후)에 새로이 대두된 신흥
세력들은 뚜렷한 현조(顯祖)를 확보하지 못하여 족보편찬에 걸림
돌이 되었다. 같은 성관(姓貫)이라도 서울과 지방, 사족(士族)과 이
족(吏族), 적손(嫡孫)과 서손(庶孫)의 차별 등이 있어 이를 은폐 내
지는 명문가에 연접하려는 행위들이 있었다.

1) 향리가문(鄕吏家門)의 사족화(士族化)

조선은 개국 후 고려 때의 향리(鄕吏)와 그 후손들에 대하여 기
득권을 인정하지 않았다. 다만 새 왕조에 출사(出仕)하여 사환(仕
宦)을 한 경우에 한하여 사대부(士大夫)의 지위를 부여했다. 동시
에 그 후손들에 대해서도 양반의 지위(사회적 지배계층)가 인정되
었다. 따라서 같은 성관의 후손이라도 조선시대 출사를 한 집안이
냐 아니냐에 따라 신분계층에서 엄청난 차이를 낳게 되었다(양반
과 중인, 상민).

조선시대 출사하지 못한 지방 향리의 후손들은 그 이유를 새로
운 왕조(王朝)에 굴복하지 않고 절개를 지켰기 때문이라고 하였다.
이를 구실로 그들 세계(世系)를 같은 성관 명문가의 무후가(無后

家)에 끼워 넣거나 별보(別譜: 별책부록으로 편집)로 만들어두었다가 나중에 합본(合本)하기도 하였다.

2) 개성(改姓), 개관(改貫)

벽성(僻姓)들은 아예 성(姓)과 본관(本貫)을 고쳐서 기왕의 명문가 가계(家系)에 연접시켰다. 또는 동성동본(同姓同本)이라 하더라도 파조(派祖) 가운데 내세울만한 명조(名祖: 두겁조상)가 없는 경우에는 명조가 있는 가계(家系)의 제일 끝집으로 둔갑시키는 경우도 있었다. 본관이 엄연히 다른데도 불구하고 비문(碑文)이나 지석문(誌石文) 등을 위조하여 개본(改本)을 통하여 명문가에 연접시키는 경우도 가능하였다.

한편, 성(姓)만 같고 본관(本貫)을 달리하는 성족(姓族) 중 한쪽에서는 같은 시조의 혈손이며 기왕의 저성(著姓)보다 오히려 맏집이라고 주장하는데 대하여 다른 한쪽에서는 전혀 실증되지 않은 환부역조(換父易祖)의 어불성설(語不成說)이라고 논박하는 등, 오늘날까지도 갈등관계에 있는 성족도 있다.

라. 계보(系譜)를 알 수 없는 자의 족보 편입

조선시대는 모든 사람이 성을 가진 것이 아니었으며, 또한 성(姓)을 가졌다 하더라도 17세기 이전에는 극소수의 명문가문을 제외하고는 족보가 없었다. 즉 족보에 이름이 등재된다는 것은 양반의 증표였다. 이러한 영향으로 17세기 이후 족보 발행은 가문의 영광이고, 족보에 이름을 올리는 것은 개인의 명예였다. 하기야 오늘날도 성관은 모두 지니고 있지만 족보가 없는 가문이 상당수 있으며, 족보가 편찬된 성관의 종원(宗員)으로서 족보에 등재되지 않은 사람도 상당히 많다. 이를테면 『남양홍씨판중추공파보(南陽洪氏判中樞公派譜)』에 의하면 약 40%가 미등재된 것으로 추정되고 있다.

1) 투탁(投託)

투탁이란 자신들의 세계(世系)를 확실히 모르는 어느 한 족원(族員)의 집단(集團)이 어떤 문중(門中)이 족보를 발간할 때에 특정세대에 끼워 넣기 식으로 계파를 형성해 들어가는 형태이다.

이때 투탁하는 족원(族員)이 성관(姓貫)은 알고 있으나 중간조상(中間祖上)을 실전하여 무후(無後)된 계파의 자손으로 적당히 연결한 형태는 좀 나은 경우라 할 수 있다. 또 다른 형태로 터도 망도 알 수 없는 즉, 성도 세계도 모르는 어느 족원 전체를 종가(宗家) 또는 족보 편수자(編修者)들의 묵인 하에 끼워 넣은 경우도 상당수 있었다. 이 경우는 그 족보에 등재된 일족(一族)과 혈계(血系)로는 전혀 연관이 없음에도 족원(族員)으로서 지위를 얻게 된다.

물론 투탁된 계파(系派)의 경우 종가와 편수자는 분명히 알고 있었으며, 특히 명문가의 투탁 계파는 다른 문중에서도 그 내용을 파악하고 있어 혼반(婚班)에 있어서 철저히 제외되었다. 그러나 오래된 투탁은 희석되어 보학(譜學) 전문가나 종가를 제외하고는 그 내용을 잘 모르게 되며, 투탁된 계파의 집안에서조차 자기네들이 투탁된 집인지를 전혀 인지하지 못하는 경우가 대부분이다.

2) 윤양자(潤養子)

투탁이 족보상에 세계가 분명하지 않은 한 집단을 끼워 넣기 하는 형태인 데 반하여 윤양자란 개인 한 사람을 끼워 넣는 형태이다.

조선 후기(17세기 이후) 문벌의식의 강화와 사회경제적 변화에 따른 신분계층의 변동으로 부를 축적한 중인(中人)이나 상민(常民) 중에서는 군역 면제 등의 특권을 향유하는 양반사회에 편입하고자 했다. 그들은 한때 문벌을 떨치었으나 가세의 몰락 등으로 종가의 권위가 나락으로 떨어진 양반가 어느 문중(門中)의 한 계파에 아들을 하나 더 끼워 넣거나 동생으로 등재하는 방법으로 족보를 위조하였다. 그러니까 원래 족보의 주인공은 느닷없이 복(福)에 없는 자식이나 동생 하나를 뜬금없이 얻게 된 셈이다. 이것은 아래 항렬(行列)의 근친(近親: 주로 조카, 경우에 따라서는 遠寸數)으로 하여금 입사(立嗣)케 하는 입양자(入養子)와는 전혀 다른 형태이다.

3) 백골양자(白骨養子)

이는 신주양자(神主養子)라고도 한다. 이미 죽은 사람을 무후(無后)한 가계(家系)의 양자로 입양시켜 대를 잇게 하고, 그 후손으로 하여금 제사를 받들게 하는 것이다. 소급입양의 전형적인 방법이다. 이런 유습에 따라 계대(繼代)를 알 수 없는 경우인데도 몇백 년 전으로 소급해서 입양한 것처럼 꾸며진 경우도 있다.

위조 족보와 관련하여 백승종 교수의 재미있는 글이 있어 간추려 옮겨 적어본다.

이○○는 제법 튼실한 건설회사의 사장이다. 남도의 어느 시골 중학교만 졸업하고 혈혈단신 서울로 올라와서 건설현장을 누비다가 집장사부터 시작하여 1970년대의 건설경기를 타고 건설업계에서는 꽤나 이름 있는 회사의 사장으로 성장했다. 이런 이○○ 사장에게 좋은 일에 고민거리가 하나 생겼다.

미국 명문대의 박사학위를 받은 맏아들 ○○이 중매쟁이를 통하여 국내유수의 명문여대를 나온 김○○ 재원과 혼사가 맺어진 것이다.

이○○ 사장은 홀로 상경하여 중견건설회사의 사장이 되었고 자식교육도 잘 시켜 명문집안과 사돈을 맺게 되어 연일 싱글벙글이었다.

사돈댁은 직계조상 가운데 문묘와 서원에 배향된 분이 계시는 집안으로 조선조에 명문양반가로서 대단한 집이라고 중매쟁이가 거듭 강조를 했다.

그런데 보학(譜學)에 조예가 깊은 신부 될 김○○의 큰아버지가 조카사위가 될 집안의 내력을 캐묻기 시작했다. 바로 여기에서 이○○ 사장의 고민이 쌓이게 되었다. 이때까지 이○○ 사장은 족보도 없었고 그저 호적에만 경상도의 큰 고을을 본관으로 한 이씨(李氏)라는 것 외에는 아무것도 아는 것이 없었다. 어떻게 이씨가 되었는지조차도 아는 바가 없었다.

이○○ 사장이 어릴 적에 듣기로는 할아버지는 마을 심부름꾼이었다. 동노(洞奴)로서 마을사람들의 애경사 시 궂은일을 도맡아 하는, 이를테면 마을사람들이 공동으로 부리는 종에 불과한 신분이었다. 그래서 마을의 웬만한 사람들은 그에게 존댓말을 쓰지 아니하였다. 그저 이름이 "쇠동"으로 불리어졌다.

이○○ 사장은 사돈이 될 김씨(金氏)네 집에 자기 집안의 계보를 답해 줄 수 있는 것이라고는 아무것도 없었으며, 그렇다고 아는 그대로 마을 동노(洞奴)의 후손이라고 얘기할 수도 없는 처지라 낙심이 이만 저만이 아니었다. 이러던 차에 이 사장 앞에 구세주 같은 사람이 나타났다.

조그마한 건설업을 할 때부터 지면을 쌓아온 박○○ 형사에게 고민을 털어놓자, 박 형사는 불과 일주일 만에 이○○ 사장의 가계(家系)를 화려한 명문의 후손으로 다시 태어나게 만든 족보 보따리를 들고 왔다.

박 형사는 국립중앙도서관에 매일 족보만 열람하고 있는 족보전문가들과 오래전에 자기 집안일로 한차례 비슷한 작업을 한 일이 있는 터였다.

박 형사가 들고 온 이○○ 사장의 가계(家系)는 15세기의 유명한 정승이 이 사장의 직계조상이요, 판서만도 네다섯 명을 배출한 누대(累代)의 명문으로 둔갑한 것이었다.

이○○ 사장은 이렇게 만들어진 족보를 명문가인 김씨네 사돈에게 내밀었고, 김씨네는 돈 있고 뼈대 있는 집안과 사돈을 맺게 되어 흡족하지 않을 수 없었다.

이렇게 혼인이 성사된 후에 이○○ 사장은 문명(文名)으로 이름을 날리는 집안의 족보에 자신의 이름이 등재된 것을 보고 족보의 매력에 끌리게 되었다. 그리하여 생거진천 사거용인(生居鎭川 死居龍仁: 살아서는 진천, 죽어서는 용인)이란 말은 들었기에 용인의 어느 임야를 사들여 고향 부근 아무렇게나 모셔져 있던 조부·증조부·고조부의 묘를 이장하여 묘마다 둘레석과 상석, 망주석 등 석물로 근사하게 치장을 하였다.

유명한 한학자(漢學者)와 서예가를 동원하여 지은 할아버지인 이쇠동의 비문에는 그가 마을의 종이였음을 표시한 내용은 어디에도 없었다. '쇠동'이라는 이름 대신 글월 문(文), 빛날 형(洞) 즉, 이문형(李文洞)으로 이름을 작명(作名)하고, 일찍이 출세의 뜻을 버린 사림(士林)의 대학자인 동시에 효행이 탁월하였던 일세(一世)의 참된 스승이라고 극찬하였다.

어느덧 이○○ 사장은 자기가 정말 명문의 후손이라고 믿게 되었다. 문중의 종사(宗事)에 거금을 찬조함으로써 해마다 지내는 시향(時享) 때에는 파르르한 도포를 걸치고 유건을 쓰고 참석했다. 최소한 종헌관 정도는 문중에서 배려해주니 기분이 으쓱하고, 문중 일에 더욱 열성을 가지게 되었다. 대학자로 변신한 할아버지의 유허비(遺墟碑)는 할아버지가 옛날에 동노(洞奴)였다는 사실을 아는 이가 아직은 주변에 살아있으므로 아들 대에 가서 세워주었으면 하는 생각으로 미루어 두었다.

실은 명문양반가로서 조카사위 될 집안의 내력을 캐묻던 신부 집안의 김씨네도 문묘·서원에 배향된 명문가의 적통후예로서 확실한 집안이 아니고 19세기 말에 별파로 있다가 족보에 편입된 가계(家系)였다.

만일 이사장이 아들 혼사 전에 이 내용을 알았다면 그는 굳이 엉터리 족보에 집착하지 않았을지도 모를 일이다. 어쨌거나 명문가의 후예가 새로이 하나 태어났으니 다행이랄까?

9. 족보(族譜)에 등재된 본인(本人)의 계보(系譜)에 대한 검증

앞에서도 언급하였지만 상당수의 사람들은 지금도 족보가 아예 없는 성관으로 있는 경우가 있다. 족보가 편찬된 성관이라 하더라도 족보에 수록되지 않은 개인의 숫자도 성관에 따라 상이하겠지만 대성(大姓)의 경우 그 비율이 상당히 높을 것으로 사료된다(특정 성씨의 경우 40% 수준).

이들 족보가 아예 없는 성관의 개인이나, 족보에 선대부터 등재되지 않은 사람들의 경우에는 처음부터 계보의 검증 문제는 거론될 여지조차 없다. 이들은 단순히 호적상의 성과 본관만 지니고 있기 때문이다. 단 여자의 경우 족보에 누락되어 있거나, 기혼일 경우 남편의 이름만 등재시킨 사례는 위의 경우와는 다르다 할 것이다.

여기서는 족보에 등재된 경우, 본인 계보에 대한 자기검증방법을 소개하고자 한다.

가. 이전의 족보(族譜)에 선대(先代)의 누락

현재의 족보와 그 이전에 발간된 족보를 대조하여 본인 선대의 이름이 그 이전의 족보에 없다면 끼워 넣었을 개연성이 아주 높다.

물론 그 이전 족보를 편찬할 시점에 부득이한 사유로 수단유사에게 연락이 되지 않아 족보수단이 되지 않은 경우도 있었을 것이다. 그러나 조선시대의 경우 대부분 성관(姓貫)의 구성원은 집성촌을 형성하고 있었기 때문에 족보의 편찬사업을 몰랐다는 것은 상식적으로 이해하기 힘들다.

나. 직계 세별(世別) 차이가 50년이 넘는 경우

족보상 지금의 나에서 소급하여 상대(上代)로 올라갈 때 어느 한 세대에서 부(父)와 자(子)의 출생연수가 50년 이상의 차이가 난다면, 적통(嫡統)이 아닐 가능성이 높다. 단지 '자(子)'로 표기되었다면 모(母)와의 출생연수도 동시에 대조해본다. 모(母)가 50세가 넘어 출생한 것으로 되어 있다면, 이는 무후(無後)한 집에 투탁하였거나 모(母)가 정실부인이 아닐 개연성이 높다.

물론 오늘날에는 50이 넘은 나이에도 간혹 늦둥이를 낳는 경우도 있지만 조선시대 대부분의 여성은 50세만 넘으면 폐경이 되어 자녀 출산이 불가능하였을 것이다.

그러나 정실부인이 죽고 난 다음 재취한 계모는 적부인(嫡夫人)으로 승계가 되기 때문에 족보에 계모는 계배(繼配)로서 등재된다. 따라서 부(父)와는 50년 차이가 나도 모(母)와는 50년 이상의 차이가 나지 않는다. 이때 재취한 계모의 아들은 적자(嫡子)로서의 위치가 주어지기 때문에 생모(生母)를 표기한다.

개가(改嫁)한 모(母)의 경우, 모(母)의 친정 쪽 족보를 보면 처음 출가(出家)한 내용 즉, 처음의 사위만 기록되고 재가(再嫁) 또는 삼가(三嫁)한 개가(改嫁) 내용은 수록되지 않는다. 이는 여자의 재혼이 조선시대 사회 통념적으로 금기되었을 뿐 아니라, 법적으로도 여러 규제가 가해지고 있었기 때문이다. 반가(班家)의 경우에는 개가하는 며느리가 생길 경우 반격(班格: 양반의 등급)에 흠결이 되었다.

다. 나이가 많은데도 불구하고 족보상 서열이 아래로
   등재된 경우

　일반적으로 족보는 횡으로 오른편에서 왼편으로 연장(年長) 차
순(次順)에 의하여 남자 형제를 먼저 수록하고 다음에 여자 자매를
등재한다. 조선 전기에는 보편적으로 남녀 구별 없이 출생순서에
따라 등재하였으나, 17세기 이후 위와 같은 방식으로 변화하였다.
　족보를 통하여 나의 선대를 상고하다가 출생일이 앞서는데도
출생일이 늦은 사람의 왼편(즉 순차가 늦게 등재)에 등재되어 있
는 것을 확인했다면, 이는 확실히 출생의 비밀이 숨어있는 경우
이다.
　이를테면 적통의 자(子)가 아니거나, 부(父)를 달리하는 아들(혈
계가 아님)을 족보에 끼워 넣은 경우로 볼 수 있다. 이는 아무리 나
이가 많아도 족보상 적장자로 등재하여 가문의 봉사손(奉祀孫: 조
상의 제사를 받드는 자손)을 삼을 수 없다는 유교적 관념이 반영된
것이다.

라. 별보(別譜) 또는 별파(別派)로 있다가 합본(合本)된
   경우

　조선시대의 족보는 동족집단을 성문화하고, 또 한편으로는 양
반으로서의 신분을 드러내 보이는 2중적 기능을 가졌었다. 따라서
같은 성관(姓貫)이라 하더라도 서얼이나 향리의 후손들에 대해서

는 별보나 별파보 등으로 파계(派系)를 달리하여 차별화를 도모한 경우가 많다. 또 허위로 족보에 등재하는 것을 막기 위한 방법으로 구보(舊譜)에 누락된 자를 새롭게 등재할 때도 우선 별록(別錄)이나 추보(追譜)에 기재하여 충분한 검증의 과정을 거친 후 차기 족보 출간 때에 등재하도록 하였다.

그런데 조선 후기에 와서는 선조의 현창뿐만 아니라 현존 문중의 세(勢)도 타 문중에 과시용으로 작용하게 되었다. 이에 따라 동족집단의 구성원 숫자를 늘리는 것이 선(善)이 되었고, 문중의 재산 규모를 키우는 것이 종중(宗中)의 역점사업(力點事業) 중 하나였다. 이로 인해 지금까지 별파 · 별보 · 별록 등에 등재되었던 구성원을 합보(合譜)하게 되었고, 문중의 자산도 인적(人的), 물적(物的)으로 불어나게 되었다. 이는 특히 1894년 갑오개혁 때의 신분제 타파와 맞물려, 누이 좋고 매부 좋은 현상으로 파급되었다. 심지어는 같은 혈족이라는 명백한 실증적 자료가 없음에도 성만 같고 본관을 달리하는 성관들이 동족집단으로 간주되는 경우도 많이 나타나게 되었다.

본인의 선대가 별보나 별파의 족보에 등재되어 있었다면, 현재 그 성관의 정통성에서는 떨어져 있었다고 보아야 할 것이다.

마. 종원(宗員) 중에서 항렬(行列)이 특히 높은 경우

종가에 가까울수록 항렬이 낮다. 이는 장손(長孫)으로 이어지기 때문에 당연히 종가는 후사가 없어서 나이 어린 양자로 몇 대가 이어진 집을 제외하고는 거의 대부분 종손은 항렬이 낮을 수밖에 없다. 항렬이 높은 것은 계속 막내 집으로 가계가 이어져 온 경우이다.

한편 윤양자나 투탁 등은 명문가에 있어서 어떤 경우에도 종갓집과 가까운 혈계에서는 이루어지지 않았다. 따라서 종손이 거주하는 집성촌 내가 아니고 타 지역에 우거하면서 항렬자를 높이 쓰는 경우에는 어느 대 무후한 집안에 투탁 또는 윤양자로 들어갔을 개연성이 매우 높다. 선조가 계속 막내 집으로 이어지지 않았다면 말이다. 항렬이 높다는 것은 어떤 경우든 종갓집과 멀리 벗어나 있는 경우가 대부분이다.

바. 족보(族譜)에 기재(記載)된 용어의 차별화

정실부인(正室婦人)이 낳은 후손들의 배우자는 '배(配)'나 '계배(継配)'를 사용하고, 정실이 아닌 후손들의 배우자는 '실(室)' 등을 사용하여 구분한 경우도 있다. 사망 시에도 정실부인은 '졸(卒)'이라고 쓰고, 정실부인의 후손이 아닌 경우에는 '몰(歿)'이라고 써서 용어의 구분을 통하여 적파(嫡派)와 서파(庶派)를 구별하도록 한 경우도 있다[예: 강릉김씨 계해보(癸亥譜, 1743) 이하 1938년의 무인보(戊寅譜)까지].

10. 족보(族譜)에서 나를 찾는 방법

한자로 된 두꺼운 족보에서 누구의 도움 없이 나를 찾는다는 것은 보학(譜學)에 관심이 있는 사람을 제외하고는 쉽지 않다. 전부 한자로 쓰여 있기도 하거니와 횡으로 보면 항렬자를 사용하여 같은 이름이 수두룩하기 때문에 몇 장을 넘기다가 그만두기가 십상이다.

족보에서 나를 찾으려면,

① 내가 어느 파(派)에 속해있는지 알아야 한다.

② 파를 알았으면 전체세계도(全体世系圖)에 의하여 족보 ○권 중 ○책에 있는지 알 수 있다.

그 파에서 자신의 직계조가 맏집인지 중간집인지 끝집인지에 따라 족보의 편제가 되기 때문에 앞 편, 중편, 끝 편에서 찾으면 된다. 최근에 발간되는 족보 중 종원(宗員)의 숫자가 얼마 되지 않는 경우 전체 종원의 인명색인부를 만들어 찾기 쉽게 한 것도 있다. 그러나 이 인별색인부도 동명이인이 너무 많아 최소한 자신의 직계조상은 알고 있어야만 찾기가 용이하다.

③ 족보는 횡(橫)으로 찾기만 하면, 종(縱)으로는 세수(世數)에 따라 위로만 찾아가면 직계조상을 따라 시조까지 일사천리로 연결되어 있다.

④ 파를 알지 못하는 경우에는 나의 직계 조상(대개 조선 중엽 이후)이 어느 지역(자연부락을 알아야 함)에 살았는가를 알면 파

를 알 수 있다. 그 지역의 이 · 동장(里 · 洞長)에게 문의하면 손쉽다.

⑤ 파의 명칭은 파조(派祖)의 시호(諡號), 당호(堂號), 아호(雅號), 관직명을 주로 사용하나 경우에 따라서는 지명을 따서 사용하기도 한다.

⑥ 성만 알고 조상이 어디에서 어떻게 살았는지 모를 경우에는 조상의 이름을 대고 종친회에 문의하여 보거나 아니면 종원 전체가 수록된 대동보를 한 장 한 장 넘기면서 찾아보는 수밖에 없다.

⑦ 아무리 찾아도 내 이름이나 직계조의 이름을 찾을 수 없다면, 나는 성과 이름이 호적에만 등재되어있고 족보에는 수단되지 않은 사람이다.

⑧ 족보에 나와 내 후손을 등재하려면, 다음 족보 수단시에(일간 신문에 공고됨) 직계조의 자료 등을 가지고 수단유사와 의논하여 등재할 수 있다.

11. 족보(族譜)의 사료(史料)로서의 가치(價値)와 과제

족보는 역사를 연구하는 보조 자료로서 귀중한 사료(史料)이다. 특히 인물을 중심으로 하는 신분사(身分史) 연구에 있어서는 이보다 더 귀중한 사료(史料)는 없다 해도 과언(過言)이 아니다.

역사에서 크게 주목받지 못한 인물의 행적에서부터 유명한 역사적 인물의 혈연관계 등을 파악하는 데 족보의 사료(史料)로서의 활용도는 높다. 뿐만 아니라 특정 인물에 대한 생존 시의 역사적 사실을 파악하는 데도 매우 유용한 정보를 제공해준다.

가. 족보(族譜)의 가치(價値)와 평가

혈연(血緣)의 계연(系緣)을 파악하여 성문화(成文化)한 족보의 편찬은 시조 또는 중시조로부터 훨씬 오래 뒤에 간행되었다. 이로 인해 족보편찬 이전 선대(先代)에 대한 원천적인 사료(史料)가 부족하여 객관적 사실에 부합하기가 쉽지 않다.

또한 조선 중기에 양반이라는 신분적 계급층이 고착되면서 선대의 행적을 가급적이면 미화할 수밖에 없는 사회적 환경이 지배했다. 이로써 족보는 어느 한 성족(姓族)에서 새로이 출간하고 만질 때마다 부풀려지게 되었다. 물론 많이 부풀리고 적게 부풀리는 차이는 있었겠지만 오십보(五十步) 소백보(笑百步)로 보아야 할 것이다. 그러나 조상에 대한 미화(美化)나 성관(姓貫)의 변화, 족보의 합본(合本) 과정 등은 그 자체가 신분사(身分史) 또는 민족사(民族史) 연구의 귀중한 사료(史料)가 될 것이다.

어느 성족(姓族)을 특정하여 족보의 진정성을 파악하여 실체를 공표한다는 것은 집단적 항의에 대항할 수 있는 용기가 있어야 하며, 객관적 자료도 확보해야만 가능하다. 그러나 현재의 각 성족(姓族)이 발행한 족보도 구성원의 연대성 제고(提高)는 물론, 숭조(崇祖) 정신을 배양한다는 것만으로도 그 가치가 높이 평가되어야 할 것이다.

다만 조선시대의 신분사나 족보를 연구하는 학자는 출간된 각 성족의 족보를 정태적 관점에서가 아닌 동태적 관점에서 보아야 한다. 동태적 관점에서 오류를 파악하고, 진정성을 판단하여 족보의 사료로서의 가치와 신빙성을 제고시켜야 할 것이다. 이를테면 가칭 "각 성씨별 족보의 진정성 검토"라는 책자가 발간되었으면 하는 바람이다.

어찌됐거나 족보는 씨족(氏族) 동원(同源)의 자료로서 종적인 혈계(血系)와 횡적인 동족원(同族員)을 파악하는 귀중한 자료로서 의미를 부여할 수 있다 할 것이다.

나. 다른 나라의 족보 실태

족보라고 하면 흔히들 한국을 비롯하여 동양의 일부 국가에만 있는 것으로 알고 있으나, 실은 문명이 있는 세계 거의 모든 나라에 존재하고 있다. 오히려 족보가 없는 나라가 드물다. 많은 나라에서 족보를 전문으로 연구하는 족보학회가 만들어져 있으며, 족보만을 전문적으로 취급하는 도서관이 있는 나라도 있다(우리나라도 부천족보전문도서관 등 존재).

우리나라의 족보는 성씨별 혈계를 파악하는 데 있어서 세계의 족보연구가들이 부러워할 정도로 정평이 나있다. 그런 면에서 우리나라는 보학(譜學)의 종주국으로도 꼽힌다. 특히 미국의 하버드 대학에서는 한국의 족보제도를 연구하기 위하여, 우리나라의 국립중앙도서관에 소장되어 있는 각 성씨별 족보를 모두 촬영하여 마이크로필름으로 보관하고 있다.

미국에서는 족보학회가 창립된 지 100여 년이 되어 국내외 많은 학자와 인사들을 초빙하여 국제학술회의를 개최하는 등 족보에 대한 연구를 광범위하고 활발하게 진행하고 있다. 족보의 종주국인 우리나라보다도 일부국가에서 더 많은 관심을 갖고 연구하는 추세이다.

동양의 족보를 보존하고 있는 곳은 아래와 같다.

나라 명	보관하고 있는 곳
미 국	하버드대학 도서관, 컬럼비아대학 도서관, 유타 세계계보협회 도서관
일 본	동경대학 도서관, 국회도서관, 경도대학 도서관, 동양문고, 내각문고, 동경교대 도서관
중 국	남경도서관, 중국과학원, 북경도서관
프랑스	극동학원, 아세아협회
베트남	국립도서관

족보에 대한 각 나라의 명칭은 다음과 같다. 중국에서는 종보(宗譜)라고 쓰인 것이 가장 많다. 일본에서는 대체로 상층계급에만 족보가 만들어진 것으로 알려지고 있는바 '가보(家寶)'라는 명칭을 많이 쓰고 있다. 이를테면 선대의 대표적 인물 밑에 '○○ 장군 가보(家寶)' 또는 '○○ 장군 보(譜)'라고 표기하고 있다. 서구에서는 가계(家系)를 '가족(家族)의 나무'라는 표현으로 'Tree of Family' 또는 'Family Genealogy'라 표기한다.

이와 같이 족보는 세계 각국에 보급되어 있으며, 보학은 관심을 갖고 연구되고 있는 분야이다.

다. 족보에 관련된 과제

족보 한 권에 실리는 인적 정보는 엄청난 양이다. 국립중앙도서관에 1945년 이전 보관된 족보만도 3,380여 종 13,200여 책자에 달한다. 이외에 국립중앙도서관에 소장되지 않은 책자까지 합친다면 족보자료의 양은 실로 엄청나다.

이러한 많은 양의 자료가 각 문중의 혈계(血系)나 파(派), 원친(遠親)의 수직 수평적 관계를 고찰하고, 인적 구성을 파악하는 특정집단 내의 자료로 활용되는 한계에 머물고 있는 실정이다. 각 성씨별 족보를 보다 연역적으로 비교 연구하고, 혼인관계(婚姻關係) 분석을 통하여 각 성관(姓貫)의 연계 고찰도 함께 할 수 있는 자료로 활용되어야 할 것이다.

또한 족보의 오류에 대하여는 각 성족에서도 과감히 수용하여 시정하는 용기가 필요하리라고 본다. 이제 조선시대 신분은 하나의 사료적 연구대상이지 오늘을 살고 있는 우리들에게 선조의 사회적 계층이 여하했는가는 아무런 의미가 되지 않기 때문이다.

족보에 수록되지 않는 사람(대부분 관심 부족으로 수단 미제출)이 각 성씨별로 증가하고 있는 추세인 바, 이는 결코 바람직하지 않은 현상이다. 조선시대의 특정신분 표상으로서의 족보가 아니라 한 성족의 구성원, 더 나아가 한 국가의 구성원으로서 족보수단에 참여하는 것은 당연한 의무라 할 것이다.

한편 각 성족의 문중대표와 족보 편집 유사(有司)는 향후 족보의 사실적 기술에 최선을 다하고, 또한 편집기법을 새로이 개발하여 누구나 쉽게 접근할 수 있도록 편찬하여야 할 것이다. 인터넷시대의 흐름에 따라 CD로 편집하여 인터넷세대에 부응할 수 있도록 하고, 정부기록보존기관 등은 각 문중의 족보 CD를 제출받아 보존 관리하는 방안도 연구해 볼만하다. 한편 족보의 내용을 누구나 쉽게 접근할 수 있도록 하기 위해서는 꼭 필요한 글자만 한자로 표기하고 어려운 내용은 풀어서 써야 할 것이다.

국가기관(통계청)에서 실시하고 있는 인구센서스 조사는 다분히 양적인 조사에 불과하다. 계량적인 통계 외에는 내용의 질적인 통계는 접근조차 어렵다. 그러나 족보는 양적인 내용에 덧붙여 인별 신분사항이 기록됨으로써 국가기관 공적 자료의 중요한 보조자료로 활용할 수 있다.

또한 족보의 성별 수록범위나 남녀성별 선후도 없어졌거니와 오늘날 "남계의 혈계를 통하여 대를 이어 간다"는 의미도 남녀 구분 없는 저출산으로 인하여 거의 무의미하게 되었다. 양자와 출계의 관습은 일부 종가를 제외하고는 사라진 지 오래다. 따라서 향후 족보는 족보가 처음 생길 때처럼 남녀 구분 없이 혈계를 파악하는 정보자료로 기록되어야 할 것이다. 따라서 족보는 동성동본의 구성원을 기록하는 자료가 아니라 혈계를 기록한 자료가 되어야 할 것이다.

12. 족보와 관련된 용어해설

족보는 보기가 어렵다고들 한다. 우선 표지의 제자(題字)부터 한자로 되어있고 내용도 거의 한자어로 되어 있어서 접근하기가 껄끄럽다. 그래서 그렇게 하고 싶어서가 아니라 어쩔 수 없어서 고이 모셔놓는 경우가 대부분이다. 족보에 많이 쓰이는 한자로 된 용어들을 이해하게 되면 한층 족보와 가까워질 수 있을 것이다.

가. 족보의 여러 가지 명칭

족보는 여러 가지 명칭으로 부르는데, 종중에 따라 혹은 족보에 수록된 내용에 따라 약간씩 의미를 달리하여 지칭한다.

1) 보첩(譜牒)

족보와 거의 유사한 개념으로서 혈계를 파악하는 의미를 더 부여한 책자라 할 것이다. 따라서 보첩은 가첩(家牒), 가승보(家乘譜)뿐 아니라 간단한 뿌리의 기록(메모 형식)도 포괄하는 의미로 쓴다.

2) 세보(世譜) · 대동보(大同譜)

족보가 한 시조 아래에 있는 족원 전체를 기록한 의미라 한다면, 세보는 시조로부터 세별로 정리된 내용이라는 의미이다. 결과적으로 내용은 같은 것이다. 따라서 족보의 표지는 세보로도 많이 표기한다. 대동보는 파별로 된 계보를 모아 하나로 합쳤다는 족보의 명칭이며, 성관이 다른 경우에도 같은 조상이라 하여 대동보를 함께 만든 경우도 있다.

3) 파보(派譜)

동일한 시조 아래의 모든 족원을 수록한 족보를 대동보(大同譜)라고 하며, 같은 성관이라 하더라도 파조의 후손만을 기록한 족보를 파보라 한다. 그러나 실제 용례(用例)를 보면 파보이면서도 "○○파 대동보" 또는 "○○파 세보"라고 표기한 것도 있다. 이는 잘못된 표현이다.

4) 가첩(家牒), 가승보(家乘譜)

가첩이란 개인의 가계를 단선으로 직계만 간단하게 기록(주로 이름만)한 것이며, 가승보는 이름 외에 그 직계조상의 행적 등을 자세히 기록한 내용이다. 그러나 이러한 구별은 상대적인 것이며 흔히 혼재해 사용한다.

5) 과갈보(瓜葛譜)

초기 족보의 형태로서 아래로 내려가면서 모든 혈손(친·외손 계)을 기록한 보첩이다. 마치 오이 덩굴이나 칡덩굴처럼 서로 얽히 고설커 뻗어 나갔다는 뜻이다.

6) 8고조보(八高祖譜)

족보는 시조에서 내려오면서 세대별로 혈계를 기록한 것인데, 8 고조보는 거꾸로 나로부터 위로 소급하여 고조대까지 친계와 모 계를 모두 기록한 보첩이다. 나를 빼고 30명이 된다. 즉 부모 2명, 조부모 4명(외조부모 2명 포함), 증조부모 8명, 고조부모 16명이 이에 포함된다. 고조부가 8명이기 때문에 8고조보라 한다.

7) 양세계보(養世系譜)

양자로만 이어져가는 보첩이다. 환관(宦官: 내시)은 자식이 없으므로 성이 다른 사람을 입양하여 계대(継代)의 형식을 취했는데, 이들 계자(継子) 기록을 양세계보라 한다.

8) 별보(別譜)

같은 시조의 자손으로 생각되면서도 중간 계대(継代)를 실전(失傳)하여 연결할 수 없는 경우, 원래의 족보 제일 마지막에 등재하거나 부록형식으로 별도로 제책한 족보를 말한다. 후에 객관적 자료 등에 의하여 심증을 물증으로 대체한 경우 원 족보에 합본하여 실었다.

9) 선현년보(先賢年譜)

혈계의 파악이라는 족보의 원래적 의미와는 달리 선조 중에서 현달한 조상의 연보를 소상히 정리한 보책이다. 학자, 고관(高官), 절신(節臣), 공신(功臣), 왕가(王家)와 혼인한 조상 등이 이에 포함된다. 종원에 대한 숭조의 정신함양과 후손에 대한 교육 자료로 활용되며, 타 종중 또는 보학에 관심 있는 사람들에게 자기 성관의 위상(位相)을 알리는 책자이다.

한편 성씨의 연원이나 현조(顯祖) 등에 대한 일화, 유사(遺事), 비문(碑文) 등을 광범위하게 모아 편찬한 책자는 추원록(追遠錄) 또는 모원록(慕遠錄)이라 한다.

나. 씨족(氏族) 관련 명칭

족보는 같은 시조 아래의 혈계를 기록한 책자이다. 여기에 표현되는 혈통과 관련된 용어는 주로 아래와 같다.

1) 성씨(姓氏)

우리나라 성씨의 기원이 중국에 있음은 앞서도 언급하였거니와, 중국에서의 성은 원래 모계(母系)에서 출발하였다. 성이란 글자는 "계집 여(女)"와 "날 생(生)"의 두 글자로 된 형성자로서 어머니의 연원이 어디이냐에서 출발하였으며, 씨(氏)는 어머니에서 출생한 후손들이 어디에서 살고 있었느냐는 부계(父系) 관념에서 나온 말이다. 따라서 성씨라 함은 "○○성씨"로 표기하여 본관까지 일컫는 것이 맞는 표현이다.

2) 족(族)

족은 같은 핏줄의 우리라는 개념이다. 같은 조상의 자손으로서 성이 같은 피붙이란 뜻으로서 동족의 개념이다. 우리와 다를 경우 앞에 관형사를 붙여서 ○○족이라고 한다. "조선족" 하면 조선의 핏줄이라는 뜻이다.

3) 종중(宗中), 문중(門中)

씨족원(氏族員) 전체를 포괄하는 개념이 종중이며(정태적 개념), 종중이 하나의 인격으로서 어떤 행위를 위해 모이는 것을 종회(宗會: 동태적 개념) 또는 문회(門會)라 한다.

문중(門中)은 종중(宗中)과 같은 뜻으로 사용되기도 하고, 일족(一族)의 한 지파(支派)로 소종중(小宗中)을 가리키기도 한다. 문중이 하는 일을 종사(宗事) 또는 문사(門事)라 한다.

4) 종자(宗子)와 중자(衆子)

맏아들을 종자라 하고 맏아들이 아닌 아들들을 중자라 한다. 또는 종자는 장자(長子)이며, 중자는 지자(支子)라고도 한다.

5) 종파(宗派)와 지차집

자손들이 번창하여 여러 갈래로 퍼져 하나의 파(派)가 형성되었을 때, 제일 맏집의 파를 종파라고 하며, 파조의 동생에게서 뻗어나간 집들을 지차집이라고 한다.

지차집은 엄밀히 말하면 파가 아니다. 다만 지차(之次) 중에서 현조(顯祖)가 되거나 또는 후손이 많아 새로운 소파(小派)를 형성하였을 경우는 ○○파로 부를 수 있다.

6) 종가(宗家: 대종가, 파종가, 소종가)

계속 맏아들로 내려온 집을 종가라 한다. 물론 후사가 없어서 양자를 들인 경우도 포함된다. 같은 성족(姓族)의 시조로부터 맏집으로만 내려온 종가를 대종가(○○金氏宗家)라 하고, 중간에 지차집으로서 파가 형성된 이후의 맏집을 파종가(○○金氏 ○○公派 ○○宗家)라 한다.

별도의 파(派) 형성이 없거나 소종가가 아니라면 몇 대를 내려오는 맏집이라 하더라도 결코 종가라 부를 수 없다. 이 경우 그냥 큰집(○○代祖 봉사하는 큰집)이라고 호칭하는 것이 맞다.

한편 현조(顯祖)나 불천위조상(不遷位祖上)을 모시는 종가가 아니면, 사림가(士林家)에서 종가로 대우하지 않는 경향도 있으나, 이는 이론적인 것과는 별개의 것이다.

7) 종손(宗孫), 지손(支孫)

6)항에서 설명한 종가의 맏아들을 종손이라 하며 지차집 후손을 지손이라 한다. 종손은 대종손 1명, 파종손 1명, 소종손 1명뿐이며 그 외의 후손은 모두 지손이다.

종손은 동성족(同姓族) 집단의 직계장자(맏아들)로 이어지는 후손으로서 제사(祭祀)의 주재자가 되며, 친족집단을 통할하고 타 문중에 대하여 대표성을 지닌다. 특히 명현(名賢)의 종손은 사회적 예우도 부여받았다.

종가와 종손이 형성된 시기는 17세기 이후였다. 그 이전에는 동성친족 결합이 미미하였고, 대부분의 성족에서 항렬자(行列字)도 통일되지 않았다. 17세기 이후 성족에 따른 사회적 신분이 개인에서 선조를 같이하는 족원 전체로 확대되면서 문중(門中)이 형성되었다. 또한 문회(門會)가 개최되고, 문벌(門罰)이 가해지면서 종손의 권위와 종손에 대한 존경심을 강조하고, 종가를 보존하려는 움직임이 활발해지기 시작하였다. 이러한 현상은 조선 후기에 들어와서 일반화되었다. 따라서 가가(家家)는 대가 끊어지지 않도록 엄청난 노력을 경주하였으며, 무후(無後)한 경우는 입양을 통하여 대를 잇도록 하였다. 조선 초기에는 이러한 사상이 미미하여 종가 보존이 되지 않았다. 맏집이 무후하여 양자 없이 2남 또는 3남으로 승계된 경우의 성족이 많이 있다. 어쨌든 조선 후기에 명문가의 종손은 또 하나의 사회적 신분을 이루었다.

〈종손을 주손으로 표기한 명함〉

'종(宗)'이란 자의(字義)는 정통성이라는 뜻 외에 '높이다'는 의미도 있다. 따라서 종손 본인은 자신을 타인에게 소개할 때 종손이라고 칭하기보다 '○○공 9대 주손(胄孫)' 또는 '사손(嗣孫)' 등으로 일컫는 것이 바람직하다. 요사이 할아버지 맏손자만 되어도 자신을 종손이라고 얘기하는 경우가 있는데 이는 잘못이다.

8) 문장(門長), 유사(有司)

종손과는 별도로 종중(宗中)에서 나이가 많고 학덕(學德)이 있는 문중의 어른을 모셔 종손을 보좌하고 문회(門會)의 일을 함께한다. 그런 어른을 문장이라 하고, 그를 도와서 실무를 담당한 사람을 문중의 유사(有司)라 칭한다. 『논어(論語)』의 태백편(泰伯編)에 그 어원(語源)이 있다(籩豆之事則有司存).

9) 사자(嗣子), 사손(嗣孫), 봉사손(奉祀孫), 주손(胄孫), 장손(長孫), 승중(承重)

대를 잇는 아들을 '사자(嗣子)', 손자를 '사손(嗣孫)'이라고 한다. 분가하여 나가는 지자(支子)와 지손(支孫)은 사자, 사손이 아니다. 제사를 모시는 자손을 '봉사손(奉祀孫)'이라고 하며 대개 사손은 이에 해당한다. 그러나 지자가 제사를 모시는 경우 봉사손이 곧 사손은 아니다.

주손(胄孫)은 특정 조상이나 입향조(入鄕祖)로부터 대대로 내려오는 맏이라는 뜻이다. 그러나 보통 종손이 자기 자신을 겸양하여 남에게 지칭할 때 ㅇㅇㅇ공의 주손(冑孫)이라고 표현한다.

장손(長孫)은 종가(대종가, 파종가, 소종가)가 아닌 지차집에서 몇 대로 맏이로 내려온 사람에 대한 호칭이다(예: 5대 장손, 또는 5대 봉사손). 위를 부등호로 등식화하면 대종손>파종손>소종손>장손으로 성립되며, 여기에 주손과 봉사손이 모두 다 해당될 수 있다.

승중(承重)은 아버지와 할아버지를 모두 여윈 사람이 조부와 증조부를 잇는 제도를 말한다. 아버지를 먼저 여윈 적장손이 아버지 대신 숙부들에 우선하여 조부모의 주상(主喪)이 되거나, 제사의 주재자가 된 경우를 승중손(承重孫)이라 한다.

10) 촌(寸)

동성족의 겨레붙이에 대한 혈계의 멀고 가까운 단위를 촌이라 하고, 이를 나타내는 숫자를 촌수(寸數)라 한다. 같은 조상의 자손으로서 촌수를 계산하는 범위의 혈족을 계촌내(計寸內) 또는 당내(堂內), 유복친[有服親: 상(喪)을 당했을 때 상복(喪服)을 입는다 하예]이라고 호칭한다. 8촌까지를 계촌 이내로 보기도 하나, 5대조인 현조부(玄祖父) 아래 10촌까지가 단문친(袒免親)이므로 11촌부터 불계촌(不計寸)으로 보아야 한다.

<**친가 쪽의 촌수 도표**>

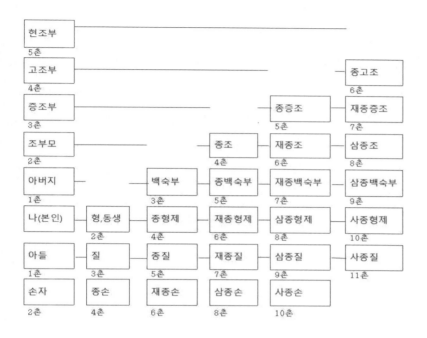

11) 문중재산(門中財産)

　동성족의 공동사업을 수행하기 위하여 종중(宗中)이 재산을 소
유하게 되는데, 재산의 소유목적은 대개 다음과 같다. 조상의 묘지
를 확보하기 위한 임야[宗山]와 제례를 원활히 봉사하기 위하여 전
답(田踏)을 소유한다. 이때 문중이 소유한 토지를 종토(宗土), 위토
(位土) 등으로 부른다. 또는 일부 여유 있는 문중에서는 후손들의
교육을 위하여 수확을 산출할 수 있는 농지(農地)를 소유하고 있는
데, 이는 학전(學田)·재전(齋田) 등의 명칭으로 불린다.

그런데 이러한 문중재산이 당초의 목적대로 계속 이어지고 있지는 않다. 특히 근래에 와서 토지개발 사업이 활발해지고 지가(地價)가 높아지면서, 문중재산의 양도 및 수용에 따른 종중원(宗中員) 사이의 분쟁이 많이 발생하고 있다. 등기부상의 명의 신탁문제, 종중 재산 소유권의 성격(민법상 總有), 재산의 분배에 따른 증여문제(세법에서 종중은 법인격 없는 단체에 해당), 남녀 후손에 대한 분배비율, 대체자산의 운용방법 등이 갈등의 불씨가 되고 있다. 당초 종중재산을 형성한 취지는 숭조(崇祖) 정신 함양 및 종중원간 화목의 장으로 만들어진 것인데, 오히려 종중원 간의 반목과 분쟁의 원인이 되고 있는 경우가 많다.

12) 항렬(行列)

혈족의 방계(傍系)에 대한 대수(代數) 관계를 나타내는 말을 항렬(行列)이라 한다. 대수(代數)에 따라 일정한 한자를 사용하여 상하 수평관계를 분명히 한다.

이름에 항렬자를 사용한 시기를 알 수 있는 명확한 자료는 없지만, 일부 지배층의 경우 고려 중기 이후에 형제 또는 4촌간 사용한 예가 발견되고 있다. 고려 중기 척족(戚族)으로 세력을 떨쳤던 인천이씨(仁川李氏) 이자겸(李資謙)의 형제가 자원(資元)·자량(資諒)이며, 또 그의 사촌형제의 이름이 자인(資仁)·자의(資義)·자충(資忠)·자효(資孝)·자현(資玄)·자덕(資德)으로서 자(資) 자

(字) 항렬자를 쓰고 있음을 볼 수 있다. 또 고려시대 9재학당(九齋學堂: 또는 문헌공도로 불림)을 열어 후학을 길러 해동공자라 칭송을 받은 해주최씨인 최충(崔沖)의 가계에서도 형제간 항렬자를 쓴 것을 볼 수 있다. 최충의 아들이 유선(惟善)·유길(惟吉)이며, 손자는 사제(思齊)·사량(思諒)·사추(思諏)이다. 그러나 이 시기만 해도 성(姓)도 보편화되지 않던 때이므로 일부 귀족세력에서 쓴 이 항렬자는 동족 범위의 항렬개념이 아닌, 형제 또는 4촌 간의 동류 개념으로 썼다고 볼 수 있다.

항렬자는 조선 초에서 중엽까지 형제로부터 4촌·6촌까지 정도만 사용하다가, 17세기 이후 문중·종가 개념이 형성되면서 8촌 이상까지 확대되었다. 그 뒤 19세기에 접어들면서 항렬자는 같은 혈계에 보편화되었다. 그러나 대성[大姓: 저성(著姓)]인 경우 각 파(派) 간에도 항렬을 달리한 경우가 많아, 계대(繼代)를 맞출 수 없는 경우도 있다.

항렬자는 일반적으로 아래의 방법에 따라 짓는다.

가) 오행상생법(五行相生法)

항렬로 제일 많이 쓰이는 방법으로서 대다수 성씨가 사용하고 있다. 금(金), 수(水), 목(木), 화(火), 토(土)의 한자를 사용하여 계속 번갈아 사용하는 방법이다. 즉, 金○, ○水, 木○, ○火, 土○의 다섯 대(代)가 끝나면 ○金, 水○, ○木, 火○, ○土의 순으로 계속되는 바, 이렇게 조립해 나가면 같은 항렬자가 제자리에 오려면 11

대째가 된다.

오행상생법을 이용한 항렬자는 글자 자체를 사용하는 경우는 극히 드물며, 금수목화토(金水木火土)가 부수자로 들어가는 글자를 이름자에 번갈아 넣는 방식으로 쓴다. 이를테면 '木(나무 목)' 변에 '식(植)' 자나 '水(물 수)' 변에 '낙(洛)' 자를 쓰는 등이 해당한다.

예) 신안동김씨(新安東金氏)
　　金○淳(水)－○根(木)－炳○(火)－○圭(土)－○鎭(金)－○漢(水)

한편으로는 부수자와는 달리 한자의 숨은그림찾기 식으로 오행상생법을 원용한 성족도 있다.

예) 남양홍씨 토홍계(土洪系) 항렬표 중
　　(25世) 유(裕)－곡(谷)에 있는 '불 화(火)'
　　(26世) 사(思)－전(田)에 있는 '흙 토(土)'
　　(27世) 선(善)－선(善)에 있는 '쇠 금(金)'
　　(28世) 승(承)－승(丞)에 있는 '물 수(水)'
　　(29世) 화(和)－화(禾)에 있는 '나무 목(木)'

오행상생법은 윤회를 통한 영생(永生)을 의미하는 것이다. 즉 금생수(金生水)는 금속이 녹으면 액체가 되고, 수생목(水生木)은 물은 나무를 자라게 하며, 목생화(木生火)는 나무는 불을 일으키며,

화생토(火生土)는 불이 타서 재로 변하여 흙이 되며, 토생금(土生金)은 흙속에서 다시 금(金)이 나온다는 설을 응용한 것이다.

한편 한산이씨(韓山李氏)의 경우는 3행상생법을 사용하고 있다. 水(求), 木(馥), 土(遠)를 사용하여 반복한다.

나) 십간법(十干法), 십이지법(十二支法)

십간법(十干法)은 갑(甲), 을(乙), 병(丙), 정(丁), 무(戊), 기(己), 경(庚), 신(辛), 임(壬), 계(癸)의 열 글자를 항렬자로 사용하는 방법이다. 또한 십이지법은 자(子), 축(丑), 인(寅), 묘(卯), 진(辰), 사(巳), 오(午), 미(未), 신(申), 유(酉), 술(戌), 해(亥)의 십이지에 따라 항렬자를 정하는 것이다. 현재 이 방법을 사용하는 종중(宗中)은 그리 많지 않다. 한양조씨와 강릉김씨 종중, 연안이씨 일부파 등에서 채택하고 있다.

십간십이지에 해당하는 한자(漢字)의 파자(破字)를 찾아 사용하여 순환시켜나가는 이 방법은 일단 순환기간이 매우 길다(최소 600년 사용 가능). 또한 천간(天干)과 지지(地支)를 순환시켜 항렬로 이어나가야 하므로 매우 체계적이며, 역법의 주기를 사용하여 차원이 높다고 할 수 있다. 한양조씨와 강릉김씨 종중에서 사용하는 항렬자를 도식화하면 다음과 같다. 참고로 강릉김씨의 경우 십이지를 미리 택하고 십간을 나중에 쓰도록 하고 있다.

구분		한양조씨(漢陽趙氏)		강릉김씨(江陵金氏)	
		사용항렬자	세	사용항렬자	세
천간 (天干) 항렬	甲	鍾載 (종·재)	22	萬 만	45
	乙	元允 (원·윤)	23	九 구	46
	丙	炳昺 (병·병)	24	命 명	47
	丁	行衡 (행·형)	25	寧 녕	48
	戊	誠成 (성·성)	26	茂 무	49
	己	熙紀 (희·기)	27	紀 기	50
	庚	慶庸 (경·용)	28	庚 유	51
	辛	新章 (신·장)	29	宰 재	52
	壬	廷聖 (정·성)	30	聖 성	53
	癸	葵揆 (규·규)	31	揆 규	54
지지 (地支) 항렬	子	學存厚(학·존·후)	32	學 학	33
	丑	書肅用(서·숙·용)	33	秉 병	34
	寅	演寅璜(연·인·황)	34	演 연	35
	卯	卿邵迎(경·소·영)	35	卿 경	36
	辰	震振養(진·진·양)	36	振 진	37
	巳	範龍夔(범·용·기)	37	起 기	38
	午	年南準(년·남·준)	38	南 남	39
	未	東洙來(동·수·래)	39	來 래	40
	申	重連暢(중·연·창)	40	東 동	41
	酉	弼尊猷(필·존·유)	41	猷 유	42
	戌	璣義武(기·희·무)	42	成 성	43
	亥	夏遠俊(하·원·준)	43	玄 현	44

다) 숫자법(數字法)

일(一), 이(二), 삼(三), 사(四), 오(五), 육(六), 칠(七), 팔(八), 구(九)의 글자가 내포된 한자로 항렬자를 정한 방법이다. 이를 사용하는 대표적인 성족으로 안동권씨(安東權氏)가 있는데, 많은 파에서 이를 채택하고 있다. 즉 (31世) 一은 병(丙), 二는 중(重) 또는 종(宗), 三은 태(泰), 四는 녕(寧) 또는 헌(憲), 五는 오(五), 六은 혁(赫) 또는 기(奇), 七은 택(宅) 또는 순(純), 八은 용(容), 九는 구(九) 등으로 세수(世數)와 항렬을 동시에 맞추어 놓고 있다.

반남박씨(潘南朴氏)의 경우 종래 26세까지 일(日), 월(月)법에 의하다가 27세부터 숫자법으로 바뀌었다. 즉 一: 우(雨), 二: 천(天), 三: 춘(春), 四: 헌(憲) · 영(寧), 五: 오(五) · 오(吾), 六: 재(宰) · 장(章), 七: 호(虎) · 순(純), 八: 겸(謙) · 선(善), 九: 구(九) · 욱(旭), 十: 평(平) · 두(斗)와 같이 항렬자를 사용하고 있다.

라) 기타 재미있는 사례

한편 항렬자와 더불어 이름자에 사용된 별도의 법칙들도 홍미로운데, 다음과 같은 사례들이 눈에 띈다.

(1) 전통적으로 외자이름을 쓴 경우

안동권씨의 양촌 권근계(陽村 權近系)와 종침교(琮琛橋)의 야화로 알려진 상우당(尙友堂) 허종계(許琮系)의 경우를 들 수 있다.

예) ◆ 권 부(權溥)—고(皐)—희(僖)—근(近)—제(踶)—람(擥)—건(建)

　　◆ 허 종(許琮)—확(確)—치(治)—응(凝)—욱(頊)—액(貉)

(2) 외자 이름과 두자 이름을 번갈아 사용한 경우

대대로 물수변(水邊)을 사용하되, 외자 이름과 두자 이름을 번갈
아 사용한 경우 연일정씨의 송강(松江) 정철(鄭澈) 직계(直系)를 들
수 있다.

예) ◆ 정 연(鄭淵)—자숙(自淑)—위(潙)—유침(惟沈)—철(澈)—종명
　　　(宗溟)—직(溭)—경연(慶演)—호(澔)

(3) 항렬자 외 다른 글자에도 일정 법칙을 적용한 경우

이름자 두 자 가운데 한 글자는 항렬자를 쓰고, 다른 한 글자에
도 다음과 같은 재미있는 법칙을 적용한 사례들이 있다.

(가) 인(仁)·의(義)·예(禮)·지(智)·신(信)의 오상(五常)이나 효
(孝)·제(悌)·충(忠)·신(信) 등 인륜 도덕상의 문자를 사용

예) ◆ 청송심씨 심의겸(沈義謙)의 형제: 심인겸(沈仁謙)—의겸(義
　　　謙)—예겸(禮謙)—지겸(智謙)—충겸(忠謙)—효겸(孝謙)—
　　　제겸(悌謙)

　　◆ 파평윤씨 윤임(尹任)의 아들 형제: 윤흥인(尹興仁)—흥의(興
　　　義)—흥예(興禮)—흥신(興信)

　　◆ 경주정씨 정지인(鄭之仁) 형제: 정지인(鄭之仁)—지의(之

義)-지예(之禮)-지지(之智)-지신(之信)

(나) 상서로운 동물의 이름을 사용한 경우

귀한 영물이나 상서로운 동물의 이름을 따서 사용한 경우로, 주로 형제들의 이름을 짓는 데 사용한 경우이다.

예) ◆ 풍산홍씨로 혜경궁 홍씨(사도세자 부인)의 친정아버지인 홍봉한의 형제: 홍봉한(洪鳳漢, 봉황)-인한(麟漢, 기린)-준한(駿漢, 준마)-용한(龍漢, 용)

◆ 사초사건(史草事件)으로 무오사화의 피화를 입은 김해김씨 탁영(濯纓) 김일손(金馹孫)의 형제 이름. 아주 훌륭한 말(馬)을 비유: 김준손(金駿孫, 준마)-기손(驥孫, 천리마)-일손(馹孫, 날랜 말)

◆ 은진송씨로 제주5현의 한 분인 규암(圭庵) 송인수(宋麟壽)의 형제: 송기수(宋麒壽, 기린)-귀수(龜壽, 거북)-인수(麟壽, 기린)

(다) 성신이십팔수(星辰二八宿)

별자리 중 뜻이 좋은 글자만 따서 사용한 경우도 있다. 이를테면 경주이씨 백사(白沙) 이항복(李恒福)의 아들 형제들 이름이 그렇다.

◆ 성남(星男)-정남(井男)-규남(奎男)-기남(箕男)이다.

이십팔수(二八宿)란 고대 인도·중국·페르시아 등에서 해와

달과 여러 혹성(惑星)들의 위치를 밝히기 위해 황도(黃道)에 따라서 천구(天球)를 스물여덟으로 구분한 것을 말한다. 중국의 구분은 다음과 같다.

동(東): 각(角)·항(亢)·저(氐)·방(房)·심(心)·미(尾)·기(箕)

서(西): 규(奎)·루(婁)·위(胃)·묘(昴)·필(畢)·자(觜)·삼(參)

남(南): 정(井)·귀(鬼)·유(柳)·성(星)·장(張)·익(翼)·진(軫)

북(北): 두(斗)·우(牛)·여(女)·허(虛)·위(危)·실(室)·벽(壁)

'규남(奎男)'이란 이름에서 '규(奎)' 즉 규성(奎星)은 초여름의 중성(中星)으로 문운(文運)을 맡아보며, 이 별이 밝게 빛나는 때는 천하가 태평해진다고 한다. '기남(箕男)'의 '기(箕)=기성(箕星)'은 청룡칠수(靑龍七宿)의 맨 끝 별자리다.

(라) 주역(周易) 육십사괘(六十四卦)의 괘명(卦名) 중 뜻이 좋은 글자를 사용한 경우

이 같은 사례로는 행주기씨(幸州奇氏) 고봉(高峰) 기대승(奇大升)의 형제 및 4촌들이 해당한다.

◆ 기대승(奇大升) 대항(大恒) 대정(大鼎)

◆ 기대림(奇大臨) 대복(大復) 대유(大有)

육십사괘(六四卦)란 팔(八)괘를 여덟 번 겹쳐 얻은 괘를 말한다. 그 중 인명(人名)에 흔히 쓰이는 괘명으로는 다음과 같은 것들이 있다.

건(乾)·곤(坤)·수(需)·사(師)·이(履)·복(復)·이(頤)·함

(함(咸) · 항(恒) · 진(晋) · 익(益) · 태(泰) · 겸(謙) · 임(臨) · 관(觀) ·
승(升) · 정(井) · 정(鼎) · 진(震) · 간(艮) · 풍(豊) · 려(旅) · 태(兌) ·
대유(大有)<태극기의 사(四)괘는 건(乾) · 곤(坤) · 이(離) · 감(坎)>

가령 곤(坤)은 땅을 상징하니 만물을 성장시키는 덕(德)을 나타
내고, 승(升)은 땅에 나무가 나는 것을 상징하며, 복(復)은 우뢰가
땅속에서 움직이기 시작함을 상징한다. 이렇게 뜻이 좋은 괘명을
사용하는 것은 요즘에도 많이 있는 일이다.

(마) 고대 성인(聖人)의 이름을 딴 경우
◆ 덕수이씨(德水李氏) 충무공(忠武公) 이순신(李舜臣)의 형제가
대표적이다.

이희신(李羲臣)－요신(堯臣)－순신(舜臣)－우신(禹臣)이　그들이
다. 각기 고대 중국의 복희(伏羲), 요(堯), 순(舜), 우(禹)에서 이름
자를 가져왔다.

(바) 기타 숫자(數字)나 형태, 의미상 유사(類似)한 문자를 사용
한 경우
예)◆ 성주이씨(星州李氏) 매운당(梅雲堂) 이조년(李兆年)의 형제:
　　이백년(李百年)－천년(千年)－만년(萬年)－억년(億年)－조년
　　(兆年)
　◆ 광주이씨(廣州李氏) 이인손(李仁孫)의 아들 형제<克자 항
　　렬이 같고, 이름에 전부 '土'가 들어감>:

이극배(李克培)—극감(克堪)—극증(克增)—극돈(克墩)—
극균(克均)

◆ 수원백씨(水原白氏) 휴암(休庵) 백인걸(白仁傑)의 형제
<영웅호걸(英雄豪傑) 사용>:
백인영(白仁英)—인웅(仁雄)—인호(仁豪)—인걸(仁傑)

이렇게 살펴보면 옛사람들이 이름을 짓는 데 얼마나 고심했던
가를 엿볼 수 있다. 인(仁)·의(義)·예(禮)·지(知)·신(信)이나 이
조년 형제의 숫자 사용, 영(英)·웅(雄)·호(豪)·걸(傑) 등을 사용
한 이름자는 처음부터 계획출산을 하여야만 가능하지 않았을까?

항렬자를 어떤 글자로 할 것인가는 동성족의 종중회(宗中會)에
서 미리 정해놓아 족보에 필히 수록하여 후손들이 사용하기 편리
하도록 하고 있다. 그러나 때로는 항렬자를 당대에 와서 바꾸는 사
례도 있었다. 예컨대 갑신정변(1884년)의 주동자들이 역적으로 단
죄되면서 이들의 대종회(大宗會)에서는 주모자들의 항렬이 들어
간 글자를 다른 글자의 항렬로 바꾸어 사용하도록 하였다. 즉 (신)
안동김씨 김옥균(金玉均)의 항렬자 '균(均)'은 '규(圭)'로, 남양홍씨
홍영식(洪英植)의 항렬자 '식(植)'은 '표(杓)'로, 반남박씨 박영효(朴
泳孝)의 항렬자 '영(泳)'은 '승(勝)'으로, 달성서씨 서광범(徐光範)의
항렬자 '광(光)'은 '병(丙)'으로, 서재필(徐載弼)의 '재(載)'는 '정(廷)'
으로 바꾸었다.

이름에 항렬자를 사용하는 것은 아마도 우리나라 외에는 세계

에서 발견하기 어려운 제도이다. 혈계의 종·횡 파악에 유용할 뿐
아니라 같은 혈족에게 동질감을 느끼게 하는 전통적 문화유산이
다. 그러나 근래에는 핵가족화와 부권의 추락, 다문화가정의 탄생,
유행하는 이름 사용 등 '항렬자'의 의미도 잘 모르는 세대들에 의
하여 그 사용이 줄어들고 있다.

다. 족보에 기록되는 용어

족보에 쓰인 용어 중 자주 나타나는 한자어에 대하여 정확히 알
면 족보를 좀 더 쉽게 이해할 수 있다.

1) 세(世)와 대(代)

세와 대의 자의(字義)는 보학자나 각 문중에서 해석을 달리하는
바가 많다. 이를테면 대는 세에서 1의 숫자를 빼야 하는 것이 맞다
는 설 등이 있으나, 세와 대는 거의 같은 의미로 쓰인다. 굳이 이를
엄밀하게 구분한다면 세는 혈계의 의미를, 대는 서차적(序次的) 의
미를 지닌다 할 것이다. 예를 들어 '루이 ○세'는 사람의 혈계를 나
타내며, '제10대 대통령'이라고 하면 열 번째 취임한 대통령이란
의미이다. 따라서 족보에 있어서는 "시조는 1세, 나는 시조를 포함
하여 ○○세가 되는 것"이며(이때는 혈계의 의미), 대를 표현하더
라도 "시조는 1대, 나는 시조를 포함하여 ○○대가 되는 것"이다
(이때는 차례를 나타내는 서차적 의미).

실제로 세와 대는 혼용하여 사용되고 있으며(일부 성족, 또는 보학자 중 의견을 달리하는 경우가 있음) 다만 ○○대손(代孫), ○○세손(世孫) 또는 ○○대조(代祖), ○○세조(世祖)라고 할 때는 단순히 세나 대로 할 때에서 −1을 하면 된다. 손(孫)이나 조(祖)에는 이미 1이라는 수가 포함되어 있기 때문이다. 할아버지 · 아버지 · 나를 두고 볼 경우 할아버지는 1세(대), 아버지는 2세(대), 나는 3세(대)이다. 그런데 할아버지는 나의 2대조(代祖)이며, 나는 할아버지의 2대손이 되는 것이다. 그리고 이 경우 ○○세조(世祖)나 ○○세손(世孫)으로 표기하지 않고, 이어지는 서차개념인 ○○대조(代祖), ○○대손(代孫)을 사용하는 것이 맞다 할 것이다. 한편 중시조가 시조로부터(시조 포함) 12세이면, 그냥 '12세 되시는 할아버지'라고 칭하면 된다.

조상의 계보와 관련하여 본인을 지칭할 때의 예를 든다면 덕수 이씨로 충무공 이순신 장군의 후손인 李載○의 경우, "나는 시조로부터는 27世이며 (시조를 포함하여 족보상 항렬자에 해당하는 世數: '載'자 항렬은 27세) 충무공(대부분 성관의 경우 중시조나 파조로서 고려 말이나 조선시대 顯祖를 칭함)의 15대손이 됩니다. (이재○은 충무공부터의 세수는 16세이나 1을 뺀 15대(세)손이 됨)"라고 말하는 것이 올바른 표현이다. 시조로부터는 26대(세)손이 되나 잘 쓰지 않는 표현이다.

2) 소(昭)와 목(穆)

사당(祠堂)에 신주를 모실 때에 주향자(主享者)를 한가운데에 모시고, 종향자(從享者)는 왼쪽과 오른쪽에 차례로 모시게 된다. 이때 왼쪽에 신주를 모신 경우를 소(昭)라 하고, 오른쪽을 목(穆)이라 한다. 이를 도식화하면 아래와 같다.

<대종중(大宗中) 제례의 경우>

제주(祭主)가 보아서 왼쪽(昭)이 위차(位次)가 더 높다. 사당에 위패를 모시지 못하고 지방(紙榜)으로 신주(神主)를 대신할 경우도 남좌여우(男左女右: 남자 왼쪽, 여자 오른쪽)로 한다.

소(昭)와 목(穆)의 신위(神位) 배치는 한 종중(宗中)이나 가묘(家廟)에서는 서열이 정해져 있어 큰 문제가 없다. 그러나 서원묘(書院廟) 등에서 여러 선현(先賢)을 배향할 때 소목의 배치를 어떻게 하느냐 중론(衆論)을 모으는 일은 쉽지 않다. 17세기 초에 시작된 병호시비(屏虎是非)는 서애(西厓) 류성용(柳成龍) 선생과 학봉(鶴峰) 김성일(金誠一) 선생의 신위(神位)를 호계서원(虎溪書院: 건립 당초의 이름은 廬江書院)에 봉향하면서 소목에 대한 주장이 엇갈려 시작된 것이다. 주향(主享)인 퇴계(退溪) 선생의 왼쪽과 오른쪽에 누구의 신위를 종향하느냐는 논쟁으로 당시 영남사림이 병파와 호파로 분열되었다.

〈호계서원(虎溪書院, 류성룡과 김성일 위차 문제 병호시비)〉

병파는 서애(西涯)의 신위를 소(昭)에 배치하는 것이 옳다는 입장이었고, 호파는 학봉(鶴峰)의 신위를 소(昭)에 배치하는 것이 옳다는 주장이다. 또한 이 일은 유현(儒賢)의 최고 위치인 문묘배향(文廟配享: 孔子를 모시는 大成殿에 종향)에까지 영향을 미쳤다. 서애(西涯)와 학봉(鶴峰) 양 당사자는 물론 영남사림의 거유(巨儒)인 여헌(旅軒) 장현광(張顯光) 선생과 한강(寒岡) 정구(鄭逑) 선생의 문묘배향까지 이루어지지 못하는 단초가 된 것이다.

〈병산서원〉

　병호시비의 논쟁은 400여 년이 다 되어가도록 해당 양문중은
물론 영남사림 문중의 잠재적 지지의식으로 분파되어 왔었다. 고
종(高宗) 때에 흥선대원군의 보합(保合) 노력이 있었으나 완전히
봉합되지 못했고, 현재 진행형으로 이어져왔다. 2009년에 양가 종
손에 의하여 서애를 소(昭)에 학봉을 목(穆)에 배치하는 것으로 합
의된 듯하였으나, 학봉의 지손 및 지방유림의 반대로 결국 합의점
을 찾지 못하였다. 이후 2013년 5월에 다시 호계서원 복설추진위
원회에서 양가의 후손 및 지방유림단체 대표들의 의견을 모아 퇴
계를 주향에 서애를 소(昭)에 학봉을 목(穆)에 배치하기로 하였다.
대신 학봉의 학통을 이어받은 대산(大山) 이상정(李象靖: 한산이
씨)의 위패를 학봉의 위패 옆에 추가 배향하는 것으로 결론을 내림
으로써 400년 병호시비의 막은 내렸다고 할 수 있다.

-류성룡. 김성일 학파, 位牌 서열 다툼 400년 만에 마침표

호계서원에 추가 봉안될 때 좌. 우 위치 두고 다툼 벌어져 류성룡 위패 퇴계 좌측 결론

경북 안동에서 400년 동안 위패 서열을 두고 자존심 대결을 벌여왔던 서애 류성룡(서애 류성룡.1542~1607) 선생과 학봉 김성일(鶴峯金誠一.1538~1593) 선생의 양 학파 간 시비가 마침표를 찍게 됐다.

호계서원 복설추진위원회는 "15일 경북도청에서 호계서원(虎溪書院.안동시 임하면 임하리. 경북유형문화재 제35호.)에 위패가 봉안될 퇴계. 서애. 학봉. 대산 선생의 후손 대표와 유림 단체 대표들이 모여 호계서원 복설에 대한 협약식을 갖고 결의문을 채택하기로 했다."고 14일 밝혔다.

병호시비(屛虎是非.병산서원과 호계서원 간의 시비)라고 불리는 이 다툼은 1575년 조선 선조 때 퇴계 이황(退溪. 李) 선생의 제자들이 스승을 기리기 위해 세웠던 호계서원에 1620년 제자였던 서애. 학봉. 선생 위패가 각각 퇴계 위패 좌우에 추가로 봉안 되면서 좌. 우 자리를 놓고 벌어 졌던 다툼이다.
수차례 신경전 끝에 1800년대 초 서애 선생 위패가 병산서원으로 옮겨 가면서 다툼은 중단 됐었다.

200여년 동 안 잠잠 했던 다툼은 안동시가 최근 호계서원 복원 사업을 추진하면서 다시 불거졌고, 2009년 풍산 류씨와 의성 김씨 문중 대표가 퇴계 좌측에 서애 선생, 우측에 학봉 선생 위패를 모시는 것으로 합의 하면서 일단락되는 듯했다. 그러나 안동지역 주민들이 "병호시비는 종산간의 합의 할게 아니라 학파 간에 결론을 내야하는 사안이니 재논의가 필요하다"며 들고 일어났다.

결국 이 다툼은 나이는 적지만 벼슬이 높았던 서애 선생 위패를 가장상석인 퇴계 선생 위패와 좌측(좌배행)에 두기로 하는 대신 학봉선생 위패와 그 옆에 그의 제자인 대산 이상정(대산 이상정. 1711~1781) 선생 위패를 추가로 모셔 함께 우배향하는 것으로 결론 났다.

3) 이름에 관련된 호칭

조선시대 양반가에서는 아이가 태어나면 바로 이름을 짓지 않았다. 태어나 석 달이 지난 후 조상의 신위가 모셔져 있는 사당에 아이 아버지가 아이를 안고 가서 알현한 다음, 그 자리에서 이름을 지어주었다. 할아버지가 계시면 할아버지, 증조부가 계시면 증조부, 고조부가 계시면 고조부가 이름을 지었다. 이때 이름에 들어가서는 안 될 글자가 있는데, 이를 피하는 것을 기휘(忌諱)라 한다.

가) 이름자로 써서는 안 될 글자

『예기(禮記)』의 '곡예편(曲禮篇)'에서는 기휘(忌諱)할 글자로 나라이름, 해와 달, 큰 산과 내, 질병이름을 쓰지 않도록 했다. 또한 공경의 대상으로 기휘하는 글자도 있다. 임금과 직계조상의 이름자를 써서는 안 되었다. 단 기휘할 사람의 이름자만 해당되고 아호, 자, 시호 등의 별칭은 해당되지 않는다.

조선의 태조(太祖) 이성계(李成桂)는 개국(開國) 후에 '성(成)'자와 '계(桂)'자의 기휘 때문에 백성의 불편을 덜어주기 위하여 이름을 '단(旦)'으로 바꾸었다. 이 때문에 조선조 500년 동안 정월 초하루를 신년원단(新年元旦)으로 쓰지 않고 신년원조(新年元朝)로 바꾸어 썼다. 기휘(忌諱)의 어려움을 덜어주기 위하여 왕자(王子)의 이름은 잘 쓰지 않는 한자(漢字)를 쓰거나 조자(造字)하여 지었다. 명문가에서도 기휘 때문에 이름 자(字)를 짓기가 매우 어려웠으며,

특히 한 글자로 이름을 짓는 문중(門中)에서는 더욱 힘들었다. 그러나 조선 후기에 들면서 이름자를 거의 두 글자로 사용하면서부터 한 글자를 사용하던 문중에서도 기휘로 고생하는 번거로움을 덜게 되었다.

이렇게 어렵사리 지어진 이름도 성인(成人)이 되면 관례(冠禮)를 치르고 이름 대신 자(字)를 부여받아 사용하게 된다. 관례 시에 받는 자 외에 시호(諡號), 군호(君號), 당호(堂號), 직호(職號), 아호(雅號), 택호(宅號) 등도 경우에 따라 갖게 된다. 그러나 천민은 성도 없이 평생 이름만 불리었으며, 또한 역적이나 큰 죄를 범한 경우에도 거성(祛姓)이라 하여 이름만 불렀는데 이는 인간으로서 더 없는 수치였다. 오늘날에도 성인(成人)인 타인(친인척 관계가 아닌 자)에 대하여는 아무리 가까운 사이라 하더라도 이름자만 부르는 것은 큰 실례인 것이다.

이름은 부모와 임금 그리고 본인만이 일컬을 수 있었다.

　　나) 자(字)

남자 나이 15~20세 사이에 관례(冠禮: 성인식의 일종)를 행하고, 우인(友人) 중에서 덕망 있고 예(禮)를 잘 아는 사람을 관례의 빈(賓)으로 하여 그로 하여금 이름 대신 사용할 자(字)를 부여받게 된다.

자(字)를 받게 되면 완전한 성인으로 사회적 지위를 부여받게 되며, 동네의 어른들도 "해라" 말을 하지 않고 "하게"의 말을 사용하였다. 따라서 자(字)는 성인이 되면서 지어진 또 하나의 이름이다.

다) 택호(宅號)

기혼자의 경우 출신 지명에 따라 택호를 지어 이름을 대신하기도 했다. 주로 여자의 친정 지명을 따르는데, 여성의 경우 '출신 지명+댁'의 형태이다. 남성의 경우에는 '부인의 출신 지명+어른(양반)'으로 불린다. 집주인의 벼슬 이름이나 처가 외 본인의 고향 이름 따위를 붙여서 부르기도 하였다.

라) 아호(雅號) <호(號) 또는 별호(別號)>

부모가 지어준 이름은 성년이 되면 왕이나 부모, 스승, 존장의 앞에서만 쓰이고 다른 사람들은 함부로 부를 수가 없었다. 따라서 성인이 되고 나면 '자(字)'를 받아서 동년배나 친구 등 가까운 지인들은 자를 사용하였다. 그러나 어린 사람이나 신분이 낮은 사람 또는 전혀 알지 못하는 사람은 '자(字)'로 부르지 않고 아호(雅號)를 썼다. 허물없이 누구나 불러도 예의에 어긋남이 없이 사용할 수 있는 것이 아호(雅號)였다.

덕망(德望) 있는 사람이나 또는 가까운 지인이 찬호(撰號)해주는 것이 일반적이나, 본인 스스로 호를 지어서 사용하기도 하였다. 호는 한 사람이 하나만 가지는 것이 아니고 여러 개를 사용하기도 하였다. 추사(秋史) 김정희(金正喜) 선생의 경우 추사 외에 완당(阮堂) 등 수십여 개의 호를 사용하였다. 한일합방 후 일제의 작위를 거부했던 서화가 석촌(石村) 윤용구(尹用求) 선생의 경우 글씨에는 석촌(石邨)을, 그림에는 장위산인(獐位山人)이라는 호를 각각 사용하였다.

또한 당호(堂號)를 아호(雅號)로 사용하기도 하였는 바, 조선 중기 문신이자 시조문학가였던 면앙정(俛仰亭) 송순(宋純)이 그러한 경우이다.

마) 직호(職號)

성인이 된 후에 어떤 단체의 직책을 맡은 경우 현직이나 전직에 대한 직책으로 호칭함을 이른다. 주로 지방의 말단직책을 맡은 경우 조금 높여주는 의미로 사용되었다(예: 김좌수, 이참봉, 박전교 등).

오늘날에도 현직자 또는 퇴직자의 호칭으로 많이 사용되고 있다.

바) 당호(堂號)

조선시대에는 유학(儒學)을 바탕으로 한 성리학(性理學)이 정치이념이며 생활의 규범이 되었다. 사대부(士大夫)로서 출사하여 현직에 있다가 낙향하거나 또는 아예 출사하지 아니한 이들이 학문을 연마하는 공간을 마련하고, 이를 사림(士林)의 공론(公論)의 장으로 활용하거나 또는 후학을 양성하는 교육의 장으로도 이용하였다. 또 어떤 경우는 정치적 상황에 의하여 자의 또는 타의에 의하여 서울을 떠나 연군(戀君)이나 안빈낙도(安貧樂道)의 삶을 구가

하는 처소(處所)가 되기도 하였다. 당호는 그들이 머물던 이러한 공간(주로 정자나 사랑채)에 현수된 편액(현판)의 글자를 따서 이름을 대신한 경우다. 고관대작을 거쳐서 시호나 군호를 받았더라도 당호로 호칭되는 경우가 많이 있다.

흔히 사용되는 당호로는 ○○당(堂), ○○정(亭), ○○재(齋), ○○헌(軒) 등이 있으며 아무나 부를 수 있는 호칭이다.

사) 군호(君號), 시호(諡號)

군호(君號)는 임금이 왕자 · 종친 · 훈신을 군(君)으로 봉할 때에 내리던 칭호이다. ○○부원군(府院君) · ○○대군(大君) · ○○군(君) · ○○대원군(大院君) 등으로 봉군되었다. 시호(諡號)는 왕이나 사대부들이 죽은 뒤에 그들의 공덕을 찬양하여 추증한 호를 의미한다. 군호, 시호에 대하여는 장(章)을 달리한 양반에 대한 고찰에서 상술하기로 한다.

4) 인적사항에 관한 용어

사람은 태어나서 이름을 가지게 되고 결혼하고 자식을 낳고 사회생활을 하고 생을 마감하게 되는 바, 족보에도 이러한 일련의 내용이 기록된다. 관련 용어를 간추려 살펴보면 다음과 같다.

가) 방주(旁註)

족보의 이름자 다음에 이력을 기록한 것을 말한다. 방서(旁書), 주각(註脚), 소전(小傳)이라고도 하며 인생기록이다.

나) 배위(配位)

족보는 부계(父系) 기록이기 때문에 배우자(配偶者)는 여자를 일컬으며 배(配)로 표시한다. 어떤 성족의 족보에서는 정실부인이 아닌 경우는 배(配)를 쓰지 않고, 실(室)이나 측(側)으로 쓰기도 한다.

다) 무후(無后), 무자(無子)

무후는 아들 · 딸 모두 없는 것이고, 무자는 딸만 있고 아들이 없는 경우이다.

라) 출계(出系)와 입양(入養)

출계는 생가(生家)에서 양자로 떠났다는 것이고, 입양은 양자로 들였다는 것이다. 양자를 세우는 것을 입후(立後), 입사(立嗣)라고 하고 양자관계를 철회하는 것을 파양(罷養)이라 한다.

마) 유문(有文)

학업을 통하여 시(詩) 또는 저서(著書) 등 문집을 제술하였음을 일컫는다.

바) 관지(官至)와 관지(官止)

벼슬한 사람의 경우 본인의 이력 중 제일 높은 벼슬의 직급과 직책을 기록하는데 이를 관지(官止)라 한다. 3정승(영의정, 좌의정, 우의정)을 지낸 경우는 주요 경력을 모두 기록하는 바 이를 관지(官至)라 한다(앞의 남양홍씨 세보 137쪽 참조).

5) 죽음[死]과 관련한 자어(字語)

사람은 누구나 태어나서 일생을 보낸 후 죽음을 맞이하는 바 족보에는 이와 관련된 용어가 제일 많다. 유학(儒學)에서는 태어나는 의식보다 사(死)의 의식이 훨씬 컸는데, 사(死)의 의식은 바로 효의 척도였기 때문이다. 예컨대 조선시대 왕가의 죽음과 관련한 예송사건(禮訟事件)은 엄청난 정치적 파장을 가져왔다.

가) 졸(卒)

족보에는 반드시 태어남과 죽음에 대하여 명기(明記)하고 있다. 태어남에는 거의 '생(生)'으로 표기하고 있으나, 죽음에 대하여는 '졸(卒)'이 일반적이긴 하나 표기를 다르게 한 경우도 있다.

예기(禮記)의 곡예편(曲禮篇)에서는 신분에 따라 죽음에 대한 표기방식을 달리하고 있다. 즉 천자(天子)는 붕(崩), 제후(諸侯)는 홍(薨), 대부(大夫: 높은 벼슬아치)는 졸(卒), 사(士: 낮은 벼슬아치 및 선비)는 불록(不祿), 서(庶: 일반서민)는 사(死)라 한다고 하였다.

사망 시 연령에 따라 표기를 달리하기도 하는데, 20세 전에 사망한 경우에는 조요(早夭)라 하였다. 사망 시 나이가 70세 전이면 향년(享年), 70세가 넘으면 수(壽)라고 표기하였다. 또 적자(嫡子)가 아닌 서얼(庶孽)의 죽음에 대하여는 졸(卒)이 아닌 몰(沒)로 표기한 경우도 있다.

나) 묘소(墓所)

묘소란 분묘가 있는 곳의 위치를 말하는데, 묘의 좌향과 배위와의 합장여부를 표기하고, 석물(石物)이나 신도비(神道碑)가 있으면 기록하였다.

분묘의 소재지를 분명히 함으로써 자손의 조상에 대한 효(治墓와 墓祭 등)를 일깨우도록 하였다.

다) 좌향(坐向)

묏자리가 자리 잡은 방위(方位)를 말한다. 방위 표시는 24방위(方位)로 하고 있다. 즉 1방위는 15°씩 구분된다.

족보에 자좌(子坐) 오향(午向)이라 표기되었다면 망자(亡者)의 두부(頭部)는 정북 쪽이요, 하부(下部)는 정남을 향하고 있다는 것이다. 하부는 생략하고 자좌(子坐)로만 표기한 경우가 대부분이다.

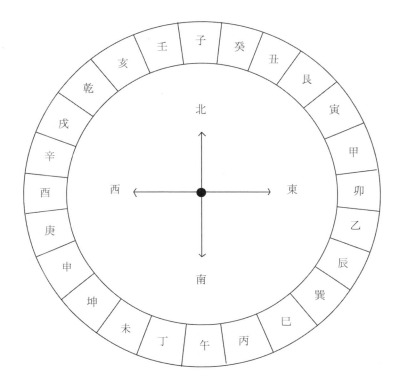

라) 묘계(墓界)

무덤이 차지하는 면적으로, 조선시대에는 망자(亡者)가 지녔던 벼슬의 높이로 면적을 제한하였다. 1품(品)은 사방 100보, 2품은 90보, 3품은 80보, 4품은 70보, 5품은 50보 이내 등으로 하였으며, 일반인은 사방 10보 이내로 제한하였다. 그러나 산중에 있는 탓에 잘 지켜지지는 않았다.

마) 부부가 함께 묻힌 무덤의 용어

하나의 봉분에 부부가 함께 묻힌 경우를 합봉(合封), 합장(合葬), 합폄(合窆), 합묘(合墓) 등으로 부른다. 약간의 거리를 두어 봉분을 달리한 경우는 쌍분(雙墳), 쌍봉(雙封), 쌍묘(雙墓) 등으로 일컫는다.

합장 또는 쌍분 어느 쪽이든 남자는 산 아래에서 서 있는 사람이 보아 왼쪽, 여자는 오른쪽이다. 신위[神位: 지방(紙榜)]를 모시는 방향과 같다. 비석에 '유인(孺人) ○○김씨 부좌(祔左)'라 쓰인 것은 망자(亡者)의 왼쪽에 부인(夫人)이 모셔져 있다는 의미이다.

6) 무덤 주위에 설치하는 표석(表石)에 대한 용어

무덤의 주위에는 무덤의 위치와 망자의 인적사항을 기록하거나, 제례를 위한 장치, 자연재해와 악귀(惡鬼) 등으로부터 무덤을 보호하기 위한 조치로 주로 돌로 된 구조물을 설치한다. 이에 대한 자의(字意)를 명확히 해보면 다음과 같다.

가) 비석(碑石)

무덤 앞에 세우는 돌로 된 구조물의 총칭이다. 돌 자체는 묘비(墓碑)이며, 돌에 망자의 인적사항 및 이력 등 글이 새겨져 있는 경우를 비명(碑銘)이라 하고, 그 글의 내용을 명문(銘文) 또는 비문(碑文)이라 한다.

나) 묘표(墓表)

표석(表石)이라고도 한다. 죽은 사람의 관직과 호를 앞면에 새기고, 뒤편에는 사적(事蹟)이나 비석을 세운 날짜 및 후손들의 이름을 새겨 무덤 앞에 세워놓은 비석이다.

다) 묘지(墓誌)

지석(誌石)이라고도 한다. 세월이 흐르거나 천재지변 등으로 무덤의 형체가 없어져 실묘(失墓)할 것에 대비하여 묻은 표지이다. 망자의 인적사항을 간단히 적고 묘의 위치 등을 새겨서 무덤 옆에 매장하는데, 금속판이나 돌 또는 도자기 등을 사용하였다.

라) 신도비(神道碑)

조선시대 2품 이상의 관리를 지낸 이의 무덤 동남쪽에 비문을 새겨서 세운 비석이다. 신도비를 묘의 동남쪽에 세우게 된 것은 풍수지리상 묘의 동남쪽은 귀신이 다니는 길, 즉 신도(神道)라고 하였기 때문이다. 따라서 신도비에서부터 무덤까지를 '묘로(墓路)'라고 하는데, '신령(神靈)의 길'이라는 뜻으로 일종의 성역(聖域)이 된다.

비문(碑文) 등에는 조상이나 왕의 이름자가 나오면 한 칸을 비우고 명(明)나라 황제의 존호가 나오면 아예 줄을 바꾸어 쓴 경우가 있는바 이를 공격(空格)이라 하며 줄을 바꾸어 쓸 때 칸을 올리는 것을 대두법(擡頭法)이라 한다.

마) 묘갈(墓碣)

조선시대 3품 이하의 관리를 지낸 이의 무덤 앞에 세운 돌비석으로, 높이가 신도비에 비하여 반쯤 되고 머리 부분이 둥그스름하다. 신도비와 의미는 유사하나 그 체제와 규모가 작고 비문의 내용도 간단하다.

바) 상석(床石)

무덤 바로 앞에 묘제를 지낼 때 제물을 올려놓는 장방형의 구조석이다. 다만 왕릉에 있는 상석(床石)은 제물을 차리는 곳이 아니고, 혼령이 제례 때 와서 앉아 노는 곳이라는 의미로 '혼유석(魂遊石)'이라고 한다. 왕릉에서는 묘제를 정자각(丁字閣)에서 올리기 때문이다.

사) 예감(瘞坎)

무덤 뒷편에 축문(祝文)을 태우던 돌로 된 구조물로서 석함(石函) 또는 소대(燒臺), 망요위(望燎位)라고도 한다.

아) 망주석(望柱石)

무덤 양 옆에 세운 석물로 망두석(望頭石) · 망주석표(望柱石表) ·

석망주(石望柱)라고도 불리며, 석주(石柱) 또는 망주(望柱)라고
줄여 호칭하기도 한다. 그 기능은 본질적으로 이름에서 나타나는
바와 같이, 멀리서 바라보아 쉽게 알아볼 수 있도록 하기 위한 것
으로 생각된다. 특히 혼령이 무덤에서 나와 놀러갔다 쉽게 찾아올
수 있도록 설치한 것이라고도 한다. 또 망주석이 남근(男根)과 같
은 모양인 것은 자손번성의 기원을 함축한 것이라고 여겨지기도
한다.

〈일반묘역의 석물 배치도〉

자) 무덤의 보호를 위한 석물(石物)－호석(護石), 장명등(長明
燈), 석상(石像)

자연재해로부터 무덤을 보호하기 위하여 무덤둘레에 쌓은 구조

물을 둘레돌 또는 호석(護石), 열석(列石)이라고도 한다. 둘레돌 사이에 일정한 간격으로 십이지상(十二支像) 등을 조각한 돌을 세우기도 했다. 무덤의 앞면을 빼고 삼면에 담을 쌓아 두른 것은 곡장(曲墻)이라고 하는데, 역시 바람 등의 자연재해로부터 봉분을 보호하기 위한 목적으로 설치된 것이다.

또한 잡귀 등 사악한 기운으로부터 사자(死者)를 보호하기 위해 설치한 석물로는 장명등(長明燈), 석상(石像) 등이 있다. 장명등은 상석 바로 앞에 위치, 묘역에 불을 밝혀 사악한 기운을 쫓는 기능을 한다. 고려 말의 능에서 처음 보이는데, 공민왕 현릉(玄陵)의 장명등 이후 왕릉에는 반드시 설치되었다고 한다. 조선시대에는 일품(一品) 이상 재상의 묘역에만 세울 수 있어, 매장된 사람의 신분을 상징하는 표시물이 되기도 했다. 초기에는 불을 밝힐 수 있는 장명등의 화창(火窓) 부분에 실제로 기름등잔을 놓아 묘역을 밝히는 기능을 했으나, 점차 형식적인 장식물이 되었다.

한편 망자(亡者)를 잡귀로부터 보호하기 위하여 여러 가지 석상(石像)을 두기도 했다. 석호(石虎)·석양(石羊) 등의 동물상이나 고위관리를 지내신 분이 저승에서도 신하로서 부리라는 의미로 문인석(文人石)·무인석(武人石) 등을 설치했다. 이러한 석상 구조물은 왕릉과 일부 고위관료를 지낸 분의 묘역에만 존재한다.

〈조선왕릉 묘지석의 구분과 명칭〉

三장
양반(兩班)

三. 양반(兩班)

우리는 양반이라는 단어를 일상생활에서 많이 사용하여 왔다. 이를테면 아낙이 자기 남편을 칭하여 '바깥양반'이라고 하거나, 길을 가다가 부딪친 경우 상대방에게 "이 양반아! 똑바로 보고 다니시오"라고 하는 등 호칭개념으로 많이 사용하고 있다. 여기에서는 양반을 이러한 호칭개념으로서가 아니라 조선시대 인적 사회구조에 있어서 신분계층으로서 살펴보기로 하겠다.

조선 초기의 신분은 법제적으로 양인(良人)과 천인(賤人)으로 대별되는 양천제(良賤制)로 규정되어 있었다. 양인은 과거응시·출사(出仕) 등의 여러 가지 권리와 조세·국역 등 의무를 지는 자유민을 말한다. 양인은 양반, 중인, 좁은 의미의 양인 즉 일반민인 상민(常民)을 포함한 범주였다.

그러나 문·무반의 관직을 가진 사람을 의미하던 양반은 점차 하나의 신분으로 굳어져 갔다. 그리고 양반층의 기득권을 보장하고자 중인(中人)도 하나의 신분층으로 정착되어갔다. 그리하여 지배층인 양반과 피지배층인 상민 간의 경계가 뚜렷한 반상제도(班常制度)가 일반화되고, 양반·중인·상민·천민으로 구분되는 4신분제가 실질적으로 운영되었다.

양반은 본래 지배계층임에 분명하나 특권이 세습되는 신분이 아니었다. 그러나 교육과 과거제 운영, 가부장적 종법논리 등을 통해 자신들의 이권을 보호하고 배타적 신분층을 유지해나갔다. 또한 혼반(婚班)을 형성하여 반격을 유지했고, 족보는 이러한 통혼권을 구성하는 데 참고자료로 기능하였다. 족보를 통해 양반층은 결혼 상대자를 가리고, 붕당을 구별할 수 있었다. 그리하여 양반은 본래 문무반의 현직관료를 지칭하던 용어에서 특권 신분층을 가리키는 말로 변화되었다. 현직관료는 물론 그 부인과 가족, 후손까지를 지칭하는 신분적 의미로 확대된 것이다. 이렇듯 양반은 법제화된 신분은 아니었으나, 조선시대 통념적으로 수용된 엄연한 신분질서 속의 상층에 자리 잡은 배타적 특권층에 해당했던 것은 틀림없다.

이러한 양반은 권력에 기반을 둔 벌족가문과 유학(儒學)에 기반을 둔 사림가문으로 나눌 수 있다. 이 양자 간의 반격(班格)의 우위는 현실이 지난 다음에는 후자의 가문이 더 높이 평가받는 경향을 보인다. 사림가문과 벌족가문의 구분은 자로 잰 듯이 명확하지 않다. 엄밀히 말해 양자가 상대되는 용어도 아니다. 다만 경화지역을 중심으로 벌족가문이 형성되었고, 그 외 영·호남의 양반가는 사림가문으로서의 성격이 강했던 것으로 보인다.

신분상의 양반성족 의식은 오늘날에도 편린으로 잠재해 있는 바, 특히 영남지역의 일부 사림종가(士林宗家)에서는 잔영이 아닌, 반속(班俗)으로 유지되고 있다. 개인이 아닌 자연부락단위의 동성족의 관념으로 남아있기 때문에 제례의식모임 등에서는 현조(顯祖)에 대한 종원끼리의 화두를 통하여 가문의 격(格)을 되새기곤 한다. 여기서는 학술적인 양반에 관한 연구가 아니라, 양반을 유형별로 나누고 거기에 해당되는 인물이 속한 가문의 성관(姓貫)을 정리해본다.

1. 양반이란? (개념정립)

양반이라는 단어는 상당히 다양한 개념으로 인식되어 왔다. 예컨대 문(文)·무관(武官)의 직책에 종사하는 이들에 대한 합칭으로서의 양반, 행동거지가 반듯하고 예의 바르며 착한 사람으로서의 양반, 성인 남자의 단순한 호칭으로서 양반 등의 개념이 그것이다. 본고에서는 조선시대의 상급지배 신분계층인 집단으로서, 시조가 같은 성족(姓族)을 단위로 하는 것이 아니라 더 분화된 가문(家門)을 중심으로 한 양반의 개념을 정립해 보기로 한다. 같은 시조를 둔 성족이라고 하여 모두 같은 신분계층이 될 수는 없었다. 그 안에는 벌족양반이나 사림양반도 있고 중인, 평민도 다수를 차지하고 심지어는 천민까지 존재했다. 이런 경우는 씨족의 역사가 오래되고 구성원의 수가 많은 성족에서 더욱 두드러지게 나타날 수 있었다. 이는 이러한 성족일수록 파조의 숫자가 많고 계층이 다양하여 이들의 후손들이 누대를 내려오면서 신분질서가 달라졌기 때문이다. 따라서 양반은 같은 성족 전체나 개인 한 사람을 지칭하기보다는 가문을 단위로 하여 인식 수용되었으며 개인으로서의 양반의 양(量)과 질(質)은 양반가문의 격(格)을 재는 척도가 되었다. 양적으로 한 가문에서 개인인 양반을 얼마만큼 배출하였느냐, 질적으로 개인인 양반의 삶(행적)이 어떠했느냐에 따라 양반가문의 격(格)이 결정되었다. 양자의 비중은 당시의 사회적 환경에 따라 인식이 달리되었으나, 오늘날의 잣대로는 질(質)을 훨씬 높이 평가한다고 보아야 할 것이다. 이와 관련 용인시 모현면에 있는 연안이씨(延安李氏) 저헌공(樗軒公) 이석형(李石亨) 선생의 묘역에 세워져 있는 연안이씨의 위상(位相)을 알리는 표석(表石)이 참조된다.

여기에는 명문가의 조건으로 다음의 내용이 언급되고 있다.

첫째, 학문(學問)이 깊은 학자를 많이 배출.

둘째, 도덕(道德)을 숭상하는 덕망가(德望家)의 배출.

셋째, 실력 있는 인재가 많아 고관(高官)을 배출.

넷째, 후손들이 행실이 바르고 청렴하며 파렴치한 자(간신 또는 역신)가 없을 것.

〈연안이씨 표석(앞면)〉

    그리고 선현 행적의 중요도에 따른 통계를 통해 연안이씨의 위상(位相)을 적시하고 있다. 바로 질과 양을 표시한 것인데, ① 대제학(大提學) ② 청백리(淸白吏) ③ 문장가(文章家) ④ 재상(宰相) ⑤ 호당(湖當) ⑥ 기사(耆社) ⑦ 공신(功臣) ⑧ 시호(諡號) ⑨ 봉군(封君) ⑩ 9대 정승(政丞) ⑪ 불조전(不祧典)의 순서로 양적 통계를 내어 명문가로서의 위상을 현시(顯示)하고 있다. 명기된 순서를 볼 때 벼슬보다는 학문과 청백을 중시하고 있음을 알 수 있다. 물론 훌륭한 현조(顯祖) 한 사람이 이를테면 정승도 되고, 청백리나 대제학도 되는 등 여러 유형에 해당되는 경우도 있기 때문에 통계의 중복을 배제할 수는 없다.

〈연안이씨 표석(뒷면)〉

그러나 양반을 굳이 권세와 덕망의 유형으로 구분하여 본다면 아래와 같다.

권세를 기반으로 한 양반	덕망을 기반으로 한 양반
−벌족(대를 이은 고관 배출) −공신 −왕실과 혼인 −호당 입당 −문과(文科) 급제자(及第者)	−문묘배향(文廟配享) −대제학[大提學: 문형(文衡)] −시호(諡號) −청백리(淸白吏) −불천위(不遷位) −서원배향유현(書院配享儒賢)

한 성족(姓族)에서 위 유형의 선조(先祖)를 얼마만큼 배출하였는
가는 명문가의 척도였다. 그런데 권세에 기반을 둔 유형은 정치적
환경변화에 따른 시대적 부침이 심했다(유형별 고찰은 후술).

2. 양반신분의 획득

지배신분에 진입할 수 있는 방법이 어떠한 것이었느냐 하는 것
은 그 사회 지배층의 성격을 살피는 데 중요한 요소이다. 양반신분
의 시원(始原)은 고려시대에서 찾을 수 있지만, 고려 지배층의 성
격을 어떻게 볼 것인가 하는 점에서는 논란이 있다. 지배층에 진입
하는 방법과 그 신분의 유지 방법 등이 고대 귀족사회에서 조선 양
반사회로 이행하는 과도적 성격을 노출하고 있기 때문이다. 여기
서는 조선의 양반신분이 고려시대를 거치며 어떻게 형성되어갔
고, 어떠한 방법으로 획득될 수 있었는가 약술해본다.

가. 양반신분의 시원(始原)과 고려시대 지배층의 성격

고려는 신라의 6두품과 지방세력이었던 일명 호족을 중심으로
세워졌다. 따라서 고려는 건국 후 신라의 골품제를 따르지 않고,
이들의 이해관계를 반영해 새로운 지배계층을 양산해냈다. 고려
초의 지배계층은 고려 개국(開國)에 공(功)을 세운 공신집단, 고려

에 귀순한 신라의 귀족집단과 과거시험을 통해 중앙에 진출한 관료집단으로 대별된다. 특히 지배계층을 계속 재생산해낼 수 있는 제도적인 장치가 과거제였는데, 이는 고대국가에서는 실시되지 못한 것으로 고려시대에 이르러 자리 잡은 인재 선발 제도였다. 이러한 과거를 통해 중앙에 진출하게 된 관료집단은 고대사회 지배층의 성격과는 일정한 차이를 보였다.

고려시대 과거시험은 응시자격이 형식적으로는 일반 백성층에 개방되어 있었다. 그러나 실제로 관리(官吏)가 되어 양반의 신분을 획득할 수 있는 것은 대부분 중앙의 지배층과 지방 향리세력들이었다. 특히 고려시대 권력의 중추에 나갈 수 있는 통로였던 문과 제술업은 응시자격 자체가 제한되어 있었던 것으로 알려지고 있다. 향리층 가운데도 일정한 계층 이상의 자손만이 응시가 가능했던 것이다. 또한 고려 국가가 제도적으로 안정기에 접어들면서 중앙의 상층 지배구조는 점차 폐쇄적이 되어갔고, 중앙과 지방 간 지배세력의 초기 유동성도 낮아졌다. 중앙 상위지배층은 각종 정치 · 경제적 특권을 향유하고, 왕실과의 혼인이나 비슷한 가격(家格)의 집안끼리 폐쇄적 통혼권을 유지하며 문벌을 형성했다.

이러한 고려 지배층의 성격을 놓고 논의가 분분하다. 고려시대 지배층의 '귀족적' 내지 '관료적' 성격을 두고 논쟁이 벌어지고 있는 것이다. 이 논의는 작위의 세습, 토지의 대대적 세습, 폐쇄적 통혼권의 형성 등을 기반으로 하였던 서양의 귀족 개념을 원용하여 전개되었다. 고려를 귀족제사회로 파악하는 경우 다음의 특징을 중시한다. 고려는 우선 관료 충원 방식에 있어서 과거제 뿐만 아니라 음서제(蔭敍制)를 병행하고 있었는데, 이 음서제가 귀족 지위의 세습 장치로서 작용하고 있었다는 것이다. 또한 귀족의 경제기반이며 대대로 세습되는 토지로서 공음전이 있었고, 귀족 상호 간의 폐쇄적 통혼권도 존재했음이 주목 된다. 그러나 이에 대해 귀족제는 법제적 특권의 향유와 지위의 세습을 지표로 하는 것인데, 실제로 고려에는 이러한 제도가 존재하지 않았다는 반론도 제기되고 있다.

실제로 고려사회는 앞서 언급했듯이 관직 채용방법으로 과거제가 실시되었으며, 과거를 통한 관직 진출이 음서를 통한 경우보다 높은 비율을 차지하고 있었다고 한다. 또한 음서로 관료가 된 사람이 다시 과거시험을 치른 사례들도 있는 바 이는 관료로 출세하는데 있어서 과거가 중시되었던 분위기를 반영한다는 것이다. 따라서 음서제도는 관직진출을 위한 발판일 뿐, 관리로서의 출세는 개인의 능력에 달려있었다고 본다. 아버지가 재상이라고 그 아들이 그대로 재상까지 오를 수 있는 구조는 아니었다.

그러나 고려시대는 음서제가 성행해서 유력한 가문의 자손이 관료로 진출하는 데 유리했던 것은 사실이다. 조선은 음서의 혜택을 받을 수 있는 범위가 2품관 또는 실직(實職) 3품관 이상 자제로 축소되고, 승진에 대한 엄격한 제한 규정도 적용되었다. 반면 고려는 5품 이상 관직자의 자제에게 음서의 혜택을 폭넓게 부여함으로써 가문의 품격을 대대로 유지할 수 있는 기능이 조선시대보다 강하게 작용했다. 또한 음서를 통한 관직 진출은 과거를 통하는 것보다 보편적으로 이른 시기에 이루어졌고, 빨리 시작한 관직생활로 승진도 유리할 수 있었다. 특별한 사유가 없는 한 평생 관직에 머물다보면 5품 이상의 진급도 어렵지 않아, 가문의 격은 자연 대물림 되는 효과가 있었다. 과거에 있어서도 시행과정에서 가문관계의 영향을 많이 받았고, 급제 후 초직을 받을 때까지의 대기 기간이나 승진 과정에도 가문이 상당히 작용하고 있었다. 과거시험과 밀접한 관련이 있는 교육의 혜택도 고려시대에는 문벌의 영향을 강하게 받았다.

이처럼 고려는 능력에 의해 관도(官途)로 나갈 수 있는 과거제를 도입하여 인재를 충원하였으나, 여전히 음서제 등이 귀족적 기반을 지탱하는 한 축으로 작동하고 있었다. 더구나 문벌귀족사회의 모순이 심화되는 고려 중기에 이르러 그 모순을 해결하지 못한 문신 지배층은 무신들에게 정권을 넘겨주게 되었고, 이후 고려는 원 간섭기라는 역사적 질곡에 처하게 되었다. 무신집권에 이어 원의 내정간섭을 받으면서 고려의 제도적 장치들은 본래의 기능을 상실하고 변칙적으로 운영되었고, 공정한 인재 등용 시스템도 제대로 작동하지 못했다. 고려 말에 이르러 공민왕의 개혁정치를 통해 인재 육성과 선발 장치가 부활하기 시작했고, 이로써 조선 개국의 주체이자 조선의 지배세력이 되는 신흥사대부가 신진관료로 등장하게 되었다.

나. 조선시대 양반신분의 획득

신흥사대부 중 급진개혁 세력들은 고려왕조를 무너뜨리고 조선왕조를 세움으로써 신왕조(新王朝) 조선에서 우선 양반신분을 획득한 것은 바로 이들 신흥사대부로 조선 개국에 공을 세운 공신집단(훈구세력)들이었다. 그리고 과거를 통하여 새로이 진입한 관료집단이 조선의 양반사회를 구성했다. 조선은 앞서 살펴본 고려와 달리 과거제가 지배적인 인재 충원 장치였다. 음서도 시행되었으나, 음직제수의 범위를 공신이나 2품 이상관의 자손과 실직(實職) 3품관의 자손으로 대폭 축소하였고, 승진의 길도 제한하여 고관(高官)으로는 올라갈 수가 없게 하였다.

따라서 조선사회에서 과거의 입격이야말로 양반신분을 획득하기 위한 가장 기본적이며 필수적인 코스였다고 할 수 있다. 양반사대부에 있어 절대적 가치는 벼슬이었고, 양반이라는 용어 자체가 벼슬에서 기인하는데 벼슬은 과거합격이 전제되어야 하기 때문이다. 따라서 관료로서 고위직 · 대제학 등의 지위에 오르거나, 시호를 받고, 불천위 대상이 되는 등의 대부분은 우선 과거급제자에 해당한다. 일부예외는 과거나 관료를 경유하지 않고, 주자학(朱子學)의 경학(經學)을 통해 사림(士林)으로서 덕망과 추앙을 받는 경우도 있었다. 그러나 이때에도 한미하더라도 양반의 핏줄은 타고났어야 이름 석 자를 세(世)를 이어 존속시킬 수 있었다.

3. 양반의 종류

"양반이면 다 같은 양반인가?"라는 말이 있다. 여기서는 문반(文班)과 무반(武班)으로서의 구분이 아닌 신분 사회적 구성 집단으로서의 양반 종류를 살펴보기로 한다.

오늘날 통치권자가 사회지도층 인사와의 접견 시 각계의 다양한 지도자, 이를테면 정치계·학계·경제계·문화예술계·종교계·언론계·법조계·지방유림·여성계 등을 대표하는 사람을 만나게 된다. 이때 대표성의 구분을 어떻게 할 것인가가 어려운 것처럼 양반의 종류를 획일적으로 구분하는 것은 어려운 일이다. 제도적 법제적 개념이 아니고 일반적으로 수용되는 사회 신분적 질서 개념이기 때문이다. 물론 관료만 양반이라 한다면 계급(품계)에 따라 양반의 등급을 종류별로 나열할 수 있겠으나, 조선시대 양반은 그 개념이 개인에서 문중(부계혈족을 중심으로 한 동성집단)으로 확연(擴延)됨에 따라 더욱 구분 짓기 어려운 면이 있다.

양반의 개념 자체가 단순하지 않으므로 양반의 부류도 다양하게 언급되고 있는데, 다음과 같은 종류가 있다. 고위 관료를 많이 배출한 벌족양반, 학문에 정진하고 후학을 많이 배출한 사림양반, 중앙에 기반을 두고 계속 지배세력을 형성한 국반(國班) 또는 경반(京班) 등이 있다. 또한 지방에 씨족(氏族)의 기반을 두고 중앙에 진출하였다가 퇴직하여 다시 고향에 돌아온 경우나, 중앙 진출은 하지 않았더라도 생원진사시나 초시 입격 또는 경제적 부를 통하여 지방 leader로서의 양반가문을 유지한 향반(鄕班) 또는 토반(土班)도 있다. 선조(先祖) 중에서 원조(遠祖: 5대조 이상)가 현달한 이후 뚜렷한 등과자(登科者)가 없고, 지배세력과도 큰 교류가 없으며 향리에서도 별 영향력이 없이 집성촌(集姓村)을 이루고 있는 잔반(殘班) 또는 한반(寒班)도 양반을 칭한 한 부류이다. 선조 중에 상당히 현달한 분이 있어 양반신분을 유지하였으나, 생계나 정치적 상황 등으로 자신의 집성촌을 떠나 홀로이 타 문중(門中)에 우거(寓居)한 낙반(落班)도 있다. 벌족 또는 사림양반의 후예이기는 하나 부계 또는 모계 어느 한쪽에 하자가 있는 경우, 이를테면 서얼(庶孽)이나 투탁자의 후손들은 건반(蹇班)이라 하여 단어 뜻 그대로 절름발이 양반으로 자리했다. 자기네보다 반격이 높은 문중에서 며느리를 들이거나 또는 딸을 출가시키는 등 소위 상혼(上婚)을 계속함으로써 여인네 덕에 사돈댁과 같은 반격을 얻은 상반(裳班: 치마양반)도 있었다.

이렇게 양반을 다양한 기준으로 분류해 볼 수 있으나 여기서는 크게 권세를 기반으로 한 양반과 덕망을 기반으로 한 양반으로 구분지어 살펴보기로 하겠다. 이는 획일적인 구분이 아니며 이해가 쉽도록 이 글에서 임의로 분정해본 것임을 밝혀둔다. 조선시대 양반에는 권세를 누렸으나 덕망을 갖추지 못한 분이 있는가 하면, 덕망은 갖추었으나 권세를 가까이 하지 않은 분이 있으며(재지사림), 권세와 덕망 그리고 학식을 겸비한 분(관료로 진출한 사림)도 다수 있었다.

4. 권세를 기반으로 한 양반

가. 벌족(閥族) 가문

1) 의의(意義)

벌족(閥族)은 벌열(閥閱)이라고도 하며, 비슷한 개념의 용어로 권문(權門)·세가(勢家)·거벌(巨閥)·갑족(甲族)·권문귀족(權門貴族)·세벌(世閥)·명족(名族)·명가(名家)·문벌(門閥) 등이 있다. 벌족의 형태는 그 기원을 중국에서 찾을 수 있다. 동한(東漢) 후기부터 높은 관료나 대지주(大地主)들이 정치적 경제적 특권을 이용하여 대대로 관직을 독점함으로써 지배계층으로 자리매김하였는데, 이들이 벌족에 해당하는 것이다. 이들은 주로 문벌(門閥)이라 호칭되었다.

우리나라에서 벌족의 형태는 고려시대부터 나타났다. 고려에서는 앞서 보았듯이 인재 충원 방식으로 과거제를 도입하여 능력에 의한 관료진출의 문을 개방했다. 그러나 국가가 제도적 안정기에 접어들면서 중앙 상층 지배구조는 폐쇄적이 되었다. 지방세력이 세운 국가였던 만큼 활발했던 고려 초기의 중앙과 지방 간 지배세력의 이동도 둔화되었다. 중앙의 상위 지배층은 각종 정치·경제적 특권을 향유하고, 비슷한 가문끼리의 폐쇄적 통혼권을 유지하면서 나아가 왕실과의 혼인 등을 성사시키며 벌족을 형성, 유지했다. 이러한 고려 지배층은 그 성격이 시기에 따라 변화하여 그 용어가 전기 문벌귀족(門閥貴族), 후기 권문세족(權門勢族)으로 흔히 지칭되고 있다.

고려시대 문벌(門閥)의 범주에 대해서는 연구자에 따라 달리 파악되고 있다. 관품(官品)을 기준으로 하여 5품 이상 관리를 3세대 이상 배출한 경우를 귀족으로 보기도 하고, 위와 동일 조건 하 재추급(宰樞級) 인물이 나왔을 경우에 한하여 세족(世族)으로 보기도 한다. 또한 그 대상을 3품 이상으로 한정하기도 하고, 2품과 3품을 경계로 상층과 하층으로 귀족을 구분하여 보기도 한다. 고려시대 벌족의 범주에 대한 공통된 견해가 아직 없어 뚜렷한 실체를 정의하기는 어렵다고 하겠다. 다만 고려에서는 벌족으로 지칭될 만한 성격의 상급지배층이 그 성격을 달리하며 정치·경제·사회를 장악하고 있었던 것만은 사실로 여겨진다.

조선시대 벌족의 형태는 후기부터 본격적으로 나타나기 시작했다. 조선 전기에도 벌족의 존재가 확인되지 않는 것은 아니나, 조선 후기와는 그 성격이 달랐던 것으로 파악되고 있다. 조선 전기에는 문벌(門閥)이 입사(入仕)의 절대적 조건이 되거나, 문벌이 하나의 계층으로 발전하지도 못했다. 이는 고려 이래 문벌의 억제책, 과거의 엄격하고 공정한 운영, 과거제 중심의 관리임용, 지방에 기반을 둔 사림파의 정계진출 등에 요인이 있다고 한다. 잦은 공신책봉과 공신세력의 문음(門蔭)을 통한 정계진출이 문벌형성의 요인이 될 수 있었으나, 특정 가문의 지속적 공신 참여에는 일정한 한

계가 있었다. 한 시기의 공신이 다음 시기에는 오히려 역신(逆臣)으로 바뀐 경우도 다반사였기 때문이다.

조선 중기를 넘어서면서 색목[色目: 노론(老論), 소론(小論), 남인(南人), 북인(北人) 등]에 의한 관료자리의 독점과 왕실과의 혼인을 통한 지배세력의 구축 등을 통하여 특정가문이 권세를 형성하게 되었다. 조선 후기 벌족은 대대로 벼슬을 하여 정치적 사회적 특권을 세습하며 하나의 계층으로 발전하였다. 그러나 여기서는 벌족을 형성하는 요건들을 들어보고, 위의 역사적 개념 정의와는 별개로 조선 전기라도 각 요건에 해당하는 각각의 사례를 제시해 본다.

2) 벌족의 형성

조선 후기 벌족의 형성은 과거를 통한 입사(入仕: 관직에 나아감), 국혼(國婚), 공신(功臣) 등에 의하여 이루어진 경우가 일반적이므로 이와 연관된 내용을 기술한다.

가) 고위관료(高位官僚) 배출을 통한 벌족 형성

조선은 군주국가(君主國家)였으나 군주(君主)에 대한 신권(臣權)의 견제기능이 오늘날의 절대적 대통령 중심제하의 각료들의 기능보다 더했으면 더했지 덜하지는 않았다. 물론 이는 제도적 장치 이전에 유교적 선비이념인 수기치인(修己治人)의 덕목이 관료 문화를 지배하고 있었기 때문이기도 하다.

　군주에 대한 신권의 개념은 정치·사회적 지배력의 신분구조로 의식되면서 양반계층이 동족집단의 세습화에 열정을 쏟아 부음으로써 동족계파(同族系派)의 벌족이 형성되게 되었다.

　벌족을 형성하기 위한 기본적인 요소로 우선 동족계파의 과거 입격자(科擧入格者) 다수 배출 및 이를 통한 관료진출 인원이 많아야 한다는 것을 들 수 있다. 그리하여 관료진출자 중 고위관료(정승, 판서 등)를 얼마나 배출하였는가가 벌족 여부를 가늠하게 했다. 과거 합격자 수가 많다고 하여 모두 벌족가문은 아니며, 과거를 거쳐 사환(仕宦)하여 고위관료에 오른 이를 몇 대에 이어 배출함으로써 사회 지배 성족으로 기반을 굳힌 가문을 벌족이라 할 수 있는 것이다. 조선 후기 벌족(閥族)이 되기 위해서는 3세대(世代) 이상 6촌(寸) 범위 내에서 각 세대마다 당상관(堂上官, 정3품 이상 관원) 이상의 관인을 배출해야 한다고 규정한 연구도 참고할 수 있다. 이는 성과 본관이 같은 성족 전체가 아니라 파조를 선조로 하는 특정가문만이 해당된다.

　이를테면 신안동김씨(新案東金氏) 중 언필칭 장동김씨(壯洞金氏: 서울 인왕산 아래 장동에 세거)라 하는 생해(生海: 成宗의 아들인 景明君의 사위)의 아들 대효(大孝), 원효(元孝), 극효(克孝) 삼형제의 후손은 200여 년에 걸쳐 참판(參判) 이상 80여 명을 배출했다. 정승(영의정, 좌의정, 우의정)의 수만도 20여 명에 근접한다.

〈김상헌(대효의 子)의 淸遠樓〉

반남박씨(潘南朴氏) 중 소(紹: 文康公)의 아래에서도 선조(宣祖)
대 이후 250여 년간 60여 명에 이르는 후손이 참판급 이상을 역임
했다. 또한 대구서씨(大邱徐氏) 중 성(渻: 忠肅公)의 아래서도 선조
이후 250여 년 간에 걸쳐 참판급 이상을 60여 명 배출하는 기록을
세웠다.

〈박소 묘역〉

한편 동래정씨는 조선시대 상신(재상)을 17명 배출하였다. 이 중 광필(光弼: 文翼公) 가계(家系)는 본인을 포함하여 정승을 지낸 분이 14대에 걸쳐 무려 13명이었으니(光弼系 상신 배출 현황 첨부), 거의 대마다 정승을 배출한 것으로 아마도 세계사에 있어서도 진기록이라 할 것이다.

〈정난종 묘(정광필 父)〉

<동래정씨(東萊鄭氏) 대(代: 後孫)를 이은 상신 현황>

세계 (世系)	이름	관지 (官至)	아버지(父)	
			이름	관직
15	정광필(鄭光弼)	영의정	정난종(鄭蘭宗)	이조판서
17	유길(惟吉)	좌의정	복겸(福謙)	부사
18	지연(芝衍)	우의정	유인(惟仁)	정랑
	창연(昌衍)	좌의정	유길(惟吉)	좌의정
20	태화(太和)	영의정	광성(廣成)	판서
	치화(致和)	좌의정	광성(廣成)	판서
	지화(知和)	좌의정	광경(廣敬)	참판
21	재숭(載崇)	우의정	태화(太和)	영의정
23	석오(錫五)	좌의정	효선(孝先)	※ 생부는 혁선
24	홍순(弘淳)	우의정	석삼(錫三)	참판
25	존겸(存謙)	영의정	문상(文祥)	
26	원용(元容)	영의정	동만(東晚)	도정
28	범조(範朝)	좌의정	기세(基世)	우찬성

※ 광필(光弼 文翼公)系에서

　영의정 4명 ┐

　좌의정 6명 ├　13명 상신 배출

　우의정 3명 ┘

나) 성씨(姓氏)별 고위관료(高位官僚)의 독점

태조로부터 고종(高宗: 마지막 왕인 순종 재위 시는 상신제도가 없어짐)대까지 조선왕조 500여 년 동안 총 365명의 상신(相臣: 우의정, 좌의정, 영의정)이 왕을 보좌하고 백관(百官)을 지휘하였다. 상신들을 왕의 재위 시기별로 분석해보면, 영조 재위 때 45명으로 제일 많고 다음으로 숙종 때 37명, 선조 때 36명 순이다. 이는 국왕 재위기간의 장단(長短) 및 정치적 상황 등과 일정한 관련이 있다고 보인다. 또한 상신을 지낸 분을 성관(姓貫)별로 분류해보면 단연 전주이씨가 22명으로 제일 많다. 안동김씨(구안동과 신안동김씨를 합함)가 19명으로 그 뒤를 잇고, 다음으로 동래정씨가 17명으로 많다. 총 365명 상신의 출신 성관을 분석해보면 99개 성관이다. 이 중 36개의 성관(姓貫)에서 278명의 상신이 배출되었는데, 이는 전체 76%에 이른다. 단 1명만의 상신을 배출한 성관은 무려 45개에 이르며, 2명을 배출한 성관도 21개이다.

<왕의 재위별 상신록(영의정, 좌의정, 우의정)>

왕의 시기	합계	영의정	좌의정	우의정
태조	4	2	2	0
정종	1	0	1	0
태종	15	9	3	3

세종	14	3	7	4
문종	1	0	1	0
단종	5	2	2	1
세조	17	13	3	1
예종	4	1	2	1
성종	9	4	0	5
연산군	11	4	5	2
중종	23	16	6	1
인종	2	0	2	0
명종	12	7	5	0
선조	36	16	10	10
광해군	7	2	4	1
인조	23	14	4	5
효종	9	3	3	3
현종	10	4	4	2
숙종	37	10	12	15
경종	4	2	1	1
영조	45	21	16	8
정조	20	8	5	7

순조	18	7	5	6
헌종	8	4	2	2
철종	4	2	1	1
고종	26	12	4	10
순종	0	0	0	0
	총: 365명	166	110	89

<성관(姓貫)별 상신록>

성관(姓貫)	상신 수
전주이씨(全州李氏)	22명
안동김씨(安東金氏)	19명
동래정씨(東萊鄭氏)	17명
청송심씨(靑松沈氏)	13명
여흥민씨(驪興閔氏), 청주한씨(淸州韓氏)	12명
파평윤씨(坡平尹氏)	11명
달성서씨(達成徐氏), 남양홍씨(南陽洪氏)	9명

연안이씨(延安李氏), 경주이씨(慶州李氏) 청풍김씨(淸風金氏), 양주조씨(楊州趙氏) 안동권씨(安東權氏), 문화류씨(文化柳氏)	8명
덕수이씨(德水李氏), 반남박씨(潘南朴氏) 풍양조씨(豊壤趙氏), 평산신씨(平山申氏)	7명
경주김씨(慶州金氏), 연안김씨(延安金氏) 해평윤씨(海平尹氏), 의령남씨(宜寧南氏)	6명
광주이씨(廣州李氏), 광산김씨(光山金氏) 연일정씨(延日鄭氏), 풍산홍씨(豊山洪氏) 양천허씨(陽川許氏), 창녕성씨(昌寧成氏)	5명
한산이씨(韓山李氏), 전의이씨(全義李氏) 진주강씨(晉州姜氏)	4명
용인이씨(龍仁李氏), 전주최씨(全州崔氏) 고령신씨(高靈申氏), 기계유씨(杞溪兪氏)	3명
순천김씨(順天金氏), 원주김씨(原州金氏) 죽산박씨(竹山朴氏), 삭녕최씨(朔寧崔氏) 청주정씨(淸州鄭氏), 온양정씨(溫陽鄭氏) 봉화정씨(奉化鄭氏), 한양조씨(漢陽趙氏)	2명

해주오씨(海州吳氏), 은진송씨(恩津宋氏) 여산송씨(礪山宋氏), 순흥안씨(順興安氏) 장수황씨(長水黃氏), 풍산류씨(豊山柳氏) 진주류씨(晉州柳氏), 풍산심씨(豊山沈氏) 교하노씨(交河盧氏), 진주하씨(晉州河氏) 능성구씨(綾城具氏), 원주원씨(原州元氏) 거창신씨(居昌愼氏)	
홍주이씨(洪州李氏), 청주이씨(淸州李氏) 단양이씨(丹陽李氏), 성주이씨(星州李氏) 고성이씨(固城李氏), 예안이씨(禮安李氏) 우봉이씨(牛峰李氏), 선산김씨(善山金氏) 김해김씨(金海金氏), 상산김씨(商山金氏) 강릉김씨(江陵金氏), 순천박씨(順天朴氏) 충주박씨(忠州朴氏), 밀양박씨(密陽朴氏) 고령박씨(高靈朴氏), 통천최씨(通川崔氏) 해주최씨(海州崔氏), 진주정씨(晉州鄭氏) 서산정씨(瑞山鄭氏), 하동정씨(河東鄭氏) 금천강씨(衿川姜氏), 평양조씨(平壤趙氏) 임천조씨(林川趙氏), 무송윤씨(茂松尹氏) 인동장씨(仁同張氏), 덕수장씨(德水張氏) 나주임씨(羅州林氏), 동복오씨(同福吳氏) 나주오씨(羅州吳氏), 우주황씨(紆州黃氏) 전주류씨(全州柳氏), 회인홍씨(懷仁洪氏) 성주배씨(星州裵氏), 창녕조씨(昌寧曺氏)	1명

하양허씨(河陽許氏), 광주노씨(光州盧氏)	
풍천임씨(豊川任氏), 평강채씨(平康蔡氏)	
신천강씨(信川康氏), 함양여씨(咸陽呂氏)	
행주기씨(幸州奇氏), 신창맹씨(新昌孟氏)	
함종어씨(咸從魚氏), 사천목씨(泗川睦氏)	
목천상씨(木川尙氏), 영천황보씨(永川皇甫氏)	

다) 지역별 고위 관료의 독점

고위관료는 특정 성씨의 독점뿐 아니라 지역별로도 심한 불균형을 나타내고 있다. 즉 경화지방(京華地方: 서울을 중심으로 한 수도권) 출신 권문세가들의 후손들이 대를 이어 고위관료로 끊임없이 진출하고 지방 출신의 고위관료 진입은 매우 어려웠다. 특히 호남지역은 정여립의 모반사건(1589) 이후부터, 영남지방은 남인이 정계에서 영원히 멀어진 갑술환국(1694) 이후로는 고위직으로 진입한 인물은 소수에 불과하였다.

<호남 출신으로 조선시대 판서급(정2품) 이상을 지낸 인물 현황>
(증직제외)

성관	이름	시호 (또는 호)	출신지 (본관, 연고지 등)	시대 (본관, 연고지 등)	관직 (본관, 연고지 등)
남원양씨	양 초 (梁 超)		남원	태조	판서 · 대제학

강화최씨	최용소 (崔龍蘇)	제정 (齊貞)	나주	태종	형조판서
영광유씨	유 면 (柳沔)		남원	태종	좌찬성
창녕조씨	조 흡 (曹恰)	모희 (慕僖)	순창	태종	병조판서
광산김씨	김예몽 (金禮蒙)	문경 (文敬)	광주	세종	공조판서
함양박씨	박수지 (朴遂智)	지봉 (芝峰)	광주	세종	좌찬성
반남박씨	박 은 (朴訔)	평도 (平度)	나주	세종	좌의정
개성이씨	이 선 (李宣)	문량 (文良)	나주	세종	공조판서
함평이씨	이 긍 (李兢)	기성군 (箕城君)	함평	세종	이조판서
고흥유씨	유 습 (柳濕)	양정 (襄靖)	고흥	세종	병조판서
동래정씨	정수홍 (鄭守弘)	풍천 (楓川)	전주	세종	이조판서
장수황씨	황 희 (黃喜)	익성 (翼成)	남원	세종	영의정
함창김씨	김남택 (金南澤)	손재 (遜齋)	장수	세종	이조판서
연안송씨	송보산 (宋寶山)	퇴휴재 (退休齋)	장수	세종	예조판서
반남박씨	박 강	세양	나주	세조	지중추부사

		(朴 蕾)	(世襄)			
전주이씨	이사철 (李思哲)	문안 (文安)	정주	세조	좌의정
광산김씨	김여석 (金礪石)	충목 (忠穆)	무주	세조	판서
장수황씨	황치신 (黃致身)	호강 (胡剛)	장수	세조	호조판서
장수황씨	황수신 (黃守身)	열성 (烈成)	장수	세조	영의정
남원윤씨	윤효손 (尹孝孫)	문효 (文孝)	구례	성종	형조판서
경주정씨	정효상 (鄭孝常)	제안 (齊安)	남원	성종	이조판서
영광유씨	유 방 (柳 房)	무양 (武陽)	남원	성종	이조판서
남원양씨	양성지 (梁誠之)	문양 (文襄)	남원	성종	판서 · 대제학
여산송씨	송천희 (宋千喜)		익산	성종	지중추부사
전주유씨	유숭조 (柳崇祖)	문목 (文穆)	전주	성종	대사성
순천박씨	박중선 (朴仲善)	소양 (昭襄)	순천	성종	이조판서
광산김씨	김국광 (金國光)	정정 (丁靖)	광주	성종	좌의정
광산김씨	김겸광 (金謙光)	공안 (恭安)	광주	성종	예조판서

반남박씨	박숭질 (朴崇質)	공순 (恭順)	나주	연산군	좌의정
경주김씨	김 정 (金 淨)	문간 (文簡)	순창	중종	형조판서
고령신씨	신공제 (申公濟)	정민 (貞敏)	순창	중종	호조판서
순천박씨	박원종 (朴元宗)	무열 (武烈)	순천	중종	영의정
진주소씨	소세양 (蘇世讓)	문정 (文靖)	익산	중종	좌찬성
여산송씨	송 질 (宋 軼)	숙정 (肅靖)	익산	중종	영의정
영광유씨	유자광 (柳子光)		남원	중종	병조판서 (삭직)
광주반씨	반석평 (潘碩枰)	장절 (壯節)	옥구	중종	형조판서
전의이씨	이계맹 (李繼孟)	문평 (文平)	김제	중종	좌찬성
선산임씨	임백령 (林百齡)	문충 (文忠)	담양	명종	우찬성
행주기씨	기대항 (奇大恒)	정견 (貞堅)	광주	명종	한성판윤
태인박씨	박수량 (朴守良)	정혜 (貞惠)	장성	명종	호조판서
충주박씨	박 순 (朴 淳)	문충 (文忠)	나주	선조	영의정

신평송씨	송 순 (宋 純)	숙정 (肅定)	담양	선조	한성판윤
연일정씨	정 철 (鄭 澈)	문청 (文淸)	담양	선조	좌의정
창녕성씨	성윤문 (成允文)	무정 (武靖)	승주	선조	한성판윤
동래정씨	정언신 (鄭彦信)	도암 (陶菴)	전주	선조	우의정
벽진이씨	이상길 (李尙吉)	충숙 (忠肅)	임실	인조	공조판서
원주원씨	원사신 (元士愼)		남원	인조	한성판윤
나주임씨	임 담 (林 墰)	충익 (忠翼)	나주	효종	이조판서
문화유씨	유상운 (柳尙運)	충간 (忠簡)	나주	숙종	영의정
성주이씨	이광적 (李光迪)	정헌 (靖憲)	보성	숙종	지중추부사
전의이씨	이상진 (李尙眞)	충정 (忠貞)	전주	숙종	우의정
문화유씨	유봉휘 (柳鳳輝)	충정 (忠靖)	나주	경종	좌의정
황주변씨	변치명 (邊致明)	효헌 (孝憲)	장성	영조	공조판서
행주기씨	기언정 (奇彦鼎)	정간 (貞簡)	광주	정조	공조판서

전주이씨	이용화 (李容華)	지산 (智山)	남원	고종	지중추부사

(출처: 호남인물지(1991))

*출신지가 불분명한 경우가 많아 본관 · 연고지 등 인물 포함.

*기축옥사(1589, 선조 22) 이후 호남인물의 고위관료 진출은 소수에 불과함.

<영남 출신으로 조선시대 판서급(정2품) 이상을 지낸 인물 현황>
(증직 제외)

성관	이름	시호 (또는 호)	출신지 (본관, 연고지 등)	시대	관직
연주현씨	현옥량 (玄玉亮)		예천	태조	예의판서
의령남씨	남 은 (南誾)	강무 (剛武)	의령	태조	좌복야
봉화정씨	정도전 (鄭道傳)	문헌 (文憲)	영주	태조	영의정
광산노씨	노 숭 (盧崇)	경평 (敬平)	상주	태종	우의정
창녕성씨	성석린 (成石璘)	문경 (文景)	창녕	태종	영의정
진보조씨	조 용 (趙庸)	문정 (文貞)	청송	태종	예조판서
경산전씨	전백영 (全伯英)	문평 (文平)	경산	태종	예조판서

진주하씨	하 륜 (河崙)	문충 (文忠)	진주	태종	영의정
의령남씨	남 재 (南在)	충경 (忠景)	의령	태종	영의정
성주이씨	이 직 (李稷)	문경 (文景)	성주	태종	영의정
곡산한씨	한 옹 (韓雍)	평절 (平節)	김천	세종	좌찬성
순천김씨	김승주 (金承霔)	양경 (襄景)	문경	세종	병조판서
안동권씨	권 진 (權軫)	문경 (文景)	안동	세종	좌의정
봉화정씨	정 진 (鄭津)	희절 (僖節)	영주	세종	형조판서
하동정씨	정 초 (鄭招)	문경 (文景)	선산	세종	이조판서
고성이씨	이 원 (李原)	양헌 (襄憲)	고성	세종	좌의정
상주박씨	박안신 (朴安臣)	정숙 (貞肅)	상주	세종	이조판서
밀양변씨	변계량 (卞季良)	문숙 (文肅)	밀양	세종	예조판서
하양허씨	허 조 (許稠)	문경 (文敬)	경산	세종	좌의정
안동권씨	권 전 (權專)	경혜 (景惠)	안동	세종	공조판서

통천최씨	최윤덕 (崔潤德)	정열 (貞烈)	창원	세종	좌의정
진주하씨	하 연 (河演)	문효 (文孝)	산청	문종	영의정
영천황보씨	황보인 (皇甫仁)	충정 (忠定)	영천	문종	영의정
진주정씨	정 분 (鄭苯)	충장 (忠莊)	진주	단종	우의정
벽진이씨	이명겸 (李鳴謙)		합천	단종	이조판서
김녕김씨	김문기 (金文起)	충의 (忠毅)	옥천(후손 영남 거주)	세조	이조판서
하동정씨	정수충 (鄭守忠)	문절 (文節)	대구	세조	좌찬성
안동권씨	권자신 (權自慎)	충장 (忠莊)	안동	세조	예조판서
진주강씨	강맹경 (姜孟卿)	문경 (文景)	진주	세조	영의정
예안김씨	김 담 (金淡)	문절 (文節)	영주	세조	이조판서
청송심씨	심 회 (沈澮)	공숙 (恭肅)	선산 (서울, 유년기 선산에 거주)	세조	영의정
하동정씨	정인지 (鄭麟趾)	문성 (文成)	하동	성종	영의정
함종어씨	어효첨 (魚孝瞻)	문효 (文孝)	함안	성종	이조판서

달성서씨	서거정 (徐居正)	문충 (文忠)	대구	성종	좌찬성
진주강씨	강희맹 (姜希孟)	문양 (文良)	진주	성종	좌찬성
평해손씨	손순효 (孫舜孝)	문정 (文貞)	울진	성종	우찬성
봉화정씨	정문형 (鄭文炯)	양경 (良敬)	영주	성종	우의정
연안이씨	이숭원 (李崇元)	충간 (忠簡)	김천	성종	이조판서
연안이씨	이숙기 (李淑琦)	정양 (靖襄)	김천	성종	호조판서
선산김씨 (일선)	김종직 (金宗直)	문충 (文忠)	밀양(후손은 고령거주)	성종	형조판서
함종어씨	어세공 (魚世恭)	양숙 (襄肅)	함안	성종	호조판서
동래정씨	정난종 (鄭蘭宗)	익혜 (翼惠)	예천	성종	이조판서
양천허씨	허 종 (許琮)	충정 (忠貞)	김천	성종	우의정
부계홍씨	홍귀달 (洪貴達)	문광 (文匡)	문경	연산군	이조판서
양천허씨	허 침 (許琛)	문정 (文貞)	김천	연산군	좌의정

함종어씨	어세겸 (魚世謙)	문정 (文貞)	함안	연산군	좌의정
연주현씨	현석규 (玄碩圭)	문헌 (文憲)	밀양	연산군	형조판서
인천채씨	채 수 (蔡壽)	양정 (襄靖)	상주	중종	호조판서
선산김씨	김응기 (金應箕)	문대 (文戴)	선산	중종	좌의정
인동장씨	장순손 (張順孫)	문숙 (文肅)	성주	중종	영의정
진주유씨	유순정 (柳順汀)	문정 (文定)	진주	중종	영의정
순흥안씨	안 당 (安瑭)	정민 (貞愍)	영주	중종	좌의정
동래정씨	정광필 (鄭光弼)	문익 (文翼)	예천	중종	영의정
월성손씨	손중돈 (孫仲暾)	경절 (景節)	경주	중종	이조판서
진주강씨	강 혼 (姜渾)	문간 (文簡)	진주	중종	우찬성
의령남씨	남 곤 (南袞)	문경 (文敬)	의령	중종	영의정
안동권씨	권 벌 (權橃)	충정 (忠定)	봉화	중종	우찬성
한산이씨	이 자 (李耔)	문의 (文懿)	예천 (서울, 퇴관 후 용궁 우거)	중종	형조판서

인천채씨	채소권 (蔡紹權)		상주	중종	형조판서
연안김씨	김안로 (金安老)		상주	중종	좌의정
안동권씨	권 예 (權輗)		안동	중종	이조판서
영천이씨	이현보 (李賢輔)	효절 (孝節)	안동	명종	지중추부사
벽진이씨	이장곤 (李長坤)	정도 (貞度)	창녕	명종	좌찬성
진성이씨	이 황 (李滉)	문순 (文純)	안동	명종	우찬성
진주강씨	강 현 (姜顯)	혜평 (惠平)	산청	명종	형조판서
순천김씨	김순고 (金舜皐)		상주	명종	지중추부사
여주이씨	이언적 (李彦迪)	문원 (文元)	경주	명종	좌찬성
동래정씨	정사룡 (鄭士龍)		예천	명종	공조판서
광주이씨	이준경 (李浚慶)	충정 (忠正)	문경 (서울, 문경 일시 거주)	선조	영의정
전주최씨	최응룡 (崔應龍)		선산	선조	한성부윤

광산노씨	노수신 (盧守愼)	문간 (文簡)	상주	선조	영의정
동래정씨	정유길 (鄭惟吉)		예천	선조	좌의정
풍천노씨	노 진 (盧禛)	문효 (文孝)	함양	선조	이조판서
상산김씨	김귀영 (金貴榮)		상주	선조	좌의정
연안이씨	이후백 (李後白)	문청 (文淸)	거창	선조	이조판서
전의이씨	이준민 (李俊民)	효익 (孝翼)	진주	선조	병조판서
청주정씨	정 탁 (鄭琢)	정간 (貞簡)	예천	선조	좌의정
청주정씨	정곤수 (鄭崑壽)	충익 (忠翼)	성주	선조	좌찬성
풍산류씨	류성용 (柳成龍)	문충 (文忠)	안동	선조	영의정
연안이씨	이호민 (李好閔)	문희 (文僖)	김천	선조	좌찬성
서산정씨	정인홍 (鄭仁弘)		합천	광해군	영의정
진주강씨	강 신 (姜紳)	의간 (毅簡)	상주	광해군	이조판서
진주강씨	강 연 (姜綖)		상주	광해군	한성판윤

달성서씨	서 성 (徐渻)	충숙 (忠肅)	안동 (소호리외가 에서 태어남)	인조	병조판서
옥천전씨	전 식 (全湜)	충간 (忠簡)	상주	인조	지중추부사
진주정씨	정경세 (鄭經世)	문장 (文莊)	상주	인조	이조판서
안동김씨	김상헌 (金尙憲)	문정 (文正)	안동 (서울 장동)	인조	좌의정
한양조씨	조 경 (趙絅)	문간 (文簡)	거창 (서울, 유년기 거창 거주)	인조	이조판서
남원윤씨	윤 휴 (尹鑴)		경주 (서울, 유년기 경주 거주)	숙종	우찬성
광주이씨	이원정 (李元禎)	문익 (文翼)	칠곡	숙종	이조판서
재령이씨	이현일 (李玄逸)	문경 (文敬)	영덕	숙종	이조판서
안동권씨	권상일 (權相一)	희정 (僖靖)	문경	영조	지중추부사
전의이씨	이산두 (李山斗)	청헌 (淸憲)	안동	영조	지중추부사
영천이씨	이희발 (李羲發)	희정 (僖靖)	의성	순조	형조판서
풍산류씨	류상조	정간	안동	순조	병조판서

	(柳相祚)	(貞簡)			
진성이씨	이효순 (李孝淳)		안동	철종	형조판서
성산이씨	이원조 (李源祚)	정헌 (定憲)	성주	고종	공조판서
풍산류씨	류후조 (柳厚祚)	문헌 (文憲)	상주	고종	좌의정
남양홍씨	홍재순 (洪載順)		봉화 (서울로 출계)	고종	공조판서
인동장씨	장석룡 (張錫龍)	문헌 (文憲)	구미	고종	형조판서

(출처: 영남인물지(2004))

*조선 중기 이전은 출신지가 불분명한 경우가 많아, 본관·연고지 등 인물을 포함함.
*갑술환국(1694, 숙종 20년) 이후 영남인물의 고위관료 진출은 소수에 불과함.

라) 대(代)를 이은 재상가문의 사례

(1) 3대(할아버지, 아버지, 본인) 정승(영의정, 좌의정, 우의정) 가문(家門)

◆ 청송심씨의 심덕부(沈德簿: 좌의정)−심온(沈溫: 영의정)−심회(沈澮: 영의정)

조선조 최초로 3대 정승을 배출한 청송심씨는 문과 급제자 183명, 정승 13명, 대제학 2명, 왕비 3명(세종비, 명종비, 경종비), 청백리 2명, 공신 10명(중복 2명)을 배출한 10대 벌족가문의 하나이다.

노당(蘆堂) 심덕부(沈德簿)의 시호는 정안(定安)이다. 고려에서의 벼슬은 문하시중(門下侍中: 조선시대 영의정에 해당)에 이르렀

으며, 1388년 위화도회군 때 이성계를 도왔고, 조선이 개국한 뒤
에는 좌의정을 지냈다.

〈심온(안효공) 묘역 전경〉

그의 아들 심온(沈溫)은 세종의 장인으로 영의정을 역임하였고,
시호는 안효(安孝)이다. 현직 임금(세종)의 장인으로 상왕인 태종
이 병권(兵權)을 장악하고 있는 상황과 관련하여 무고를 받아 태종
에게 사사되었다. 세종 말년 관직을 복위시키고 시호를 내렸다. 심
온(沈溫)의 아들 심회(沈澮)는 세종의 처남이었으나, 아버지 심온
(沈溫)이 사사되어 등용되지 못하다가 문종 즉위 후 음직으로 벼슬
에 나갔다. 세조 때 영의정에 이르렀고, 성종의 신임을 받아 국가
의 대소 정사(政事)에 참여하였으며, 궤장(几杖)을 하사받았다. 연

산군 때 윤비 폐출에 동조했다는 죄로 부관참시 되었으나 이후 신원되었다. 시호는 공숙(恭肅)이다.

◆ 청풍김씨의 김구(金構: 우의정)−김재로(金在魯: 영의정)−김치인
(金致仁: 영의정)

청풍김씨는 조선조 문과 급제자 103명, 정승 8명, 대제학 3명, 왕비 2명(현종비 · 정조비), 공신 6명, 청백리 1명을 배출한 명문가이다.

〈김구(충헌공) 신도비〉

관복재(觀復齋) 김구(金構)는 춘당대시(春塘臺試) 문과에 장원급제하여 6조의 판서를 역임하고 우의정을 지냈다. 특히 숙종 때에 위험을 무릅쓰고 노산군(魯山君: 단종)을 복위시키도록 진언하여 추복(追復)하게 하였다. 그의 묘소는 서울 올림픽공원 내에 있다. 시호는 충헌(忠憲)이다. 김구(金構)의 아들 김재로(金在魯) 또한 춘당대 문과에 급제하여 우의정, 좌의정을 거쳐 영의정에 올랐다. 김재로 역시 1453년 계유정난 때 희생된 황보인(皇甫仁) · 김종서(金宗瑞)의 복관을 건의하여 신원(伸寃)되도록 하였으니, 영천황보씨와 순천김씨는 청풍김씨에 큰 빚을 졌다고 할 것이다. 시호는 충정(忠靖)이다. 김재로의 아들 김치인(金致仁)도 조부 · 부친과 같이 춘당대시에 응시하여 장원급제하였다. 벼슬은 우의정, 좌의정을 거쳐 영의정에 이르렀으며, 특히 정조 때 당쟁의 조정에 힘썼다. 시호는 헌숙(憲肅)이다.

◆달성서씨의 서종태(徐宗泰: 영의정)—서명균(徐命均: 좌의정)—서지수(徐志修: 영의정)

달성서씨(대구본관 포함)는 조선조에 문과 급제자 140명, 정승 9명(영의정 7명, 좌의정 1명, 우의정 1명), 대제학 3명, 왕비 1명(영조비), 공신 1명, 청백리 1명을 배출한 명문가이다. 특히 현달한 인물로 서거정(徐居正: 四佳亭)을 들 수 있는데, 그는 세종부터 성종에 이르기까지 6대 왕을 섬기면서 45년간 6조의 판서와 대제학을 지냈다. 서거정의 형 서거광(徐居廣)의 현손인 약봉(藥峯) 서성(徐

渻)은 달성서씨를 명가의 반열에 올려놓은 인물이다. 6조의 여러 판서직을 역임하고, 영의정에 추증되었다. 임진왜란과 정묘호란 때는 각각 선조와 인조를 호종하였다.

〈서성태실: 고성이씨 임청각〉
이곳에서 藥峯 徐渻 · 洛坡 柳厚祚 · 石洲 李相龍이 태어났다.

만정(晩靜) 서종태(徐宗泰)는 서성(徐渻)의 현손으로 숙종 때 영의정을 지냈으며, 시호는 문효(文孝)이다. 그의 아들 소고(嘯皐) 서명균(徐命均)은 앞에서 기술한 청풍김씨 우의정 김구(金構)의 둘째 사위로 좌의정을 지냈으며, 시호는 문익(文翼)이다. 서명균의 아들 송옹(松翁) 서지수(徐志修)는 사도세자(思悼世子)를 모함하는 세력을 탄핵하고, 사도세자를 교도하고 보호하였다. 후에 영의정에 오름으로써 3대 정승 가문을 이루게 되었다. 시호는 문청(文淸)이다.

3대에 걸쳐 문자(文字) 시호를 받아 주목된다.

(2) 부자(父子) 영의정 가문

일인지하 만인지상(一人之下 萬人之上)인 영의정을 아버지와 아들이 대를 이어 지낸 가문이 7개 가문이 있다. 조선조 365명의 정승(영의정, 우의정, 좌의정) 가운데 영의정을 지낸 사람이 162명이다. 이중에서 14명은 부자간에 영의정을 지냈으니 가문의 대단한 영예라 할만하다.

앞에 3대 정승 가문 중 달성서씨는 조손(祖孫) 간에 영의정을 지냈다.

◆ 청송심씨의 심온(沈溫)-심회(沈澮) 부자 <앞의 3대 정승에서 설명>

◆ 장수황씨의 황희(黃喜)-황수신(黃守愼) 부자

황희 정승은 많은 일화를 남긴 명재상으로 잘 알려져 있으나 부자간에 영의정을 지낸 사실은 잘 알려져 있지 않다.

방촌(厖村) 황희(黃喜)는 고려 공양왕 때(1389년) 문과에 급제하여 성균관학록에 제수되었다.

고려가 망하자 두문동에 들어가 은거하였으나, 이성계의 간청으로 조선왕조에서 다시 벼슬살이를 시작하였다. 세자(양녕대군)를 폐출하고 충녕대군(후에 세종)을 새로운 세자로 책봉하려는 데 반대하여 유배되기도 하였지만, 세종대 18년 동안이나 영의정을 지냈다. 시호는 익성(翼成)이다. 그의 아들 나부(儒夫) 황수신(黃守身)은 문과(文科)를 거치지 않고 음보로 벼슬길에 나아가 세조 때에 영의정까지 올랐다. 시호는 열성(烈成)이다.

임진왜란이 일어나기 전에 일본사신단의 정사로 파견된 황윤길(黃允吉)은 황희의 현손이다.

〈황희(익성공) 영당〉

◆ 남양홍씨의 홍언필(洪彦弼)―홍섬(洪暹) 부자

묵재(默齋) 홍언필(洪彦弼)은 1504년 문과에 급제하였다. 갑자사화에 연루되어 진도로 유배되었으며, 이때 아버지 홍형(洪泂)은 윤비 폐출에 적극 개입하였다는 혐의로 부관참시되었다. 중종반정으로 사면되어 문과에 급제하고 복직되었으나, 기묘사화 때 조

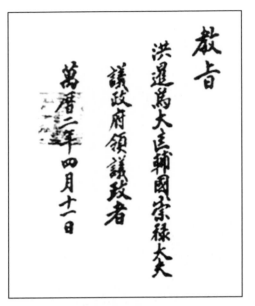

〈영의정(홍섬) 교지〉

광조와 내외종간이라고 하여 그 일파로 지목되어 투옥되는 등 시련을 겪었다. 그러나 호조참판에서 시작해 참판을 다섯 차례 역임하고, 6조의 판서 및 대사헌을 두루 역임하고, 영의정까지 올랐다. 시호는 문희(文僖)이다.

그의 아들 인재(忍齋) 홍섬(洪暹)은 아버지 홍언필로부터 관직생활에 대한 철저한 교육을 받았으며, 대제학을 거쳐 영의정을 세 번이나 하고 청백리에 녹선되었다. 아버지가 영의정일 때 아들도 당상관을 지낸 관계로 정사에 관한 토론이나 강론 시에 비록 공석이라 하여도 마주보고 앉을 수가 없어 동서로 굽게 앉아 정사를 논하였다 하여 세간에서는 곡좌(曲坐)집이라고 일컬었다. 화성 홍법리 남양홍씨 묘역에는 근년에 지어진 '곡좌재(曲座齋)'란 재실이 있다. 시호는 경헌(景憲)이다.

홍섬의 어머니(홍언필의 부인)인 송씨부인은 영의정인 여산송씨(礪山宋氏) 송질(宋軼)의 딸이다. 송씨부인은 어려서는 영의정의 딸로 지냈고, 시집가서는 영의정의 부인이 되고, 늙어서는 영의정의 어머니로 살았으니(향년 94세 별세), 이런 사례는 아마도 동서고금에 찾아보기 쉽지 않을 듯하다.

〈남양홍씨 곡좌재〉

◆ 해평윤씨 윤두수(尹斗壽)－윤방(尹昉) 부자

오음(梧陰) 윤두수(尹斗壽)는 해평윤씨 벌족가문을 형성한 윤변(尹忭)의 아들로 1558년 문과(文科)에 급제하였다. 지방관으로 재직 시에는 많은 선정을 베풀었으며, 명의 사서(史書)에 이성계 가계가 고려의 권신 이인임(성주이씨)의 후손으로 잘못 기록된 것을 바로 잡도록 한 종계변무(宗系辨誣)의 공으로 광국공신(光國功臣)에 책봉되었다. 임진왜란 시 평양(平壤)이 위태로워지자 의주(義州)로 피난갈 것을 주장하여 실현시켰고, 요동(遼東)으로 피난하려는 계획을 반대하였다. 왜란 후 사직을 보종하는 데 큰 역할을 하였다고 하여 호성공신(扈聖功臣)에 올랐다. 임진왜란 후 영의정에 승차하였다. 시호는 문정(文靖)이다.

그의 아들 치천(稚川) 윤방(尹昉)은 1588년 문과를 거쳐 벼슬에 나갔다. 임진왜란으로 불에 탄 실록의 재간(再刊)에 참여했고, 광해군 때 인목대비의 폐위에 반대하여 사직하였다. 인조반정 후 다시 기용되어 영의정까지 올랐다. 병자호란 때에는 종묘의 신주를 강화도로 옮기는 데 큰 공을 세웠으나 인순왕후(명종비) 신주를 분실한 책임을 지고 파직되는 시련을 겪기도 하였다. 시호는 문익(文翼)이다.

◆ 신안동김씨 김수항(金壽恒)-김창집(金昌集) 부자

문곡(文谷) 김수항(金壽恒)은 김광찬(金光燦)의 아들로 병자호란 때 척화(斥和)의 수장이었던 청음(淸陰) 김상헌(金尙憲)의 손자이다. 김광찬의 친부는 김상관(金尙寬)인데, 작은아버지 김상헌이 입후(立後)한 것이다. 김수항은 1656년 문과를 거쳐 벼슬에 올라 우암(尤庵) 송시열(宋時烈)과 함께 노론을 주도하였다. 1680년 경신대출척 이후 영의정이 되었으나, 1689년 기사환국으로 남인이 집권하자 진도로 유배되어 사사되었다.

시호는 문충(文忠)이다. 어머니는 연안김씨로 선조의 장인이었던 연흥부원군 김제남(金悌男: 영창대군의 외조부)의 손녀이다.

그의 아들 몽와(夢窩) 김창집(金昌集)은 기사환국으로 아버지가 죽은 후에 산중으로 들어가 은거하였다. 1694년 갑술환국으로 정국이 바뀌자 복관되어 여러 벼슬을 거쳐 우의정과 좌의정을 지내고, 1717년 영의정에 올랐다. 연잉군(延礽君: 뒤의 영조)을 세제(世弟)로 책봉하는 일을 주도하고, 세제의 대리청정을 강행하려다 경종 1년(1721) 소론의 탄핵을 받고 사사(賜死)된 노론 4대신 가운데 한 명이다(신임옥사). 시호는 충헌(忠獻)이다.

부자간에 영의정을 하고도 모두 천수(天壽)를 다하지 못하고 사사되는 비운을 겪었다. 한편 구한말의 쇄도정치로 정권을 독식한 안동김씨 일족은 바로 이들의 후손들이다.

◆ 연안김씨 김익(金熤)−김재찬(金載瓚) 부자

약현(藥峴) 김익(金熤)은 선조의 장인인 연흥부원군(延興府院君) 김제남(金悌男)의 5대손으로 영조 35년(1763) 정시문과에 급제 후 여러 벼슬을 거쳐 우의정과 좌의정을 지냈고, 정조 14년(1789) 영의정에 올랐다. 시호는 문정(文貞)이다.

그의 아들 해석(海石) 김재찬(金載瓚)은 1774년 정시문과에 급제하여 여러 벼슬을 역임했다. 1805년 우의정에 임명되었으나 취임을 거부해 황해도 재령에 부처(付處: 자신이 원하는 일정한 곳에서 생활하는 유배형)되기도 하였다. 이듬해 석방되어 1807년 다시 우의정에 임명되었고, 좌의정을 거쳐 1812년에 영의정이 되었다. 시호는 문충(文忠)이며, 순조(純祖) 묘정(廟庭)에 배향되었다.

〈의민사(懿愍祠): 김제남 배향〉

◆ 청풍김씨 김재로(金在魯)－김치인(金致仁) 부자<앞의 3대 정승에서 설명>

<朝鮮時代 閥閱家門 家系>

番號	姓貫	派	家門	番號	姓貫	派	家門
1	新安東金	宣平派	生海系	30	全義李	子華派	濟臣系
2	潘南朴		紹系	31	清州韓	方信派	應寅系
3	大邱徐		渻系	32	宜寧南		琥系
4	東萊鄭	戶長派	光弼系	33	清風金	仲房派	維系
5	南陽洪	公縉派	春卿系	34	德水李	仁範派	宜茂系

6	海平尹		忭系	35	舊安東金	利淸派	地四系
7	驪興閔	公珪派	齊仁系	36	淸風金	仲源派	堉系
8	光州金	興光派	繼輝系	37	全州李	密城君	克綱系
9	全義李	子蕆派	眞卿系	38	延安金		悌男系
10	延安李	賢呂派	廷龜系	39	牛峰李		之文系
11	楊州趙		存性系	40	平山申		永錫系
12	豊山洪		霙系	41	慶州李	謁平派	恒福系
13	全州李	撫安大君	郁系	42	廣州李	益庇派	浚慶系
14	德水李	公晉派	舜臣系	43	靑松沈	澄派	光彦系
15	平山申		華國系	44	靑松沈	溫派	鎡系
16	豊壤趙	思愼派	希輔系	45	恩津宋		順年系
17	龍仁李	士渭派	蓋忠系	46	全州李	孝寧大君	蔚系
18	豊壤趙	思愼派	廷機系	47	延日鄭	宗殷派	澈系
19	晉州柳	仁庇派	珩系	48	羅州林		復系
20	杞溪兪		汝霖系	49	慶州金	順雄派	萬鈞系
21	坡平尹		暾系	50	延安李	賢呂派	廷華系
22	海州吳	仁裕派	定邦系	51	慶州李	謁平派	岩系
23	全州李	德泉君	秀光系	52	恩津宋		遙年系
24	豊川任		明弼系	53	全州柳		儀系

25	豊山洪		履祥系	54	延日鄭	守溫派	瑄系
26	綾城具		淳系	55	韓山李	種善派	希伯系
27	慶州金	仁琯派	積系	56	安東權	時中派	攝系
28	韓山李	種善派	增系	57	陽川許		愭系
29	青松沈	溫派	綱系				

(出處: 車長燮著. 朝鮮後期閥閱研究. 一潮閣)

나. 공신(功臣) 가문

1) 의의(意義)

공신(功臣)이란 국가나 왕실을 위하여 크게 공을 세운 사람에게 주던 칭호 또는 그 칭호를 받은 사람을 말한다. 조선왕조는 개국 이래로 중요한 정치적 사건을 통한 왕위계승상의 공훈이나 전쟁에서의 수훈, 역모나 민란의 진압 등 각종 위난(危難)을 극복하는데 공적을 세운 자들을 공신으로 책훈(策勳)하였다. 공신에게는 본인은 물론 후손들에게까지 다양한 특권과 은전을 내림으로써 왕권에 대한 충성심을 더욱 공고히 하고, 만조백관(滿朝百官)에게 본보기가 되게 하였다.

2) 공신(功臣)의 종류

공신은 크게 배향공신(配享功臣)과 훈봉공신(勳封功臣)으로 대별해 볼 수 있다. 특정 왕의 재위기간에 특별한 공적이 있는 신하의 신주를 해당 임금의 위패를 모신 종묘에 함께 배향하게 되는데, 이에 선정된 이가 배향공신이다. 세종 때에 공이 있어 종묘에 배향한 경우에는 '세종(世宗) 묘정(廟廷: 宗廟)에 배향(配享)'으로 표기한다.

〈종묘 정전〉

배향공신의 연원은 중국의 제도에 있으니, 중국에서는 당나라 때부터 제도화되어 있었다고 한다. 우리나라는 언제부터 실시되었는지 확실히 알 수 없으나, 고려 성종대부터는 시행된 것이 사료로 확인된다. 고려 성종 때 태조·혜종·정종·광종·경종의 5묘(廟)가 처음으로 정해진 것으로 전한다. 태묘(太廟)가 완성되면서 혜종 · 정종 · 광종 · 경종을 태묘에 부제(祔祭)하고, 각 왕의 배향 공신도 정해진 것으로 본다. 이때 배향된 사람이 태조실(室)에는 배현경(裵玄慶) · 홍유(洪儒) · 복지겸(卜智謙) · 유금필(庾黔弼) · 신숭겸(申崇謙)이다. 또한 혜종실에 박술희(朴述希) · 김견술(金堅術), 정종실에 왕식렴(王式廉), 광종실에 유신성(劉新城) · 서필(徐弼), 경종실에 최지몽(崔知夢) 등이 배향되었다. 모두 11명으로, 이를 효시로 하여 이후 조선시대까지 배향공신의 제도가 이어졌다. 다만 고려의 헌종 · 충숙왕 · 충목왕 · 우왕 · 창왕 · 공양왕은 배향공신을 갖지 못하였고, 조선에서도 폐위된 단종과 연산군, 광해군 묘정에는 배향자가 없다. 한편 추봉왕(追封王)의 묘정에도 배향공신을 정했는데, 헌종의 아버지 문조(文祖: 翼宗)와 정조의 생부인 장조(莊祖: 思悼世子)의 묘정에 1875년(고종 12)과 1899년(광무 3)에 각 3명과 2명의 배향자를 두었다.

〈종묘 공신당〉

신하로서 죽은 다음에 자기가 모신 임금의 묘정에 신주가 함께 안치되어, 종묘제례 시 백관의 제례를 받는다는 것은 관료로서 사후에 받는 가장 큰 포상이었다. 동시에 국왕을 잘 보좌하게 하기 위한 최고의 동기부여 제도이기도 하였다. 자손들은 그러한 조상의 후손임을 매우 자랑스럽게 여겼으며, 후손들의 양반 반격에도 높은 서열로서 큰 영향을 주었다. 종묘 배향공신은 관료생활 전체를 통하여 왕도정치에 기여한 공을 사후에 인정받는 것이기 때문에 개별사건의 공에 수훈되는 훈봉공신에 비하여 훨씬 더 높은 추앙을 받을만하다 할 것이다.

<조선시대 왕의 묘실별 종묘배향자>

〈표 1〉

대 수	묘실	배향 인원	배향자 <"( )" 안은 본관>
1	태조	7	조 준(趙 浚: 평양), 남 재(南 在: 의령) 이 제(李 濟: 성주), 이지란(李之蘭: 청해) 조인옥(趙仁沃: 한양), 남 은(南 誾: 의령) 이 화(李 和: 전주)
2	정종	1	이방의(李芳毅: 전주)
3	태종	5	하 륜(河 崙: 진주), 조영무(趙英茂: 한양) 정 탁(鄭 擢: 청주), 이천우(李天祐: 전주) 이 래(李 來: 전주)
4	세종	7	황 희(黃 喜: 장수), 최윤덕(崔潤德: 통천)

			허 조(許 稠: 하양), 신 개(申 槩: 평산)
			이 수(李 隨: 봉산), 이 제(李 褆: 전주, 양녕대군)
			이 보(李 補: 전주, 효령대군)
5	문종	1	하 연(河 演: 진주)
6	단종	0	
7	세조	3	권 남(權 擥: 안동), 한 확(韓 確: 청주)
			한명회(韓明澮: 청주)
8	예종	1	박원형(朴元亨: 죽산)
9	성종	3	신숙주(申叔舟: 고령), 정창손(鄭昌孫: 동래)
			홍 응(洪 應: 남양)
10	연산군	0	
11	중종	4	박원종(朴元宗: 순천), 성희안(成希顔: 창녕)
			유순정(柳順汀: 진주), 정광필(鄭光弼: 동래)
12	인종	2	홍언필(洪彦弼: 남양), 김안국(金安國: 의성)
13	명종	2	심연원(沈蓮源: 청송), 이언적(李彦迪: 여주)
14	선조	3	이준경(李浚慶: 광주), 이 황(李 滉: 진성)
			이 이(李 珥: 덕수)
15	광해군	0	
16	인조	7	이원익(李元翼: 전주), 신 흠(申 欽: 평산)
			김 류(金 瑬: 순천), 이 귀(李 貴: 연안)
			신경진(申景禛: 평산), 이 서(李 曙: 전주)
			이 보(李 俌: 전주)
17	효종	6	김상헌(金尙憲: 안동), 김 집(金 集: 광산)
			민정중(閔鼎重: 여흥), 민유중(閔維重: 여흥)
			송시열(宋時烈: 은진), 이 요(李 㴭: 전주)

18	현종	4	정태화(鄭太和: 동래), 김좌명(金左明: 청풍)
19	숙종	6	김수항(金壽恒: 안동), 김만기(金萬基: 광산)
			남구만(南九萬: 의령), 박세채(朴世采: 반남)
			윤지완(尹趾完: 파평), 최석정(崔錫鼎: 전주)
			김석주(金錫冑: 청풍), 김만중(金萬重: 광산)
20	경종	2	이 유(李 濡: 전주), 민진후(閔鎭厚: 여흥)
21	영조	5	김창집(金昌集: 안동), 최규서(崔奎瑞: 해주)
			민진원(閔鎭遠: 여흥), 조문명(趙文命: 풍양)
			김재로(金在魯: 청풍)
	장조 (추존)	2	이종성(李宗城: 경주), 민백상(閔百祥: 여흥)
22	정조	3	김종수(金鍾秀: 청풍), 유언호(兪彦鎬: 기계)
			김조순(金祖淳: 안동)
23	순조	6	이시수(李時秀: 연안), 김재찬(金載瓚: 연안)
			김이교(金履喬: 안동), 조득영(趙得永: 풍양)
			조만영(趙萬永: 풍양), 이 구(李 球: 전주)
	문조 (추존)	3	남공철(南公轍: 의령), 김 로(金 鏴: 연안)
			조병구(趙秉龜: 풍양)
24	헌종	2	이상황(李相璜: 전주), 조인영(趙寅永: 풍양)
25	철종	3	이헌구(李憲球: 전주), 김수근(金洙根: 안동)
			이 희(李 曦: 전주)
26	고종	4	신응조(申應朝: 평산), 박규수(朴珪壽: 반남)
			이돈우(李敦宇: 전주), 민영환(閔泳煥: 여흥)
27	순종	4	송근수(宋近洙: 은진), 김병시(金炳始: 안동)
			이경직(李耕稙: 한산), 서정순(徐正淳: 달성)
총 인원 합계		96	

*이언적, 이황, 이이, 송시열은 문묘(文廟)에도 배향.

<配享人員 姓貫別分布>

인원(명)	성관별
16	全州李氏
7	安東金氏
6	驪興閔氏
5	豊壌趙氏
4	宜寧南氏, 平山申氏, 清風金氏
3	光山金氏, 東萊鄭氏
2	延安金氏, 潘南朴氏, 恩津宋氏, 延安李氏, 漢陽趙氏, 晋州河氏, 清州韓氏, 南陽洪氏
1	高靈申氏, 廣州李氏, 慶州李氏, 杞溪兪氏, 達成徐氏, 德水李氏, 鳳山李氏, 順天金氏, 順天朴氏, 星州李氏, 安東權氏, 麗州李氏, 義城金氏, 長水黃氏, 全州崔氏, 晋州柳氏, 竹山朴氏, 眞寶李氏, 昌寧成氏, 清州鄭氏, 清海李氏, 青松沈氏, 坡平尹氏, 平壌趙氏, 通川崔氏, 河陽許氏, 韓山李氏, 海州崔氏

　　훈봉공신은 특정사안에 대하여 공을 세운 자에게 책훈하는 제도로서 공의 기여도에 따라 크게 정공신(正功臣)과 원종공신(願從功臣)으로 나누어진다. 훈봉공신 역시 중국의 제도에 기원을 둔 것으로 우리나라에서는 언제 처음 실시하였는지 확실하지 않다. 다만 처음으로 문헌에 나타난 것은 고려의 개국공신에 대한 것으로 이후 위사전망공신(衛社戰亡功臣)·호종공신(扈從功臣)·수종공신(隨從功臣)·삼한공신(三韓功臣) 등이 나타난다. 조선시대에도 여

러 차례에 걸쳐 공신을 시상했는데, 정공신이 모두 28종에 달하였다. 공의 크기에 따라 1등에서 3등까지 때로는 4등까지 구분하여 포상하였다.

훈봉공신은 특정 사안에 대안 포상이라는 점에서 관료가 아닌 자도 해당 사안에 공이 있는 경우 책훈될 수 있다는 특성이 있었다. 배향공신은 왕의 재위기간 전체를 통틀어 공을 세운 자를 책록하기에 대부분 관료생활을 한 사람이 책훈되는 것과 대비되는 점이다. 따라서 때로 훈봉공신으로 책훈된 뒤에 그 공으로 관료가 되는 경우도 있었다.

한편 원종공신은 정공신 외에 작은 공을 세운 사람에게 주는 칭호로서, 정공신의 자제 및 사위 또는 그 수종자(隨從者)에게 시상되는 것이었다. 원종공신도 3등급으로 구분하여 녹권(錄券: 일종의 공신 증명서), 노비, 토지 등을 하사하였다. 원종공신은 많을 때는 1천 명을 넘는 경우도 있었으며, 모시는 상전 잘 만나 노비들도 책록되는 경우가 있었다.

<조선시대 훈봉공신 현황(추탈 · 삭훈 공신 제외)>

〈표 3〉

공신호	봉훈연대	공적 개요	공신 수				
			계	1등	2등	3등	4등
개국공신 (開國功臣)	1392년(태조 1)	조선 개국	45	17	12	16	

정사공신 (定社功臣)	1398년(정종 1)	제1차 왕자의 난 (방석세력 제거)	30	12	18		
좌명공신 (佐命功臣)	1401년(태종 1)	제2차 왕자의 난 (방간의 난 평정)	47	9	3	12	23
정난공신 (靖難功臣)	1453년(단종 1)	계유정난(癸酉靖難) (수양대군의 왕위찬탈)	43	12	11	20	
좌익공신 (左翼功臣)	1455년(세조 1)	수양대군의 왕위 즉위	45	7	12	26	
적개공신 (敵愾功臣)	1467년(세조 13)	이시애의 난 토평	46	10	24	12	
익대공신 (翊戴功臣)	1468년(예종 1)	남이의 역모를 다스린 공	38	5	10	23	
좌리공신 (佐理功臣)	1471년(성종 2)	성종을 보좌한 공로	75	9	12	18	36
정국공신 (靖國功臣)	1506년(중종 1)	중종반정	105	8	13	31	53
정난공신 (定難功臣)	1507년(중종 2)	이과의 역모를 다스린 공	22	5	5	12	

평난공신 (平難功臣)	1590년(선조 23)	정여립의 역모를 다스린 공	22	3	12	7	
광국공신 (光國功臣)	1590년(선조 23)	종계변무(宗系辨誣)	19	3	7	9	
선무공신 (宣武功臣)	1604년(선조 37)	임진왜란 때 무공 (武功)	18	3	5	10	
호성공신 (扈聖功臣)	1604년(선조 37)	왕을 호종(扈從)	119	2	31	86	
청난공신 (淸難功臣)	1604년(선조 37)	이몽학의 반란 토평	5	1	2	2	
정사공신 (靖社功臣)	1623년(인조 1)	인조반정(仁祖反正)	53	10	15	28	
진무공신 (振武功臣)	1624년(인조 2)	이괄의 난 토평	28	3	9	16	
소무공신 (昭武功臣)	1627년(인조 5)	이인거의 모역사건	6	1	2	3	
영사공신 (寧社功臣)	1628년(인조 6)	유효립의 모반사건	11	1	5	5	
영국공신	1644년(인조 22)	심기원 모역사건	8	4	1	3	

(英國功臣)						
보사공신 (保社功臣)	1680년(숙종 6)	경신대출척에 삼복(三福: 복창군, 복선군, 복평군)의 역모 고변	6	2	1	3
분무공신 (奮武功臣)	1728년(영조 4)	이인좌의 난 토벌	15	1	7	7
합계			806	128	217	349	112

*추봉, 추탈 등으로 공신 수의 오차는 있음.

<훈봉공신별 1등 공신 현황(128명)>

〈표 4〉

공신호	인원	1등 공신
개국공신 (開國功臣) 태조 1 (조선 개국)	17	李芳毅(전주), 裵克廉(성주), 趙浚(배천), 金士衡(안동), 鄭道傳(봉화), 李濟(성주), 李和(전주), 鄭熙啓(경주), 李之蘭(청해), 南誾(의령), 張思吉(안동), 鄭摠(청주), 趙仁沃(한양), 南在(의령), 趙璞(평양), 鄭擢(청주), 金仁贊(양근)
정사공신 (定社功臣) 정종 1 (제1차 왕자의 난)	12	李芳毅(전주), 李芳遠(전주: 회안군), 李伯卿(전주), 金士衡(안동), 河崙(진주), 趙璞(한양), 李芳幹(전주), 李和(전주), 趙浚(배천), 李茂(단양), 趙英茂(한양), 李居易(청주)
좌명공신 (佐命功臣)	9	李佇(청주), 趙英茂(한양), 李居易(청주), 李叔蕃(안성), 閔無疾(여흥), 河崙(진주), 辛克禮(영산), 李茂

태종 1 (제2차 왕자의 난)		(단양), 閔無咎(여흥)
정난공신 (靖難功臣) 단종 1 (수양대군 왕위 찬탈)	12	李琰(전주), 鄭麟趾(하동), 韓確(청주), 李思哲(전주), 朴從愚(운봉), 金孝誠(연안), 李季甸(한산), 朴仲孫(밀양), 權擥(안동), 洪達孫(남양), 崔恒(삭녕), 韓明澮(청주)
좌익공신 (佐翼功臣) 세조 1 (세조 즉위)	7	李璔(전주), 李珵(전주), 韓確(청주), 權擥(안동), 申叔舟(고령), 尹師路(파평), 韓明澮(청주)
적개공신 (敵愾功臣) 세조 13 (이시애 난 평정)	10	李浚(전주), 曹錫文(창녕), 魚有沼(충주), 朴仲善(순천), 許琮(양천), 金嶠(선산), 李叔琦(연안), 尹弼商(파평), 康純(신천), 南怡(의령)
익대공신 (翊戴功臣) 예종 1 (남이 역모 평정)	5	申叔舟(고령), 韓明澮(청주), 申雲(홍양), 韓繼純(청주), 柳子光(영광)
좌리공신 (佐理功臣) 성종 2 (성종 즉위 공포)	9	申叔舟(고령), 韓明澮(청주), 崔恒(삭녕), 洪允成(회인), 曹錫文(창녕), 鄭顯祖(하동), 尹子雲(파평), 金國光(광산), 權瑊(안동)
정국공신 (靖國功臣) 중종 1 (중종 반정)	8	朴元宗(순천), 柳順汀(진주), 成希顔(창녕), 洪景舟(남양), 張珽(덕수), 辛允武(영월), 柳子光(영광), 朴永文(함양)

정난공신 (靖難功臣) 중종 2 (이과 역모 평정)	5	盧永孫(교하), 柳洵(문화), 朴元宗(순천), 柳順汀(진주), 尹陽老(파평)
평난공신 (平難功臣) 선조 23 (정여립 역모 평정)	3	朴忠侃(상주), 李軸(전주), 韓應寅(청주)
광국공신 (光國功臣) 선조 23 (종계 변무)	3	尹根壽(해평), 兪泓(기계), 黃廷彧(장수)
선무공신 (宣武功臣) 선조 37 (임진왜란 무공)	3	李舜臣(덕수), 權慄(안동), 元均(원주)
호성공신 (扈聖功臣) 선조 37 (임란때 왕 호종)	2	李恒福(경주), 鄭崐壽(청주)
청난공신 (淸難功臣) 선조 37 (이봉학 역모 평정)	1	洪可臣(남양)
정사공신	10	金鎏(순천), 李貴(연안), 申景禛(평산), 李曙(전주),

(靖社功臣) 인조 1 (인조 반정 공신)		崔鳴吉(전주), 沈命世(청송), 具宏(능성), 李興立(전주), 金自點(안동), 沈器遠(청송)
진무공신 (振武功臣) 인조 2 (이괄의 난 평정)	3	張晩(인동), 鄭忠信(광주), 南以興(의령)
소무공신 (昭武功臣) 인조 5 (이인거 역모 평정)	1	洪寶(풍산)
영사공신 (寧社功臣) 인조 6 (유효립 역모 평정)	1	許橚(양천)
영국공신 (寧國功臣) 인조 22 (심기원 역모 평정)	4	黃瀗(창원), 李元老(전주), 具仁垕(능성), 金墍(순천)
보사공신 (保社功臣) 숙종 6 (삼복의 역모 고변)	2	金萬基(광산), 金錫胄(청풍)
분무공신 (奮武功臣) 영조 4 (이인좌 역모 평정)	1	吳命恒(해주)

훈봉공신 중 1등 공신으로 책록된 128명을 성관별로 분석해 보면 全州李氏 16명, 淸州韓氏 8명, 坡平尹氏·安東權氏·宜寧南氏·漢陽趙氏가 4명이며 다음으로 順天朴氏·高靈申氏·淸州李氏·淸州鄭氏·南陽洪氏가 3명이다(공신책록 기준이므로 한 사람이 중복 계산됨-한명회의 경우 4회의 봉훈이 되어 4명으로 집계됨).

3) 공신의 책봉과정

배향공신은 국왕의 삼년상(三年喪)이 끝나고 그 왕의 신주를 종묘에 봉안하기 보름 전에 결정되었다. 배향대상자는 선왕이 살아 있을 때 보좌하다가 이미 세상을 떠난 관료 중에서 선발되었다. 그러나 배향대상자가 선왕보다 오래 산 경우 뒤에 배향되기도 하였다. 이를테면 우암 송시열의 경우 효종의 묘정에 배향되었으나, 효종보다 뒤인 숙종 대에 사망하여 정조 대에 가서 배향공신으로 결정되었다. 배향공신은 왕 재위별로 7명을 넘지 않았는데, 이는 태조 이성계의 배향공신이 7명이었기 때문이다. 태조부터 순종까지의 배향공신은 총 96명에 달한다.

개별사안의 공적에 대한 포상인 훈봉공신은 국왕의 명에 의하여 시행되었다. 국왕이 지명하는 원로급인사(고위관료 퇴직자 중 덕망과 인품을 갖춘 자)와 3정승(영의정, 우의정, 좌의정)이 의논하여 공신으로 포상할 사람과 등급을 결정하여 감훈단자(勘勳單

子)를 왕에게 올렸다. 왕은 감훈단자를 살펴보고 각 대상자의 공훈내용을 조사해서 올리게 했는데, 오늘날의 공적조서에 비유할 수 있다. 공훈내용에 따라 등급이 변경되거나 공신록에서 탈락되는 경우도 있었다. 공신대상자와 등급이 확정되면 대제학에게 공신의 명칭을 3가지로 지어 올리도록 하고, 그중에서 국왕이 최종 하나를 선택하였다. 공신의 명칭은 통상 8자에서 10자였으나, 일반적으로 맨 뒤의 두 글자로 호칭한다. 예컨대 수충위사동덕좌익공신(輸忠衛社同德左翼功臣)인 경우 좌익공신(左翼功臣)으로 칭한다.

4) 공신에 대한 포상과 우대

공신의 대상자, 등급, 명칭이 결정된 이후에는 공신회맹제(功臣會盟制)와 공신연(功臣宴)을 열었으며, 공신맹족(功臣盟簇)·공신교서(功臣敎書)·공신초상화(功臣肖像畫) 등과 같은 공신증표를 수여하였다.

공신회맹제는 왕이 공신으로 책봉된 사람들과 함께 제단을 설치하고 천지신명 앞에 제사를 올리는 것이다. 이 의식을 통해 자손만세까지 마음을 변치 않겠다는 맹세를 다진다. 제물로 사용한 가축의 피를 서로 돌려가며 음복(飮福)하고 혈맹을 다짐했다(오늘날의 폭탄주 돌리기와 유사). 회맹제가 끝난 뒤 왕은 공신들에게 맹족(盟簇: 맹서문의 족자), 공신교서(功臣敎書: 공훈의 내용, 포상 및

훈계의 내용을 기록한 문
서), 공신의 초상화를 각
각 수여하였다. 한편 왕
과 공신들의 인연을 더욱
공고하게 하기 위하여 공
신연(功臣宴)을 베풀었는
데, 1년에 4회 정도 잔치
를 열고 왕과 공신들의
영원한 결맹을 다졌다.

  공신에 녹훈되면 이러
한 증서 외에 실질적 부상
과 특권도 주어졌다. 1398

〈청난 1등 공신 홍가신 초상화〉

년 제1차 왕자의 난(방원이 세자 방석 등을 제거한 사건)을 평정
한 공으로 책록된 정사공신(定社功臣)에 대한 포상내용이 『태조
실록』에 기록되어 있는데, 이 가운데 1등 공신이 받은 내용을 보면
다음과 같다.

  첫째, 명예적인 측면에 있어서 다음의 특권을 받았다. 공신이라
는 군호(君號)를 사용할 수 있고(1品 공신은 ○○府院君, 2品 공신
은 ○○君으로 군호를 받음. ○○은 주로 공신의 본관 지명을 사
용), 죽어서는 불천위제사를 영원히 봉향 받을 수 있으며, 족보나
비석 등에 공신 책훈 내용이 기록되고, 독립된 사당을 두어 초상화
를 들일 수 있었다.

〈공신회맹문〉

둘째, 경제적인 측면에 있어서는 토지 200결, 노비 25명, 수행원 17명 등이 주어졌다. 오늘날 사패지(賜牌地) 또는 사패산(賜牌山) 등으로 불리는 문중의 땅은 대부분 공신으로 책봉된 선조(先祖)가 받은 것으로 보면 된다. 당시 과전법(科田法)에서 책정된 영의정이 받은 토지가 110결인데, 1등공신이 받은 토지는 영의정이 받은 것보다 거의 2배에 이른다. 더구나 공신전은 세습이 되었으므로 엄청난 포상이라 할 것이다.

공신으로 책훈되면 본인이 관직이 없는 경우에는 즉시 관직을 받을 수 있었으며, 직계아들이 벼슬을 하고 있는 경우에는 특진을 시켜주었다. 부(父), 조(祖), 증조부(曾祖父)까지 증직(贈職)으로 벼슬을 받음으로써 그의 가문은 일거에 화려한 반가(班家)의 반열에 올라설 수 있었다. 또한 공신은 본인은 물론 그의 가족(조부모, 부모, 처자식)까지 모반대역죄를 지은 경우를 제외하고는 형사소추에 있어서도 감형을 받았다. 공신가(功臣家)는 왕가(王家)와의 혼인,

공신 상호 간의 혼맥 형성 등을 통하여 교목세가(喬木世家)의 기반을 공고히 다질 수 있었다.

그러나 훈봉공신은 정치적 사안에 따른다는 점에서 왕이나 집권세력이 바뀌는 등 정치적 상황이 역전되는 경우에는 공신 봉훈이 추탈되기도 하였다. 더 나아가서는 어제의 공신록이 오늘의 저승명부가 된 사례도 있었다. 조선 500년 사직 동안 28회의 공신책봉이 있었으나, 6번의 공신은 아예 삭제되었으니 이를 대변한다 하겠다. 예컨대 명종 대에 윤원형 일파에 동조하여 을사사화(乙巳士禍)를 일으킨 위사공신(衛社功臣) 29명은 선조 10년 모두 삭훈(削勳)되었다. 또한 광해군 대에 임진왜란 시 광해군을 호종하는 데 공을 세운 위성공신(衛聖功臣) 82명, 영창대군을 몰아내는 데 앞장선 정운공신(定運功臣) 3명, 임해군(臨海君: 광해군의 형)을 역모로 다스리는 데 가담한 익사공신(翼社功臣) 48명, 대북파(광해군 지지)가 소북파(영창대군 지지)의 역모를 조작하는 데 가담한 형난공신(亨難功臣) 24명은 인조반정 이후 공신록 전체가 삭제되었다. 또한 경종대에 소론이 노론을 제거하기 위하여 무고(誣告)하여 노론 4대신(김창집(金昌集: 안동), 이이명(李頤命: 전주), 이건명(李健命: 전주), 조태채(趙泰采: 양주))를 사사(賜死) 시켰는데(壬寅獄事), 이에 앞장선 부사공신(扶社功臣) 3명도 이후 삭훈되고 당초 무고한 목호룡(睦虎龍)은 처형되었다.

숙종 대에는 역모의 고변으로 남인을 제거하는 데(경신대출척: 1680년) 공이 있다하여 보사공신(保社功臣)으로 6명을 봉훈하였는데, 기사환국(1689년)으로 남인이 집권하면서 삭훈되었다. 그러나 갑술환국(1694년)으로 서인이 재집권하면서 다시 녹훈되기도 하였다. 이는 당쟁이 야기한 해프닝이랄까!

이 밖에 공훈 책록 문제를 둘러싸고 큰 정치적 사건들도 발생했다. 훈봉공신에 녹훈된 자가 공신등급에 불만이 있어 역모를 일으킨 경우도 있었으니, 바로 이괄의 난이다. 인조반정의 공신인 이괄이 반정 이후 행해진 논공행상에 불만을 품고 역모를 도모했던 것이다. 공신인원이 많다하여 그 수를 줄이려다가 공신세력에 의하여 오히려 사지(死地)로 떨어진 경우도 있다. 조광조(趙光祖)는 중종반정에 공을 세운 정국공신(靖國功臣)의 수가 너무 많을 뿐 아니라 부당한 녹훈자(錄勳者)가 있음을 비판했다. 그리하여 105명의 공신 중 2등공신 이하 76명에 이르는 인원의 훈작(勳爵)을 삭제하는 개혁을 단행하였다(僞勳削除事件). 이러한 조치는 반정공신을 중심으로 한 훈구파의 격렬한 반발을 초래했고, 결국 조광조가 사사되는 단초가 되고 말았다.

이렇듯 공훈 책록과 관련한 정치적 부침이 심하였는데, 이는 오늘날의 역사에도 그대로 반복되는 단면이 있다. 12 · 12의 주역들에 대한 역사적 견해를 오늘에 와서 달리함은 어쩌면 조선조 삭훈되는 공신의 모습과 비슷하다고나 할까!

〈조광조 묘소〉

다. 왕실(王室)의 종친(宗親)과 외척(外戚) 가문

조선의 왕은 전주이씨로 승계됨으로써 전주이씨 왕실의 근친 (近親)은 자연 최고의 문벌(門閥)이며 권세(權勢)에 가장 가까운 성족(姓族)이 되었다. 반면 때로 왕위계승의 소용돌이에서 엄청난 부침과 고난의 역정(歷程)을 겪더라도 전주이씨 왕실의 근친이라는 이유로 그 시련을 감내해야 했다.

한편 왕실의 며느리로 왕비, 세자비로 간택되어 국혼(國婚)을 이룬 가문(家門)은 반격(班格)이 수직상승했음은 물론이고, 당대의 권세가(權勢家)로 부상하여 정권농단의 중심에 서는 사례도 있었다. 인종(仁宗)대 파평윤씨 대윤(중종계비 장경왕후 집안, 인종의 외삼촌 윤임의 일파)과 소윤(중종계비 문정왕후 집안, 명종의 외삼촌 윤원형의 일파)은 왕실의 외척으로서 세도를 누리며 정국을 천단(擅斷)했던 대표적 사례이다. 이러한 양상은 조선 후기에 특정 성씨(안동김씨·풍양조씨)의 세도정치로 이어져 왕권의 무능과 약화를 가져오기도 하였다.

왕실의 여식인 공주(公主) 또는 옹주(翁主)의 남편이며 임금의 사위가 되는 이의 가문도 상당한 명벌(名閥: 명가 또는 벌족)에 해당했다. 왕실의 딸을 시집보내는 데 대충 혼판을 정하지는 않았을 터이니 말이다. 데려오는 며느리 집안보다 보내는 딸 집안을 더 중시하였을 것이다. 며느리는 사람보고 들이고 딸은 가문보고 보낸다고 하지 않는가.

1) 왕실의 종친가(宗親家: 전주이씨)

왕실의 종친으로서 왕권의 보호하에 제도적으로 경제적 혜택과 신분상의 특권을 누릴 수 있는 범위는 과연 어디까지였을까? 전주이씨라고 모두 수혜의 대상이 되는 것은 아니니, 태조 이성계의 후손이라 하더라도 왕위계승권자에서 몇 대 방손으로 이어져 사환(仕宦) 없이 초야에 살아가는 경우라면 일반 양민과 별반 다름이 없었다.

왕실의 종친(宗親) 중 가장 가까운 부계혈족(父系血族)으로 이어지는 사람은 왕의 아들들이다. 왕의 아들은 적서(嫡庶)의 구분에 따라 대군(大君: 적자) 또는 군(君: 서자)으로 불리었다. 이들은 호칭뿐만 아니라 경제적 혜택도 달리하였다. 물론 세자로 책봉되어 차기 왕위계승권자가 된 경우는 제외하고 말이다.

조선 초기에는 수양대군이나 구성군(龜城君, 무과 급제를 통해 벼슬에 나가 영의정 역임)과 같이 왕자도 벼슬을 한 사례가 있었으나, 종친의 사환은 초기부터 원칙적으로 금지되어 성종대 완성된 『경국대전』에도 금지 규정이 명시되었다.

왕자 및 종친들의 정치적 참여를 금지시킨 것은 고려시대부터의 일이다. 고려시대 왕자들은 정치권을 박탈당한 대신에 최고의 작위를 수여받았다. 왕의 적장자는 태자가 되었고, 그 외 왕자들은 적·서의 구별 없이 모두 후(侯)라는 봉작(封爵)을 받았다. 왕자와 종친들에게 정치 참여를 금지시키고 작위를 수여하는 제도는 조선시대에도 이어졌다.

태조 이성계의 아들들은 조선의 건국 과정에서 지대한 공헌을 세웠고, 건국 후 개국공신으로 책봉되면서 중앙정계와 군사력을 장악했다. 그러나 건국 초 두 차례에 걸친 왕자의 난을 겪으며 왕자들의 실권을 빼앗을 필요성을 느꼈다. 즉 왕권을 안정시키고 골육상잔의 비극을 막기 위해 그들의 정치 참여를 금지시킬 필요가 있었다. 그리하여 건국 초 정종대 이후 종친들의 사환을 금지시켜 나갔다. 그러나 성종대 법전으로 명시되기까지 종친들의 사환 금지는 완벽히 지켜지지 않았으니, 수양대군이나 구성군이 그 예라 하겠다.

한편 종친들에게는 실권을 빼앗는 대신 봉작을 내려 최고의 명예직과 경제적 부를 제공해주었다. 봉작 받은 왕자와 왕의 친척들은 정치 참여를 금지당한 대신 경제적 특혜 외에도 군역의 면제나 형사상 처벌의 감면 등 각종 특혜를 누릴 수 있었다.

종친의 범위는 왕의 적자(嫡子) 자손은 4대손(四代孫)까지, 서자(庶子) 자손은 3대손까지로 하였다. 5대(대군의 증손자)가 내려간 이후의 자손은 대진(代盡) 또는 친진(親盡)이라 하여 종친으로서의 재정지원이 끊기고, 반면 과거에 응시하여 벼슬길로 나아갈 수 있었다. 이들 종친을 관리하기 위하여 종친부(宗親府)와 종부시(宗簿寺)라는 관청을 두었다.

〈종친부 옥첩당〉

종친부(宗親府)에서는 왕실의 근황과 역대왕의 영정(影幀) 관리, 종친들의 사적(史蹟) 기록, 종실소유 토지관리, 종실자손들의 대우 등에 관한 업무를 맡았다. 종친으로서 관리 대상은 왕의 8촌 이내의 혈족들이다. 종부시(宗簿寺)에서는 왕실자손의 족보를 만들고, 종친간의 친목을 도모케 하고, 종실의 비위를 조사 규찰하는 임무를 맡았다. 이들 2개 관청의 최고 책임자는 주로 왕자군(王子群)에서 맡았다.

한편 종친부 관리 대상에서 제외되는 기타 친인척(親姻戚)에 대하여는 돈녕부(敦寧府: 태종 때 설치하여 1894년 갑오경장 때까지 유지)를 두어 관리하게 하였다. 이를테면 왕과 9촌 이상 32촌 이내의 전주이씨 혈족과 전주이씨가 아닌 왕과 6촌 이내의 인척, 왕비와 같은 성관(姓貫)을 쓰는 8촌 이내의 친척, 왕비와 성을 달리하는 왕비의 5촌 이내의 인척, 세자빈과 같은 성을 쓰는 6촌 이내의 친척, 세자빈과 다른 성을 쓰는 3촌 이내의 인척이 그 범주에 해당한다.

<조선시대 왕족의 호칭>

품 계	호 칭	대 상
무품 무품	대군(大君) 군(君)	왕의 적자 왕의 서자
종1품	군(君)	대군을 승습(承襲)한 적장자
정2품	군(君)	세자의 중자(衆子: 적장자 외의 아들) 대군을 승습하는 적장손 왕자군을 승습하는 적장자

종2품	군(君)	왕세자의 중손(衆孫) 대군의 중자(衆子) 대군을 승습하는 적장증손(嫡長曾孫)
정3품	정(正)	왕세자의 중증손(衆曾孫) 대군의 중손(衆孫) 왕자군의 중자(衆子) 왕자군의 승습 적장증손(嫡長曾孫)
종3품	부정(副正)	대군의 중증손(衆曾孫) 왕자군의 중손(衆孫)
정4품	수(守)	왕자군의 중증손(衆曾孫)

　종친을 비롯한 왕실에서 나온 일정한 범주의 구성원들은 앞서
보았듯 유교의 친친(親親) 논리에 따라 국가로부터 각종 특혜를 받
는 존재였다. 종친의 작위를 받는 범주까지는 직접적인 경제적 특
혜가 주어졌으며, 이에서 벗어나는 일정 범주(왕을 기준으로 5대
부터 9대 사이)의 구성원들에게도 형사상·군역상·신분상의 특
혜와 의례상의 예우가 주어졌다. 따라서 왕실의 구성원이었던 일
파는 이러한 특혜를 받는 범주에서 벗어나더라도 기왕에 확보한
경제적·사회적 지위를 바탕으로 명문가의 반열에 오르는 것이
보다 유리했다고 하겠다.

　실제로 앞서 제시된 상신 배출 성관별 현황을 보면, 전주이씨가
22명으로 단연 그 수가 으뜸이다. 다음에 살피겠지만 호당 입록 역

시 남양홍씨에 이어 두 번째로 많은 수를 배출하였고, 대제학도 광산김씨·연안이씨와 더불어 가장 많은 인원을 배출하였다. 문과급제자 및 청백리 등 이 책에서 분류한 항목별로 모두 가장 수위(首位)를 차지하고 있다.

<종친의 품계표>

품계 구분		품 계		종친(宗親)	처(妻)
당상관 (堂上官)		정1품	상	현록대부(顯錄大夫)	군부인(君夫人)
			하	흥록대부(興錄大夫)	
		종1품	상	소덕대부(昭德大夫) → 수덕대부(綏德大夫) → 선덕대부(宣德大夫)	
			하	가덕대부(嘉德大夫)	
		정2품	상	숭헌대부(崇憲大夫)	현부인(縣夫人)
			하	승헌대부(承憲大夫)	
		종2품	상	중의대부(中義大夫)	
			하	정의대부(正義大夫) → 소의대부(昭義大夫)	
당하관	참상 (叅上)	정3품	상	명선대부(明善大夫)	신부인(愼夫人)
			하	창선대부(彰善大夫)	신인(愼人)
		종3품	상	보신대부(保信大夫)	
			하	자신대부(資信大夫)	

			상	선휘대부(宣徽大夫)	혜인(惠人)
(堂下官)		정4품	하	광휘대부(廣徽大夫)	
		종4품	상	봉성대부(奉成大夫)	
			하	광성대부(光成大夫)	
		정5품	상	통직랑(通直郎)	온인(溫人)
			하	병직랑(秉直郎)	
		종5품	상	근절랑(謹節郎)	
			하	신절랑(愼節郎)	
		정6품	상	집순랑(執順郎)	순인(順人)
			하	종순랑(從順郎)	

*1865년(고종 2)에 종친의 품계는 폐지되고 동반(東班)의 품계(品階)를 사용함.

2) 왕비(王妃)를 배출한 가문(家門)

왕비는 세자빈으로 간택 책봉되었다가 세자가 다음 왕위를 계승함으로써 왕비가 되는 것이 일반적 코스이다. 그러나 왕이 재위 중에 상배(喪配)를 당하였거나, 정치적인 중대사건 또는 왕비의 큰 흠결에 의하여 폐비된 경우 계비(繼妃)로 궁에 들어오기도 했다. 간혹 세자가 폐세자가 되거나 왕위에 오르기 전에 사망함으로서 왕위를 이어 받은 세자가 바뀌어 자연 세자빈도 함께 교체된 경우도 있다. 또는 세자빈의 지위에 있다가 세자에게 소박을 당하거나 세자빈으로서 품위를 지키지 못하여 왕으로부터 폐출당하여 서인(庶人)으로 전락한 경우도 있다. 어쨌든 왕비, 세자빈으로 간택되어진 집안은 간택 당시 최소한 권세가는 아닐지라도 명가의 품격을 유지하고 있는 집안이어야 했다. 즉 혈통과 가문이 중시되었다.

조선 왕조 500년을 통틀어 이씨(李氏) 성을 가진 왕비나 세자빈은(후궁은 예외) 한 명도 없었다. 이는 본관이 다른 이씨라도 선대(先代)에 본이 바뀌었거나 섞인 경우가 있었기 때문일 것이다. 자칫 동계혈족과 혼인이 될 수 있다는 염려 탓이다. 또한 중국을 의식한 것일 수 있는데, 중국의 경우 성(姓)이 같으면 동족에 해당하므로 족내혼의 오해를 불러일으킬 소지가 있었다.

실제로 신라와 고려 왕실에서는 근친혼을 많이 행했는데, 중국과의 외교관계에서는 이를 감추기 위해 왕비의 성을 실제와 다르게 표현하기도 했다. 신라의 경우 『신당서』에는 소성왕의 어머니가 신씨(神氏), 아내가 숙씨(叔氏)로 기록되어 있다. 그런데 삼국사기 기록을 보면, 그 어머니는 각간(角干) 김신술(金神述)의 딸이고, 아내는 대아찬 김숙명(金叔明)의 딸이다. 모두 왕실과 같은 김씨 족내혼을 행했음에도 중국에는 부친의 이름 첫 자를 성씨로 하여 책봉을 받은 것이다. 고려의 왕실도 국초부터 원 간섭기 이전까지 근친혼을 꾸준히 행했다. 특히 제1비는 반드시 왕족 내부에서 맞이하는 경향이었다. 그런데 이처럼 왕실 내혼을 행한 왕후나 공주들은 부계성(父系姓)인 왕씨가 아닌 모계성(母系姓)을 칭하였다.

〈창덕궁 대조전〉

그 이유에 대하여 이론이 분분하나 대중국 외교관계에서의 동성
혼 은폐 방법이라는 설이 참고 된다. 이처럼 신라와 고려에서는 여러
가지 내부 사정으로 실제로는 근친혼을 행하면서, 외교관계에서
는 불필요한 마찰이나 편견을 피하기 위해 타성(他姓)을 표방하기
도 하였다. 반면에 조선은 철저히 이성혼을 행하였고, 전주이씨는
물론 본관이 다른 이씨 성과의 혼인도 기피한 것으로 보인다. 이
밖에 조선 왕실의 왕비나 세자빈을 간택할 때 대왕대비와 동성인
5촌 이내, 왕대비의 7촌 이내는 제외되었다. 특정 가문 외척의 권
력 집중을 방지하기 위한 조치라 여겨진다. 또 부모 중 한 사람이
없거나 부모가 병중에 있는 경우, 자신이 병든 경우, 첩의 딸도 제

외되었다. 특이한 점은 금성(金姓)이 목성(木姓)에 해롭다는 금극목(金克木, 오행상극설)의 원칙에 따라 김씨 성의 여성도 제외하려 하였다. 그러나 실제 조선 후기 김씨 성을 가진 여성들이 대거 왕비가 되어, 왕비로 책봉된 40명 중 10명이 김씨 성이었다.

조선의 왕비는 왕으로 재위한 27명 임금의 비(妃)가 40명이나, 이중 연산군과 광해군의 배위는 비(妃)에서 군부인(郡夫人)으로 강등되었다. 추존왕인 5명(덕종, 원종, 진종, 장조, 익종)의 배위(配位)는 왕후로 추봉되었다. 실제로 재위한 왕의 왕비 40명을 성관별로 살펴보면, 왕비를 배출한 것은 21개 성족(姓族)이었다. 이 중 9개 성족에서 29명(70%)을 배출한 바, 이는 특정 성족에 왕비 배출이 편중된 것이라 볼 수 있다. 특히 인조반정 이후에는 반정의 주류세력인 서인(西人)들이 국혼물실(國婚勿失)의 캐치프레이즈 아래 국혼을 주도함으로써, 조선 마지막 임금인 순종 때까지 특정 세력(노론세력)이 국혼을 독점하였다.

<성관별 왕비현황(연산군 · 광해군 배위 포함 · 추존 왕비 제외)>

성씨	명	왕(王)＝왕후(王后)
청주한씨 (淸州韓氏)	5	태조(太祖)＝신의왕후(神懿王后) 예종(睿宗)＝장순왕후(章順王后), 안순왕후(安順王后) 성종(成宗)＝공혜왕후(恭惠王后) 인조(仁祖)＝인렬왕후(仁烈王后)
파평윤씨 (坡平尹氏)	4	세조(世祖)＝정희왕후(貞熹王后) 성종(成宗)＝정현왕후(貞顯王后) 중종(中宗)＝장경왕후(章敬王后), 문정왕후(文定王后)
여흥민씨 (驪興閔氏)	4	태종(太宗)＝원경왕후(元敬王后) 숙종(肅宗)＝인현왕후(仁顯王后) 고종(高宗)＝명성황후(明成皇后) 순종(純宗)＝순명효황후(純明孝皇后)
경주김씨 (慶州金氏)	3	정종(定宗)＝정안왕후(定安王后) 숙종(肅宗)＝인원왕후(仁元王后) 영조(英祖)＝정순왕후(貞純王后)
청송심씨 (靑松沈氏)	3	세종(世宗)＝소헌왕후(昭憲王后) 명종(明宗)＝인순왕후(仁順王后) 경종(景宗)＝단의왕후(端懿王后)
안동김씨 (安東金氏)	3	순조(純祖)＝순원왕후(純元王后) 헌종(憲宗)＝효현왕후(孝顯王后) 철종(哲宗)＝철인왕후(哲仁王后)
반남박씨 (潘南朴氏)	2	인종(仁宗)＝인성왕후(仁聖王后) 선조(宣祖)＝의인왕후(懿仁王后)
청풍김씨 (淸風金氏)	2	현종(顯宗)＝명성왕후(明聖王后) 정조(正祖)＝효의왕후(孝懿王后)

거창신씨 (居昌愼氏)	2	연산군(燕山君)=거창군부인(居昌郡夫人) 신씨(愼氏) 중종(中宗)=단경왕후(端敬王后)
신천강씨 (信川康氏)	1	태조(太祖)=신덕왕후(神德王后)
안동권씨 (安東權氏)	1	문종(文宗)=현덕왕후(顯德王后)
여산송씨 (礪山宋氏)	1	단종(端宗)=정순왕후(定順王后)
연안김씨 (延安金氏)	1	선조(宣祖)=인목왕후(仁穆王后)
문화유씨 (文化柳氏)	1	광해군(光海君)=문성군부인(文成郡夫人) 유씨(柳氏)
양주조씨 (楊州趙氏)	1	인조(仁祖)=장렬왕후(莊烈王后)
덕수장씨 (德水張氏)	1	효종(孝宗)=인선왕후(仁宣王后)
광산김씨 (光山金氏)	1	숙종(肅宗)=인경왕후(仁敬王后)
함종어씨 (咸從魚氏)	1	경종(景宗)=선의왕후(宣懿王后)
달성서씨 (達城徐氏)	1	영조(英祖)=정성왕후(貞聖王后)
남양홍씨 (南陽洪氏)	1	헌종(憲宗)=효정왕후(孝定王后)
해평윤씨 (海平尹氏)	1	순종(純宗)=순정효황후(純貞孝皇后)

왕의 후궁(後宮)은 왕비 이외에 임금이 거느리는 처첩(妻妾)을 지칭하는 호칭이다. 통상적으로 정1품인 빈(嬪)에서 종4품인 숙원(淑媛)까지의 작위를 받은 내명부의 품계에 있는 여인을 말한다. 후궁들의 출신 성분은 크게 세 가지 유형으로 나누어 볼 수 있다.

　첫째, 혼인절차를 통하여 후궁(종4품 이상)으로 간택된 경우이다. 처음부터 후사(後嗣)를 위하여 금혼령을 내리고 간택하여 궁에 들이거나, 왕비 3간택(최종 심사)에서 탈락하여 후궁으로 들이는 경우도 있다. 이들은 왕비로 간택된 집안과 별반 차이가 없는 명문가 출신이었다. 이들 후궁 중에서는 왕비의 유고(有故)에 의하여 정식 왕비가 된 경우도 적지 않았다. 성종 때 폐비된 윤씨(함안윤씨)는 연산군의 생모로서 후궁으로 있다가 한명회의 딸인 공혜왕후가 갑작스레 죽어 왕비가 되었다. 성종비 정현왕후(파평윤씨)도 중종의 생모로서 연산군의 생모 윤씨가 폐출된 다음 후궁에서 왕비가 되었다. 중종비 장경왕후(파평윤씨)는 연산군 폐출 이후 중종의 배위인 단경왕후(거창신씨)가 폐위되어 후궁에서 왕비로 책봉된 경우이다. 문종비 현덕왕후(안동권씨)는 문종의 세자 시절 세자빈이었던 순빈(純嬪, 하음봉씨)이 폐위된 뒤 세자빈으로 책봉되었다. 그녀는 단종을 낳고 3일 만에 사망하였는데, 문종의 즉위 후 왕후로 추봉되었다.

　둘째, 궁관(宮官)으로 있다가 임금의 승은(承恩)을 입어 후궁이 되는 경우이다. 궁관이란 궁궐 내에 상주하며 정5품에서 종9품까지의 내명부(內命婦)의 품계를 지닌 여인을 칭하며, 이는 다시 상궁(尙宮)과 나인(內人)으로 구분되었다. 상궁(尙宮)은 궁관 중에서 직급이 제일 높은 정5품을 일컫는 명칭이지만, 통상 상(尙)자가 앞에 붙는 종6품까지를 상궁으로 칭하였다. 나인(內人)은 정7품부터 종9품까지 해당하며, 궁궐 내(內)에서 생활하는 하급 여직원이라는 의미를 내포하고 있다.

　궁관이 승은을 입었다하여 반드시 종4품 이상인 후궁의 작위를 받을 수 있는 것은 아니었다. 왕의 눈에 들어 승은을 입으면 특정한 직책이 없는 특별상궁이 되었고, 혹 아이를 낳으면 후궁에 오를 수 있었다.

　궁중여관(宮中女官)으로 같은 내명부에 속했던 후궁과 궁관의 생활을 비교해보면 다음과 같다. 우선 후궁과 궁관은 벼슬에 차이가 있었다. 즉 후궁은 4품 이상, 궁관은 5품 이하의 품계를 받았다. 왕을 모시는 후궁과 궁중 업무를 맡고 있는 궁관은 직분도 달랐다. 특정한 업무가 없는 후궁과 달리 궁관은 각기 소속된 처소와 직책에 따라 고유한 업무를 부여받고 있었다. 이들 궁녀는 각 직책에 따라 궁중에 살고 있는 왕족들의 시중을 들고, 음식과 옷을 마련하며, 왕비나 대비가 베푸는 연회 및 특별행사들을 진행하였다. 처소에도 차이가 있었다. 후궁은 왕비가 거처하는 내전 주변에 위치한 별도의 독립 건물에서 생활하였다. 후궁마다 거처하게 될 건물과 그에 따른 당호가 내려졌고 독립생활을 했다. 그러나 상궁은 자기가 속한 처소의 독립 건물을 둘러싼 행랑에서 2인 1실의 공동생활을 하였다. 이외에도 후궁이 되면 어제의 동료였던 궁관을 부리게 되는 등, 후궁과 궁관의 괴리는 시쳇말로 하늘과 땅 차이였다. 여기에 자식을 생산하거나, 나아가 왕비 소생의 적자가 없는 경우 왕자라도 생산하면, 팔자가 달라져도 보통 달라지는 것이 아니었다. 궁관으로 있다가 임금의 승은을 입어 어느 날 후궁이 되는 여인은 일약 신데렐라가 되어 뭇 궁관들의 선망의 대상이 되었다.

〈대빈(장희빈)묘〉

셋째, 신분이 낮은 비녀(婢女) 계층에서 임금의 승은을 입어 후궁의 작위를 받은 경우이다. 이는 신분제 사회에서 오늘날의 로또 복권 당첨 이상의 의미였다고나 할까? 이들 중에는 기생 출신도 있고 천비(賤婢)도 있다. 또 궁궐에서 나인(內人)들을 도와 잡일을 하는 무수리도 있고, 양가집의 과부 출신도 있었다. 이 중에는 왕자를 생산하여 후에 자식이 왕위에 오름으로써 인생 대역전의 드

라마를 창출한 경우도 있다. 영조(英祖)의 생모(生母)인 숙빈최씨 (淑嬪崔氏)가 그 같은 경우이다. 숙빈최씨는 무수리 출신으로 숙종 의 눈에 들어 후궁이 되었고, 내명부 최고 품계인 빈(嬪)의 자리에 까지 올랐다. 그녀의 아들 영조는 천한 신분의 후궁에게 출생한 탓 인지 서민군주로서의 풍모를 자랑하며 사대부들의 허례를 비웃곤 했지만, 정작 본인의 자식들은 당대 최고의 명문가와 혼인을 맺 었다.

<내명부(內命婦)의 품계>

품계	왕궁	세자궁
정1품	빈(嬪)	
종1품	귀인(貴人)	
정2품	소의(昭儀)	
종2품	숙의(淑儀)	양제(良娣)
정3품	소용(昭容)	
종3품	숙용(淑容)	양원(良媛)
정4품	소원(昭媛)	
종4품	숙원(淑媛)	승휘(承徽)
정5품	상궁(尚宮) · 상의(尚儀)	
종5품	상복(尚服) · 상식(尚食)	소훈(昭訓)

정6품	상침(尙寢) · 상공(尙功)	
종6품	상정(尙正) · 상기(尙記)	수규(守閨) · 수칙(守則)
정7품	전빈(典賓) · 전의(典儀) · 전선(典膳)	
정7품	전설(典設) · 전제(典製) · 전언(典言)	장찬(掌饌) · 장정(掌正)
정8품	전찬(典贊) · 전식(典飾) · 전약(典藥)	
종8품	전등(典燈) · 전채(典彩) · 전정(典正)	장서(掌書) · 장봉(掌縫)
정9품	주궁(奏宮) · 주상(奏商) · 주각(奏角)	
종9품	주변치(奏變徵) · 주치(奏徵) 주우(奏羽) · 주변궁(奏變宮)	장장(掌藏) · 장식(掌食) · 장의(掌醫)

*왕의 후궁은 종4품 숙원까지, 세자 후궁은 종5품 소훈까지.

한편 조선조 500년 동안 왕이 되지 못한 대군(왕비의 아들로서 적자 및 세자이었다가 왕이 되지 못한 경우 포함)으로서 혼인을 한 경우는 18명이며, 혼인관계를 맺은 부인은 24명에 이른다. 이들의 성관은 21개 성관으로서 특정 성씨에 치우치지 않고 있다. 다만 광산김씨와 해주정씨, 전주최씨의 경우 2명의 대군 부인[부부인(府夫人): 정1품]을 배출하고 있을 뿐이다. 이는 세자빈이 아닌 임금의 며느리는 정략적인 혼인관계에 있다기보다 일반 사대부가의 혼인과 별 차이가 없었음을 의미한다고 하겠다. 그러나 왕실의 품위를 생각하면 대군의 아내로 출가시킨 성관의 집안은 모두 손색 없는 당대의 명문가로 보아야 할 것이다.

<조선왕자[大君]의 혼인현황 Ⅰ >

(대군: 大君)

왕자의 부모		대군	장인	
부(왕)	모(왕비)	(괄호는 이름)	이름	성관(姓貫)
태조	신의황후 한씨 (神懿王后 韓氏)	진안대군(방 우) (鎭安)	지 윤	충주지씨
		익안대군(방 의) (益安)	최인두	철원최씨
		회안대군(방 간) (懷安)	민 선 황 형 금인배	여흥민씨 밀양황씨 김포금씨
	신덕왕후 강씨 (神德王后 康氏)	무안대군(방 번) (撫安)	왕 우	개성왕씨
		의안대군(방 석) (宜安)	심효생	부유심씨
태종	원경왕후 민씨 (元敬王后 閔氏)	양녕대군(제) (讓寧)	김한로	광산김씨
		효령대군(보) (孝寧)	정 역	해주정씨
		성녕대군(종) (誠寧)	성 억	창녕성씨

세종	소헌왕후 심씨 (昭憲王后 沈氏)	안평대군(용) (安平)	정 연	연일정씨
		임영대군(구) (臨瀛)	남 지 최승녕	의령남씨 전주최씨
		광평대군(여) (廣平)	신자수	평산신씨
		금성대군(유) (錦城)	최사강	전주최씨
		평원대군(임) (平原)	홍이용	남양홍씨
		영응대군(염) (永膺)	정충경 송복원	해주정씨 여산송씨
예종	안순왕후 한씨 (安順王后 韓氏)	제안대군(현) (齊安)	김수말 박중선	광산김씨 순천박씨
명종	인순왕후 심씨 (仁順王后 沈氏)	순회세자(부) (順懷)	윤 옥	무송윤씨
인조	인열왕후 한씨 (仁烈王后 韓氏)	소현세자(왕) (昭顯)	강석기	진주강씨
		인평대군(요) (麟坪)	오 단	동복오씨
순조	순원왕후 김씨 (純元王后 金氏)	효명세자(영, 익종) (孝明)	조만영	풍양조씨

조선왕조 27명의 왕 중에서 후궁에게서 왕자(君)를 생산한 임금은 11명에 불과하다. 나머지 16명의 임금(태조, 문종, 단종, 예종, 연산군, 인종, 명종, 광해군, 효종, 현종, 경종, 정조, 순조, 헌종, 철종, 순종)은 후궁 소생의 왕자가 한 명도 없다.

후궁소생의 군(君)으로서 혼인을 한 왕자는 72명이며, 재취 또는 삼취를 한 경우도 있어 혼인을 맺은 사돈은 84명에 이른다. 혼인을 한 84명의 성관은 59개의 성관으로서 대군(大君)의 경우와 같이 특정 성씨에 집중되어 있지 않다. 다만 평산신씨가 7명, 안동권씨가 5명, 양천허씨·연일정씨·평양조씨가 각각 3명으로 비교적 많은 수의 딸을 궁궐로 출가시킨 것으로 분석된다.

<조선왕자[君]의 혼인 현황 Ⅱ>

(군: 君)

왕자의 부모		군(君)	장인	
부(왕)	모(후궁)		이름	성관(姓貫)
정종	성빈지씨 (誠嬪池氏)	덕천군(후생) (德泉)	이종무	장수이씨
		도평군(말생) (桃平)	이수강 최 수	용인이씨 전주최씨
	숙의지씨 (淑義池氏)	의평군(원생) (義平)	최치숭	철원최씨
		선성군(무생) (宣城)	정종성	연일정씨
		임성군(호생)	이계동	평창이씨

		(任城)		
	숙의기씨 (淑儀奇氏)	순평군(군생) (順平)	설 존	순창설씨
		금평군(의생) (錦平)	홍 숙(宿)	남양홍씨
		정석군(융생) (貞石)	권 돈	충주권씨
		무림군(선생) (茂林)	홍흥선	남양홍씨
	숙의문씨 (淑儀文氏)	종의군(귀생) (從義)	유수빈 장 균	양구유씨 해풍장씨
	숙의윤씨 (淑儀尹氏)	수도군(덕생) (守道)	송계성	여산송씨
		임언군(녹생) (林堰)	박 부	고령박씨
		석보군(복생) (石保)	김연지	원주김씨
		장천군(보생) (長川)	최자해	화순최씨
	숙의이씨 (淑儀李氏)	진남군(종생) (鎭南)	남 심	의령남씨
태종	효빈김씨 (孝嬪金氏)	경녕군(비) (敬寧)	김 관	청풍김씨
	신빈신씨 (信嬪辛氏)	함녕군(인) (誠寧)	최사강	전주최씨

		온녕군(정)	박안명	순천박씨
		(溫寧)		
		근녕군(농)	허지혜	하양허씨
		(謹寧)		
	숙빈안씨	익녕군(치)	박종지	운봉박씨
	(淑嬪安氏)	(益寧)		
		혜령군(지)	윤변	무송윤씨
		(惠寧)		
	숙의최씨	희령군(타)	신숙생	순창신씨
	(淑儀崔氏)	(熙寧)	신사렴	평산신씨
	후궁최씨	후령군(간)	신경종	평산신씨
	(後宮崔氏)	(厚寧)		
세종	영빈강씨	화의군(영)	박중손	밀양박씨
	(令嬪姜氏)	(和義)		
	신빈김씨	계양군(증)	한 확	청주한씨
	(愼嬪金氏)	(桂陽)		
		의창군(공)	김 수	연안김씨
		(義昌)		
		밀성군(침)	민승서	여흥민씨
		(密城)		
		익현군(관)	조철산	평양조씨
		(翼峴)		
		영해군(당)	신윤동	평산신씨
		(寧海)		
	혜빈양씨	한남군(어)	권 격	안동권씨

		(漢南)		
		수춘군(현)	정자제	연일정씨
		(壽春)		
		영풍군(전)	박팽년	순천박씨
		(永豊)		
세조	근빈박씨	덕원군(서)	김종(從)직	경주김씨
	(謹嬪朴氏)	(德源)	윤말손	함안윤씨
			양윤원	청주양씨
			성노풍	창녕성씨
		창원군(성)	노호신	교하노씨
		(昌原)	정찬우	광주정씨
성종	명빈김씨	무산군(종)	신 수	평산신씨
	(明嬪金氏)	(茂山)		
	귀인정씨	안양군(항)	구수영	능성구씨
	(貴人鄭氏)	(安陽)		
		봉안군(봉)	조 기	평양조씨
		(鳳安)		
	숙원권씨	전성군(변)	권 건	안동권씨
	(淑媛權氏)	(全城)		
	숙의하씨	계성군(순)	원 치	원주원씨
	(淑儀河氏)	(桂城)		
	숙의홍씨	완원군(수)	최하림	전주최씨
	(淑儀洪氏)	(完原)	허 적	양천허씨
		회산군(염)	안방언	죽산안씨

		(檜山)		
		견성군(돈)	신우호	평산신씨
		(甄城)		
		익양군(회)	정문창	연일정씨
		(益陽)		
		경명군(침)	윤 첩	파평윤씨
		(景明)		
		운천군(인)	권인손	안동권씨
		(雲川)		
		양원군(희)	조 경	평양조씨
		(楊原)	유종손	문화유씨
	숙용심씨	이성군(관)	문 간	남평문씨
	(淑容沈氏)	(利城)	권수중	안동권씨
		영산군(전)	심순로	청송심씨
		(寧山)	정홍선	경주정씨
중종	경빈박씨	복성군(미)	윤인범	파평윤씨
	(敬嬪朴氏)	(福城)		
	희빈홍씨	금원군(영)	정승휴	해주정씨
	(熙嬪洪氏)	(錦原)		
		봉성군(완)	정유인	동래정씨
		(鳳城)		
	창빈안씨	영양군(거)	안세형	순흥안씨
	(昌嬪安氏)	(永陽)		
		덕흥대원군(초)	정세호	하동정씨
		(德興大院)		
	숙의홍씨	해안군(희)	유 홍	진주유씨

	(淑儀洪氏)	(海安)	신홍유	거창신(愼)씨
	숙원이씨 (淑媛李氏)	덕양군(기) (德陽)	권 찬	안동권씨
선조	공빈김씨 (恭嬪金氏)	임해군(진) (臨海)	허 명	양천허씨
	인빈김씨 (仁嬪金氏)	신성군(후) (信城)	신 립	평산신씨
		정원군(원종) (定遠)	구사맹	능성구씨
		의창군(광) (義昌)	허 성	양천허씨
	순빈김씨 (順嬪金氏)	순화군(보) (順和)	황 혁	장수황씨
	정빈민씨 (靜嬪閔氏)	인성군(공) (仁城)	윤승길	해평윤씨
		인흥군(영) (仁興)	송희업	여산송씨
	정빈홍씨 (貞嬪洪氏)	경창군(주) (慶昌)	조명욱	창녕조(曺)씨
	온빈한씨 (溫嬪韓氏)	홍안군(제) (興安)	한인급	청주한씨
		경평군(늑) (慶平)	최윤조	삭녕최씨
		영성군(계) (寧城)	황이중	창원황씨

인조	귀인조씨 (貴人趙氏)	숭선군(징) (崇善) 낙선군(숙) (樂善)	신익전 김득원	평산신씨 강릉김씨
숙종	명빈박씨 (禠嬪朴氏)	연령군(훤) (延齡)	김동필	상산김씨
영조	영빈이씨 (暎嬪李氏)	장헌세자(사도세자) (莊獻世子)	홍봉한	풍산홍씨
고종	귀비엄씨 (貴妃嚴氏) 귀인장씨 (貴人張氏)	영친왕(은) (英親王) 의친왕(강) (義親王)	나시모토 김사준	부인: 마사코 (방자) 연안김씨

3) 왕실의 사위[駙馬]가 된 가문(家門)

왕의 딸은 적(嫡)·서(庶)에 따라 각각 공주(公主)와 옹주(翁主)로 호칭한다. 이러한 호칭의 구분은 조선 초기까지는 명확하게 구별하여 사용되지 않았다. 태종대에 와서 서자에 대한 차별규정을 정한 법규(서얼차대법)가 제정됨에 따라 국왕의 딸에게도 적서의 구분을 하게 된 것이다. 그러나 품계에 있어서는 공주나 옹주 모두같이 외명부(外命婦)의 무품계(無品階)에 해당되었다. 세자의 딸은 적녀의 경우 군주(郡主)라 칭하고 정2품의 품계를, 서녀는 현주(縣主)라 칭하고 정3품의 품계를 내렸다.

이들 왕녀들과 혼인한 집안은 당대의 명가(名家)로서 손색이 없는 가계(家系)였다. 그러나 더러 왕녀의 친정인 왕가의 정치적 상황에 의하여(며느리의 연좌로 인하여) 신분이 몰락하거나, 목숨을 부지하기도 힘든 상황을 맞기도 하였다. 따라서 일부 사대부 집안에서는 이러한 정치적 소용돌이 중심에 설 수 있는 왕녀와의 혼인을 기피하는 경향도 있었다.

대표적인 비운의 왕녀로 조선을 개국한 태조와 신덕왕후 강씨 사이에서 태어난 경순공주를 들 수 있다. 그녀는 남편인 이제(李濟)가 제1차 왕자의 난 때 죽임을 당하자 여승(女僧)이 되었다. 또한 단종의 여동생인 경혜공주(문종의 딸)의 삶도 비극적이었다. 단종을 폐위하고 즉위한 세조에 의해 남편 정종(鄭悰)이 사육신 사건에 연루되어 죽임을 당하였고, 공주는 순천의 관비가 되었다. 한편 연산군에 의하여 성종(成宗)의 서녀인 공신옹주는 죽임을 당하고, 정혜옹주는 노비로 전락하는 등의 불운을 겪기도 했다. 연산군의 생모인 폐비 윤씨(尹氏) 복위문제에 얽혀서 일어난 갑자사화로 함께 화를 입은 것이다. 중종의 서녀(庶女)인 혜정옹주는 작서지변(灼鼠之變)의 무고로 인하여 폐서인이 되고(후에 신원이 됨) 그녀의 남편인 홍려(洪礪)는 장살을 당함으로써 19세에 청상(青孀)이 되어 66세까지 한 많은 삶을 살았다. 조선의 마지막 황녀인 덕혜옹주(德惠翁主) 역시 순조롭지 않은 삶을 살았다. 강제로 일본인다케유키(宗武志)와 정략결혼을 한 후 정신병환을 앓고 파경 후 귀국하여 낙선재(樂善齋)에서 외로운 생을 마감하였다.

한편 왕녀의 남편(임금의 사위)은 특혜와 함께 많은 제약을 받았다. 우선 특전에 있어서는 의빈부(儀賓府, 조선 초기에는 駙馬府)에 소속되어 위(尉)의 벼슬을 받았다(초기에는 군(君)의 벼슬). 공주의 남편은 종1품, 옹주의 남편은 종2품의 품계를 받고, 이에 상응하는 봉록을 받았다. 즉 전자의 경우 88석의 곡식과 20필의 포를 받았고, 후자의 경우 76석의 곡식과 19필의 포를 받았다.

임금의 사위들이 당하는 대표적인 제약은 사환(仕宦)이 금지되어 실직(實職)을 맡을 수 없는 것이었다. 앞서 보았듯이 조선 건국 직후에는 왕자나 부마들이 정치적 실권을 장악하는 데 제약이 없었다. 태조 이성계의 아들·사위들은 조선 건국 과정에서 많은 공을 세웠고, 건국 후 중앙정계와 군사력을 장악했다. 그러나 두 차례 왕자의 난을 거치며 왕위에 오른 태종은 왕위계승 상의 화근을 없애기 위해 이들로부터 정치권력과 군사권을 박탈하였다. 즉 이들 군사력의 토대가 된 사병을 혁파하고, 종친 사환을 금지시킨 것이다. 그에 대한 반대급부로 앞서 살펴본 특혜가 내려졌다. 봉작을 내려 최고의 명예직과 경제적 부를 부여한 것이다. 이외에도 군역의 면제나 형사상 처벌의 감면 등 각종 특혜를 누릴 수 있었지만, 왕의 사위가 되면 아무리 능력이 뛰어나도 발휘할 수 있는 정치적 기회는 원칙상 주어지지 않았다. 게다가 앞서 언급했듯이 때로 왕녀들의 시련과 함께 정치적 소용돌이에서 불운을 겪기도 했다.

한편 왕의 사위들도 며느리들과 같이 간택을 통해 선발되었다. 왕의 사위가 되면 정치에 간여할 수 없으므로 일부러 너무 훌륭한 인재는 선발하지 않는 경우도 있었다고 한다. 이 부마 간택을 놓고 논란도 많았다. 율곡은 시집가게 되는 왕녀(王女) 한 여인을 위해 나라안의 뭇 사내아이들을 모아 놓고 선택한다는 것은 예에 어긋난다고 비판하였다. 그러나 조선시대 전반에 걸쳐 부마 간택은 폐지되지 않았다.

공주 또는 옹주가 먼저 사망한 경우, 부마들은 원칙적으로 재혼도 금지되어 있었다. 10대에 혼인을 하여 일찍 상배를 당하면 평생을 부인 없이 살아야 하는 운명을 감내해야 했던 것이다. 물론 새로 여인을 맞기도 했지만, 이는 정실부인이 되지 못하고 첩으로 간주되었다. 따라서 이에서 얻은 자식도 서자의 굴레를 지게 된다. 일반적으로 상처(喪妻)하고 정식 혼례절차를 밟아 재취하는 경우, 정실부인으로 그녀가 낳은 자식도 적자(嫡子)였던 상황과 대비된다고 하겠다.

상황이 이러하니 왕실과의 혼맥을 통하여 가문의 반격은 상승하겠지만, 당사자인 사위 스스로는 이러한 혼인을 달갑게 여기지만은 않았을 것이다. 벼슬도 못하고, 자칫하다간 정쟁의 소용돌이에 휘말리거나, 또는 초년 상처라도 하는 날이면 평생을 천형의 업보로 살아가야 하는 신세로 전락할 수 있으니 말이다. 그러나 이들 왕녀들과 혼반을 이룬 가계(家系)는 당대의 명가임에는 의문의 여지가 없다.

<외명부(外命婦) 품계 Ⅰ(왕실)>

	왕의 유모	왕비의 모	임금의 딸	세자의 딸
			공주(公主: 적녀) 옹주(翁主: 서녀)	
정1품		부부인 (府夫人)		
종1품	봉보부인 (奉保夫人)			
정2품				군주(君主: 적녀)
정3품 당상관				현주(縣主: 서녀)

*부부인(府夫人): 왕비의 어머니와 대군(大君)의 처의 작호.

<왕실 사위들의 품계(儀賓府: 의빈부)>

구분	칭호	품계	
		당초	가자(加資)
공주(公主: 왕의 적녀) 남편	위(尉)	종1품	정1품
옹주(翁主: 왕의 서녀) 남편	위(尉)	종2품	정2품
군주(郡主: 세자 적녀) 남편	부위(副尉)	정3품	
현주(縣主: 제자 서녀) 남편	첨위(僉尉)	종3품	

조선의 27명 임금 중 공주를 낳아 출가시킨 임금은 11명에 불과하며(태조, 태종, 세종, 문종, 세조, 예종, 중종, 선조, 효종, 현종, 순조), 혼인을 한 공주는 모두 25명이다. 공주를 며느리로 맞이하여 왕과 사돈관계를 맺은 성관은 22개 성관으로서 특정성관에 전혀 치우치지 않고 있다. 다만 청주이씨, 청송심씨, 안동김씨 성관에서 2명의 공주를 며느리로 들였다.

<공주의 성관별 혼인 현황>

성관별	인원(명)
淸州李氏, 靑松沈氏, 安東金氏	2
星州李氏, 平壤趙氏, 安東權氏, 宜寧南氏, 竹山安氏, 海州鄭氏, 河東鄭氏, 豊川任氏, 延安金氏, 淸州韓氏, 綾城具氏, 高靈申氏, 豊山洪氏, 南陽洪氏, 延日鄭氏, 東萊鄭氏, 原州元氏, 海州吳氏, 海平尹氏	1

<조선 공주의 혼인 현황>

공주의 부모		공주	사 위(부마)	사위의 부(父)	성관(姓貫)
왕	왕비				
태조	신의왕후 (神懿王后)	경신공주 (慶愼) 경선공주 (慶善)	이 애 심 종	이거이 심덕부	청주이씨 청송심씨

태종	신덕왕후 (神德王后)	경순공주 (慶順)	이 제	이인립	성주이씨
	원경왕후 (元敬王后)	정순공주 (貞順)	이백강	이거이	청주이씨
		경정공주 (慶貞)	조대림	조 준	평양조씨
		경안공주 (慶安)	권 규	권 근	안동권씨
		정선공주 (貞善)	남 휘	남경문	의령남씨
세종	소헌왕후 (昭憲王后)	정의공주 (貞懿)	안맹담	안망지	죽산안씨
문종	현덕왕후 (顯德王后)	경혜공주 (敬惠)	정 종	정충경	해주정씨
세조	정희왕후 (貞熹王后)	의숙공주 (懿淑)	정현조	정인지	하동정씨
예종	안순왕후 (安順王后)	현숙공주 (顯肅)	임광재	임사홍	풍천임씨
중종	장경왕후 (章敬王后)	효혜공주 (孝惠)	김 희	김안로	연안김씨

	문정왕후 (文定王后)	의혜공주 (懿惠)	한경록	한승권	청주한씨
		효순공주 (孝順)	구사안	구 순	능성구씨
		경현공주 (敬顯)	신 의	신수경	고령신씨
선조	인목왕후 (仁穆王后)	정명공주 (貞明)	홍주원	홍 영	풍산홍씨
효종	인선왕후 (仁宣王后)	숙안공주 (淑安)	홍득기	홍중보	남양홍씨
		숙명공주 (淑明)	심익현	심지원	청송심씨
		숙휘공주 (淑徽)	정제현	정창집	연일정씨
		숙정공주 (淑靜)	정재륜	정치화	동래정씨
		숙경공주 (淑敬)	원몽린	원만리	원주원씨
현종	명성왕후 (明聖王后)	명안공주 (明安)	오태주	오두인	해주오씨
순조	순원왕후 (純元王后)	명온공주 (明溫)	김현근	김한순	안동김씨

| | | 복온공주
(福溫) | 김병주 | 김유근 | 안동김씨 |
| | | 덕온공주
(德溫) | 윤의선 | 윤치승 | 해평윤씨 |

한편 조선의 옹주 중 혼인을 한 경우는 65명이며, 왕과 사돈을 맺은 성관(姓貫)은 38개로 나타난다. 이들 38개 성관 중 파평윤씨가 7명으로 가장 많은 수의 옹주를 며느리로 들였고, 그 뒤로 반남박씨 4명, 남양홍씨·안동권씨·청주한씨가 각각 3명의 옹주를 며느리로 맞았다.

<옹주의 성관별 혼인현황>

성관별	인원(명)
坡平尹氏	7
潘南朴氏	4
安東權氏, 淸州韓氏, 南陽洪氏	3
綾城具氏, 慶州金氏, 宜寧南氏, 原州邊氏, 平山申氏, 靑松沈氏, 海平尹氏, 全義李氏, 延日鄭氏, 楊州趙氏	2
晋州姜氏, 光山金氏, 善山金氏, 安東金氏, 安山金氏, 驪興閔氏, 密陽朴氏, 雲峰朴氏, 達成徐氏, 礪山宋氏, 高靈申氏, 全州柳氏, 晉州柳氏, 開城李氏, 慶州李氏, 星州李氏, 龍仁李氏, 豊川任氏, 奉化鄭氏, 淳昌趙氏, 平壤趙氏, 豊山洪氏, 昌原黃氏, 懷德黃氏	1

<조선 옹주의 혼인 현황>

옹주의 부모		옹주	사위 (부마)	사위의 부(父)	성관 (姓貫)
부 (왕)	모(후궁)				
태조	후궁(미상) (後宮)	의령(宜寧)옹주	이 등	이덕시	개성이씨
	화의옹주김씨 (和義翁主金氏)	숙신(淑愼)옹주	홍 해	홍언수	남양홍씨
정종	숙의지씨 (淑儀池氏)	함양(咸陽)옹주	박 갱	박득중	밀양박씨
	숙의기씨 (淑儀奇氏)	숙신(淑愼)옹주	김세민	김 겸	경주김씨
		상원(祥原)옹주	조효산	조의방	평양조씨
	미상	덕천(德川)옹주	변상복	변 이	원주변씨
	미상	고성(高城)옹주	김 한	김정경	안산김씨
	미상	전산(全山)옹주	이희종		용인이씨
	미상	인천(仁川)옹주	이관식	이성간	전의이씨
	미상	함안(咸安)옹주	이항신		경주이씨
태종	의빈권씨 (懿嬪權氏)	정혜(貞惠)옹주	박종우	박 신	운봉박씨
	신빈신씨 (信嬪辛氏)	정신(貞信)옹주	윤계동	윤 향	파평윤씨
		정정(貞靜)옹주	조 선	조말생	양주조씨
		숙정(淑貞)옹주	정효전	정 진	연일정씨
		소선(昭善)옹주	변효순	변상주	원주변씨
		숙녕(淑寧)옹주	윤 우	윤수미	파평윤씨

		숙경(淑慶)옹주	윤 암	윤태산	파평윤씨
		숙근(淑謹)옹주	권 공	권 복	안동권씨
	소빈노씨	숙혜(淑惠)옹주	이정녕	이사후	성주이씨
	(昭嬪盧氏)				
	숙빈안씨	소숙(昭淑)옹주	윤연명	윤달성	해평윤씨
	(淑嬪安氏)	경신(敬愼)옹주	이 완	이공전	전의이씨
	후궁김씨	숙안(淑安)옹주	황 유	황자후	회덕황씨
	(後宮金氏)				
	후궁이씨	숙순(淑順)옹주	윤 평	윤 창	파평윤씨
	(後宮李氏)				
세종	상침송씨	정현(貞顯)옹주	윤사로	윤 은	파평윤씨
	(尙寢宋氏)				
	숙원이씨	정안(貞安)옹주	심안의	심 선	청송심씨
	(淑媛李氏)				
문종	사칙양씨	경숙(敬淑)옹주	강자순	강 휘	진주강씨
	(司則楊氏)				
성종	숙의홍씨	혜숙(惠淑)옹주	신 항	신종호	고령신씨
	(淑儀洪氏)	정순(靜順)옹주	정원준	정 현	봉화정씨
		정숙(靜淑)옹주	윤 섭	윤승류	파평윤씨
	명빈김씨	휘숙(徽淑)옹주	임숭재	임사홍	풍천임씨
	(明嬪金氏)	경숙(敬淑)옹주	민자방	민종원	여흥민씨
		휘정(徽靜)옹주	남섭원	남 흔	의령남씨
	숙용심씨	경순(慶順)옹주	남치원	남 경	의령남씨
	(淑容沈氏)	숙혜(淑惠)옹주	조무강	조광세	양주조씨

	귀인엄씨 (貴人嚴氏)	공신(恭愼)옹주	한경침	한 보	청주한씨
	숙원권씨 (淑媛權氏)	경휘(慶徽)옹주	윤 내	윤승세	파평윤씨
	귀인정씨 (貴人鄭氏)	정혜(靜惠)옹주	한 기	한형윤	청주한씨
중종	경빈박씨 (敬嬪朴氏)	혜순(惠順)옹주	김인경	김헌윤	광산김씨
		혜정(惠靜)옹주	홍 려	홍서주	남양홍씨
	숙원이씨 (淑媛李氏)	정순(貞順)옹주	송 인	송지한	여산송씨
		효정(孝靜)옹주	조의정	조 침	순창조씨
	숙원김씨 (淑媛金氏)	숙정(淑靜)옹주	구 한	구신경	능성구씨
	창빈안씨 (昌嬪安氏)	정신(靜愼)옹주	한경우	한 자	청주한씨
선조	인빈김씨 (仁嬪金氏)	정신(貞愼)옹주	서경주	서 성	달성서씨
		정혜(貞惠)옹주	윤신지	윤 방	해평윤씨
		정숙(貞淑)옹주	신익성	신 흠	평산신씨
		정안(貞安)옹주	박 미	박동량	반남박씨
		정휘(貞徽)옹주	유정량	유 열	전주유씨
	정빈민씨 (靜嬪閔氏)	정인(貞仁)옹주	홍우경	홍 식	남양홍씨
		정선(貞善)옹주	권대임	권신중	안동권씨
		정근(貞謹)옹주	김극빈	김이원	선산김씨
	정빈홍씨 (貞嬪洪氏)	정정(貞正)옹주	유 적	유시행	진주유씨
	온빈한씨	정화(貞和)옹주	권대항	권익중	안동권씨

		(溫嬪韓氏)				
인조	귀인조씨 (貴人趙氏)	효명(孝明)옹주 (서민으로 강등)	김세룡	김 익	안동김씨
효종	안빈이씨 (安嬪李氏)	숙녕(淑寧)옹주	박필성	박태장	반남박씨
영조	정빈이씨 (靖嬪李氏)	화순(和順)옹주	김한신	김흥경	경주김씨
	영빈이씨 (暎嬪李氏)	화평(和平)옹주 화협(和協)옹주 화완(和緩)옹주 (서민으로 강등)	박명원 신광수 정치달	박사정 신 만 정우량	반남박씨 평산신씨 연일정씨
	귀인조씨 (貴人趙氏)	화유(和柔)옹주	황인점	황 자	창원황씨
	숙의문씨 (淑儀文氏)	화령(和寧)옹주 화길(和吉)옹주	심능건 구민화	심정지 구현겸	청송심씨 능성구씨
정조	수빈박씨 (綏嬪朴氏)	숙선(淑善)옹주	홍현주	홍인모	풍산홍씨
철종	숙의범씨 (淑儀范氏)	영혜(永惠)옹주	박영효	박원양	반남박씨
고종	귀인양씨 (貴人梁氏)	덕혜(德惠)옹주	다케유키 (宗武志)		

라. 호당(湖堂) 입록 가문

호당(湖堂, 독서당) 제도는 조선 세종 때에 인재양성을 위하여 실시한 사가독서(賜暇讀書) 제도와 밀접한 관계에 있다. 세종은 현직관리 중에서 뛰어난 자를 선발하여 관직을 쉬며 독서와 연구에 전념하게 하였는데, 이를 사가독서라고 한다. 이후 이 사가독서를 위해 연구에만 전념할 수 있는 상설기구를 설치했다. 그것이 바로 독서당 즉, 호당이다.

〈동호당터〉

호당에 입록하기 위해서는 반드시 문과를 거쳐야 했고, 연소등과자(年少登科者)가 우선되었다. 호당의 권위를 높이기 위해 그 수는 극히 제한하였다. 호당 입록은 향후 전도유망한 관리로서 출세가 보장되는 코스였다. 따라서 성관별로 족보 편찬 시에는 문과 급제자 등과 중복되기도 하지만 호당 입록자 수를 반드시 표기하고 있다.

사가독서 제도를 시행할 당시인 세종조에는 재택 공부를 시켰으나, 독서에 전념하기가 곤란하다하여 다시 진관사(津寬寺) 사찰 건물을 사용하여 집합 교육을 실시하였다. 그러나 이 또한 유생이 불교문화에 오염될 수 있다는 염려 때문에 성종 때 상설기구인 독서당을 설치하였다.

지금의 마포 강변 용산에 낡은 절이 있던 것을 고쳐 지어 설치한 것이 바로 남호독서당(南湖讀書堂)이다. 이는 연산군 때 갑자사화의 여파로 폐쇄되었다. 그러나 중종 때 독서당제도를 부활시켜 정업원(淨業院)을 독서당으로 사용하게 하였다.

〈정업원터〉

그 후 다시 지금의 금호동 쪽 두모포(頭毛浦) 자락에 경관이 좋은 곳을 택하여 독서당을 지어 운용하였으니, 이것이 동호독서당(東湖讀書堂)이다. 이로써 독서당이 통칭 호당(湖堂)으로 불리어지게 되었다.

〈규장각〉

한편 정조 때 규장각(奎章閣) 기능의 강화로 호당제도는 막을 내린 것으로 보인다.

조선조 호당 출신의 많은 인재가 배출된 바, 대제학은 원칙적으로 호당 출신이라야 맡을 수 있었다. 또한 호당 출신으로 상신(영의정, 좌의정, 우의정)을 지낸 사람은 37명에 이른다.

<성관(姓貫)별 호당 입록자 현황(303명)>

입록자 수(명)	성 관
13	남양홍씨
11	전주이씨
10	연안이씨
8	한산이씨
7	안동김씨, 동래정씨, 광주이씨, 풍천임(任)씨, 양천허씨
6	안동권씨, 여흥민씨, 덕수이씨
5	연안김씨, 반남박씨, 창녕성씨, 문화유씨, 파평윤씨
4	진주강씨, 의성김씨, 밀양박씨, 고령신씨, 전의이씨
3	능성구씨, 행주기씨, 광산김씨, 경주김씨, 의령남씨, 달성서씨, 은진송씨, 풍산심씨, 해주오씨, 고흥유씨, 경주이씨, 나주정(丁)씨, 평강채씨, 강릉최씨, 청주한씨
2	장흥고씨, 김해김씨, 청풍김씨, 선산김씨, 고성남씨, 교하노씨, 순천박씨, 죽산박씨, 충주박씨, 함양박씨, 청송심씨, 순흥안씨, 제주양씨, 함종어씨, 선산유씨, 진주유씨, 풍산유씨, 해남윤씨, 해평윤씨, 고성이씨, 광산이씨, 성주이씨, 여주이씨, 우봉이씨, 나주임씨, 덕수장씨, 연일정씨, 진주정씨, 해주정씨, 임천조씨, 풍양조씨, 한양조씨, 삭녕최씨, 장수황씨, 풍산홍씨
1	예천권씨, 강릉김씨, 상산김씨, 영동김씨, 울산김씨, 원주김씨, 나주나씨, 광주노씨, 사천목씨, 고령박씨, 상주박씨, 평택박씨, 진주소씨, 밀양손씨, 신평송씨, 영산신(辛)씨, 영월신(辛)씨, 삼척심씨, 광주안씨, 중화양씨, 영월엄씨, 동복오씨, 고령유씨, 기계유씨, 남원윤씨, 칠원윤씨, 벽진이씨, 안악이씨, 양성이씨, 영천이씨, 용인이씨, 진성이씨, 평양이씨, 평창이씨, 합천이씨, 선산임씨, 배천조씨, 양주조씨, 창녕조(曺)씨, 상주주(周)씨, 인천채씨, 양천최씨, 탐진최씨, 경주최씨, 광양최씨, 신창표씨, 진주하씨, 부계홍씨

<3대(三代) 이상 연속 호당 입록 가문(6개 가문)>

성관	호당 입록			
	본인	아들	손자	증손자
덕수이씨 (德水李氏)	연헌(蓮軒) 이의무(李宜茂) (목사)	용재(用齋) 이행(李荇) (좌의정)	송담(松潭) 이원록 (참의)	
덕수이씨 (德水李氏)	택당(澤堂) 이식(李植) (판서)	외재(畏齋) 이단하(李端夏) (좌의정)	수곡(睡谷) 이여(李畲) (영의정)	※ 이여는 이단하의 조카
한산이씨 (韓山李氏)	아계(鵝溪) 이산해(李山海) (영의정)	석루(石樓) 이경전(李慶全) (판서)	이후(李厚) (정랑) 이구(李久) (한림)	
동래정씨 (東萊鄭氏)	허백당(虛白堂) 정란종(鄭蘭宗) (판서)	임당(林塘) 정유길(鄭惟吉) (좌의정)	수죽(水竹) 정창연(鄭昌衍) (좌의정)	제곡(濟谷) 정광성(鄭廣成) (판서)
연안김씨 (延安金氏)	안락당(顏樂堂) 김흔(金訢) (참의)	희락당(希樂堂) 김안로(金安老) (좌의정)	김기(金棋) (수찬)	
남양홍씨 (南陽洪氏)	석벽(石壁) 홍춘경(洪春卿) (관찰사)	율정(栗亭) 홍천민(洪天民) (대사성)	학곡(鶴谷) 홍서봉(洪瑞鳳) (영의정)	

(출처: 『한국고사대전』)

<부자(父子) 호당 입록 가문(12개 가문)>

성관	호당 입록	
	본인	아들
부계홍씨 (缶溪洪氏)	허백당(虛白堂) 홍귀달(洪貴達) (관찰사)	우암(寓菴) 홍언충(洪彦忠) (정랑)
남양홍씨 (南陽洪氏)	묵재(黙齋) 홍언필(洪彦弼) (영의정)	인재(忍齋) 홍섬(洪暹) (영의정)
제주양씨 (濟州梁氏)	학포(學圃) 양팽손(梁彭孫) (교리)	송천(松川) 양응정(梁應鼎) (대사성)
밀양박씨 (密陽朴氏)	정관재(靜觀齋) 박충원(朴忠元) (찬성)	관원(灌園) 박계현(朴啓賢) (판서)
나주정씨 (羅州丁氏)	추경(樞卿) 정응두(丁應斗) (찬성)	고암(顧庵) 정윤희(丁胤禧) (관찰사)
양천허씨 (陽川許氏)	초당(草堂) 허엽(許曄) (대사간)	하곡(荷谷) 허봉(許篈) (부사)

안동김씨 (安東金氏)	남봉(南峰) 김홍도(金弘度) (증, 영의정)	하당(荷塘) 김첨(金瞻) (교리)
연일정씨 (延日鄭氏)	송강(松江) 정철(鄭澈) (좌의정)	기암(畸庵) 정홍명(鄭弘溟) (대제학)
연안이씨 (延安李氏)	백주(白洲) 이명한(李明漢) (판서)	정관재(靜觀齋) 이단상(李端相) (부제학)
연안이씨 (延安李氏)	현주(玄洲) 이소한(李昭漢) (참판)	동리(東里) 이은상(李殷相) (판서)
전주이씨 (全州李氏)	파곡(波谷) 이성중(李誠中) (판서)	이유징(李幼澄) (부사)
장흥고씨 (長興高氏)	제봉(霽峰) 고경명(高敬命) (증, 찬성)	청사(晴沙) 고용후(高用厚) (판결사)

(출처:『한국고사대전』)

한편 호당 출신자들은 관료엘리트로서 정쟁의 소용돌이에서 자유롭지 못했다. 1456년(세조 2) 단종복위운동(端宗復位運動)과 1498

년(연산군 4)의 무오사화, 1519년(중종 14) 기묘사화, 1545년(명종 1) 을사사화로 사사되거나 유배, 파직된 사람이 73명(이 중 7명은 2회에 걸쳐 피화)에 이르렀다. 이는 전체 호당 출신자 303명 중 약 20%에 해당한다.

마. 문과(文科) 급제 가문

과거(科擧)에서의 합격은 개인에겐 출세의 디딤돌이며, 동시에 한 가문(家門)에는 영예로서 과거합격자를 배출한 인원의 다과(多寡)는 가문 반격의 척도로 과시되었다.

조선시대의 과거제도나 오늘날의 고등고시제도는 곧잘 등용문(登龍門)이라고도 불리는데, 그 어원(語源)은 중국의 고사(故事)에서 유래한다. 중국 황하의 상류지역에 있는 협곡의 이름이 용문(龍門)인데, 물살이 너무 세어 물고기가 오르기만 하면 용(龍)이 된다고 하여 입신출세의 관문을 뜻하게 되었다. 반면 '점액(點額)'이란 오르지 못하면 이마에 상처만 남게 된다고 하여 과거 낙방자를 이르는 말이다.

조선시대 과거 합격은 양인(良人)에게는 양반계층으로의 상승, 양반에겐 양반신분의 유지를 위해 거쳐야 하는 기본 필수 과정이었다. 즉 과거합격을 통한 사환(仕宦) 진출은 신분의 상승 또는 유지의 수단이었으므로, 대다수의 유학(幼學)이나 가문(家門)에서는 과거 합격을 절대적 가치로 삼았다. 물론 일부 사림이나 정쟁에 염중을 느낀 학자들은 처음부터 과거에 뜻을 두지 않은 경우도 있었지만 극소수에 해당했다.

한편 과거에 급제한 이의 마을 입구에는 솟대를 높이 올려 지나가는 행인들이 볼 수 있게 하였다. 오늘날 고시 합격 등 널리 알리고픈 사항이 있을 때 현수막을 크게 내거는 것과 비슷하다 하겠다. 이로써 합격 당사자는 물론 문중의 위상을 과시하였다.

1) 과거[大科] 응시자격

조선시대 과거 응시자격에 대해 구체적으로 명시한 조문은 어디에도 없다. 따라서 단정할 수는 없으나 법제적으로 양인(良人) 이상이라면 누구나 시험에 응시할 수 있었던 것으로 여겨지고 있다. 다만 『경국대전』에는 문과(文科)에 응시할 수 없는 결격 사유가 명시되어 있는데, 이를 제외한 양인이라면 시험의 문이 개방되었을 것으로 이해된다. 그러나 현실적으로 과거를 준비하는 데 십수 년의 시간이 소요되므로, 경제적 여건과 교육 환경이 좋은 양반 가문이 과거 및 출사를 전유한 것은 당연한 현상이라 하겠다.

한편 『경국대전』에 명시되어 있는 문과 응시 결격 사유는 다음의 경우에 해당된다. ① 서얼자손과 노비 ② 반역자의 아들 ③ 재가녀(再家女)와 실행부녀(失行婦女)의 아들과 손자 ④ 탐관오리(貪官汚吏) 아들 등이 시험에 응시할 수 없었다. 그러나 이러한 제한도 조선 후기에 접어들면서 진입 장벽이 많이 무너졌다. 실제로 노비층까지도 양인으로 신분을 세탁하여 문과에 응시하여 합격하기도 하였다. 특히 서얼허통(庶孽許通) 문제는 인재 활용이라는 측면에서도 일찍부터 논의되기 시작했고, 숙종대 이후 서얼들의 집단 상소가 잦아지는 등 강력한 요구가 지속되었다. 영조대에는 서얼도 문·무과와 생원·진사 시험을 볼 수 있게 하였다. 정조는 규장각의 검서관(檢書官)으로 학식 있는 서얼들을 등용하기도 하였으며, 초계문신(抄啓文臣)에도 서얼 출신이 다수 포함되어 있었다. 이는 조선 후기 서얼들에 대한 금지 규정이 이완되어 간 사실을 반영한다고 하겠다.

2) 과거(科擧)의 종류

조선시대 과거(科擧)는 실시시기에 따라 정기시와 수시 및 임시로 치러지는 비정기시로 나눌 수 있다. 정기시험은 식년시(式年試)라 하여 3년마다 행해졌다. 비정기시로는 증광시(增廣試), 별시(別試), 알성시(謁聖試) 등이 있었다(별표 참조). 또한 시험의 직종에 따라서는 합격 시 문반의 벼슬에 오르는 문과(文科)와 무반의 벼슬에 나가는 무과(武科), 기술관으로 등용되는 잡과(雜科: 역과, 의과, 음양과, 율과)로 나누어진다. 시험의 등급에 따라서는 대과(大科: 문과 및 무과)와 소과(小科: 생원 진사과)로 구분할 수 있다. 대과(大科)는 임용시험이었으나 소과(小科: 司馬試)는 일종의 자격시험으로서 합격하면 생원(生員)·진사(進士)의 칭호를 얻거나 대과의 응시자격(조선 후기는 소과를 거치지 아니하고도 응시가능)을 부여받았으며, 때로는 9품직인 참봉, 훈도 등에 특채되기도 하였다. 생원시는 사서(四書)·오경(五經) 중심의 경학(經學)을, 진사시는 시(詩)·부(賦) 등 사장(詞章)을 위주로 하여 시험이 치러졌으며 합격 후 성균관에 입학한 사람을 성균진사(成均進士) 또는 성균생원(成均生員)이라 하여 합격 후 향리에 거주하는 자와 차별화하여 호칭하였다. 생원, 진사 시험도 대과와 마찬가지로 식년(式年)에 실시하였으며 전국에서 생원 100명, 진사 100명을 합격시킴으로써 생원이나 진사되기도 매우 어려웠다. 그러나 조선 말에는 합격 인원이 큰 폭으로 늘어나 1894년(고종 31년)의 마지막 시험에서는 생원이 278명, 진사가 1,055명이 합격함으로써 사마시(司馬試: 생원·진사시의 별칭)의 비중이 크게 저하되었다.

한편 문과의 정기시험인 식년시의 2차 시험인 회시(會試: 복시)는 예조 등 서울의 중앙기관에서 주관하였는데, 이에 응시하기 위해서는 1차 시험인 초시(初試)를 거쳐야 했다. 이 초시는 주관 관청에 따라 관시(館試)·한성시(漢城試)·향시(鄕試) 등으로 나누어졌다. 관시는 성균관에서 주관하는 시험으로 성균관 유생들만을 대상으로 하였다. 한성시는 서울 한성부(漢城府)에서, 향시는 각 지방의 도 단위에서 주관하였다.

식년시의 경우 시험단계에 따라 1차인 초시와 2차인 회시, 3차인 전시(殿試: 왕이 직접 주관)로 구분되었다. 조선시대 시험 중의 시험은 역시 문과(文科: 大科)였는데, 정기적인 식년시(式年試) 및 수시시험이 다음과 같이 치러졌다.

종 류	내 용
식년시 (式年試)	정기적인 과거로 3년(식년)마다 한 번씩 실시. 즉 12간지(干支) 중에서 쥐(子), 토끼(卯), 말(午), 닭(酉)의 해에 실시.
증광시 (增廣試)	왕의 즉위 등과 같은 큰 경사가 있을 때 시행.
별시 (別試)	인재의 등용이 필요한 경우 등 수시 실시. ※ 지방의 현지에서 과거를 실시한 경우는 외방별시(外方別試)라 함.
알성시 (謁聖試)	왕이 문묘(文廟)에 배향한 뒤 성균관 유생들에게 치르게 한 시험.
정시 (庭試)	나라에 경사가 있을 때 대궐마당에서 즉석으로 치러진 시험.
춘당대시 (春塘臺試)	나라의 경사가 있을 때 왕이 창경궁 춘당대에 친림하여 즉석으로 시행한 시험.
중시 (重試)	현직에 있는 당하관(堂下官)의 관리에게 시험을 치르게 하여 합격한 자에게는 당상관(정3품)의 품계로 가자(加資)시켜준 시험.
기타	절제(節製: 節日)에 성균관 유생을 대상으로 한 고시. 현량과(賢良科: 중종 때 인재를 천거하게 하여 대책만으로 시험), 황감과(黃柑科: 제주도 귤이 진상되어 온 기념으로 성균관 유생을 대상으로 한 고시) 등.

3) 과거(科擧)의 절차

조선 초기에는 생원(生員) 진사(進士) 시험을 거쳐 문과(文科)에 응시하도록 하였으나, 중·후기로 오면서부터는 바로 문과에 응시할 수도 있었다. 과거(科擧) 응시자는 먼저 녹명소(錄名所: 오늘날의 시험원서 접수처)에 보단자(保單子)와 4조단자(四祖單子)를 제출하였다. 보단자는 6품 이상의 관리가 수결(手決)한 일종의 응시자 신원보증서이다. 4조단자는 자신의 성명·본관·거주지, 부(父)·조부(祖父)·증조부(曾祖父)의 관직·성명, 외조부(外祖父)의 관직·성명·본관 등을 기록한 것이다.

녹명관(오늘날의 원서접수 공무원)은 응시자가 제출한 서류를 확인한 후, 결격 사유가 없으면 녹명책(오늘날의 원서 접수대장)에 기록하고 시험답안용지인 시지(試紙)에 도장을 찍어주었다. 시지는 본인 스스로 마련하는 것으로, 시지에 답인(踏印)을 받으면 피봉(皮封)하게 하였다. 피봉은 시지 머리에 위의 4조단자 내용을 다섯 줄로 적고 그 위를 종이로 붙여 봉하는 것으로, 시험지의 주인을 가리기 위한 것이었다.

시험 당일에는 시험 감독관이 과거장 입구에서 녹명책에 등재된 수험생을 호명하여, 옷과 소지품을 검사한 후 시험장 안으로 들여보냈다. 과거장은 전후·좌우 여섯 자(1평 정도) 간격으로 떨어져서 시험을 치르도록 되어 있었다. 마감시간은 정기시험의 경우 이경(二更: 밤 9시경)까지였으나, 당일로 합격자를 발표하는 별시

(別試)는 그때그때 따로 정했다.

　시험이 끝나면 채점부정을 방지하기 위하여 서리(書吏)로 하여금 답안지인 시권(試券)을 붉은 글씨로 베껴 복사본을 만들게 하였다. 이를 역서(易書)라 한다. 시험 감독관은 대조하여 이상이 없으면, 베낀 답안지만 시험관(출제자)에게 넘겨 채점하도록 하였다. 합격자의 답안지는 본시험지와 베낀 것을 다시 대조하였다.

　합격자의 시권은 합격증서인 홍패(紅牌) 수여 시 영예의 상징으로 돌려주었으나, 불합격자의 시권은 돌려주지 않고 여러 용도로 사용하였다. 예컨대 재생용지로 사용하거나, 빈한한 군졸들의 의복 제조용으로 이용하자는 요청을 한 실록 기사도 확인된다.

4) 문과(文科)의 합격

　문과(文科)는 정기시험인 식년시(式年試)의 경우 초시합격자 총 240명이 응시할 수 있었고, 급제 정원은 『경국대전』에 33명으로 규정되어 있었다.

<응시 인원 제한(『경국대전』)>

계 (명)	성균 관	한성 (서울)	경기 도	강원 도	황해 도	충청 도	경상 도	전라 도	성안 도	함길 도
240	50	40	20	15	10	25	30	25	15	10

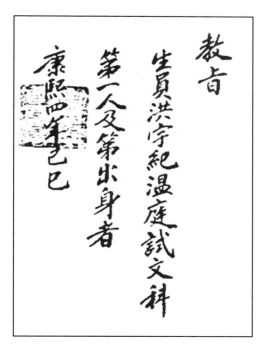

〈홍우기 정시문과 장원급제교지〉

합격자 33명은 성적순에 따라 과(科)를 나누었는데, 갑·을·병과로 구분되었다. 조선 초기에는 정과(丁科)도 있었으나, 이후 갑과(甲科) 3명, 을과(乙科) 7명, 병과(丙科) 23명을 원칙으로 운영되었다. 갑과 합격자 중 1등은 장원랑(壯元郞), 2등은 방안랑(榜眼郞), 3등은 탐화랑(探花郞)으로 별칭하였다.

5) 문과(文科) 합격자에 대한 처우

과거에 급제한 33명에게는 등급에 따라 품계를 내렸다. 1등을 한 자(장원 급제자)에게는 종6품직(宣敎郞)을, 2등(방안랑)과 3등(탐화랑) 합격자 2명에게는 정7품직(務功郞)을 제수하였다. 또한 을과(乙科) 합격자 7명은 정8품(通仕郞)을, 나머지 병과(丙科) 합격자 23명은 정9품(從仕郞)의 품계를 부여받았다. 기왕에 품계가 있는 자(실직이 아닌 자 포함)는 합격하면 1등의 경우 4계급, 2·3등은 3계급, 을과 합격은 2계급, 병과는 1계급을 승진시켜 주었다. 이는 세도가의 자제가 음직(蔭職)으로 품계만 받아놓고 과거에 합격하면, 고속 승진할 수 있는 빌미가 되기도 하였다.

갑과(甲科)·을과(乙科)·병과(丙科)의 합격자는 위와 같이 부여받은 품계에 차등이 있었음은 물론, 합격과 동시에 고유 업무를 맡을 수 있느냐 없느냐에도 큰 차이가 있었다. 즉 갑과 합격자로 1, 2, 3등을 한 세 사람에게만 곧바로 실직(實職)이 주어진 것이다. 이를 제외한 30명은 권지(權知: 오늘날의 시보)로서 성균관(成均館)·예문관(藝文館)·승문원(承文院)·교서관(校書館)의 사관(四館)에 분관되어 실무수습을 하다가 빈자리가 나면 실직으로 보임되었다. 경우에 따라 몇 년이 가도 빈자리가 생기지 않아 10년이 지나도록 권지 신세를 면하지 못하는 사례도 있었다.

조선시대 관료들의 품계와 오늘날 행정직 공무원의 직급을 비슷하게나마 비교해보면 다음과 같이 정리해 볼 수 있는데, 여기서 조선시대 과거 합격자와 오늘날 행정고시 합격자의 위치도 비교가 된다. 이는 단순히 직급상의 비교이지 사회적 평가는 오늘날의 고시제도보다 훨씬 높았다고 보아야 할 것이다.

<조선시대 관리(문관)와 오늘날의 행정직 공무원의 직급비교>

조선시대				현재		
품계		호칭	직위	급	호칭	직위(예시)
당상관	정1품	대광보국숭록대부 (大匡輔國崇祿大夫) 보국숭록대부 (輔國崇祿大夫)	영의정 좌의정 우의정			국무총리
	종1품	숭록대부(崇祿大夫) 숭정대부(崇政大夫)	좌찬성 우찬성			부총리급
	정2품	정헌대부(正憲大夫) 자헌대부(資憲大夫)	판서 대제학			장관급
	종2품	가정대부(嘉政大夫) 가선대부(嘉善大夫)	참판 대사헌			차관급(외청장)
	정3품 (당상관)	통정대부(通政大夫)	참의 대사간	1급	별정직 관리관	정무직1급 (차관보급, 외청차장)
당하관	참상	정3품 (당하관)	통훈대부(通訓大夫)	직제학 寺의正	1급	일반직 관리관	중앙부처기 획조정실장
		종3품	중직대부(中直大夫) 중훈대부(中訓大夫)	집의 사간	2급	이사관	중앙부처 국장급
		정4품	봉정대부(奉正大夫) 봉렬대부(奉列大夫)	응교 사인	3급	부이사관	중앙부처 1차 산하기관 국장급

		종4품	조산대부(朝散大夫)	서윤	3급	복수직	중앙부처
			조봉대부(朝奉大夫)	군수		부이사관	수석과장급
		정5품	통덕랑(通德郎)	정랑	4급	서기관	중앙부처
			통선랑(通善郎)	교리			과장급
		종5품	봉직랑(奉直郎)	도사	4급	복수직	중앙부처
			봉훈랑(奉訓郎)	부교리		서기관	수석계장급
		정6품	승의랑(承議郎)	현령	5급	사무관	중앙부처
			승훈랑(承訓郎)	판관			계장급 (고참사무관)
		종6품	선교랑(宣教郎)	현감	5급	사무관	사무관급
			선무랑(宣務郎)	찰방			※ 문과 1등 합격자 종6품 제수함
	참하	정7품	무공랑(務功郎)	설서			초임사무관급
		종7품	계공랑(啓功郎)	직장			문과 2등, 3등(2명) → 정7품
		정8품	통사랑(通仕郎)	수찬			문과 을과(7명) → 정8품
		종8품	승사랑(承仕郎)	봉사			문과 병과(23명) → 정9품
		정9품	종사랑(從仕郎)	훈도			
		종9품	장사랑(將仕郎)	참봉			실무자급(주사급)

*2006년 고위공무원단 제도 시행에 따라 정3품~정4품은 고위공무원단 군(群)에 속함.

<조선시대 무관(서반)직의 품계표>

품계		호칭	직위(예시)
당상관	정1품	대광보국숭록대부 (大匡輔國崇祿大夫) 보국숭록대부 (輔國崇祿大夫)	
	종1품	숭록대부(崇錄大夫) 숭정대부(崇政大夫)	
	정2품	정헌대부(正憲大夫) 자헌대부(資憲大夫)	도총관
	종2품	가정대부(嘉政大夫) 가선대부(嘉善大夫)	부총관, 절도사
	정3품	절충장군(折衝將軍)	절제사
당하관 참상	정3품	어모장군(禦侮將軍)	상호군, 첨절제사
	종3품	건공장군(建功將軍) 보공장군(保功將軍)	대호군, 병마우후
	정4품	진위장군(振威將軍) 소위장군(昭威將軍)	호군

		종4품	정략장군(定略將軍) 선략장군(宣略將軍)	부호군
		정5품	과의교위(果毅校尉) 충의교위(忠毅校尉)	사직
		종5품	현신교위(顯信校尉) 창신교위(彰信校尉)	부사직
		정6품	돈용교위(敦勇校尉) 진용교위(進勇校尉)	사과
		종6품	여절교위(勵節校尉) 병절교위(秉節校尉)	부사과
	참 하	정7품	적순부위(迪順副尉)	사정
		종7품	분순부위(奮順副尉)	부사정
		정8품	승의부위(承義副尉)	사맹
		종8품	수의부위(修義副尉)	부사맹
		정9품	효력부위(效力副尉)	사용
		종9품	전력부위(展力副尉)	부사용

* 2품 이상의 품계는 문관(동반)직과 같음.

또한, 남편이 과거에 급제하여 사환(仕宦)으로 진출하는 경우 부인도 함께 남편의 직급(職級)에 상당하는 외명부(外命婦)의 작(爵)이 제수되고 교지가 내려졌다.

<외명부 품계 II(문무관의 처)>

품계	남편의 직급	품계	남편의 직급
貞敬夫人	정1품 · 종1품	淑人	종3품
貞夫人	정2품 · 종2품	令人	정4품 · 종4품
淑夫人	정3품	恭人	정5품 · 종5품
		宜人	정6품 · 종6품
		安人	정7품 · 종7품
		端人	정8품 · 종8품
		儒人	정9품 · 종9품

6) 성관별 과거 합격자 분석

조선시대 문과 합격은 관료 진출을 위한 디딤돌인 동시에 사회 지도층으로 진입하기 위한 기본 단계였다. 이는 한 개인의 신분 상승에 있어 필요조건을 충족시키는 것일 뿐 아니라, 한 가계(家系) 더 나아가 과거 급제자와 성관을 같이하는 가문(家門)의 격(格)을 상승시키는 요소가 되기도 하였다. 일단 문과를 합격해야 고위관료에도 오를 수 있고, 고위관료를 지내야 시호도 얻으며 불천위 제사를 지정받고 더 나아가 한 파의 파조도 이루게 되는 것이다.

물론 그렇다고 특정성관의 문과 급제자 수의 다과가 바로 반격의 척도가 되는 것은 아니었다. 문과 급제를 한 이후의 행적, 즉 고위관료ㆍ대제학 등의 지위에 오르거나, 청백리에 녹선되거나, 공신에 책봉되는 등의 행보에 따라 반격이 유지되거나 상승될 수 있었다. 참고로 조선시대 무과 합격자는 문과의 10배에 이르는 15만여 명에 이르렀다. 1676년(숙종 2년)의 정시무과에서만 18,521명이 합격하였듯이 조선 중기 이후 무과는 누구든지 응시할 수 있는 시험이 되었다. 무과는 만과(萬科)라고 별칭하여 무과 합격을 반격의 잣대로 여기는 데에는 크게 비중을 두지 아니 하였다. 단지 무과합격 후 종6품인 참상관(병절교위: 秉節校尉) 이상을 지냈을 경우는 양반신분 계층으로 진입하였다고 볼 수 있다. 참상관(參上官) 이상이 되어야만 조회(朝會)에 참석하고 말(馬)을 탈 수 있었다. 무과 합격 후 실직(實職)에 보임되지 못한 경우가 상당히 많긴 하였으나 명문가의 자제들로서 무과에 합격하여 당상관(정3품 折衝將軍) 이상에 올라 반격을 존속시킨 사례도 매우 많다(무반의 종2품 이상의 품계는 문반의 품계로 통합). 어찌되었든 문과 급제는 조선 관료사회의 가장 기본적인 반격을 나타내는 통계적 수치라고 할 수 있다. 따라서 이의 각 성관별 분석은 이런 관점에서 매우 유용한 정보라 할 것이다.

조선시대의 문과 총 합격자 수는 14,620명이며, 이를 배출한 성관을 20위까지 및 100명 이상 합격자를 배출한 성관을 분석해보면 별표와 같다(무과합격자는 숫자와 성관이 정확히 파악되지 않고 있음). 또한 조선시대 문과 급제자들을 분석해보면 진기한 기록들도 눈에 띄어 함께 정리해본다.

<문과 합격자를 배출한 주요 성관>
◆ 성관별 문과 합격자 배출 순위표 Ⅰ

(20위 이내)

순위	성관	합격 인원(명)			
		전체	전기 (태조- 명종)	중기 (선조- 경종)	후기 (영조- 고종)
1	전주이씨(全州李氏)	839	49	311	479
2	안동권씨(安東權氏)	358	94	133	131
3	파평윤씨(坡平尹氏)	335	49	126	160
4	남양홍씨(南陽洪氏)	318	40	110	168
5	청주한씨(淸州韓氏)	269	29	100	140
6	밀양박씨(密陽朴氏)	253	42	83	128
7	광산김씨(光山金氏)	251	63	78	110
8	연안이씨(延安李氏)	240	23	72	145
9	여흥민씨(驪興閔氏)	228	45	61	122
10	진주강씨(晉州姜氏)	218	58	66	94

11	경주김씨(慶州金氏)	202	46	48	108
12	광주이씨(廣州李氏)	193	49	63	81
13	한산이씨(韓山李氏)	188	28	68	92
14	동래정씨(東萊鄭氏)	187	38	58	91
15	청송심씨(靑松沈氏)	183	12	65	106
16	풍양조씨(豊壤趙氏)	181	13	38	130
17	반남박씨(潘南朴氏)	178	12	48	118
18	신안동김씨 (新安東金氏)	177	4	33	140
19	평산신씨(平山申氏)	175	22	58	95
20	경주이씨(慶州李氏)	168	29	63	76
20	전의이씨(全義李氏)	168	48	69	51

(출처: 차장섭, 『조선 후기 벌열 연구』, 일조각)

*조선 후기 세도정치 성족인 (신)안동김씨와 풍양조씨는 후기에 합격자가 집중됨.

◆ 문과합격 다수 배출 성관 II

(21위~40위 이내로 100명 이상 배출)

성관	합격인원(명)	성관	합격인원(명)
연안김씨(延安金氏)	155	김해김씨(金海金氏)	119
대구서씨(大邱徐氏)	140	순흥안씨(順興安氏)	118
의령남씨(宜寧南氏)	140	여주이씨(驪州李氏)	108
풍천임씨(豊川任氏)	137	해평윤씨(海平尹氏)	104

문화류씨(文化柳氏)	134	전주최씨(全州崔氏)	104
(구)안동김씨 (安東金氏)	130	여산송씨(礪山宋氏)	103
진주류씨(晋州柳氏)	129	청풍김씨(淸風金氏)	103
창녕성씨(昌寧成氏)	125	창녕조씨(昌寧曹氏)	102
풍산홍씨(豊山洪氏)	121	성주이씨(星州李氏)	101
연일정씨(延日鄭氏)	120		

<3대 문과 장원급제>

성관	본인	아들	손자
경주김씨 (慶州金氏)	김천령(金千齡) 1496 식년시	김만균(金萬鈞) 1528 별시	김경원(金慶元) 1553 별시
여흥민씨 (麗興閔氏)	민광훈(閔光勳) 1628 알성시	민정중(閔鼎重) 1649 정시	민진장(閔鎭長) 1686 별시

<최고령 급제자>

성관	이름	급제 시 나이	시험 종류	관지(官至)
순창박씨 (淳昌朴氏)	박문규 (朴文逵)	만 82세 (1805년생)	별시문과 (1887)	병조참의

<최연소 급제자>

성관	이름	급제 시 나이	시험 종류	관지(官至)
전주이씨 (全州李氏)	이건창 (李建昌)	만 14세 (1852년생)	별시문과 (1866)	해주관찰 <불취> (『당의통략』 저술)

<5형제 급제자>

성관	아버지 (父)	5형제 급제자					
전의 이씨 全義 李氏	이사관 (李士寬)	이의장 (李義長) ※무과	이예장 (李禮長)	이지장 (李智長)	이함장 (李誠長)	이효장 (李孝長)	
순흥 안씨 順興 安氏	안 경 (安 璟)	안중후 (安重厚)	안근후 (安謹厚)	안관후 (安寬厚)	안돈후 (安敦厚)	안인후 (安仁厚) ※ 무과	안지귀 (安知歸) ※ 종형 제
원주 원씨 原州 元氏 ※6형 제 등과	원해굉 (元海宏)	원 집 (元 檝)	원 식 (元 植)	원 격 (元 格)	원 적 (元 樀)	원 철 (元 轍)	원 절 (元 梲)
광주 이씨	이인손 (李仁孫)	이극배 (李克培)	이극감 (李克堪)	이극증 (李克增)	이극돈 (李克墩)	이극균 (李克均)	

廣州 李氏						
남원 윤씨 南原 尹氏	윤민신 (尹民新)	윤구 (尹昫)	윤서 (尹曙)	윤길 (尹晧)	윤철 (尹瞰)	윤탁 (尹晫)
풍산 김씨 豊山 金氏	김대현 (金大賢)	김봉조 (金奉祖)	김영조 (金榮祖)	김연조 (金延祖)	김응조 (金應祖)	김숭조 (金崇祖)
함양 박씨 咸陽 朴氏	박눌 (朴訥)	박종린 (朴從鱗)	박거린 (朴巨鱗)	박형린 (朴亨鱗)	박홍린 (朴洪鱗)	박붕린 (朴鵬鱗)
해주 정씨 海州 鄭氏	정효준 (鄭孝俊)	정식 (鄭植)	정익 (鄭楫)	정석 (鄭晳)	정박 (鄭樸)	정적 (鄭積)

<**3형제 동시(같은 날) 급제(1615 식년문과)**>

성관	시험	아버지	형제			
영천 이씨 (永川 李氏)	1615년 (광해 7)	이덕홍 (李德弘)	이강 (李茳)	이립 (李笠)	이모 (李慕)	이점 (李蔵)

*이강 · 이립 · 이모(3형제)는 동시 급제, 이점은 1616년 알성시급제.

<대(代: 直系)를 이은 문과(文科) 합격기록 가문>

◆ 나주정씨(羅州丁氏): 9대 문과 급제

순번	이름	시험 년도	시험 종류
1	정자급(丁子伋)	세조 6년	별시
2	정수강(丁壽崗)	성종 8년	식년시
3	정옥형(丁玉亨)	중종 8년	식년시
4	정응두(丁應斗)	중종 29년	식년시
5	정윤복(丁胤福)	선조 1년	식년시
6	정호선(丁好善)	선조 34년	식년시
7	정언벽(丁彦璧)	인조 22년	별시
8	정시윤(丁時潤)	숙종 16년	식년시
9	정도복(丁道復)	숙종 20년	별시

◆ 풍천임씨(豊川任氏): 9대 문과 급제

순번	이름	시험 년도	시험 종류
1	임 열(任說)	중종 28년	별시
2	임영로(任榮老)	선조 5년	별시
3	임 장(任章)	선조 38년	증광시
4	임선백(任善伯)	인조 10년	알성시
5	임 중(任重)	인조 17년	별시
6	임상원(任相元)	현종 6년	별시
7	임수간(任守幹)	숙종 20년	알성시
8	임 순(任珣)	영조 18년	정시
9	임희증(任希曾)	영조 39년	증광시

◆ 남양홍씨(南陽洪氏): 8대 문과 급제

순번	이름	시험 년도	시험 종류
1	홍경손(洪敬孫)	세종 21년	친시
2	홍윤덕(洪閏德)	성종 23년	식년시
3	홍계정(洪係貞)	중종 8년	식년시
4	홍춘경(洪春卿)	중종 31년	중시
5	홍성민(洪聖民)	명종 19년	식년시
6	홍서익(洪瑞翼)	광해군 1년	증광시
7	홍명구(洪命耇)	광해군 11년	알성시
8	홍중보(洪重普)	인조 23년	별시

<고려~조선의 대(代: 直系)를 이은 문과 합격기록 가문>

◆ 순흥안씨(順興安氏): 11대(고려 6, 조선 5) 문과 급제

순번	이름	시험 년도	시험 종류	비고
1	안 향(安珦)	원종 1년	경신방	
2	안우기(安于器)	충렬왕 8년	임오방	
3	안 목(安牧)	충숙왕 2년	을묘방	고려조에
4	안원숭(安元崇)	충혜왕	미상	등과
5	안 원(安瑗)	공민왕 23년	갑인방	
6	안종약(安從約)	창왕 1년	무진방	
7	안 구(安玖)	태종 17년	식년시	
8	안지귀(安知歸)	세종 14년	식년시	조선조에
9	안 호(安瑚)	세조 12년	춘시	등과

| 10 | 안처선(安處善) | 연산군 3년 | 별시 | |
| 11 | 안 정(安珽) | 중종 14년 | 현량과 | |

◆ 광주이씨(廣州李氏): 10대(고려조 2, 조선조 8) 문과 급제

순번	이름	시험 년도	시험 종류	비고
1	이 집(李集)	충목왕 3년	정해시	고려조에
2	이지직(李之直)	우왕 6년	경신시	등과
3	이인손(李仁孫)	태종 17년	식년시	
4	이극감(李克堪)	세종 26년	식년시	
5	이세우(李世佑)	성종 6년	친시	
6	이 자(李滋)	성종 25년	별시	조선조에
7	이약빙(李若氷)	중종 9년	별시	등과
8	이홍남(李洪男)	중종 33년	별시	
9	이민각(李民覺)	명종 11년	별시	
10	이정면(李廷冕)	선조 30년	정시	

　　문과의 응시자격을 양인(良人) 이상에게 개방하였다고는 하나,
합격자는 명문 대성에 해당하는 성관 출신들이 다수를 이루었다.
왕실의 성(姓)인 전주이씨가 단연 으뜸이고, 다음 안동권씨, 파평
윤씨, 남양홍씨, 청주한씨 등으로 과방(科榜)에 순위를 보인다. 이
들 성관의 과거 합격자는 거의 대부분이 본관의 지명에 관계없이

경화(京華) 지역 출신자들이다. 이는 식년시보다 비정기적 시험이 월등히 많아, 서울에 거주하거나 또는 명문가 자제로서 성균관 유생인 응시자들의 합격률을 높였기 때문인 것으로 분석된다. 정기시험은 167회, 부정기적 시험인 별시는 638회를 시행함으로써 별시 합격자가 식년시 합격자보다 훨씬 많았던 것이다. 총 합격자 14,620명 중에 식년시는 6,063명, 별시 합격자는 8,557명이었다.

또한 앞서 언급했듯이 원래 관품(官品)을 가지고 있던 사람에 대한 시험의 특전과 보직의 특혜는 권세 있는 양반자제들의 관료 진출을 용이하게 하였으며, 행수법(行守法: 직급이 낮으면서 TO상 높은 보직에 임명, 계비직고(階卑職高: 보직 앞에 "守" 자를 씀) 직급이 높으면서 낮은 보직에 임명, 계고직비(階高職卑: 보직 앞에 "行" 자를 씀)) 제도를 통한 수직(守職)과 중비(中批: 일정한 심사를 거치지 아니하고 왕이 직권으로 관리를 임명하는 것) 제도는 이들의 고위직 진출을 더욱 쉽게 하였다. 실제로 조선 말 안동김씨 세도정치의 기초를 다진 김조순(金祖淳)의 아들인 김좌근(金左根)의 경우 과거에 급제(1838년 · 헌종 4년)하여 초임으로 홍문관 부교리에 임명된 후 1841년(헌종 7년)에 공조판서가 되고 다음해인 1842년(헌종 8년) 이조판서에 임용됨으로써 초고속 승진을 하였다.

그러나 시골 향리 출신, 게다가 문벌도 별로 변변치 않은 성관(姓貫)의 유학(幼學)이 대과에 응시하여 합격하기란 쉽지 않은 일이었을 뿐만 아니라 설혹 합격의 영예를 안았다 하더라도 당하관을 거쳐 고위관료로 진입하기란 거의 화중지병(畵中之餠: 그림의 떡)에 가까웠다고나 할까! 한미한 시골 가문에서 문과 합격을 거쳐 당상관에 올랐다면, 이는 개천에서 용이 난 것이 아니라 도랑에서 흑룡이 난 것이라고 하는 것이 더욱 적절한 표현일 것이다.

5. 덕망을 기반으로 한 양반

가. 문묘배향(文廟配享) 가문

문묘는 공자를 모신 사당으로, 공자가 죽은 이듬해인 BC 478년 노(魯)나라 애공(哀公)이 공자의 옛 집을 사당으로 개축하여 제사를 올린 것이 그 효시였다.

우리나라에 문묘가 처음 세워진 것은 신라 성덕왕대이다. 성덕왕 16년(717)에 왕자 김수충(金守忠)이 당나라에서 공자와 10명의 철인(哲人), 제자 72명의 화상(畵像)을 가져다가 국학에 두면서부터다. 이후 승출(陞黜)을 거듭하여 조선말 성균관의 문묘에는 133위를 배향하였다. 즉 공자를 주향(主享)으로 하고, 안자(顏子) · 중자(曾子) · 자사(子思) · 맹자(孟子) 4성(四聖)과 공자의 문인 철학가 10인 및 송(宋)의 6현(六賢)을 대성전(大成殿)의 좌우에 배열하여 배향하였다. 또 동무(東廡)와 서무(西廡)에 각각 중국 명현 47위(位)와 우리나라 명현 9위를 종사(從祀)한 것이다.

그 후 1949년 전국 유림대표자의 결의로 동무와 서무에 봉안된 중국 명현 94명의 위판(位板)을 매안(埋安: 신주를 사당에서 내어

땅에 묻음)하고, 우리나라(신라~조선) 대유학자(大儒學者) 18명
의 신위(神位)를 대성전으로 올려 모셨다. 그리하여 현재 문묘에는
총 39명의 위판이 봉안되어 있다. 구체적인 구성은 다음의 봉안위차
도를 참고하면 된다.

〈성균관 문묘〉

한편 문묘에서는 매년 음력 2월 및 8월의 상정일(上丁日: 첫 번
째 정일)에 공자를 비롯한 옛 성인들의 학덕을 추모하여 석전대제
(釋奠大祭)를 올렸다. 이는 국가적 행사로 엄숙한 분위기 속에서
진행되었다. 석전대제는 음악연주와 춤이 곁들여진 종합예술적인
성격으로, 1986년 중요무형문화재로 지정되었다. 문묘제례악과
그 의식을 보존하기 위해서 성균관 석전대제보존회를 관리자로
하여 지정한 것이다.

<성균관 대성전 선성선현위패(先聖先賢位牌) 봉안위차도>

5성

동국 18현	공문 10철	문선왕 文宣王 (孔子)	공문 10철	동국 18현
최치원 (崔致遠)		증자 (曾子) 안자 (顏子)		설총(薛聰)
정몽주 (鄭夢周)	염경 (冉耕)		민손(閔損)	안향(安珦)
정여창 (鄭汝昌)	재여 (宰子)		염옹(冉雍)	김굉필 (金宏弼)
이언적 (李彦迪)	염구 (冉求)	맹자 (孟子) 자사 (子思)	단목사 (端木賜)	조광조 (趙光祖)
김인후 (金麟厚)	언언 (言偃)		중유(仲由)	이황(李滉)
성 혼 (成 渾)	전손사 (顓孫師)		복상(卜 商)	이이(李珥)
조 헌 (趙 憲)				김장생 (金長生)
송시열 (宋時烈)				김집(金集)
박세채 (朴世采)	송조 6현		송조 6현	송준길 (宋浚吉)
	정호 (程顥)		주돈이 (周敦頤)	
	소옹 (邵雍)		정이(程頤)	
	주희 (朱熹)		장재(張載)	

유교를 통치이념으로 수용한 조선에 있어 공자의 사상과 철학은 최고의 가치였다. 특히 조선에서는 중국 남송의 주희(朱熹, 주자)에 의해 집대성된 사상체계인 신유학(新儒學) 즉 성리학(性理學)을 건국이념으로 하여 세워져, 성리학은 조선 왕조 500년의 세계관을 지배했다. 당쟁이 격화된 시기에는 주자(朱子)의 유교경전 해석을 따르지 않는 사람은 사문난적(斯文亂賊)으로 비판, 매도되기도 하였다. 조선의 문묘도 이러한 성리학의 도통론(道統論: 道의 전승 계보론)에 입각하여 배향되었다.

일반적으로 조선의 문묘는 최고 교육기관이었던 성균관의 사우(祠宇)인 대성전을 지칭한다. 그러나 조선의 관학(官學)에는 모두 학문과 제향의 공간이 함께 배치되어, 지방의 향교에도 성균관과 같이 문묘가 있었다. 문묘는 공자의 별칭인 문선왕(文宣王)을 모신 사당이란 뜻이다. 국왕이 직접 배례한 곳은 성균관의 문묘이다.

조선의 임금은 종묘(宗廟)와 문묘 두 곳에 배례하였다. 문묘에 배향된 신위에 대하여 임금 이하 모든 유현(儒賢)이 제례를 올렸으니, 선비로서는 사후 문묘에 드는 것이 가장 큰 영광이었다. 또한 문묘 배향은 개인을 넘어 가문(家門)의 영예이기도 했다. 따라서 문묘 배향 대상자의 선정은 철저한 검증을 통해 확정되었다. 즉 대학자로서 학문에 대한 열정과 독창성이 있고, 성인(聖人)과 같은 도덕적 흠결이 없으며, 학문의 업적이 국가사회 발전과 후학양성에 지대한 공적이 있음을 평가받아야 했다.

그러나 한편으로 문묘 배향은 정치적 상황의 영향을 크게 받기도 하였다. 배향의 대상이 되었다가 정쟁으로 인해 출향(出享: 배향한 위패를 거두어 치움)되기도 하고, 다시 배향되기도 하는 등 굴곡을 겪기도 하였다. 예컨대 숙종 때 기사환국(1689년)으로 남인이 집권하자 서인인 율곡(栗谷) 이이(李珥)와 우계(牛溪) 성혼(成渾)은 그 위패가 문묘에서 거두어졌다. 그러나 이후 갑술환국(1694년)으로 서인이 재집권하자 퇴출하였던 두 사람을 문묘에 다시 배향하였다.

〈충효당(류성룡 종택)〉

1805년(순조 5)에는 퇴계문하에서 서애(西厓) 류성룡(柳成龍: 풍산), 학봉(鶴峯) 김성일(金誠一: 의성), 한강(寒岡) 정구(鄭逑: 청주), 여헌(旅軒) 장현광(張顯光: 인동) 등 4현의 문묘종사(文廟從祀) 청원을 추진하다 무위로 끝나버린 일도 있다. 이는 서애와 학봉의 위차 문제에서 비롯된 것이었다. 앞서 1620년(광해군 12) 퇴계 이황을 주향으로 하는 여강서원(廬江書院: 이후 호계서원)을 건립하였는데, 이때 종향자인 서애와 학봉 가운데 누구의 위패를 퇴계의 왼편에 둘지 논쟁이 벌어졌다. 이 논쟁을 계기로 영남의 유림들은 호파(虎派: 학봉계열)와 병파(屏派: 서애계열)로 나누어 대립하게 되었다(屏虎是非). 이 문제는 서애를 왼쪽, 학봉을 오른쪽에 배향함으로써 일단락되었다. 그러나 200여 년이 지나 추진된 문묘 종사 운동으로 위차 문제가 다시 불거져 서애와 학봉의 순서를 두고 대립하게 된 것이다. 결국 양 당사자는 물론 함께 올린 여헌과 한강의 문묘 배향까지 무위가 되고 말았다.

〈학봉종택(김성일 종택)〉

사색당파(四色黨派)가 표면화되지 않던 선조(宣祖) 이전에는 영남의 유현이 문묘에 많이 배향되었다(김굉필, 정여창, 이언적, 이황). 그러나 인조(仁祖) 이후 서인(西人)이 정권을 독점하고부터는 남인 쪽에서는 문묘 배향자를 전혀 배출하지 못하였다. 이는 영남 남인의 사림들로서는 문묘 배향에 큰 의미를 부여하지 않는 내재적 정서가 될 수 있었다. 그러나 퇴계 선생이 배향되어 있다는 사실 하나만으로도 문묘 배향은 영남의 남인들에게도 큰 의미가 있는 것이다. 퇴계는 율곡(栗谷)과 더불어 조선의 큰 유학자이며, 특히 영남 남인의 많은 제자를 배출한 인물이기 때문이다. 주자학을 통치 이념으로 한 조선에서의 문묘 배향은 정치적 사상적 지역적인 한계를 넘어서는 개인 및 가문의 제일가는 영예로 보아야 할 것이다.

<문묘배향자(文廟配享者) 현황 Ⅰ >

(중국)

배향인물		출신국 또는 지역	추봉(追封) 자(字) 또는 명(名)	생졸(生卒)
공자(功子)		노(魯)	대성지성문선왕 (大成至聖文宣王)	BC 551~478
사 성 四 聖	안자(顔子) 증자(曾子) 자사(子思)	노(魯) 노(魯) 노(魯)	연국복성공(兗國復聖公) 성국종성공(郕國宗聖公) 기국술성공(沂國述聖公)	BC 521~490 505~436 483~402

	맹자(孟子)	노(魯) 추읍(鄒邑)	추국아성공(鄒國亞聖公)	372~289
십 철 十 哲	민손(閔損)	노(魯)	자건(子騫)	BC 507~
	염경(冉耕)	노(魯)	백우(伯牛)	544~
	염옹(冉雍)	노(魯)	중궁(仲弓)	522~
	재여(宰予)	노(魯)	자아(子我)	522~458
	단목사(端木賜)	위(衛)	자공(子貢)	507~420
	염구(冉求)	노(魯)	자유(子有)	522~489
	중유(仲由)	노(魯)	자로(子路)	542~480
	언언(言偃)	오(吳)	자유(子游)	506~
	복상(卜商)	위(衛)	자하(子夏)	507~400
	전손사(顓孫師)	진(陳)	자장(子張)	503~
송 조 육 현 宋 朝 六 賢	주자(周子)	도주(道州)	돈이(敦頤)	AD 1017~1073
	정백자(程伯子)	하남(河南)	호(顥)	1032~1085
	정숙자(程叔子)	하남(河南)	이(頤)	1033~1107
	소자(邵子)	하남(河南)	옹(雍)	1011~1077
	장자(張子)	봉상(鳳翔)	재(載)	1020~1077
	주자(朱子)	휘주(徽州)	희(熹)	1130~1200

<문묘배향자(文廟配享者) 현황 Ⅱ>

(신라: 2명)

배향자		호(號)	시호 (諡號)	배향년도	주요 행적
본관	성명				
경주	설 총 (薛聰)	총지 (聰智)	홍유후 (弘儒侯)	고려 현종 13 (1022)	원효대사의 아들로 이두문자 제정, 국학을 홍기.
경주	최치원 (崔致遠)	고운 (孤雲)	문창후 (文昌候)	고려 현종 14 (1023)	당나라에 가서 등과(登科), 여러 벼슬을 거쳤으며, 『계원필경(桂苑筆耕)』 저술.

(고려: 2명)

배향자		호(號)	시호 (諡號)	배향년도	주요 행적
본관	성명				
순흥 (順興)	안 향 (安珦)	회헌 (晦軒)	문성 (文成)	고려 충숙왕 6 (1319)	주자학 최초 도입, 국학(國學)의 대성전(大成殿) 건립케 함.
연일 (延日)	정몽주 (鄭夢周)	포은 (圃隱)	문충 (文忠)	조선 중종 12 (1517)	성리학 보급, 동방이학지조(東方理學之祖)로 추앙.

배향자		호(號)	시호 (諡號)	배향년도	주요 행적
본관	이름				
서흥 (瑞興)	김굉필 (金宏弼)	한훤당 (寒暄堂)	문경 (文敬)	광해군 2년 (1610)	점필재(佔畢齋) 김종직 (金宗直)을 사사(師事), 성 리학에 통달하였으며 특 히 소학(小學)을 몸소 실 천, 갑자사화 때 사사됨.
하동 (河東)	정여창 (鄭汝昌)	일두 (一蠹)	문헌 (文獻)	광해군 2년 (1610)	점필재의 문인으로 무 오사화 때 종성(鍾城)으 로 유배, 적소에서 사망. 갑자사화 때 다시 부관 참시. 『주객문답』에서 성리학을 대화체로 정 리함.
한양 (漢陽)	조광조 (趙光祖)	정암 (靜庵)	문정 (文正)	광해군 2년 (1610)	점필재의 학통 계승, 왕 도정치 실현을 이상으 로 정치개혁 주창. 기묘 사화 때 유배 사사.
여주 (驪州)	이언적 (李彦迪)	회재 (晦齋)	문원 (文元)	광해군 2년 (1610)	『대학장구보유(大學章 句補遺)』, 『중용구경연 의(中庸九經衍義)』 편수. 양재역 벽서사건 때 강 계로 유배, 적소에서 사 망. 퇴계의 사상에 영향.

진성 (眞城)	이 황 (李滉)	퇴계 (退溪)	문순 (文純)	광해군 2년 (1610)	동방 유학을 집대성한 대학자로 주자의 이기 이원론을 발전시켜 문하에 많은 석학 배출.『성학십도』등 수많은 저서를 남김.
울산 (蔚山)	김인후 (金麟厚)	하서 (河西)	문정 (文正)	정조 20년 (1796)	이기혼합설(理氣混合說)을 주장하고 태극도설과 사단칠정(四端七情) 강론. 천문지, 의약, 율력에도 조예가 깊었음.
덕수 (德水)	이 이 (李珥)	율곡 (栗谷)	문성 (文成)	숙종 8년 (1682)	퇴계의 이기호발설에 대하여 기발이승일도설(氣發理乘一途說)을 주장.『성학집요(聖學輯要)』등 많은 저술을 남김.
창녕 (昌寧)	성 혼 (成渾)	우계 (牛溪)	문간 (文簡)	숙종 8년 (1682)	백인걸(白仁傑) 문하에서 경학연구에 정진. 서인이면서 퇴계의 이기호발설(理氣互發說)을 지지하여 유학계의 화제를 불러옴.

광산 (光山)	김장생 (金長生)	사계 (沙溪)	문원 (文元)	숙종 43년 (1717)	율곡과 송익필(宋翼弼)의 학문을 이어받아 많은 석학을 배출.『가례집람(家禮輯覽)』등 저서를 남김.
배천 (白川)	조 헌 (趙憲)	중봉 (重峯)	문열 (文烈)	고종 20년 (1883)	율곡과 우계를 사사하여 성학(聖學)을 익힘. 율곡의 학문을 계승 발전시킴. 임진왜란 때 금산전투에서 장렬히 전사. 저서로『중봉집』이 전해짐.
광산 (光山)	김 집 (金集)	신독재 (慎獨齋)	문경 (文敬)	고종 20년 (1883)	사계(沙溪) 김장생의 아들로 가학 계승하여 예학에 통달함. 황강(黃岡) 김계휘(金繼輝)와 그 아들인 사계, 손자인 신독재를 아울러 세칭 광산김씨 3대 명현(三代名賢)이라 함.
은진 (恩津)	송시열 (宋時烈)	우암 (尤庵)	문정 (文正)	영조 32년 (1756)	사계(沙溪)의 문인. 도학, 문장으로 당시 유학자(儒學者)의 종(宗)이 됨. 노론(老論)의 영수로서 정쟁의 중심에 서기도

| 은진
(恩津) | 송준길
(宋浚吉) | 동춘당
(同春堂) | 문정
(文正) | 영조 32년
(1756) | 함. 기사환국(1689) 때 사
사됨. 저서로 『송자대
전(宋子大全)』등 다수.

우암 송시열과 사계 문
하에서 동문수학했으며
원촌(遠寸: 13寸)의 숙
질 간이다.
세칭 은진 양송(兩宋)이
라 불린다. 대군의 사부
로 경학을 강독했으며
저서로『어록해(語錄解)』
등이 있다. |
| 반남
(潘南) | 박세채
(朴世采) | 남계
(南溪) | 문순
(文純) | 영조 40년
(1764) | 청음 김상헌(金尙憲)의
문하에서 성리학을 연
구하고 우암 송시열과
도 학문교류를 했음.
당대의 유종(儒宗)으로
특히 예학에 조예가 깊
었다. 저서로 『남계예
설(南溪禮設)』등 다수. |

나. 대제학(大提學: 文衡) 배출 가문

홍문관(弘文館)과 예문관(藝文館)의 수장(首長)인 대제학은 정2
품(正憲大夫, 資憲大夫) 품계로 타관(他官)이 겸임하는 보직이었
다. 양관 대제학으로서 성균관대사성(成均館大司成)이나 지성균관
사(知成均館事)를 지낸 경우를 별칭으로 문형(文衡)이라고 정의하
나, 통상 대제학을 문형이라 일컫는다. 이는 모든 학문을 저울질
할 수 있는 국가 최고의 자격을 지닌 사람이란 뜻이다. 문한(文翰)
을 장악하여 학문과 관계되는 제반사를 통할하는 보직으로서 학
자로서는 최고의 영예직이었다.

대제학은 원칙적으로 문과(文科)에 합격한 후, 호당(湖當)에 들
어 사가독서(賜暇讀書)를 마친 인재를 임명하도록 규정되어 있었
다. 임기는 본인 의사에 따라 결정하며 종신직이었다. 벼슬의 직급
은 비록 판서급이었으나, 3명의 정승이 대제학 1명만 못하다[三政
丞不如一大提學]는 말이 있듯이 사회적 평가는 3정승을 뛰어넘는
것이었다. 오죽하면 양반가문이 3대가 적선해야 대제학 1명을 배
출할 수 있다는 말이 나올 정도였다. 이처럼 양반 문벌 가문으로서
는 최고 선망의 벼슬자리였다. 죽어서는 문묘에 들고, 살아서는 대
제학에 오르는 것이 유학자로서 최고의 가치였다. 따라서 대제학
의 배출순위가 명가의 척도로 회자(膾炙)되어, 항간에서는 '연이광
김(延李光金)'이라는 말도 생겨나게 되었다. 7명의 대제학을 배출
한 연안이씨와 광산김씨를 명가로 통칭하고 있는 것이다.

대제학과 관련된 기록을 살펴보면 다음과 같다. 최연소 대제학을 지낸 이는 광주이씨의 한음(漢陰) 이덕형(李德馨)으로, 31세에 대제학의 자리에 올랐다. 한음은 20세에 문과에 합격하여, 23세에 호당(湖當)에 들고, 31세에 대제학, 38세에 우의정, 42세에 영의정에 오르는 기록을 세웠다. 그는 영의정 한산이씨 이산해(李山海)의 사위로, 장인과 사위가 영의정을 지낸 사실로도 유명하다. 경주이씨 백사(白沙) 이항복(李恒福)과의 우의는 관포지교(管鮑之交)에 비견되며 많은 일화가 구전되고 있다.

<성관별 대제학 배출 현황>

성관별	배출 인원(명)
光山金氏, 延安李氏, 全州李氏	7
安東金氏, 宜寧南氏, 達成徐氏	6
德水李氏	5
豊壤趙氏	4
慶州李氏, 安東權氏, 淸風金氏, 驪興閔氏, 高靈申氏, 海州吳氏, 海平尹氏, 延日鄭氏, 楊州趙氏, 南陽洪氏, 豊山洪氏	3
延安金氏, 潘南朴氏, 昌寧成氏, 平山申氏, 靑松沈氏, 坡平尹氏, 廣州李氏, 韓山李氏, 東萊鄭氏, 漢陽趙氏, 全州崔氏, 長水黃氏	2

晉州姜氏, 尙州金氏, 順天金氏, 義城金氏, 光州盧氏, 密陽朴氏, 忠州朴氏, 密陽卞氏, 晉州蘇氏, 恩津宋氏, 耽津安氏, 咸從魚氏, 文化柳氏, 晉州柳氏, 豊山柳氏, 茂松尹氏, 龍仁李氏, 全義李氏, 牛峰李氏, 眞城李氏, 德水張氏, 晉州鄭氏, 河東鄭氏, 白川趙氏, 平康蔡氏, 朔寧崔氏, 海州崔氏, 淸州韓氏, 缶溪洪氏	1
총 60개 성관(姓貫)	134

<3대(三代) 대제학 배출 가문(4개 가문)>

성관	가계(家系)	대제학		
		본인	아들	손자
연안이씨 (延安李氏)	저헌(樗軒) 이석형(李石亨)	월사(月沙) 이정구 (李廷龜)	백주(白洲) 이명한 (李明漢)	청호(靑湖) 이일상 (李一相)
광산김씨 (光山金氏)	사계(沙溪) 김장생(金長生)	서석(瑞石) 김만기 (金萬基)	죽천(竹泉) 김진규 (金鎭圭)	건암(健庵) 김양택 (金陽澤)
달성서씨 (達城徐氏)	약봉(藥峯) 서성(徐渻)	순오(舜五) 서유신 (徐有臣)	죽석(竹石) 서영보 (徐榮輔)	매원(梅園) 서기순 (徐箕淳)
전주이씨 (全州李氏)	밀성군(密城君) 이침(李琛)	서하(西河) 이민서 (李敏敍)	병산(屛山) 이관명 (李觀命)	노포(老圃) 이휘지 (李徽之)

<부자(父子) 대제학 배출 가문(7개 가문)>

성관	가계(家系)	대제학	
		본인	아들
연안이씨 (延安李氏)	월사(月沙) 이정구(李廷龜)	쌍계(雙溪) 이복원(李福源)	극옹(屐翁) 이만수(李晩秀)
전주이씨 (全州李氏)	덕천군(德泉君) 이후생(李厚生)	도운(陶雲) 이진망(李眞望)	관양(冠陽) 이광덕(李匡德)
덕수이씨 (德水李氏)	용재(容齋) 이행(李荇)	택당(澤堂) 이식(李植)	외재(畏齋) 이단하(李端夏)
안동김씨 (安東金氏)	청음(淸陰) 김상헌(金尙憲)	문곡(文谷) 김수항(金壽恒)	농암(農巖) 김창협(金昌協)
창녕성씨 (昌寧成氏)	이헌(怡軒) 성여완(成汝完)	용재(慵齋) 성현(成俔)	돈재(遯齋) 성세창(成世昌)
해주오씨 (海州吳氏)	양곡(陽谷) 오두인(吳斗寅)	월곡(月谷) 오원(吳瑗)	순암(醇庵) 오재순(吳載純)
의령남씨 (宜寧南氏)	호곡(壺谷) 남용익(南龍翼)	뇌연(雷淵) 남유용(南有容)	사영(思潁) 남공철(南公轍)

위의 3대(三代) 및 부자(父子) 대제학 가문은 조선시대에 국한한 것인데, 순흥안씨(順興安氏)에서는 고려 말과 조선 초에 걸쳐서 5대가 문형(文衡)을 지낸 기록도 있다. 순흥안씨 제3파인 근재(謹

齋) 안축(安軸)의 가계는 그를 시작으로 고려조에 2대, 조선조에 3대의 문형을 내리 배출하였다고 하여, 세칭 순흥안씨 5전문형(五典文衡)집이라 하였다. 안종원은 대제학에 들지는 않았지만, 최고 교육기관인 성균관의 대사성을 지내고, 조선의 3대 언론기구[三司: 홍문관, 사헌부, 사간원] 중 하나였던 사헌부의 장(長)인 대사헌을 역임하였으니 5전문형집이라 지칭할 만하다.

<순흥안씨 5전문형>

시대별	세수 (世數)	호(號)	시호 (諡號)	성명 (姓名)	관직 (官職)
고려조	6	근재 (謹齋)	문정공 (文貞)	안축 (安軸)	우문관대제학 (右文館大提學)
	7	쌍청당 (雙淸堂)	문간공 (文簡)	안종원 (安宗源)	대사성 (大司成)
조선조	8		양도공 (良度)	안경공 (安景恭)	집현전대제학 (集賢殿大提學)
	9	죽계 (竹溪)	정숙공 (靖肅)	안순 (安純)	수문전대제학 (修文殿大提學)
	10	옹재 (雍齋)	문숙공 (文肅)	안숭선 (安崇善)	집현전대제학 (集賢殿大提學)

한편 모든 관리와 반가(班家)가 선망하는 직위인 대제학을 지낸 최고의 석학(碩學)도 영예로운 이력을 유지하지 못한 경우가 상당히 많았다. 판서나 정승(영의정, 좌의정, 우의정) 등 권세의 직위를 겸직함으로써, 정쟁 또는 스스로의 허물로 인하여 천수를 다하지 못하거나 유배를 당한 경우가 드물지 않았다. 이는 오늘날에도 국립대학 총장직을 지낸 학자가 정치권으로 이입하여 크게 현달하지 못하고, 오히려 이름 석 자에 흠결만 남긴 사례와 유사하다고나 할까! 사실상 정치와 학문이 직결되어 있었던 조선시대를 바라봄에도 그렇건만 하물며 분업화된 오늘날을 사는 우리는 더욱 경계할 일이 아니겠는가. 마감된 불행한 역사적 사실은 오늘을 사는 이들이 반면교사(反面敎師)로 삼아야 할 대상이 아닌가 생각해본다.

다. 시호(諡號)를 받은 가문

왕과 왕비를 비롯하여 종친(宗親), 정2품 이상의 실직을 지낸 문·무관이나 공신이 사망하면 생전의 행적에 따라 따로 정한 글자를 조합하여 임금이 별호(別號)를 내린다. 이를 시호(諡號)라고 한다. 조선 초기까지는 증시대상 범위를 정2품(판서급) 이상의 벼슬을 한 사람으로 한정하였으나, 후대에 내려오면서 완화되었다. 즉 덕망이 높은 유학자나 나라가 위태로울 때 몸 바쳐 싸운 절신(節臣) 등도 시호를 받았으며, 사후에 증직(贈職)되어 추시(追諡)하는 경우도 있었다.

시호의 기원을 중국으로 보는 것에는 이론(異論)이 없으나, 언제부터인지는 확실하지 않다. 다만 주(周: BC 1046~BC 771)나라 주공(周公: 주나라를 세운 무왕의 동생) 때부터 시법(諡法: 제도적인 절차에 의함)에 의한 증시(贈諡)가 행해진 것으로 보는 것이 일반적이므로, 매우 오래된 것임에는 틀림없다.

우리나라의 경우 그 출발은 분명치 않으나, 삼국시대부터 시호를 사용한 예가 확인된다. 고구려의 왕명에는 들[原]이나 내[川]를 중심으로 한 지명이 나타나는 사례가 많은데, 이를 장지명(葬地名)에서 따온 시호라 보기도 한다. 민중왕, 모본왕, 고국원왕, 동천왕, 중천왕, 서천왕, 미천왕, 고국천왕 등이 모두 그 같은 예이다. 백제도 동성왕(東城王)의 경우 장지(葬地)에서 시호를 가져온 것이라 보기도 한다. 또한 무령왕(武寧王: 462~523) 이후에는 생전 업적을 고려하여 시호를 정한 것으로 여겨지고 있다. 신라의 경우 법흥왕 원년(514)에 죽은 부왕(父王)에게 '지증(智證)'이라는 시호를 내렸다는 기록이 그 효시로 보인다. 한편 광개토대왕의 묘호는 국강상광개토경평안호태왕(國岡上廣開土境平安好太王)인데, 삼국에서 묘호와 시호가 어떻게 운영되었는지 현 사료로는 구분이 명확하지 않다. 이처럼 삼국시대 이후 고려시대까지는 시호를 정하는 절차나 범위 등 시법에 관한 사료가 거의 보이지 않아 그 운영 실태를 알기 어렵다. 시호제도나 절차 등의 상세한 내용은 조선시대에 들어서야 확인이 가능하다.

조선에서 운영된 시호제도를 살펴보면 다음과 같다. 우선 왕이나 왕비가 사망한 경우에는 임시관청인 시호도감(諡號都監)을 설치하여 이를 담당하도록 하였다. 정1품의 정승급 관리가 시호도감의 최고 수장인 도제조(都提調)를 겸직하였다. 일반의 경우에는 봉상시(奉常寺)라는 관청에서 시호의 의정(議定)을 주관하였다. 시호의 증시 절차는 시기별로 약간의 제도적 변천은 있었으나, 통상적으로는 다음 표와 같이 진행되었다.

<시호(諡號)의 증시(贈諡) 절차>

단계별	절차
1	시호대상자 사망.
2	후손이나 관계자가 행장(行狀: 주요 이력)을 적어 예조(禮曹)에 제출.
3	예조에서는 행장 검토 후 봉상시에 보냄.
4	봉상시에서는 행장을 보고 세 개의 시호안을 정하여 홍문관에 보냄. 이를 시장(諡狀)이라 함.
5	홍문관(弘文館)에서는 시장(諡狀)의 세 가지 안[三望]을 가지고 봉상시 관원과 다시 의정. 이후 의정부 관리(舍人 또는 檢詳 중 1인)의 서경(署經: 오늘날의 관련기관 협조sign)을 받고 이조(吏曹)로 넘김.
6	이조에서는 시호망단자(諡號望單子)를 작성(3망이 일반적이나 단망일 경우도 있음)하여, 국왕이 하나를 최종 선택하는 수점(受點)을 받음.
7	왕의 수점 후 대간(대사헌, 대사간)의 서경을 받아 확정.
8	국왕의 교지 작성하여 증시.
	*예조에서의 행장 접수 없이[不待諡狀] 직권으로 시호를 내릴 때도 있는데, 이 경우 위의 2~4단계 생략.

한편 후손 등이 망자에 대한 시호를 청하는 행장이나 봉상시의 시장 없이 직권으로 시호를 내린 경우도 있었는데, 퇴계(退溪) 이황(李滉)에게 문순(文純)이라는 시호를 내린 것이 그 효시이다. 직권으로 내려진 시호와 행장이나 시장에 의한 시호의 구분을 정확히 파악하기는 어려우나 국난시 충절을 다한 절신에게 내려진 시호는 대부분 직권으로 내려진 시호로 보여진다.

왕이나 왕비의 시호는 관인(官人)이나 유현(儒賢) 및 절신(節臣) 등에게 부여하는 시호와는 글자도 달랐거니와, 두 글자의 조합이 아닌 여러 글자의 조합으로 이루어졌다. 예를 들면 세종의 시호는 장헌영문예무인성명효(壯憲英文睿武仁聖明孝)이다. 장헌(壯憲)은 명(明)나라 황제가 내려준 시호이며, 영문예무(英文睿武)는 신하들이 왕의 업적을 찬양하기 위하여 올린 존호(尊號)이고, 인성명효(仁聖明孝)는 세종 사후 다음 왕위를 이어받은 문종(文宗)이 올린 시호이다. 우리가 통상 세종(世宗)이라고 부르는 호칭은 임금이 죽은 뒤, 종묘(宗廟)에 그 신위를 모실 때 올리는 존호인 묘호(廟號)이다. 당연히 둘 다 임금이 살아있을 때 불리던 호칭이 아니다.

묘호는 대개 조(祖)나 종(宗)을 붙이는 조종지법(祖宗之法)을 따랐으며, 두 글자를 사용했다. 이는 중국의 당나라 때부터 사용하기 시작한 것으로서 우리나라는 고려 때부터 쓰기 시작하였다. 앞서 신라에서는 삼국을 통일한 후, 5묘제를 실시하고 무열왕에게 태종이란 묘호를 올린 예가 있다. 그러나 현존 사료에는 태종 무열왕외 '조종지법'을 쓴 묘호가 고려시대까지 보이지 않는다.

조(祖)는 창업(創業)의 군주에게, 종(宗)은 수성(守成)의 군주에게 붙이는 것이 원칙이었다. 따라서 나라를 개국한 임금에게는 조(祖)가 붙여졌는데, 당나라의 이연(李淵)은 고조, 고려의 왕건(王建)은 태조, 조선의 이성계(李成桂)도 태조라는 묘호를 받은 것이다. 조선에서는 점차 조(祖)는 공(功)에 비중을 두고 종(宗)은 덕(德)에 비중을 부여하는 이른바, 조공종덕(祖功宗德)의 의미로 묘호를 택하게 되었다.

한편 일반관리나 유현·절신 등에게 내려지는 시호는『사기(史記)』의 시법(諡法)에 따라 194자를 사용하였는데, 세종 때 봉상시에서 건의하여 107자를 추가하였다. 이렇게 하여 시법에 쓸 수 있는 글자는 301자로 확대되었으나, 실제로는 120여 자가 주로 사용되었다. 하나의 글자가 여러 개의 뜻으로 사용되므로, 2개의 글자로 조합하면 수천 가지의 의미를 나타낼 수 있었다.

예를 들면 시호글자 중 가장 으뜸으로는 '문(文)'자를 들 수 있는데, 다음의 의미들로 사용된다. ① 경천위지(經天緯地: 온 천하를 경륜하여 다스림) ② 근학호문(勤學好問: 학문에 힘써 묻기를 좋아함) ③ 도덕박문(道德博聞: 도덕을 널리 들어 아는 바가 많음) ④ 충신애인(忠信愛人: 충과 신으로 백성을 사랑함) ⑤ 민이호학(敏而好學: 총명하여 학문을 좋아함) 등 10여 가지의 자의(字義)로 사용되었다.

따라서 같은 글자의 시호가 증시된 경우라 하더라도 시장(諡狀)과 시호망(諡號望)에서의 자의(字義)가 다른 경우도 있었다. 이를테면 충무공(忠武公)을 들 수 있다.

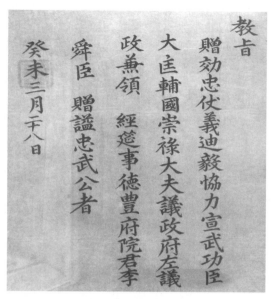

〈이순신 증시교지〉

　이순신(李舜臣)하면 충무공, 충무공하면 이순신을 연상하지만, 실은 '이순신은 충무공'이라 할 수 있지만 '충무공은 이순신'의 등식이 성립하지는 않는다. 충무공은 이순신 혼자만이 아닌 것이다. 조선시대에만도 조영무(趙英茂: 한양조씨), 남이(南怡: 의령남씨), 이준(李浚: 전주이씨), 김시민(金時敏: 안동김씨), 이수일(李守一: 경주이씨), 정충신(鄭忠信: 금성정씨), 구인후(具仁候: 능성구씨), 김응하(金應河: 안동김씨) 등이 충무공(忠武公)의 시호를 받았다.

또한 같은 충무공이지만 시호망(諡號望)에서 임금이 낙점한 충(忠)과 무(武)의 자의(字義)에는 약간씩 차이가 있다. 또 다른 실례로 같은 '문충(文忠)'의 시호를 받았으나, 그 의미가 다른 경우를 살펴볼 수 있다. 풍산류씨의 서애(西涯) 류성룡(柳成龍: 영의정 지냄)과 덕수이씨의 외재(畏齋) 이단하(李端夏: 좌의정 지냄)의 시호가 그렇다. 같은 글자의 시호지만, 시주(諡註)의 자의(字義)는 아래와 같이 의미를 조금씩 달리 하고 있는 것이다. 류성룡의 시주(諡註)는 "文曰 道德博聞(도와 덕이 높고 견문이 넓음), 忠曰 危身奉上(자신이 위태로우면서도 임금을 받듦)"이며, 이단하의 시주(諡註)는 "文曰 勤學好問(배우기를 부지런히 하고 글 읽기를 좋아함), 忠曰 廉方公正(청렴하고 공정하였음)"이다.

<시호(諡號)에 사용되는 주요 글자>

文忠貞恭襄靖良孝莊安景章翼昭平僖武康正肅仁敬定惠懿憲烈獻簡元成純穆敏毅節淸宣顯順端剛榮壯齊戴義溫度長明匡(恪)潔達(裕)(懋)(桓)胡信質夷愍悼頃介(白)(隱)(修)丁玎懷(果)(聖)(神)(智)弘嚴和光熙昌宗愼(諒)謙(聰)(善)德儀英克譽殷密寬密靜(淵)眞通坦堅魏嘉彬(容)益衛直愷休靈思繆厲墨荒(閔)(哀)殤麥.

(以上 121字)

－참조:『文獻備考』 제239권 東國見行諡法

위의 글자 중에서 문(文), 충(忠), 정(貞), 효(孝), 공(恭), 양(襄), 정(靖), 장(章), 경(景), 익(翼), 장(莊), 안(安) 등이 가장 대표적으로 많

이 사용되었다.

　시호를 어느 글자로 받느냐를 둘러싸고 시비와 논란도 있었다.
심지어는 뒷날에 개시(改諡)를 요구하여 시호가 바뀌는 경우도 있
었다. 특히 문반(文班) 우위의 관념 때문에 '문(文)'자 시호를 최고
의 영예로 여겼다. 따라서 '문(文)'자 시호의 다과로 명가(名家)의
척도를 삼는 것이 당시 시대적 통념이기도 했다. 물론 무반(武班)
의 경우에는 '충(忠)'자 시호를 받는 것이 영예였다.

　조상 중에 시호[善諡: 좋은 시호]를 받은 사람이 있으면 대부분
중시조(中始祖)가 되거나 파조(派祖)가 되어, 그 후손들은 ○○성
씨(姓氏) ○○(시호)파라고 힘주어 말하면서 은근히 반격(班格)을
과시하기도 하였다.

<앞 글자별 시호(諡號) 현황>

구분	전체	문(文)	충(忠)	정(貞)	효(孝)	기타
인원(명)	2,208	681	433	144	107	843
점유비	100%	30%	20%	7%	5%	38%

(자료:『한국인명대사전』시호 일람)

*개시(改諡) 등으로 오차는 있을 수 있으나 문(文), 충(忠)이 전체의 50% 점유.

　시호의 자의(字義)는 시호를 받은 사람의 일생 행적을 축약한 것
이라 할 수 있다. 따라서 사후에 받는 시호를 통해 포폄(襃貶)이 이
루어지기도 하므로, 생전 본인의 신상관리를 정결케 하도록 하는

제도적 장치이기도 하다. 이로 인해 시호를 받을 수 있는 대상자는 행장제출이 권리가 아니고 의무였다. 대부분이 선시(善諡)가 증시되었으나, 일부 중에는 명문가의 일원으로 현달한 많은 후손을 두고도 악시(惡諡)를 증시 받고 개시(改諡)조차 못한 사례도 있었다. 고위직(정2품 이상)을 역임하고도 시호가 내려지지 않은 경우도 있었다. 참고로 악시(惡諡)에는 정(丁)·양(煬)·황(荒)·혹(惑)·유(幽)·여(厲) 등의 글자가 많이 쓰였다.

한편 조선의 국운이 다한 1910년[庚戌年]에는 개시(改諡) 6명을 포함하여 당시까지 보류해 놓았던 66명에 대하여 무더기로 증시(贈諡)하였는데[庚戌諡號], 본래의 시호제도를 무색하게 한 것이었다. 이는 오늘날 대통령 임기 말에 무더기로 훈, 포상하는 사례와 어쩌면 비슷한 유형이라고나 할까!

라. 청백리(淸白吏) 가문

조선시대 관리의 최고 덕목은 수기치인(修己治人: 자신부터 몸과 마음을 수양하여 바르게 한 다음 다른 사람을 다스려야 한다는 유교이념)이며, 청렴은 관리가 지녀야 할 '수기(修己)'의 가장 우선적인 규범이었다.

청백리란 전통적으로 깨끗한 공직자를 지칭할 때 사용하는 말이다. 조선은 관료로서 공직 기간 동안 청렴하고 검소한 생활을 몸소 실천한 자를 선발하여 청백리로 지정, 공표하였다. 일반 백성에게는 청백리를 배출한 가문이 칭송과 영예의 대상이 되게 하고, 현직 관리들에게는 청렴의 표상이 되게 하여, 청백한 관리의 이도(吏道)를 고양시키기 위함에 그 제도적 의의가 있었다.

청백리 제도는 중국의 한(漢)나라에서 그 효시를 찾을 수 있으며, 우리나라의 경우에는 고려시대에 청백리와 관련된 기록이 드물게 확인된다. 고려 인종 14년에 청백수절자(淸白守節者)를 서용했다는 기록 등이 보이는데, 이는 청백리 제도 실시 가능성을 유추해볼 수 있게 한다. 그러나 절차와 방법 등 제도적 정착을 확인할 수 있는 것은 역시 조선시대부터이다.

조선왕조는 개국과 함께 공직자들의 쇄신을 당부하고 관리가 지켜야 할 규범 즉 예(禮)의(義)염(廉)치(恥)의 실천을 권장하였다. 특히 이 사유(四維) 중에서 염치(廉恥)를 강조하였다. 그리하여 청백리 제도 역시 조선개국 초기부터 시행된 것으로 보이는데, 태조 때 안성(安星) 등 5인을 청백리로 뽑은 것이 시초였다. 이후에도 꾸준히 선발되어 『전고대방(典故大方)』이란 책에는 총 218명의 청백리 또는 염근리로 녹선된 인원이 확인된다. 이처럼 청백리제도는 조선 초기부터 실시되어 중엽에 정비과정을 거쳐, 선조대에는 선발 절차와 방법 등에 보완을 이룬 것으로 파악되고 있다.

1) 청백리 선정(選定) 기준

청백리는 조선시대 전반에 걸쳐 법 규정 등의 통일된 선정 기준이 찾아지지 않는다. 다만 선발된 이들의 사유로 '청백 · 근검 · 경효(敬孝) · 후덕(厚德) · 인의(仁義)' 등의 품행이 제시되어 참고가 된다.

청백리의 선정 기준을 살펴보면 다음과 같다.

첫째가 청렴결백(淸廉潔白)이다. 청렴은 관리의 최우선 덕목으로서 강조되었다. 다산(茶山) 정약용은 그의 저서『목민심서(牧民心書)』에서, "청렴이란 목민관의 본질적 임무이며, 모든 선(善)의 근원일 뿐만 아니라 덕(德)의 근원이다"라고 하였다.

둘째가 절약(節約) 검소(儉素)이다. 청렴결백과 절약검소는 언뜻 동의어(同意語)인 것 같으나, 청렴결백이 정신적 심리적 가치관(價置觀)이라 한다면 절약 검소는 외형적으로 나타나는 생활상 또는 태도라 할 수 있다. 이는 청렴결백한 가치관과 함께 실제 검소하고 절약하는 생활을 유지해야 함을 의미한다. 생활면이 실현되지 않으면 그 가치관은 흔들리거나 망가질 수밖에 없는 것이다.

셋째로 선정(善政)이다. 선정이란 오늘날의 관점에서 보면 실적주의(實績主義)와 유사하다. 즉 백성들 삶의 질을 높이는 데 기여한 공, 재난(천재 · 역병) 구휼에 나서 난국을 타개하는 데 쌓은 치적 등이 높이 평가되었다. 이에 연유하여 옛 관아터 부근에는 많은 선정비(愛民碑, 永世不忘碑, 頌德碑)가 세워져 있는 바, 과연 이 가운데 백성이 자발적으로 건립한 선정비는 얼마나 있을지 의문이다.

〈수원 선정비군〉
곳곳에 흩어져 있던 조선시대 수원유수 · 부사 등의 선정비

넷째로 목민관으로서 준법의 실현이다. 조선조의 행정 규범에는 수령이 지켜야 할 일곱 가지 중점 사항[守令七事]이 있었다. 즉 ① 잠업을 번성시키는 것[農桑盛] ② 인구증가정책[戶口增] ③ 교육진흥[學校興] ④ 군인의 정신무장[軍政修] ⑤ 부역의 공평[賦役均] ⑥ 송사의 간소화[詞訟簡] ⑦ 간교한 언행에 대한 경계[奸滑息]가 그것이다. 이 일곱 가지 중점 사항을 법대로 잘 집행하는 것이 청백리의 기본적 의무였다.

2) 청백리(淸白吏)의 선정 절차

청백리 선정 절차는 다음과 같이 이루어진다.

첫째, 발의(發議)와 공시(公示): 조정(朝廷)에서 정치적 행정적으로 관리의 부정부패 행위에 대한 경종을 울릴 필요가 있는 시점이라고 판단했을 때, 국왕의 지시에 따라 발의한다. 발의된 내용이 확정되면 전국적으로 공시하게 된다.

둘째, 추천(推薦): 조선 중종 이전까지는 의정부(議政府)가 추천 업무를 전담하였으나, 명종 이후에는 이조(吏曹)에서 청백리 대상자를 선발하여 의정부에 송부하고 제신회의(諸臣會議)에 회부하였다.

셋째, 녹선(錄選)과 재가(裁可): 의정부에 보내진 추천 대상자는 제신회의에 회부되어 대관(臺官: 司憲府)의 동의를 얻어 선정되었다. 오늘날 감사관실에서 스크린하는 것과 유사하다 하겠다. 이와 같은 절차를 거쳐 녹선자의 명단이 작성되면, 국왕의 재가를 얻어 청백리로 확정되었다.

3) 청백리에 대한 대우

청백리에 대한 대우는 본인과 자손에 대한 혜택으로 나누어 볼 수 있다. 우선 당사자에게는 현직 재직 중일 경우 포상과 함께 특별승진을 시키기도 하였으며, 이미 퇴직하였더라도 살아 있는 경우 종전의 직급에 상응하는 관직을 제수하여 복직시키기도 하였다. 또한 청백리의 적장손(嫡長孫)에 대하여는 관직이 없는 경우 특별 채용하여 공무를 담당하게 하거나(錄用 또는 敍用), 생활이 곤궁한 경우에는 먹을 양식을 제공하기도 하였다[食物之與].

청백리가 된다는 것은 명분상으로 가문의 반격 상향에 도움이
되었지만, 청백리를 가장으로 둔 가족들은 경제적 곤궁을 감내해
야 했다.

4) 성관별 청백리 배출 현황

조선시대의 청백리에 대해서는 여러 종류의 명단이 있다. 현재
전해지는 대표적인 청백리 명단은 19세기 순조대의 학자 홍경모
(洪敬謨)가 정리한 『대동장고(大東掌攷)』에 실려 있는 121명, 20
세기 초에 작성된 『청선고(淸選考)』의 189명, 1924년 발간된 강효
석(姜斅錫)의 『전고대방(典故大方)』에 실린 218명 등을 들 수 있
다. 위의 책들과 같은 성격의 『명세총고(名世叢攷)』에도 태조대부
터 정조대까지의 인물 134명이 실려 있다. 그런데 실상 『조선왕조
실록』에서는 청백리와 관련하여 극히 제한적인 인물만이 언급되
어 있을 뿐 아니라, 이 자료들과 명단도 일치하지 않는 것으로 보
고된다. 또한 이 자료들 사이에서도 그 명단이 서로 일치하지 않음
은 물론 숫자마저 각기 다르다고 한다. 더욱 판단을 어렵게 하는
것은 그 명단의 전거가 무엇인지 밝혀져 있지 않다는 사실이다. 청
백리 제도가 매우 중요한 것으로 전해지면서도 그 내용은 모호하
다 하겠다.

여기서는 이들 자료 중에서 가장 숫자가 많은 『전고대방』의 명
단을 근거로 하여 성관별로 살펴보면 그 내용은 다음 표와 같다.

<h3 align="center"><성관별 청백리 현황></h3>

청백리 (인원)	성관별
10	全州李氏
7	延安李氏
6	晉州姜氏, 安東金氏, 坡平尹氏, 全義李氏, 陽川許氏, 南陽洪氏
5	光山金氏, 昌寧成氏, 文化柳氏, 韓山李氏, 廣州李氏
4	慶州金氏, 晉州柳氏, 東萊鄭氏, 全州崔氏
3	延安金氏, 驪興閔氏, 順興安氏, 德水李氏, 晉州鄭氏, 淸州韓氏
2	綾城具氏, 善山金氏, 豊川盧氏, 礪山宋氏, 高靈申氏, 寧越辛氏, 青松沈氏, 高靈朴氏, 密陽朴氏, 廣州安氏, 南原梁氏, 丹陽禹氏, 茂松尹氏, 全州柳氏, 慶州李氏, 驪州李氏, 豊川任氏, 漢陽趙氏, 白川趙氏, 海州崔氏, 朔寧崔氏
1	衿川姜氏, 玄風郭氏, 安東權氏, 淸州慶氏, 海平吉氏, 海平吉氏, 豊山金氏, 道康金氏, 江陵金氏, 淸風金氏, 商山金氏, 金海金氏, 宜寧南氏, 新昌孟氏, 比安朴氏, 順天朴氏, 潘南朴氏, 忠州朴氏, 泰仁朴氏, 咸陽朴氏, 草溪卞氏, 水原白氏, 利川徐氏, 達成徐氏, 慶州孫氏, 鎭川宋氏, 新平宋氏, 豊山沈氏, 竹山安氏, 咸從魚氏, 羅州吳氏, 海州吳氏, 同福吳氏, 昌原兪氏, 川寧兪氏, 豊山柳氏, 漆原尹氏, 海平尹氏, 興陽李氏, 永川李氏, 牛峰李氏, 碧珍李氏, 星州李氏, 禮安李氏, 眞城李氏, 公州李氏, 龍仁李氏, 固城李氏, 富平李氏, 利安林氏, 求禮張氏, 奉化鄭氏, 淸州鄭氏, 楊州趙氏, 豊壤趙氏, 林川趙氏, 昌寧曺氏, 尙州周氏, 開城崔氏, 慶州崔氏, 新昌表氏, 長水黃氏, 尙州黃氏, 본관미상

(자료: 『한국고사대전』)

\<父子 청백리\>

가문	父			子		
	시대	관직	성명	시대	관직	성명
全州崔氏	태종	참 찬	崔有慶	태종	판돈녕부사	崔士義
晋州鄭氏	세종	지중추부사	鄭陟	성종	직제학	鄭誠謹
坡平尹氏	숙종	병조판서	尹趾仁	영조	형조판서	尹容

\<兄弟 청백리\>

가문	兄			弟		
	시대	관직	성명	시대	관직	성명
東萊鄭氏	세종	대사헌	鄭甲孫	세조	영의정	鄭昌孫
陽川許氏	성종	병조판서	許琮	연산군	좌의정	許琛
延安金氏	중종	영의정	金詮	중종	공조참판	金訢
豊川任氏	명종	중추부사	任虎臣	명종	형조참의	任輔臣
坡平尹氏	명종	병조판서	尹釜	명종	돈녕부사	尹鉉
南陽洪氏 (土洪)	명종	영의정	洪暹	명종	이조판서	洪曇 (從弟)

청백리 배출은 앞에서도 언급했듯이 한 가문의 영예로서 반격을 높이며, 상대적으로 탐관(貪官)의 집안에 대해서는 자랑스러운 표상이었다.

오늘날에도 청백리상을 수여하고 있다. 1981년 국가공무원법에 관계 규정을 신설하여 이러한 제도를 마련했는데, 이 상을 받은 자에 대하여는 관계법령에 의하여 특별승진이 보장되고, 직급에 관계없이 상위등급의 훈장을 받는 특전이 부여되고 있다. 그런데 오늘날의 청백리제도는 실무 하위직에 편중되고 있는 실정이다. 게다가 청백리로 선발된 공무원이 속한 관청의 이미지를 제고하는 데 활용되는 경향도 있다. 향후 고위직을 선발 포상함으로써 공직 사회의 파급 효과를 더욱 크게 하는 것도 효과적 운영방법이라 생각된다. 한편 당사자에게는 인사 청문회 대상 직위로의 진입 시 이것이 훌륭한 이력이 되지 않을까 사료된다.

〈정창손 묘역 및 신도비〉

〈공암(허가) 바위〉
양천허씨 발상지로 청백리에 녹선된 허종, 허침 형제도
이곳의 정기를 받고 태어났다는 전설이 있다.

마. 불천위(不遷位) 제례를 지내는 가문

제사(祭祀)는 인간과 신(神)의 교감을 행하는 의식으로서 조선시
대 반가에서는 제례에 대하여 특별한 의미를 부여하였다. 즉 효
(孝)의 표상 내지는 유교의 도덕적 가치(禮)로 인식되었다. 원래 제
사는 자연숭배에서 출발하였다. 그러나 고려 말 성리학이 도입되
고, 조선시대 주자가례(朱子家禮)에 따른 관혼상제(冠婚喪祭)의 예

제(禮制)가 확립, 준행되었다. 이로써 제사는 조상숭배라는 관념이 강화되었다. 이러한 관념은 왕가와 사대부는 물론 일반 서민에 이르기까지 보편화되었다. 이로 인해 조상에 대한 제사는 반가의 연례행사로서 그 종류도 매우 다양하였다. 정리하면 아래 표와 같다.

구분	제사의 종류	내용
정기제사	연중절사 (年中節祀)	명절을 맞아 조상에게 지내는 제사로 설, 정월 보름, 삼짇날, 단오, 유두, 칠석, 백중, 추석, 한식, 중양절(9월 9일) 등 해당.
	사시제(四時祭)	계절마다 택일하여 4대조까지 지내는 제사(2월, 5월, 8월, 11월).
	기일제(忌日祭)	조상이 돌아가신 날 자시(子時)에 제사(자정부터 1시 사이). 보통 기제사(忌祭祀)라고 함.
	이제(禰祭)	음력 9월에 택일하여 부모님께 올리는 제사.
	묘제(墓祭)	조상의 산소에 제수를 진설하고 제사(묘사, 시향, 시제, 시사라고도 함).
수시제사	사당제(祀堂祭) 사갑제(祀甲祭)	상기(喪期)가 끝나고 신위를 사당에 모신 다음 집안의 대소사가 있을 때 고유(告由)하는 제례. 회갑이 되기 전에 돌아가신 부모의 회갑일에 지내는 제사. 갑사(甲祀)라고도 함.

생신제(生辰祭)	돌아가신 부모의 대상(大祥)을 치르기 전에 부모의 생일날 지내는 제사.	
길제(吉祭)	신위를 고쳐 쓰는 제사로 봉사손(奉祀孫)이 바뀌었음을 고하는 제사. 죽은 지 27개월 만에 지내는 제사.	
우제(虞祭)	갓 돌아가신 영혼을 위로하는 제사로 초우, 재우, 삼우제가 있음.	
장례 후 제사 (葬禮後祭祀)	소상, 대상, 담제, 탈상에 따른 제사.	

위의 표에 있는 제사 중에서 가장 기본적인 정기제사는 조상이 사망한 날을 추모하여 지내는 기일제(忌日祭)로서 조선 초기에는 신분에 따라 차등적으로 시행되었다. 즉 『경국대전(經國大典)』에 의하면 문무관 6품 이상은 3대를 제사지내고, 7품 이하는 2대만 봉제사하며, 일반 서인(庶人)은 부모만 제사지내도록 명시하고 있다. 조선 중기 이전까지는 이에 따라 제례를 행하였는데, 예컨대 퇴계와 율곡도 3대 봉사를 하였다. 그러나 사계(沙溪) 김장생(金長生: 1548~1631)이 가례에 관한 해설서인 『가례집람(家禮輯覽)』을 펴낸 이후부터 사대부들이 4대(고조부모) 봉사를 하게 되었다. 그리고 1894년 갑오개혁으로 신분제가 철폐된 이후, 일반 평민들

까지도 4대 봉사를 하는 것이 관행으로 자리를 잡게 되었다. 그러나 이러한 대수에 관계없이 이루어지는 제사도 있었다.

1) 불천위의 개념

『경국대전』의 규정이나 『가례집람』 해설에 관계없이, 자손대대로 제사를 모실 수 있는 선조(先祖)의 신위(神位)를 불천위(不遷位)라 한다.

제주(祭主)로부터 4대조 이상은 기제사 대상에서 제외되어 묘제(墓祭)의 대상이 되는 것이 일반적이었다. 그러나 국가에 큰 공을 세웠거나 덕망이 높아서 그 신위를 매혼(埋魂)하지 않고, 별도의 사당에 존치하여 영구히 제사지낼 수 있도록 허락받은 경우가 있었다. 그 신위를 불천위(不遷位: 不遷之位의 줄임말) 또는 부조위(不祧位)라 하고, 그 제사를 불천위제사 또는 불천위대제(不遷位大祭)라 하였다.

불천위를 모시는 가문은 불천위 대상이 된 선조의 현창을 위하여 제례 때 유림대표 또는 각 반가의 문중에 통보하여 참석하게 하였다. 불천위 제례는 현조(顯祖)에 대한 추모와 함께 자기문중의 반격을 과시 또는 높이는 의식(儀式)이기도 하였다.

2) 불천위의 종류

불천위의 종류는 국왕의 간여 여부에 따라 국불천위(國不遷位)

와 향불천위(鄕不遷位)로 대별된다. 국불천위는 개국이나 전란(왜란 및 내란) 등에서 세운 공적을 인정하여 임금이 직접 예조에 명함으로써 추대되는 것이다. 이는 가문의 최고 영예로 대개 해당 인물의 사후(死後)에 결정되는 것이 일반적이었다. 반면 향불천위는 지역사회로부터 천거를 받는다는 점이 다르다. 즉 지역 향교나 서원에서 학덕이 높은 인물을 천거하여, 이를 예조에 상소하면, 조정에서 타당성 여부를 검토한 다음 불천위로 지정하는 것이다.

이 밖에도 사불천위(私不遷位)라는 것도 있다. 입향조 등을 비롯한 조상 가운데 추앙받을 만한 인물이 있을 경우, 해당 가문을 중심으로 자손들이 임의적으로 불천위를 모시는 경우이다. 문중불천위(門中不遷位)라고도 한다. 물론 이 경우에는 지역의 사족이나 유림의 내면적 동의 내지는 추인이 필요하다. 또한 제례 시 타 문중의 참여가 있어야 문중불천위로서 인정받을 수 있다.

조선시대 불천위 추대는 조선 초기만하더라도 주로 공신을 중심으로 행해졌다. 그러나 후대로 갈수록 가문의 현조를 중심으로 이루어지는 경향이 나타난다. 조선 중기를 거치며 성리학 이념이 강화되면서 가문의식이 팽배해지고, 이에 따라 각 가문들이 경쟁적으로 현조를 내세워 불천위로 지정받고자 하는 경향이 두드러졌다. 이로 인해 조선 후기 그 수가 너무 많아져 권위가 다소 실추되는 결과도 나타났다.

3) 불천위와 반격(班格)

불천위 종류를 위의 장에서 언급하였으나, 이의 구분은 현실적으로 거의 불가능하다. 오랜 기간 동안 불천위제사로 영속되어온 시발이 어디에서 연유하였는지 규명되지 않는 경우가 대부분이기 때문이다. 게다가 왕명은 구두로서 행해진 경우도 유효하기 때문에, 불천위 지정 교지가 있는 경우만 국불천위라고 단정할 수도 없다.

이렇게 현실적으로 불천위의 종류는 혼재되어 이어져왔기 때문에, 지금에 와서 각 문중별로 모시고 있는 불천위의 종류를 구분하려는 것은 쉬운 문제가 아니다. 특히 정서적으로도 매우 민감한 사항이다. 다만 문묘배향자 및 종묘배향자는 국불천위로 보는 데 이견이 없다. 또한 시호를 받은 자로서 별묘에 신위가 모셔진 경우는 대부분 국불천위에 포함된다고 볼 수 있다.

〈불천위 사당〉
○○祠 또는 ○○公廟로 편액

불천위의 종류가 무엇이든 불천위를 모시는 문중은 훌륭한 선조를 모신 긍지를 갖고, 제례를 통해 문중 구성원들의 단결과 동질감을 일깨운다. 또한 불천위제사를 지낸다는 것은 타 문중에 대하여는 반격의 우위를 현시하는 자긍심의 원천이 되었다. 따라서 불천위에 대한 제사는 후손들에게 수고로움의 대상이라기보다, 반격의 표상으로 영예의 의미가 더 깊었을 것이다. 불천위 조상 신위의 숫자는 다다익선이라고나 할까! 그도 그런 것이 근래에도 영남지역에서는 불천위제사를 모시는 종손 및 종부들이 모임을 갖고있다. 그들은 이런 모임을 통해 불천위 조상의 제사상차림에 대한 긍지와 가문의 반격을 은근히 과시하고 있는 것이다.

국립문화재 연구소와 경북대 영남문화연구원의 집계에 의하면, 전국의 불천위는 279위가 있다고 한다. 이 중 절반이 넘는 152위가 경상북도 지역에 집중되어 있는 것으로 파악되고 있다(『동아일보』 2013. 11. 7 기사).

바. 서원배향유현(書院配享儒賢) 가문

조선은 성리학을 통치이념으로 표방하는 신흥사대부 계층의 지지를 기반으로 건국되었다. 그리하여 조선은 정치, 사회, 문화 전반에 걸쳐 성리학 사상의 강력한 영향을 받았다.

성리학의 진흥을 위하여 국가에서는 중앙에 국립대학으로 성균관(成均館)을 설치하고, 중등교육을 위하여 서울에 4부 학당(學堂)

과 지방에 향교(鄕校)를 두었다. 그러나 지역별로 설립되어진 향교 교육이 피폐해짐에 따라, 사학(私學)인 서원이 그 틈새를 타고 지방 교육을 장악하게 되었다. 서원은 각지에 설립되어 지방의 양반 자제들을 교육하고 많은 인재를 길러냈다.

1) 서원의 건립 개관

역사상 최초의 서원은 중국 당나라 현종(玄宗) 때의 여정서원(麗正書院)이다. 서원이 제도적으로 정착되기는 송나라에 들어와서인데, 특히 주자(朱子)가 백록동서원(白鹿同書院)을 중건하여 성리학의 도장으로 삼으면서 그 보급이 확대되었다. 중국의 서원은 관학(官學) 보조 기구로서 교육을 위한 학교 기능에만 충실하였다.

우리나라는 1543년(중종 38) 당시 경북 풍기군수 주세붕(周世鵬: 상주주씨)이 백운동서원(白雲洞書院)을 설립한 것이 시초였다. 고려 말에 성리학을 도입한 안향(安珦: 순흥안씨)을 기리고 추모하기 위해 출생연고지인 순흥(順興: 지금의 영주 지역)에 사당을 먼저 세웠는데, 이것이 1542년의 일이다. 그 이듬해 사당 앞에 학문을 연마할 수 있는 강학공간을 건립하여 백운동서원(白雲洞書院: 朱子의 白鹿洞書院을 표방)이라고 하였다.

백운동서원을 건립한 신재(愼齋) 주세붕(周世鵬)은 『무릉잡고(武陵雜稿)』에서 "해동에서 유교를 숭상하고 학교를 건립한 도리가 복초당 안선생 문성공 유와 더불어 노당 추선생 문헌공 적으로부터 시작되었으니, 지금에 이르기까지 그 누가 이를 흠모하지 않을 수 있겠는가(海東崇儒 建學之道 始由 復初堂 安先生 文成公 裕與 露堂 秋先生 文憲公 適 至今 孰不欽慕哉)”라고 기술하고 있다. 문성공(文成公) 안향(安珦)과 문헌공(文憲公) 추적(秋適)의 학문을 받들어 이어갈 수 있도록 하기 위하여 서원을 건립하였다는 취지를 나타내고 있는 것이다. 참고로 안향은 순흥사람[順興人]으로 초명은 유(裕)이다. 원나라에서 『주자전서(朱子全書)』를 필사하여 고려로 돌아와 주자학을 연구하였으며, 공자와 주자 등의 초상화를 들여와 유학을 진흥시켰다. 벼슬은 도첨의중찬(都僉議中贊)에 이르렀다. 또한 추적은 추계사람[秋溪人: 추계는 지금의 용인지역]으로 안향과 함께 관직에 출사하였으며, 『명심보감(明心寶鑑)』의 편자로서 벼슬은 문하시중(門下侍中)에 이르렀다.

〈인흥서원 (秋適선생 배향)〉

우리나라의 서원은 유현(儒賢)에 대한 제사 공간, 원생의 강학 (講學) 공간, 지방유림의 집회 등 여론수렴 공간으로서의 기능을 겸하였다. 서원에 배향되는 유현은 해당 서원의 보본숭현(報本崇賢) 대상이 됨으로써 원격(院格)의 척도가 되었다. 또한 배향된 유현의 후손들인 문중에서는 서원배향을 양반의 증표 정도로 여기게 되었다.

2) 서원 기능의 변천

서원은 지방 사학(私學)과 사우(祠宇)가 결합한 것이었지만, 초기에는 학문의 전당으로서 기능을 충실히 하였다. 최초의 서원인 백운동서원은 1550년(명종 5) 퇴계(退溪) 이황(李滉)의 노력으로 소수서원(紹修書院)이란 사액(賜額)을 받았다. 소수(紹修)는 "무너진 학문을 다시 이어서 닦게 한다(旣廢之學, 紹而修之)"는 의미에서 명명한 것이었다.

16세기에서 17세기 중반까지는 서원의 건립과 배향인물의 선정이 대체적으로 향촌사회의 사림, 유현, 사족, 문중의 공론(consensus)에 의하여 비교적 객관적으로 이루어졌다. 당시 양반층은 상위의 신분층을 유지하고, 붕당정치하에서 고립을 면하기 위하여 명분과 실리에 따라 혈연·지연·학맥을 통한 결속을 도모할 필요가 있었다. 이 결속의 장으로 서원 건립이 필요하게 되었으며, 이때만 하여도 특정 문중들이 자기 현조를 서원배향에 우선시하는 풍조는 크게 없었다.

〈소수서원강학당〉

그런데 17세기 후반 붕당정치의 공존체제가 무너지고, 상호비판이 당론(黨論)으로 변질되고 대립이 격화되면서 서원제도도 문란해졌다. 서원의 기능으로 제향(祭享)이 주를 이루게 되고, 남설(濫設)이 노골화되기 시작한 것이다. 더욱이 18세기 이후 탕평의 실시로 붕당정치가 소멸 내지 변화되면서, 정치적 역할을 상실한 서원은 문중 중심의 기구로 변질되고 말았다.

이처럼 서원의 기능이 변화되고 서원과 사우(祠宇)의 건립이 늘어나면서, 이의 경계가 명칭만 다를 뿐 기능면에서는 거의 구분되지 않는 지경이 되었다. 사족가문 간에 서원 건립이 경쟁적으로 추진되고, 일부 문중들 간에는 하나의 서원을 건립하여 자기 문중의 현조를 함께 모시는 일종의 흥정도 진행되었다. 소위 동업이라고나 할까! 그러나 신주의 위차문제로 오히려 감정싸움의 단초만 제공한 경우도 있었다. 동업이란 본래 상대방 떡이 더 커 보이는 것이니 말이다. 나아가 특정 문중은 독단으로 자신들의 선조 중에서 입향조나, 현조, 또는 파조, 관직을 역임한 자, 유학자, 순절자, 삼강행실자(효자, 충신 등)를 내세워 배향하는 문중서원을 남설하였다. 조선시대 1,700여 개의 서원·사우 가운데 절반 정도가 18세기 이후에 남설된 문중서원이라고 볼 수 있다.

〈소수서원 편액〉

그러나 사액서원이거나, 지방공론에 의하여 세워진 미사액서원이나, 문중서원일지라도 그 사우에 배향된 인물들은 모두 국가적인 추앙인물이거나, 적어도 지방의 숭모대상 정도는 되었다고 볼 수 있다. 간혹 상당한 추앙의 대상이 될 수 있는 인물이라 하더라도 후손들이 경제적 여유가 없거나, 지방향촌에서 반격(班格)을 공론으로 인정받지 못한 경우에는 배향되지 못하였다. 문중서원을 설립하여 자기네 조상을 배향하는 성족이라면, 최소한 그 지역 내에서는 상당한 동족집단을 이루고 있었을 것이다. 또한 경제적 기반을 갖추고 지역향반으로서의 지위를 지니고 있었다고 보아야 한다.

<서원(書院)과 사우(祠宇)의 구분>

구분	명칭	목적	기능	제향 인물	구조
書院	書院	斯文振興 人材養成	藏修 · 講學 · 祀賢	儒學者	祠 · 講堂 · 齋 · 書庫 · 其他
祠(宇)	祠 · 祠宇 · 影堂 · 鄉賢祠 · 別廟 · 鄉祠 · 世德祠 · 孝祠 · 遺愛祠 · 生祠堂	報本崇賢 教 化	祀賢	忠節人	祠
기타	書齋 精舍	人材養成	讀書 教育		書齋 精舍

(출처: 정만조, 「17~18세기의 서원 · 사우에 대한 시론」, 『한국사론』 2, 1975)

<조선시대 서원·사우의 시대별 비율>

구분 왕별	서원		사우		합계
	개수	비율	개수	비율	
중종	1	100			1
명종	16	100			16
선조	70	72.2	27	27.8	97
광해	35	83.3	7	16.7	42
인조	33	50	33	50	66
효종	31	73.8	11	26.2	42
현종	48	65.8	25	34.2	73
숙종	175	48.2	188	51.8	363
경종	8	24.2	25	75.8	33
영조	50	23.1	166	76.9	216
정조	47	38.5	75	61.5	122
순조	52	28.9	128	71.1	180
헌종	12	26.1	34	73.9	46
철종	19	35.8	34	64.2	53
고종	1	14.3	6	85.7	7

미상	82	22.5	282	77.5	364
합계	680	39.5	1041	60.5	1721

(출처: 윤희면, 『조선시대 서원과 양반』)

*초기에는 서원의 점유비가 높았으나 후기에는 사우(祠宇)의 점유비가 크게 높음.

3) 서원의 훼철

서원은 설립 당초 성리학에 걸맞은 유현을 추모하는 제사를 올리고, 학문을 연마하는 공간으로 출발하였다. 그러나 차츰 제향(祭享) 기능에 치우치면서, 서원이 남설되고 문중서원도 난립하게 되었다. 서원이 지방 사족의 반격을 과시하는 공간으로 전락하게 된 것이다. 더욱이 서원의 무분별한 설립은 국가재정에 부정적 영향을 주었을 뿐 아니라, 공권력의 권위도 실추시켰다.

우선 서원은 경제적으로 국가재정을 잠식하며 막대한 부를 축적하고 있었다. 서원의 재원은 서원전과 서원노비가 중심이었다. 서원전은 원래 서원에서 자체적으로 마련하게 되어 있었다. 그러나 사액서원(賜額書院)에 대해서는 국가가 토지를 지급할 뿐 아니라, 서책과 노비 등도 함께 내렸다. 사액서원은 국가 및 지방관의 도움으로 서원전을 늘려 광대한 농장을 소유하기도 했다. 미사액서원의 경우에도 토지를 지급받지는 못하지만, 지방관의 배려로 면세 혜택을 관행처럼 누리고 있었다. 서원은 매득(買得)·기진(寄進) 등을 통해 토지 소유를 확대하고, 그 토지는 국가의 세원(稅

源)에서 벗어남으로써 국가재정에 부정적 영향을 끼친 것이다.

또한 서원은 지방 유생들의 학문 공간이라는 미명 하에 원생(院生)들을 역(役)의 부담에서 벗어날 수 있게 해주었다. 이로 인해 서원은 군역의 도피처 역할을 하기도 하였다. 서원에서는 비양반들을 원생으로 등록하여 주고 피역(避役)의 대가로 미포(米布)를 받아 재정을 충당하기도 하였다. 본래 국가의 것이 되어야 할 재원을 서원이 차지해버린 셈이다.

이 밖에도 여러 형태로 서원의 폐단이 일어났다. 서원 재정의 부담을 지방수령에게 강요하기도 하였고, 일반 양민이 서원의 잡역을 맡아 병역을 기피하는 일도 일어났다. 농민이 서원에 투탁하여 경작지는 면세되고, 농민은 서원의 노비가 되어 군역에서 벗어났다. 더욱이 가관인 것은 서원에서 묵패(墨牌)를 발행하여 상민(常民)들을 호출하거나 잡부금을 거두어들인 것이다. 특히 송시열을 제사지내던 화양서원(華陽書院)의 묵패는 전국적으로 영향력을 행사할 정도였으니, 그 폐해가 극에 달하였다.

서원의 폐해에 따른 서원 규제책이 본격적으로 실시된 것은 숙종 때인데, 첩설의 금지 등을 내용으로 하고 있다. 특히 보고하지 않고 세운 서원들을 하나씩 심의하여 훼철을 결정하는 조치를 취하였는데, 이는 이후 서원 정리의 선례가 되었다고 한다. 영조 때에는 나라의 허락 없이 서원을 건립하거나 추향(追享)할 수 없다는 기존 원칙을 재확인하고 서원에 대한 사액을 억제하였으며 173개의 사(祠)와 원(院)을 훼철시켰다. 그러나 이러한 조치에도 불구하고 서원과 사우(祠宇)의 남설은 계속되고, 서원의 향촌민에 대한 횡포도 끊이지 않았다.

홍선대원군이 집권하면서 전국의 서원·사우를 대대적으로 철폐하였다. 1865년(고종 2) 만동묘를 없앤 것이 시작이었다. 만동묘(萬東廟)는 임진왜란 때 조선을 도운 명나라의 신종과 의종을 제사지내는 사당으로, 노론의 영수(領袖) 송시열의 유명(遺命)에 의해 건립된 것이었다. 송시열을 제향한 화양서원에 인접해 있었다. 이 만동묘를 철폐한 이유에 대해서는 여러 견해가 제시된 바 있다. 그 첫째로 대원군이 만동묘의 노복들에게 수모를 당하였기 때문인 것으로 보기도 한다. 둘째, 대원군의 노론에 대한 공격이라 보기도 한다. 실제로 대원군 집권 당시 정국은 노론의 핵심가문들을 중심으로 세도정치가 이루어지고 있었다. 이에 대원군은 강력한 국왕권을 확립하고 노론 세도가(勢道家)를 억제하기 위한 여러 가지 정치개혁을 단행하였다. 유력가문이 정치적 군사적 권력을 장악하는 수단이 되었던 비변사를 폐지하고, 왕족 및 남인 등을 고루 기용한 정책 등을 추진한 것이다. 만동묘의 철폐도 그 일환이었다고 볼 수 있다.

그러나 만동묘 철폐가 단발적 사건으로 그친 것이 아님에서도 드러나듯이, 전체적인 서원 정리 작업의 일환에서 이해하는 것이 필요하다. 홍선대원군 집권 당시 대내적 상황은 삼정(田政·軍政·還政)의 문란으로 인하여 농민들의 불만이 극에 달한 상태였다. 대원군의 집권은 1862년 진주에서 시작되어 전국 각지로 번져나간

농민항쟁이 일어난 직후에 이루어졌다. 따라서 대원군은 삼정의 문란을 해소하고, 부족한 국가 재정을 농민이 아닌 다른 재원에서 확충할 필요가 있었다. 온갖 폐단을 일으켰던 서원의 철폐는 이러한 차원에서 대대적으로 단행되었다.

〈만동묘〉

홍선대원군의 서원 정리는 3단계에 걸쳐 이루어졌는데, 1차적으로 만동묘를 철폐하였다. 그리고 3년 뒤인 1868년 2차적으로 사액서원(賜額書院)이 아닌 모든 미사액서원을 거의 철폐시켰다. 그 뒤 1871년에는 사액서원이라 하더라도 47개(廟 1, 院 26, 祠 20)를 제외하고 모두 철폐하였다. 존치된 47개소는 문묘에 배향된 16인이 주향인 16개와 충절과 대의로 백성의 공감을 받고 있는 31개 묘(廟) · 원(院) · 사(祠)이다.

<존치된 서원의 지역별 현황>

계	경상도	경기도	충청도	평안도	황해도	전라도	강원도	함경도
47	14	12	5	5	4	3	3	1

　서원 철폐에 대해 유림들은 통문·유회·집단상소 내지 개인상소 등을 통해 철회를 호소했지만 별 효과가 없었다. 대원군 하야 이후에도 꾸준히 서원 복설을 요청했지만 거부되자, 유림들은 서원을 대신할 단(壇)·서당·정자·영당 등을 세워 제례를 이어 나가고자 하였다. 훼철된 원(院)과 사(祠)는 대부분 피폐해졌고, 문중 서원의 경우에는 재(齋)나 정사(精舍)등으로 현판을 바꾸어 제향 공간으로 존속시키기도 하였다.

　가) 존치된 서원과 배향 인물

<존치된 47개 원(院)과 사(祠) 배향자>

구분	서원명	소재지	주향		종향자
			이름	본관	
	송양서원 (松陽書院)	경기 개성	정몽주 (鄭夢周)	연일	서경덕, 김 육, 우현보, 김상헌, 조 익
	용연서원 (龍淵書院)	경기 포천	이덕형 (李德馨)	광주	조 경

서 원 （ 書 院 ）	노강서원 (鷺江書院)	경기 의정부	박태보 (朴泰輔)	반남	
	우저서원 (牛渚書院)	경기 김포	조 헌 (趙 憲)	배천	
	파산서원 (坡山書院)	경기 파주	성수침 (成守琛)	창녕	성 혼, 성수종, 백인걸
	덕봉서원 (德峰書院)	경기 안성	오두인 (吳斗寅)	해주	
	심곡서원 (深谷書院)	경기 용인	조광조 (趙光祖)	한양	양팽손
	사충서원 (四忠書院)	경기 하남	김창집 (金昌集)	안동	이이명, 이건명, 조태채
	돈암서원 (遯巖書院)	충남 논산	김장생 (金長生)	광산	김 집, 송준길, 송시열
	노강서원 (魯岡書院)	충남 논산	윤 황 (尹 煌)	파평	윤문거, 윤선거, 윤 증
	무성서원 (武城書院)	전북 정읍	최치원 (崔致遠)	경주	신 잠, 정극인, 정언충, 송세림, 김약묵, 김 관

필암서원 (筆巖書院)	전남 장성	김인후 (金麟厚)	울산	양자징
서악서원 (西嶽書院)	경북 경주	설 총 (薛 聰)	경주	김유신, 최치원
소수서원 (紹修書院)	경북 영주	안 향 (安 珦)	순흥	안 축, 안 보, 주세붕
금오서원 (金烏書院)	경북 선산	길 재 (吉 再)	해평	김종직, 박 영, 정 붕, 장현광
도동서원 (道東書院)	대구 달성	김굉필 (金宏弼)	서홍	정 구
남계서원 (藍溪書院)	경남 함양	정여창 (鄭汝昌)	하동	강 익, 정 온, 유호인, 정홍서
옥산서원 (玉山書院)	경북 경주	이언적 (李彦迪)	여주	
도산서원 (陶山書院)	경북 안동	이 황 (李 滉)	진성	조 목
홍암서원 (興巖書院)	경북 상주	송준길 (宋浚吉)	은진	

	서원명	소재지	배향인물	본관	추가 배향인물
	옥동서원 (玉洞書院)	경북 상주	황 희 (黃 喜)	장수	황맹헌, 황효헌, 전 식, 황 뉴
	병산서원 (屛山書院)	경북 안동	류성룡 (柳成龍)	풍산	류 진, 이시명
	문회서원 (文會書院)	황해 배천	이 이 (李 珥)	덕수	조 헌, 안 당, 오억령, 성 혼, 박세채, 신응시, 김덕성
	봉양서원 (鳳陽書院)	황해 장연	박세채 (朴世采)	반남	
	노덕서원 (老德書院)	함남 북청	이항복 (李恒福)	경주	정홍익, 오두인, 이세화, 김덕성, 민정중, 이상진
사 (祠)	대로사 (大老祠: 강한사)	경기 여주	송시열 (宋時烈)	은진	
	현절사 (顯節祠)	경기 광주	김상헌 (金尙憲)	안동	홍익한, 오달제, 정 온, 윤 집
	충렬사 (忠烈祠)	인천 강화	김상용 (金尙容)	안동	홍명형, 권순장, 이상길, 심 현, 홍익한, 윤 계, 민 성, 이시선, 구원일, 김수남, 윤 전, 송시영, 김익겸, 황일호, 이순오,

				강위빙, 이순서, 윤 집, 황선신, 강홍업
기공사 (紀功祠: 충장사)	경기 고양	권 율 (權慄)	안동	
충렬사 (忠烈祠)	충북 충주	임경업 (林慶業)	평택	
표충사 (表忠祠)	충북 청주	이봉상 (李鳳祥)	덕수	남연년, 홍 림
창렬사 (彰烈祠)	충남 부여	윤 집 (尹集)	남원	홍익한, 오달제
포충사 (褒忠祠)	광주 남구	고경명 (高敬命)	장흥	고종후, 고인후, 유팽로, 안 영
충렬사 (忠烈祠)	부산 동래	송상현 (宋象賢)	여산	윤홍신, 노개방, 송봉수, 김 상, 신여노, 정 발, 조영규, 문덕겸, 김희수, 송 백
충렬사 (忠烈祠)	경남 통영	이순신 (李舜臣)	덕수	
포충사 (褒忠祠)	경남 거창	이술원 (李述源)	연안	

창열사 (彰烈祠)	경남 진주	김천일 (金千鎰)	언양	최경회, 이정앵, 황 진, 장 윤, 이의정
창절사 (彰節祠)	강원 영월	박팽년 (朴彭年)	순천	이 개, 하위지, 조 여, 김시습, 성담수, 엄흥도, 성삼문, 유성원, 유응부, 원 호, 이맹전, 남효온
충렬사 (忠烈祠)	강원 철원	홍명구 (洪命耉)	남양	
포충사 (襃忠祠)	강원 철원	김응하 (金應河)	안동	
태사사 (太師祠)	황해 해주	신숭겸 (申崇謙)	평산	복지겸, 유금필, 배현경
표절사 (表節祠)	평북 정주	정 시 (鄭 蓍)	청주	백경해, 백경한, 김대택, 제경욱, 한호운, 임지환
충민사 (忠愍祠)	평남 안주	남이흥 (南以興)	의령	김 준, 전상의, 송도남 김양언, 김언수, 윤 혜, 양진국, 박명룡, 이상안, 이희건, 장 돈, 송덕영, 한덕문, 함응수, 임충서

	무열사 (武烈祠)	평양	석 성 (石 星)		양 원, 장세작, 이여송, 이여백, 락상지
	수충사 (酬忠祠)	평북 영변	승려 휴정 (釋休靜)		
	삼충사 (三忠祠)	평남 영유	제갈량 (諸葛亮)		문천상, 악 비
묘 (廟)	청성묘 (淸聖廟)	황해 해주	백 이 (伯 夷)		숙 제

나) 사액 후 훼철 서원

국왕으로부터 현판 서적 또는 노비 등을 하사 받아 그 권위를 인정받은 사액서원(賜額書院)이었으나 서원 철폐령에 의하여 훼철된 서원의 지역별 현황은 표와 같다(현재는 복설이 많이 됨).

<서울, 인천, 경기 지역>

서원명	소재지	주배향자	서원명	소재지	주배향자
孤山	여주	이존오	玉屛	포천	박 순
龜岩	서울·암사	정성근	龍江	고양	박 순
沂川	여주	김안국	雲谿	양평	조 욱
道基	안성	김장생	臨江	연천	안 향
道峰	서울·도봉	송시열	臨漳	연천	주 희
梅谷	화성	송시열	紫雲	파주	이 이
明皐	화성	조 익	潛谷	가평	김 육
文峯	고양	민 순	忠烈	용인	정몽주
湄江	연천	허 목	忠賢	광명	강감찬
愍節	노량진	사육신	鶴山	인천·문학	이단상
石室	남양주	김상용	寒泉	용인	이 재
秀谷	서울·수서	이의건	玄巖	이천	김조순
新谷	파주	윤선거	花山	포천	이항복
安谷	화성	홍 섬			

<강원도>

서원명	소재지	주배향자	서원명	소재지	주배향자
陶川	원주	허 후	松潭	강릉	이 이
文巖	춘천	이 황	七峰	원주	원천석

<충청북도>

서원명	소재지	주배향자	서원명	소재지	주배향자
魯峰	청주	송인수	雲谷	음성	정 구
樓巖	충주	송시열	芝山	진천	최석정
白源	진천	이종학	滄洲	옥천	조 헌
鳳崗	제천	김 식	八峰	충주	노수신
象賢	보은	송시열	寒泉	영동	송시열
松溪	영동	조 위	華陽	괴산	송시열
松溪	청주	변시환	黃江	제천	송시열
松泉	청주	김사렴			

<대전, 충청남도>

서원명	소재지	주배향자	서원명	소재지	주배향자
建岩	서천	이산보	聖巖	서산	유 숙
魯恩	홍성	사육신	崇賢	대전 · 원촌	정광필
德岑	예산	김 구	竹林	논산	조광조
道東	천안	김일손	清逸	부여	김시습
文獻	서천	이 곡	忠賢	공주	주 희
渼湖	대전 · 미호	송규렴	七山	부여	유 계

鳳巖	연기	한 충	惠學	홍성	이세구
浮山	부여	김 집	花巖	보령	이지함
星谷	금산	김 선			

\<전라북도\>

서원명	소재지	주배향자	서원명	소재지	주배향자
考巖	정읍	송시열	新安	임실	주 희
南皐	정읍	김천일	廉義	군산	최치원
露峰	남원	홍순복	寧川	임실	안처순
東山	고창	이경홍	滄洲	남원	노 진
栢山	무주	하 연	華山	익산	김장생
鳳巖	군산	김 집	華山	전주	이언적
三川	진안	안 자	花山	순창	신말주

\<광주, 전라남도\>

서원명	소재지	주배향자	서원명	소재지	주배향자
江城	장흥	문익점	松林	무안	김 권
景賢	나주	김굉필	淵谷	장흥	민정중
鹿洞	영암	최덕지	玉川	순천	김굉필
大溪	보성	안방준	龍山	보성	박광전
德陽	곡성	신숭겸	月峰	광주·산월	기대승
道源	화순	최산두	月井	나주	박 순
眉山	해남	민 신	義巖	담양	유희춘
眉泉	나주	허 목	紫山	함평	정개청
潘溪	나주	박상충	竹樹	화순	조광조

鳳岡蓬山松江	순천나주담양	이수광백인걸정 철	清水鶴林	순천장성	이수광김 온

<대구, 경상북도>

서원명	소재지	주배향자	서원명	소재지	주배향자
孤竹	안동	김 제	易東	안동	우 탁
廣南	포항	황보인	硏經	대구·연경	이 황
龜山	경주	서 유	英山	영양	이 황
龜川	영천	권응수	禮淵	달성	곽 준
琴湖	경산	허 조	吳山	구미	길 재
洛峰	구미	김숙자	玉川	성주	이사룡
洛濱	달성	박팽년	龍溪	경산	최문병
道南	상주	정몽주	龍溪	영천	이맹전
道岑	영천	조호익	龍山	경주	최진립
東洛	구미	장현광	月溪	울진	장말익
明谷	의성	박성양	月巖	구미	김 주
蒙川	울진	윤시형	伊山	영주	이 황
文巖	봉화	이 황	仁山	경주	송시열
屛巖	청송	이 이	臨皐	영천	정몽주
鳳岡	군위	문익점	臨川	안동	김성일
鳳覽	영양	이 황	紫溪	청도	김극일
氷溪	의성	김안국	鼎山	예천	이 황
三溪	봉화	권 벌	周溪	안동	구봉령
蘇川	예천	김원발	川谷	성주	정 이
松山	구미	김응기	虎溪	안동	이 황

粹德	성주	김창집	檜淵	성주	정 구

<부산, 울산, 경상남도>

서원명	소재지	주배향자	서원명	소재지	주배향자
冠山	창녕	강 소	新山	김해	조 식
鷗江	울산	정몽주	禮林	밀양	김종직
龜溪	사천	이 정	浣溪	거창	김 식
澹汢	함양	노 진	浣溪	산청	권 도
德谷	의령	이 황	龍門	함양	정여창
德淵	함안	주세붕	龍巖	합천	조 식
德川	산청	조 식	龍淵	합천	박 인
道山	거창	김굉필	伊淵	합천	김굉필
道川	산청	문익점	淸谷	산청	이천경
三江	밀양	민구령	淸川	합천	이병태
西溪	산청	오 건	泰巖	의령	전조생
西山	함안	조 려	表忠	밀양	서산대사
松潭	김해	송 빈	華巖	합천	박 소
松潭	양산	백수회	黃巖	함양	곽 준
新塘	진주	조지서			

<제주도>

서원명	소재지	주배향자	서원명	소재지	주배향자
橘林	이도동	김 정			

다) 문중서원과 배향자

18세기 이후 향촌사회에서 반가로서 기반을 공고히 하고 있는 가문의 동족집단(파조, 또는 입향조의 후손들로서 지역적으로 같은 군현에 거주)들은 서원 철폐령이 내려지기 전까지 거의 빠짐없이 경쟁적으로 서원이나 사우를 건립하였다. 독자적 건립이 어려울 경우에는 비슷한 처지의 몇 개 문중이 공동으로 서원을 건립하거나, 기존 서원에 자기네들의 현조를 추배시킴으로써 향촌에서의 영향력을 꾸준히 행사하고 반격을 높이고자 하였다.

이들 문중서원들은 유림서원과의 구분이 애매할 뿐만 아니라, 대부분 문중 제향공간으로서 기능하였기 때문에 사(祠)·재사(齋舍)·제각(祭閣) 등과도 유사하였다. 따라서 전국적인 내용을 정확히 파악하기는 매우 어렵다.

문중서원(門中書院)으로서 동성문중의 유현(儒賢)을 제향하던 단문서원(單門書院)은 서원 철폐 이후 최근까지 대부분 제향공간을 중수(重修) 또는 개축(改築)하여 유현의 신위(神位)를 복설(復設) 후 향사(享祀)를 지내고 있으나 여러 성관의 유현을 배향하던 복문서원(複門書院)은 단문서원에 비하여 상대적으로 중수나 복설이 부실한 실정이다. 이는 문중 간의 경제적 부담 및 민감한 이해관계가 얽혀있음에 기인한다 할 것이다.

현조(顯祖)를 중심으로 동성문중(同姓門中)의 선조 2명 이상을 배향하는 서원을 지역별로 나누어 대표적인 경우를 예시하면 표와 같다(19C 이전에 건립되어 미사액 서원으로서 훼철되었던 서원을 중심으로 파악—북한지역 제외).

<유림 · 문중서원 실례>

지역	서원명	소재지	문중	배향자
경기도	수곡서원 (水谷書院)	양평	安東權氏	권경우, 권경유
	호계서원 (虎溪書院)	안양	豊壤趙氏	조종경, 조 속
강원도	노동서원 (魯東書院)	홍천	海州崔氏	최 충, 최유선
충청북도	군방서원 (群芳書院)	괴산	靈山辛氏	신경행, 신 장
	도계서원 (道溪書院)	단양	平山申氏	신숭겸, 신중전, 신 우, 신 일, 신빈, 신맹경, 신관일, 신석번, 신태관
	목담서원 (鶩潭書院)	옥천	沃川全氏	전 유, 전팽령, 전 식
	봉암서원 (鳳巖書院)	영동	仁川李氏	이문범, 이충범, 이시신, 이시립, 이시민
	체화서원 (棣華書院)	청원	交河盧氏	노계원, 노후원, 노종원, 노일원, 노덕원

충청남도	구산서원 (龜山書院)	논산	坡平尹氏	윤 전, 윤순거, 윤원거, 윤문거
	도산서원 (道山書院)	대전	安東權氏	권득기, 권 시
	반산서원 (盤山書院)	부여	豊壤趙氏	조 박, 조견소, 조성복
	봉호서원 (鳳湖書院)	부여	坡平尹氏	윤문거, 윤 박
	성봉서원 (盛峰書院)	공주	延安李氏	이 귀, 이시백, 이시담, 이시방
	운산서원 (雲山書院)	공주	萬頃盧氏	노이형, 노이복
전라북도	계산서원 (溪山書院)	고창	淸道金氏	김지대, 김응룡, 김몽룡, 김희방
	도암서원 (道巖書院)	고창	安東金氏	김 질, 김경철, 김익철
	반곡서원 (泮谷書院)	완주	潭陽鞠氏	국 유, 국 함, 국 침, 국 명
	용대서원 (龍臺書院)	임실	慶州金氏	김성진, 김광석, 김원중, 김원건, 김원립

	화동서원 (華東書院)	고창	光山金氏	김양감, 김인우, 김승길, 김오행
	환봉서원 (環峰書院)	남원	潁陽千氏	천만리, 천 상, 천 희
전 라 남 도	구암서원 (龜巖書院)	곡성	淸松沈氏	심 선, 심광형, 심민겸, 심민각
	묘장서원 (畝長書院)	영광	全州李氏	이천우, 이 굉, 이명인, 이응종, 이황종, 이홍종, 이 근, 이복원
	반계서원 (盤溪書院)	장흥	押海丁氏	정인걸, 정명열, 정경달, 이순신 (덕수인)
	봉암서원 (鳳巖書院)	장성	黃州邊氏	변이중, 변경윤, 변 휴, 변윤중, 변덕윤, 변치명, 윤 진(남원인)
	설재서원 (雪齋書院)	나주	羅州鄭氏	정가신, 정 식, 정 심, 정 상, 정여 린, 정 란, 정 초, 정 눌, 신 장(고 령인)
	수암서원 (秀巖書院)	강진	光山李氏	이선제, 이조원, 이중호, 이 발, 이 길
	양산서원 (梁山書院)	보성	瑞原廉氏 (坡州廉氏)	염세경, 염제신, 염국보, 염치중, 염제립

	옥계서원 (玉溪書院)	순천	慶州鄭氏	정지년, 정승복, 정사준, 정사횡, 정소빈, 정소선
	율봉서원 (栗峰書院)	순천	靈光丁氏	정극인, 정 숙, 정승조
	이천서원 (伊川書院)	순천	尙州朴氏	박세희, 박증손, 박대붕
	장연서원 (長淵書院)	나주	南平文氏	문다성, 문공유, 문극겸, 문유필, 문익점
	재동서원 (齋洞書院)	고흥	礪山宋氏	송 간, 송순례, 송 건, 송대립, 송 희립, 송상보, 송홍연, 송득운, 송 진부, 송 심, 김시습(강릉인)
	주봉서원 (胄峯書院)	강진	平山趙氏	조팽년, 조규운
	죽정서원 (竹亭書院)	영암	咸陽朴氏	박성건, 박 권, 박규정, 박승원, 이만성(우봉인)
경 상 북 도	고산서원 (高山書院)	안동	韓山李氏	이상정, 이광정
	광산서원 (光山書院)	영덕	英陽南氏	남경훈, 남 길

구봉서원 (九峰書院)	영덕	務安朴氏	박의장, 박홍장
금고서원 (琴皐書院)	안동	原州邊氏	변영청, 변중일
구암서원 (龜巖書院)	대구	達成徐氏	서 침, 서거정, 서 해, 서 성
구양서원 (龜陽書院)	봉화	原州邊氏	변안열, 변경회, 변극태
근성서원 (芹城書院)	안동	陽根金氏	김인찬, 김이갱
금곡서원 (金谷書院)	예천	咸陽朴氏	박충좌, 박 눌, 박손경
금산서원 (錦山書院)	의성	鵝洲申氏	신지제, 신체인, 신지효
낙동서원 (洛東書院)	대구 달서	丹陽禹氏	우 탁, 우길생, 우현보, 우배선, 신 현(평산인)
낙암서원 (洛巖書院)	상주	義城金氏	김담수, 김정룡, 김정견
단구서원 (丹邱書院)	의성	鵝洲申氏	신적도, 신열도, 신 채

대천서원 (大川書院)	영천	昌寧成氏	성송국, 성 기, 성덕룡
덕동서원 (德洞書院)	대구	丹陽禹氏	우현보, 우배선
도정서원 (道正書院)	예천	淸州鄭氏	정 탁, 정윤목
매양서원 (梅陽書院)	대구 북구	冶城宋氏	송원기, 송명기, 송이석
명계서원 (明溪書院)	울진	平海黃氏	황응청, 황여일
문산서원 (文山書院)	구미	安康盧氏	노수함, 노경필, 노경륜
반암서원 (盤巖書院)	고령	東萊鄭氏	정 구, 정선경, 정 종, 정 비
방산서원 (方山書院)	영주	沃川全氏	전희철, 전익희, 전명룡
병암서원 (屛巖書院)	대구	星州都氏	도응유, 도경유
봉암서원 (鳳巖書院)	안동	英陽南氏	남응원, 남융달, 남천한, 남 급

서산서원 (西山書院)	안동	韓山李氏	이 색, 이홍조
소계서원 (蘇溪書院)	영천	潭陽田氏	전조생, 전홍제, 전옥주
송호서원 (松湖書院)	군위	延安李氏	이숙황, 이 진, 이 보
신계서원 (新溪書院)	울진	安東金氏	김창옹, 김수근
양천서원 (良川書院)	군위	南陽洪氏	홍 관, 홍언박, 홍 위
오계서원 (迂溪書院)	영주	永川李氏	이덕홍, 이 시
오암서원 (鰲巖書院)	성주	永川崔氏	최항경, 최 은, 최 린
오천서원 (烏川書院)	포항	延日鄭氏	정습명, 정몽주, 정사도, 정 철
옥계서원 (玉溪書院)	대구, 달성	達城徐氏	서균형, 서 변, 서 영
용강서원 (龍岡書院)	청도	密陽朴氏	박 익, 박경신, 박경인 박경전, 박 경윤, 박경선, 박 선, 박 찬, 박 린,

				박 우, 박 근, 박 숙, 박지남, 박철 남, 박 구
용연서원 (龍淵書院)	영주	順興安氏	안우기, 안 목, 안원숭, 안 원, 안종약, 안 리	
용호서원 (龍湖書院)	대구	星州都氏	도성유, 도여유, 도신수	
우산서원 (愚山書院)	상주	晉州鄭氏	정경세, 정종로	
운계서원 (雲溪書院)	영덕	寧海朴氏	박제상, 박세통, 박명천, 박응천, 박문량, 박홍무, 박 함	
운곡서원 (雲谷書院)	경주	安東權氏	권 행, 권산해, 권덕린	
운산서원 (雲山書院)	영덕	水原白氏	백문보, 백견룡	
웅연서원 (熊淵書院)	문경	仁川蔡氏	채귀하, 채 수, 채소권, 채득기	
이양서원 (尼陽書院)	달성	玄風郭氏	곽안방, 곽지운, 곽 규, 곽 황	
인산서원 (仁山書院)	영덕	載寧李氏	이현일, 이휘일	

인흥서원 (仁興書院)	달성	秋溪秋氏	추 적, 추 황, 추 유, 추수경, 추익계
자동서원 (紫東書院)	김천	晉州姜氏	강 설, 강여호, 강석구, 강이화
죽고서원 (竹皐書院)	예천	坡平尹氏	윤사석, 윤 섭
중양서원 (中陽書院)	포항	達城徐氏	서 섭, 서시복, 서 종
지산서원 (芝山書院)	청도	密陽朴氏	박 호, 박지현, 박태고, 박중채
창대서원 (昌臺書院)	영천	延日鄭氏	정대임, 정 제, 정 간
청계서원 (清溪書院)	안동	眞城李氏	이 식, 이 우, 이 해
한천서원 (寒泉書院)	달성	旌善全氏	전이갑, 전의갑
행계서원 (杏溪書院)	봉화	禮安金氏	김 강, 김홍제
횡계서원 (橫溪書院)	영천	延日鄭氏	정만양, 정계양

	경현서원 (景顯書院)	고성	慶州崔氏	최치원, 최 예, 최진립, 최 유, 최제집, 최세린, 최규익, 최상필, 최현관, 최현갑, 최현항
경 상 남 도	광제서원 (廣齊書院)	진주	南陽洪氏	홍 의, 홍 관
	구봉서원 (龜峰書院)	창녕	宜寧南氏	남 재, 남 휘, 남 이
	구암서원 (龜巖書院)	마산	晉州鄭氏	정이오, 정 분
	구연서원 (龜淵書院)	거창	居昌愼氏	신 권, 신수이 (박팽년)
	국산서원 (菊山書院)	고성	固城李氏	이 원, 이 당
	기양서원 (沂陽書院)	함안	尙州周氏	주세붕, 주선원, 주 각, 주재성, 주도복
	농산서원 (聾山書院)	합천	陜川李氏	이원경, 이안희, 이 치, 이홍조, 이일노
	대포서원 (大浦書院)	산청	驪興閔氏	민안부, 민 수

	덕봉서원 (德峰書院)	창녕	碧珍李氏	이후경, 이도자, 이석경
	덕산서원 (德山書院)	고성	星州李氏	이호성, 이 희, 이 간
	덕양서원 (德陽書院)	합천	昌寧曺氏	조수천, 조이천, 조신천
	덕원서원 (德源書院)	합천	延安車氏	차포온, 차원부, 차운혁
	도계서원 (道溪書院)	합천	旌善全氏	전이갑, 전의갑, 전 우, 전 제, 전 영
	도산서원 (道山書院)	고성	全州崔氏	최 균, 최 강
	도연서원 (道淵書院)	고성	金海許氏	허유전, 허 영, 허 기, 허유신, 허 천수, 허 재
	동산서원 (東山書院)	창녕	光山盧氏	노선경, 노극홍, 노세후, 노 해
	두릉서원 (杜陵書院)	함안	順興安氏	안 민, 안 희, 안신갑
	문산서원 (文山書院)	산청	安東權氏	권 규, 권문임

물계서원 (勿溪書院)	창녕	昌寧成氏	성송국, 성여신, 성준득, 성사제, 성 승, 성 희, 성삼문, 성담수, 성수침, 성 운, 성제원, 성 혼, 성윤해, 성수경, 성문준, 성 람
백곡서원 (栢谷書院)	밀양	驪州李氏	이 행, 이 태, 이광진, 이경홍
백산서원 (栢山書院)	합천	文化柳氏	류 희, 류맹지, 류철주, 류세온, 류회근, 류 부
백운서원 (白雲書院)	통영	濟州高氏	고시완, 고현준
병암서원 (屏巖書院)	거창	密陽卞氏	변중량, 변계량, 변 벽
봉남서원 (鳳南書院)	진주	晉州鄭氏	정신열, 정천익
봉산서원 (鳳山書院)	고성	晉州鄭氏	정 곽, 정 규, 정 섬
상봉서원 (祥鳳書院)	함안	長水黃氏	황 협, 황 열
소계서원 (蘇溪書院)	양산	廣州安氏	안 근, 안 수, 안시명 안이명, 안신명

소곡서원 (蘇谷書院)	창녕	長淵盧氏	노변소, 노 침, 노홍언
소로서원 (小魯書院)	양산	延日鄭氏	정호인, 정호의
송원서원 (松原書院)	합천	耽津安氏 光山盧氏	안 우, 안극가, 안세익 노 필, 노극성, 노한보
수림서원 (繡林書院)	고성	慶州裵氏	배현경, 배정지, 배인경, 배맹관, 배상곤, 배 경
신계서원 (新溪書源)	의령	草溪鄭氏	정 준, 정별년
신남서원 (莘南書院)	밀양	密陽朴氏	박 위, 박 기
신천서원 (新川書院)	합천	晉陽河氏	하 연, 하우명, 하 혼
영빈서원 (濚濱書院)	거창	東萊鄭氏	정 구(矩), 정 종, 정 표, 정시수, 정영진, 정웅두
오봉서원 (五峰書院)	밀양	昌寧曺氏	조치우, 조광익
옥전서원 (玉田書院)	합천	草溪鄭氏	정배걸, 정 문

용강서원 (龍岡書院)	합천	義城金氏	김두남, 김도남
운강서원 (雲岡書院)	진주	晉州河氏	하공진, 하 윤
운계서원 (雲溪書院)	합천	瑞山鄭氏	정신보, 정인경, 정인기, 정인함, 정인홉, 정인준
운곡서원 (雲谷書院)	고성	漆原諸氏	제철손, 제 수, 제홍록 (어득강)
운곡서원 (雲谷書院)	창녕	廣州李氏	이 도, 이장손, 이극도, 이여함, 이시광, 이두남
위계서원 (葦溪書院)	고성	咸安李氏	이인형, 이의형, 이예형, 이지형, 이 령, 이 허, 이 현, 이응성, 이 규, 이 제
의양서원 (宜陽書院)	의령	宜寧南氏	남효온, 남 진, 남용익, 남창희
이계서원 (伊溪書院)	합천	青松沈氏	심자광, 심일삼
인천서원 (仁川書院)	하동	全州崔氏	최득정, 최기필, 최탁 (김성운)

자암서원 (紫巖書院)	울산	延安車氏	차원부, 차운혁
충현서원 (忠賢書院)	합천	陜川李氏	이원경, 이안희, 이 치, 이홍조, 이일노
태암서원 (泰巖書院)	의령	潭陽田氏	전조생, 전자수, 전 경
평천서원 (坪川書院)	함안	慶州朴氏	박희삼, 박제현, 박제인
평천서원 (平川書院)	산청	慶州裵氏	배현경, 배신침, 배세겸
혜산서원 (惠山書院)	밀양	一直孫氏	손홍량, 손조서, 손처눌, 손 린, 손 우남
홍포서원 (鴻浦書院)	함안	漆原尹氏	윤 환, 윤자담, 윤 지, 윤석보, 윤 탁연

라) 미사액으로 훼철된 서원(1명 또는 여러 성관 유현 배향)

유림·문중서원과 구별이 명확하지 않으나 유현 한 사람 또는 여러 성관의 유현을 동시에 배향하고 있던 서원으로서 대원군의 서원 철폐령에 의하여 훼철되었던 서원의 현황은 아래와 같다(현재는 복설이 많이 되고 있음).

<서울, 인천, 경기 지역>

지 역	서원명(書院名)
서울, 인천, 경기	南波, 梅山, 迷源, 雪峰, 龍洲
강원도	景行, 九峰, 道浦, 東溟, 山陽, 五峰, 龍山, 長悅, 楓巖
충청북도	江皐, 黔潭, 儉巖, 龜溪, 琴谷, 機巖, 南塘, 德川, 白鹿, 鳳溪, 芙江, 三溪, 三陽, 西溪, 松坡, 莘巷, 雙峰, 雙泉, 約溪, 玉華, 友鹿, 竹溪, 知川, 草江, 楓溪, 荷江, 虎溪, 花巖
대전, 충청남도	艮谷, 金谷, 岐湖, 德星, 道山;아산, 東谷, 東岳, 鳴灘, 磻溪, 屛巖, 鳳谷, 山泉齋, 石浦齋, 松谷, 寥塘, 龍江, 龍溪, 龍門, 仁山, 靖節, 靜退, 滄江, 淸風, 草廬, 忠谷, 合湖, 杏林, 晦巖, 孝巖, 休亭
전라북도	官谷, 龜山, 九成, 龜巖, 龜湖, 洛陽, 南山;김제, 南山;순창, 大勝, 德溪, 德巖, 道溪, 道東, 道山, 道巖;장수, 東林, 東竹, 杜谷;김제, 杜谷;남원, 武夷, 盤谷, 方山, 白石, 栢峴, 鳳崗, 鳳棲, 社洞, 三溪, 三賢, 西山, 聖谷, 雙溪, 阿溪, 鴨溪, 魚溪, 漁隱, 靈溪, 五岡, 甕井, 寥溪, 龍岡, 龍溪, 龍皐, 龍巖;남원, 龍巖;장수, 龍章, 雲谷, 月岡, 柳川, 楡川, 麟峯, 楮山, 朱溪, 舟巖, 竹溪, 中洲, 芝溪, 芝陰, 滄溪, 淸溪, 靑谷, 靑河, 楓溪, 學堂, 鶴亭, 寒溪, 玄洲, 湖山, 湖巖,

	華巖, 黃岡, 檜洞
광주, 전라남도	佳山, 謙川, 曲水, 龜山, 南康, 內山, 大峙, 德陽;고흥, 道東, 武靈, 博山, 方山, 芳春, 栢山, 甫村, 鳳巖;진도, 瑞峯, 松溪, 松川, 詠歸, 汭陽, 鰲川, 龍岡, 雲巖, 紫陽, 竹林, 滄溪, 秋山, 海望
대구, 경상북도	鏡光, 景洛, 古山, 孤山;대구, 孤山;울진, 古川, 曲江, 觀瀾, 鷗湖, 龜岡, 龜溪, 龜湾, 龜川;의성, 近嵒, 琴山, 琴湖;청도, 箕川, 南江, 南岡;청도, 南岡;구미, 老江, 魯溪, 魯東, 魯林, 魯峰, 鹿洞, 丹溪, 丹邱;경주, 丹山, 大峰, 德崗, 德林:포항 대송, 德林:포항 장기, 德陽, 道溪;영주, 道溪;안동, 道溪;영천, 道潭, 道東;김천, 道阜, 道生, 道巖, 道淵, 東江, 東溟, 東山, 麻谷, 梅林, 明溪;청도, 明山, 明湖, 茂洞, 武原, 黙溪, 文溪, 汶谷, 文山;봉화, 文陽, 文淵, 勿溪, 槃泉, 百源, 白川, 白鶴, 碧溪, 鳳岡;상주, 鳳溪, 鳳山;상주, 鳳山;대구, 鳳山;의성, 鳳巖, 汾江, 泗溪, 泗濱, 泗陽, 三江, 三明, 三峰, 西山;상주, 西山;포항, 仙巖, 剡溪, 嘯巖, 瀟陽, 涑水, 松谷, 松川, 松鶴, 水晶, 勝巖, 新溪, 新安, 新川, 陽山, 汝南, 淵岳, 靈淵, 梧陽;군위, 梧陽;칠곡, 梧川, 玉溪, 玉洞;울진, 玉城, 玉川;예천, 龍岡;대구, 龍岡;안동, 龍溪;안동, 愚谷;예천, 愚谷;의성, 郁陽, 雲溪, 雲谿, 雲巖, 雲陽, 雲泉, 柳溪, 流巖, 柳湖, 義山;문경, 義山;영주, 伊江, 伊山;의성, 仁溪;봉화, 仁溪;영주, 仁山;예천, 臨岡, 臨湖;경산, 臨湖;상주, 臨湖;안동, 立巖, 藏待, 章山, 壯巖, 芝岡, 稷川, 靑城, 淸巖, 晴天, 靑湖, 春山, 陁陽, 豊巖, 賀老, 鶴山, 鶴三, 鶴巖, 寒泉;문경, 寒泉;영주, 賢巖, 華江, 花巖, 花川, 皇岡, 晦溪, 晦山, 孝谷, 後山
부산, 울산,	佳湖, 葛川, 慶林, 高岡, 古巖, 昆義, 光山, 廣川, 龜山, 龜

경상남도	巖;진주, 龜川;김해, 龜川;함양, 金溪, 金鳳, 洛山, 蘭谷, 南溪, 魯峰, 膽斗, 大覺, 德巖;함안, 德巖;함양, 道溪;함안, 道谷, 道南, 道東, 道林, 道峯, 道山;창녕, 道巖, 道淵;합천, 道正, 道泉, 道河, 冕巖, 明谷, 牧溪, 勿峰, 薇陽, 嵋淵, 槃皐, 盤谷, 盤龜, 柏淵, 西山;함양, 西湖, 石溪, 星川, 松亭, 松湖;함양, 松湖;합천, 新溪;산청, 新道, 新巖, 漁江, 廬陽, 燕巖, 永溪, 禮巖, 玉溪, 玉山, 龍源, 龍泉, 雲衢, 雲巖, 圓岡, 月影, 月華, 柳村, 伊陽, 仁衢, 臨川, 鼎岡, 宗川, 中洞, 淸溪;함안, 淸溪;함양, 淸溪;합천, 鵄山, 七灘, 泰陽, 鶴林, 鶴湖, 華山, 會山, 檜原

4) 서원의 지역별 분포 및 배향인물의 빈도

『증보문헌비고』에 수록된 378개의 서원을 지역별로 분류해보면 경상도에 156개소로 가장 많고 강원도에 11개소로 가장 적다. 경상도에 서원이 집중되어 있는 것은 이곳이 고향인 정몽주(鄭夢周), 길재(吉再), 김종직(金宗直), 김굉필(金宏弼), 정여창(鄭汝昌), 이언적(李彦迪)으로 이어지는 학맥을 성리학 정맥이라고 이 지역의 사림들이 자부하고 특히 이 지역에 이황(李滉)의 학통을 이어받은 많은 유현이 배출 되었으며, 또한 우리나라 최초의 서원인 소수서원(紹修書院)이 세워졌기 때문이다.

<조선후기 서원의 지역별 분포>

지역별	경기	충청	전라	경상	강원	황해	평안	함경	계
개소	40	57	66	156	11	20	16	12	378

한편, 서원은 앞에서도 언급하였듯이 당초에는 학문수련의 전당으로 세워 졌으나 조선 후기로 가면서 제향에 치중하게 되었다.

따라서 제향의 사우(祠宇)에 어떤 인물을 배향하느냐가 서원 건립의 주요한 사안이 되었다. 16세기 서원 건립 초기에는 국가적인 명현이나 충절의 표상인 인물들이 주로 배향되었다. 즉, 안향(安珦), 최충(崔沖), 정몽주(鄭夢周), 김굉필(金宏弼) 등의 명현과 임진왜란과 병자호란 때 순절한 이를테면 조헌(趙憲), 김천일(金千鎰), 고경명(高敬命), 곽재우(郭再祐), 송상헌(宋象賢), 윤집(尹集), 오달제(吳達濟), 홍익한(洪翼漢) 등이 그들이며 세조의 왕위찬탈(계유정난)을 부정하고 단종복위를 도모하다 순절한 성삼문(成三問), 박팽년(朴彭年), 이개(李塏), 하위지(河緯地), 유응부(兪應孚), 류성원(柳誠源) 등이 서원의 사우에 배향인물로 많이 모셔졌다.

그러나 17세기 이후 붕당의 정치적 갈등이 심화되면서 서원 배향인물도 정치적 성향에 따라 갈리게 되었다. 즉, 서인 계열에서는 주로 이이(李珥), 성혼(成渾), 김상헌(金尙憲), 김장생(金長生), 송시열(宋時烈), 윤선거(尹宣擧), 윤증(尹拯), 권상하(權尙夏) 등을, 남인 계열에서는 이황(李滉), 조식(曺植), 정구(鄭逑), 정경세(鄭經世), 류성룡(柳成龍), 김성일(金誠一) 등을 주로 배향인물로 모셨다.

서원에 배향된 인물의 빈도수를 살펴보면 이황, 송시열, 이이, 주자, 조광조, 이언적 등이 여러 서원에 배향되고 있으며 특히 이황은 경상도, 송시열은 충청도, 이이와 주자는 황해도 지역에 주로 배향되었다.

<지역별 배향 인물의 빈도수>

지역 인물	경기	충청	전라	경상	강원	황해	평안	함경	계
李滉 (진성)	0	5	2	17	1	4	1	1	31
宋時烈 (은진)	3	11	4	4	0	1	0	3	26
李珥 (덕수)	2	1	1	1	1	13	1	1	21
朱子 (송나라)	1	4	2	1	0	10	2	0	20
趙光祖 (한양)	3	2	3	0	0	4	2	3	16
李彦迪 (여주)	1	1	2	11	0	0	1	0	16
鄭逑 (청주)	0	2	1	10	0	0	1	0	14
鄭夢周 (영일)	2	0	1	6	0	0	1	3	13
金宏弼 (서흥)	0	1	2	5	0	4	1	0	13

金長生 (광산)	2	4	3	1	0	2	0	0	12
鄭汝昌 (하동)	0	1	1	6	0	0	0	1	9
趙憲 (배천)	1	4	1	0	0	1	0	2	9
閔鼎重 (여흥)	1	1	1	0	0	0	1	5	9
宋浚吉 (은진)		5		2					7
成渾 (창녕)	1		1	1		3		1	7
金尙憲 (안동)	2		2				1	2	7
朴世采 (반남)	2		1			4			7
張顯光 (인동)				7					7

(출처: 최완기, 『한국의 서원』)

6. 양반신분의 유지

양반은 중앙에서는 국가의 관료나 사색(四色)의 지도자로서 정치적 입지를 공고히 하고, 지방에서는 농장(農場)이나 별업(別業)을 소유하고 성리학지식을 바탕으로 학맥을 형성하였다. 무엇보다 문중의 반격을 유지하는 데 최고의 가치를 두었다. 현실적으로 부역과 군역을 면제받는 특권을 누렸고, 교육을 받을 수 있는 기회 즉 성균관이나 서원 입학 등에 특혜가 주어졌다. 과거의 응시에 있어서나 합격 후 승진에 있어서도 특혜가 인정되었다.

양반은 죄를 지어 형사처벌을 받는 경우에도 일반서민과는 품격을 달리하였다. 일반범죄는 형조(刑曹)·한성부(漢城府)·포도청(捕盜廳)에서 관장하는 데 비하여, 양반의 범죄는 의금부(義禁府)에서 별도로 치죄하였다. 사형에 처해지는 경우에도 참형이 아닌 사약을 받았다. 또한 일반인이 범죄를 저지른 경우에는 장형 이상이면 구금을 원칙으로 하지만, 문무관료나 관리 집안의 부녀들은 임금에게 먼저 보고한 후 구금하게 하였다. 한편 공신이나 5품 이상의 관원이 구금된 경우는 가족이 감옥에 들어가 돌보는 것을 허용하였으며, 이들이 도형이나 유형의 판결을 받은 경우에도 가족이 수행할 수 있었다. 공신이나 고급관료의 경우 그들과 일정한 혈연관계에 있는 자들도 형사상 특혜의 대상이었고, 관료들에 대한 특혜는 현직·전직을 불문하여 적용되었다. 관료에 대한 형사상 우대가 혈연관계까지 확대되고 전·현직을 망라하고 있음은 신분적 질서를 반영한 것이라 하겠다.

이처럼 양반은 조선에서 그것이 법제적이든 현실적이든 각종 특권을 향유할 수 있도록 보장받은 존재였다. 그런데 그들은 '양반 본인 개별' 못지않게, '양반 신분 집단'을 대상으로 한 특권의 향유에 관심이 높았다. 물론 개인의 입신양명도 중요했지만, 특권을 집단적으로 향유하고, 그가 속한 집단이 상승하는 것에 힘을 기울였다. 따라서 조선의 양반은 '반격의 유지'라는 소극적 대응에서 나아가, 반격을 조금이라도 높이기 위하여 생활의 전부를 투자하였다고 해도 과언이 아니다. 이는 어느 특정양반 한 사람에 관계되는 신분의 문제를 넘어, 같은 성족으로서 ○○파의 동족부락(최소 단위의 문중)이 공동으로 추구하는 지선(至善)의 가치였다.

한편 조선 중기까지만 해도 양반은 전 인구의 10%도 채 되지 않았으나, 조선 후기로 가면서 신분질서가 문란해지며 양반의 비중이 현격히 높아졌다. 임진왜란과 병자호란을 거치면서 정부 재정이 극도로 궁핍하게 되자 납속책(納粟策)이 실시되었다. 납속에 대한 특전으로는 면천(免賤)·면역(免役) 등의 혜택이 주어져 조선후기 신분 사회질서 문란의 주요한 요인이 되었다. 공명첩(空名帖)도 이러한 특전으로 지급된 것이었다. 공명첩은 납속자의 이름 칸을 비워놓고 쌀을 내는 경우 지급한 인사발령장이었는데, 이로 인하여 형식적인 양반인구의 확산을 가져왔다. 예를 들어 중인인 향리가 쌀 30섬을 내면 참하영직(參下影職: 보직 없이 정7품 이하의 직급만 부여)으로 발령하고, 쌀 80섬을 내면 무관직으로 참하관의 실직을 내렸다.

그런데 이 공명첩을 통해 내려지는 관직은 대부분 허직(虛職)에 불과할 뿐 아니라, 자손과 가문의 지위에 실질적 영향을 미치지 못하였다. 따라서 납속해 공명첩 얻기를 원하는 사람이 별로 많지 않았다. 오히려 지방관이 공을 올리기 위해 강제로 팔아넘겨 억지로 공명첩을 사들이는 경우도 있었다고 한다. 이로 인해 공명첩을 사들이고도 자기의 이름을 써넣지 않아, 이름 칸이 그대로 비어있는 공명첩이 현재까지 전해지기도 한다. 자식이 없는 과부가 납속의 쌀을 내고 벼슬을 샀는데, 여자는 관리가 될 수 없었으므로 집에서 기르는 수캐에게 공명첩을 주었다는 우스개 이야기까지 전해지는 것도 같은 사정이다.

이처럼 공명첩을 매입해 양반이 된 경우라도 진정한 양반으로 는 대접받지 못하였다. 다만 죽고 난 다음 제삿날 지방(紙榜)을 쓸 때 현고학생(顯考學生)은 면할 정도의 쓰임이랄까. 현실적인 양반 신분의 유지와는 거리가 먼 사안인 것이다.

<조선의 시대별 신분구조 변화>

(표본: 대구지역)

시 기	양 반(%)	양 민(%)	노 비(%)
숙종 때(1690)	9.2	53.7	37.1
정조 때(1783)	37.5	57.5	5.0
철종 때(1858)	70.3	28.2	1.5

(출처: 이덕일, 『당쟁으로 보는 조선역사』)

가. 사환(仕宦)을 위한 부단한 노력

양반신분을 유지하기 위한 가장 기본적인 요소가 관직으로의 진출이다. 이때의 관직은 미관말직(微官末職)이 아닌 다음 조건 정 도는 되어야 양반으로서의 지위를 유지해 나갈 수 있었다. 적어도

문과 급제를 통한 사환이나, 특채를 통하여 사로(仕路)에 진입하였
더라도 지방수령 정도는 지내야 행세할 수 있었다. 또는 최소한 경
제력이 뒷받침되고 생원(生員), 진사(進士) 시험 정도는 입격해야
만 하였다. 또한 4대 이내에 현관(顯官)이 나오지 않으면 제대로
된 양반 후예로서 대접받기 어려웠다.

특히 문과에 급제하여 관직에 나간다는 것은 개인의 영예는 물
론 한 문중의 영광이었다. 따라서 반가의 집성촌락에서는 자제들
에 대한 과거의 입격을 간절하게 소망하였으며, 특정 종중에서는
종학당(宗學堂)을 열어 종중경비로 종중원의 자제들에게 집합교
육을 실시하기도 하였다. 예컨대, 파평윤씨(坡平尹氏) 미촌(美村)
윤선거(尹宣擧) 문중에서는 충남 논산시 노성면에 종학당(宗學堂)
을 건립하여 종중원의 자제들을 교육시켰으며, 덕수이씨(德水李
氏) 택당(澤堂) 이식(李植) 문중에서는 경기도 양평군 양동면에 후
손들을 위한 학당인 택풍당(澤風堂)을 지어 후학을 양성하였다.

〈택풍당(澤風堂)〉

이식(李植)이 은퇴 후 후손들을 위하여 지은 학당(學堂). 후손 중에서 정승 3명, 판서급이 10명에 이르는 숫자가 배출되었다.

※ 이식(李植)은 인조 때 대제학을 역임했으며 월사·이정구(月沙·李廷龜: 연안이씨), 상촌·신흠(象村·申欽: 평산신씨), 계곡·장유(谿谷·張維: 덕수장씨)와 더불어 조선 4대 문장가이다.

나. 도학자(道學者)의 배출 및 학맥(學脈) 형성

양반이 사환(仕宦)을 통하여 현관에 이르지 아니하더라도 도학(道學)을 연마하여 사림이나 나아가 중앙에까지 도덕과 학문의 고수로 인정받게 되면, 본인은 물론 그가 속해있는 문중집단은 양반 집안으로서 충분한 인정과 대우를 받았다. 이들 도학자는 중앙에 명성이 알려져 특별채용 형식의 관직이 제수되는 경우가 많았다. 일부는 이를 수용하여 관계로 진출하였으며, 더러는 끝까지 벼슬을 고사하기도 하였다. 중앙정계 진출을 거부한 이들은 향리에서 후학들을 양성하며, 자연을 벗 삼아 요산요수(樂山樂水)하며 고고한 선비의 삶을 살았다.

특히 조선 중기 이후 벼슬길로의 진출이 원활하지 못했던 영ㆍ호남의 선비들은 학맥을 형성하여 계승하고, 학문 토론을 통하여 스스로의 존재감을 현시하였다. 이로 인하여 영ㆍ호남지역의 사림 문중에서는 벼슬을 높이한 집안보다도 도학을 높이 한 문중 및 성족을 비교우위로 여기는 성향이 짙다. 이는 동병상련의 공통된 문중의식의 발로라 할 수 있다.

영남에서는 강호(江湖) 김숙자(金叔滋: 善山金氏)의 학통을 계승한 그의 아들 점필재(佔畢齋) 김종직(金宗直) 문인들의 학맥이 형성되었다. 또 그의 문하생인 한훤당(寒暄堂) 김굉필(金宏弼: 瑞興金氏)의 학통을 이어받은 문도들의 유대가 이루어졌다. 한편 지리산을 중심으로 해서 남명(南溟) 조식(曺植: 昌寧曺氏)의 학통과 생활철학을 전수받은 소위 남명학파가 형성되어, 그들만의 독특한 도학사상을 실천철학으로 승화시키고자 하였다.

또한 회재(晦齋) 이언적(李彦適: 驪州李氏)은 퇴계(退溪) 이황(李滉)으로 이어지는 영남학파의 학론에 영향을 주었다. 회재를 배출한 경주의 양동마을은 양반마을의 표상으로, 현재 서애 류성룡을 배출한 안동 하회마을과 더불어 유네스코 세계문화유산으로서 지정되어 있다.

〈경주 양동마을〉

　퇴계(退溪) 이황(李滉: 眞城李氏)의 학맥은 도산서원을 중심으로
형성되어 수많은 학자와 관인들에게 이어졌다. 영남 남인의 반가
에서는 퇴계를 접목시키지 않고는 양반다운 양반 행세를 할 수
없었다고 해도 과언이 아닐 것이다. 당대 그의 학론을 따르는 이
가 수백 명에 이르렀고, 그의 문도를 통하여 학맥이 계속 이어져왔
으며, 오늘날에도 퇴계의 사상연구는 단절 없이 이어지고 있기 때
문이다.

　한강(寒岡) 정구(鄭逑: 文穆公. 淸州鄭氏)는 한훤당(寒暄堂) 김굉
필(金宏弼)의 외증손(外曾孫)으로 퇴계와 남명에게서 수학한 후,
성주 · 고령을 중심으로 동계(桐溪) 정온(鄭蘊: 草溪鄭氏), 죽헌(竹
軒) 최항경(崔恒慶: 永川崔氏) 등을 비롯한 수많은 문하생을 양성
하였다. 퇴계의 제자로서 영상(領相)을 지낸 서애(西厓) 류성룡(柳

成龍: 豊山柳氏) 또한 학자로서 도학을 전수하였다. 그의 문도인 우복(愚伏) 정경세(鄭經世: 晉州鄭氏)는 관계로 진출하여 이조판서와 대제학을 지내고, 당대 예학에 있어서는 사계(沙溪) 김장생(金長生)과 쌍벽을 이루었다.

여헌(旅軒) 장현광(張顯光: 文康公. 仁同張氏)은 학문과 덕행으로 천거되어 여러 관직에 임명되었으나 나가지 않고, 혹 잠시 나가더라도 사직하고 곧 향리로 돌아왔다. 참판·판서 등도 여러 차례 제수 받았으나 모두 거절하였다. 오직 학문에 정진, 후학양성에 매진하여 유학(儒學)의 대가로 추앙되었다. 처삼촌인 한강 정구가 혼례를 주관하였고, 한강문하를 자주 왕래하였다. 따라서 한강의 학문적 영향을 받은 바 있어 퇴계의 학맥을 이은 것으로 보나, 율곡 이이의 학론에도 영향을 받아 독창적 학설을 견지하였다. 본거지인 인동과 주변의 선산, 성주, 의성, 영천지역을 중심으로 170여 명에 달하는 문인이 그를 따랐다. 서애 류성룡을 통해 퇴계의 학통을 계승한 우복 정경세와 함께 당대 영남학파를 영도하는 위치에 있었다. 특히 문하에 조임도(趙任道: 함안조씨)·장경우(張慶遇: 인동장씨)·김결(金烋: 의성김씨)·신열도(申悅道: 아주신씨)·노경임(盧景任: 안강노씨, 장현광의 생질)·김경장(金慶長: 순천김씨)·김응조(金應祖: 풍산김씨)·신적도(申適道: 아주신씨, 신열도와 형제지간)·장학(張澩: 인동장씨, 장경우의 아들)·이주(李䌷: 경산이씨) 등 10명의 여헌 고제(高弟)는 여문십현(旅門十賢)으로도 불리고 있다.

이 외에도 퇴계의 학맥을 이어받은 학봉(鶴峯) 김성일(金誠一: 義城金氏)을 사사(師事)한 경당(敬堂) 장흥효(張興孝: 安東張氏)가 있다. 관계에 진출하지 않고 후진양성에 전념하여 제자가 수백 명에 달하였다. 그의 문하에 존재(存齋) 이휘일(李徽逸: 載寧李氏)과 갈암(葛庵) 이현일(李玄逸) 형제가 있었고, 갈암의 아들인 밀암(密菴) 이재(李栽)로 학풍이 전수되었다. 밀암의 외손자인 대산(大山) 이상정(李象靖: 韓山李氏), 소산(小山) 이광정(李光靖) 형제에게 학맥이 이어졌다.

이상정의 문하에서는 손재(損齋) 남한조(南漢朝: 宜寧南氏)가 영남 이학파(理學派)의 학맥을 계승하였다. 정재(定齋) 류치명(柳致明: 全州柳氏)에게 이어져, 한말(韓末) 한주(寒洲) 이진상(李震相: 星山李氏)을 이어, 면우 곽종석(俛宇 郭鍾錫: 玄風郭氏) 등에게 학풍이 계승되었다. 곽종석의 문인으로는 위암(韋庵) 장지연(張志淵: 仁同張氏)과 심산(心山) 김창숙(金昌淑: 義城金氏) 등이 있었다. 이렇게 계승된 횡적 종적인 학맥과 학통은 영남 사림의 반격을 유지하는데 큰 역할을 담당하였다.

〈성산이씨 한수헌〉

　한편 호남은 중앙에서 멀리 떨어져 있으며, 지역적으로 기후가 좋고 물산이 풍부하여 은둔생활을 영위하기가 좋았다. 이 때문에 정치적 격변기(예: 왕조교체기, 수양대군 왕위 찬탈, 연산군 때의 사화 등)에 화를 피하여 낙향한 사대부 가문의 후예와 이들과 교유한 인물들이 원천이 되어 학맥이 형성되었다고 볼 수 있다.

<화를 피해 호남으로 낙향한 주요 인물>

구 분	주요 인물	세거지
왕조교체기 고려 → 조선	조 유(趙 瑜: 옥천조씨)	순창
	김자진(金子進: 광산김씨)	장성
	김 온(金 穩: 울산김씨)	장성
세조 왕위찬탈	봉여해(奉汝諧: 하음봉씨)의 아들, 동생	장성
	김종서(金宗瑞: 순천김씨)의 일족인 김효우, 김효손	해남, 순천
	정 분(鄭 苯: 진주정씨)의 후손	장흥, 함평
	박지흥(朴智興: 충주박씨)	광산
	김 린(金 麟: 충주김씨)	장흥
	최덕지(崔德之: 전주최씨)	영암
	송 간(宋 侃: 여산송씨)	고흥
	신말주(申末舟: 고령신씨)	순창
연산군 때 사화	최 부(崔 溥: 탐진최씨)	나주
	송 흠(宋 欽: 신평송씨)	장성
	이재인(李在仁: 경주이씨)	장성
	정여해(鄭汝諧: 하동정씨)	화순
	신윤보(申潤輔: 고령신씨)	순천

(참고: 고영진, 『호남사림의 학맥과 사상』)

　호남지역의 학맥계보는 학자에 따라 여러 계열로 나누어보는데, 크게는 면앙정(俛仰亭) 송순(宋純: 新平宋氏) 계열과 화담(花潭) 서경덕(徐敬德: 唐城徐氏) 계열로 분류하여 보기도 한다.

송순계열로는 하서(河西) 김인후(金麟厚: 蔚山金氏), 고봉(高峰) 기대승(奇大升: 幸州奇氏), 금호(錦湖) 임형수(林亨秀: 平澤林氏), 옥계(玉溪) 노진(盧禛: 豊川盧氏), 제봉(霽峰) 고경명(高敬命: 長興高氏), 송강(松江) 정철(鄭澈: 延日鄭氏) 등으로 보고 있다. 면앙정 송순은 시가문학가로 널리 알려져 있으나 성리학에도 조예가 깊었다. 면앙정 학맥은 광주, 장성, 담양, 창평 등 주로 전라 좌도지역을 중심으로 이루어졌다.

송순계열로 호남을 대표할만한 학자인 하서 김인후는 호남에서 유일하게 문묘에 배향된 인물이다. 많은 문인들이 그의 학문과 사상을 계승했다. 호암(壺巖) 변성온(卞成溫: 초계변씨) · 인천(仁川) 변성진(卞成振: 변성온의 아우) · 고암(鼓巖) 양자징(梁子徵: 제주양씨) · 월계(月溪) 조희문(趙希文: 함안조씨) · 금강(錦江) 기효간(奇孝諫: 행주기씨) · 송강 정철 · 망암(望菴) 변이중(邊以中: 황주변씨) · 도암(韜庵) 오희길(吳希吉: 나주오씨) 등이 그의 문하에서 수학한 대표적 인물들이다. 하서의 문인들은 그의 고향 장성에 필암서원(筆巖書院)을 건립하고 학풍을 이어나갔다. 필암서원은 흥선대원군의 서원 정리 때 훼철되지 않고 남아, 현재 사적 제242호로 지정 보호되고 있다.

화담의 학맥은 동암(東菴) 이발(李潑: 光州李氏), 사암(思菴) 박순(朴淳: 忠州朴氏), 소재(蘇齋) 노수신(盧守愼: 光山盧氏), 곤재(困齋) 정개청(鄭介淸: 固城鄭氏), 정여립(鄭汝立: 東萊鄭氏) 등에 의해 계승되었다. 화담학파는 나주 · 화순 · 함평 · 해남 등 주로 전라 우도 중심으로 활동하였으며, 나주는 면암정과 화담 양계열의 각축장이 되었다.

한편 호남의 대표적 인물 가운데 일인인 고산(孤山) 윤선도(尹善道: 海南尹氏)도 서경덕 학풍과 관련성이 짙은 것으로 인식된다. 시조에 뛰어났고, 경사(經史)에 해박하며 의약·복서·음양·지리 등에도 통하여 박학했다. 효종대 예송논쟁에 참여하여 송시열과 대립하기도 하였다. 윤선도를 중심으로 한 해남윤씨 가학(家學)은 다산(茶山) 정약용(丁若鏞: 나주정씨)에게까지 영향을 주었다. 한반도의 최남단 해남에서 윤선도의 고택(古宅)인 녹우당(綠雨堂)을 만날 수 있다. 또한 보길도의 세연정(洗然亭) 원림(園林)은 고산의 자취를 더듬어 볼 수 있는 명소로 남아 있다. 고산은 병자호란 당시 청에 항복하기를 반대하다가 삼전도에서 왕이 항복했다는 소식을 접하고, 보길도(甫吉島)에 들어가 은거했는데, 세연정은 그가 여기에 건립한 3칸짜리 정자이다. 현재 보길

〈보길도 세연정〉

도의 세연정 일대에 윤선도 문학체험공원이 조성되어 있다.

호남의 학맥은 영남이 남인계 일변도인 데 비하여 서인계와 남인계로 나뉘어 계승되었다. 서인계의 학맥으로는 은봉(隱峰) 안방준(安邦俊: 竹山安氏), 수은(睡隱) 강항(姜沆: 晉州姜氏), 기암(畸庵) 정홍명(鄭弘溟: 延日鄭氏), 월봉(月峯) 고부천(高傅川: 長興高氏), 현주(玄洲) 조찬한(趙纘韓: 漢陽趙氏), 지천(支川) 오이규(吳以奎: 羅州吳氏), 도암(韜庵) 오희길(吳希吉: 羅州吳氏), 소은(素隱) 신천익(愼天翊: 居昌愼氏), 송암(松巖) 기정익(奇挺翼: 幸州奇氏) 등이 있다. 남인계의 학맥으로는 고산(孤山) 윤선도(尹善道: 海南尹氏), 금봉(錦峰) 나덕윤(羅德潤: 羅州羅氏), 나덕현(羅德顯: 羅州羅氏) 등을 들 수 있다.

남인계의 호남사림은 학문의 실용성을 강조하였는데, 이는 후에 호남지역의 학문과 사상 · 문학 · 예술이 실학적 성향을 보이는 데 영향을 주었다고 볼 수 있다. 조선 후기 성리학에 바탕을 둔 실용주의 사상가들이 호남에서 배출된 데 적지 않은 영향을 끼쳤다 할 것이다. 예컨대 순창의 여암(旅庵) 신경준(申景濬: 高靈申氏), 장흥의 존재(存齋) 위백규(魏伯珪: 長興魏氏), 고창의 이재(頤齋) 황윤석(黃胤錫: 平海黃氏), 화순의 규남(圭南) 하백원(河百源: 晉州河氏)은 호남의 대표적인 실학자들이다. 이들을 일컬어 호남 4대 실학자라고 한다.

한편 영남과 호남의 학맥은 단절적인 것이라기보다는 다양한 계기나 통로를 통해 교류되었다. 타 지역 출신의 지방관으로의 부임(예: 영남 출신 인사가 호남지역의 관리로 부임), 지역 내로의 유배, 또는 지역경계를 넘은 혼인이나 교제, 서신의 교환 등을 통해 학문적 교류가 이루어졌다. 예를 들면 호남의 최부(崔溥: 耽津崔氏)는 김굉필과 성균관에서 교류하게 됨으로써 점필재 김종직의 학문에 연계되었다. 또한 김굉필이 순천에서 귀양살이를 할 때 호남의 최산두(崔山斗: 광양최씨) · 유계린(柳桂隣: 선산유씨) · 최충성(崔忠成: 전주최씨) · 이적(李勣) · 윤신(尹信) · 유맹권(柳孟權) 등이 그에게서 학문을 배웠다. 정암 조광조가 화순에 유배되었을 때에는 양산보(梁山甫: 제주양씨) · 이두(李杜) 등이 그를 따라 함께 왔으며, 상주 출신의 소재(蘇齋) 노수신(盧守愼: 光山盧氏, 영의정 지냄)은 호남에 귀양와서 호남 성리학을 풍성하게 하는 데 주요한 역할을 하였다. 노수신은 호남지역에 서경덕 계열의 성리학사상이 형성되는 데 크게 기여하였다.

〈김종직 종가〉

이외에도 경상도 함양 출신인 옥계(玉溪) 노진(盧禛: 豊川盧氏)은 남원의 대표적인 사족이며 기묘사림인 기재(幾齋) 안처순(安處順: 順興安氏)의 딸과 혼인하여 호남의 명사들과 교유, 학문적으로도 교류하였다. 이로 인해 영남 출신이지만 호남인사로 분류되고 있다. 또한 교제와 서신을 통해 영호남 학문적 교류가 이루어진 사례도 있다. 대표적 인물로 영남의 농암(聾巖) 이현보(李賢輔)는 눌재(訥齋) 박상(朴詳: 忠州朴氏) · 퇴재(退齋) 소세양(蘇世讓: 晉州蘇氏) 등 호남 사림과 교유하였다. 퇴계(退溪) 이황(李滉: 眞成李氏)은 면앙정 시단에 참여하여 시작(詩作)을 남겼고, 하서(河西) 김인후(金麟厚: 蔚山金氏)와도 성균관 동문으로서 교유하였다. 특히 호남의 대표적 학자 고봉(高峰) 기대승(奇大升: 幸州奇氏)과 철학논쟁인 사단칠정논쟁(四端七情論爭)을 벌인 사실은 유명하다. 이같이 지역의 경계를 초월한 학문의 교류를 통하여 양반사림은 서로의 반격을 유지해 나갔다.

〈필암서원(김인후 배향) 편액〉

한편 서울과 경기 지역의 학인들은 율곡(栗谷)과 화담(花潭)의 영향을 크게 받으면서 학풍을 형성해나갔다. 특히 호남의 사림에도 영향을 미친 화담의 학풍은 절충적이고 개방적인 특성상 선진 문물을 쉽게 흡수한 서울과 경기 지식인들의 취향과 잘 부합하였다. 그리하여 본래 화담이 학문의 무대로 삼은 개성을 중심으로 서울과 경기북부 지역에 많은 문인들이 분포되어 있었다. 앞서 언급한 호남지역에 화담의 학맥을 전수한 사암(思菴) 박순(朴淳: 忠州朴氏)과 더불어 대표적인 화담의 문인으로 초당(草堂) 허엽(許曄: 양천허씨)을 들 수 있다. 그는 동·서 분당시 김효원(金孝元: 선산김씨)의 편에 서서 동인의 영수로 활동하였다. 화담의 문인 중 가장 오래 문하에 있었으며, 화담의 우의정 추증 및 문묘 배향을 위해 적극 노력했다. 그의 학풍과 사상은 악록(岳麓) 허성(許筬), 하곡(荷谷) 허봉(許篈), 교산(蛟山) 허균(許筠) 세 아들에 의해 계승되었다.

　화담의 처사적인 삶을 가장 잘 계승한 인물은 습정(習靜) 민순(閔純: 여흥민씨)이다. 그는 관직에 일시적으로 나가기도 했지만, 이내 사퇴하고 돌아와 경기도 고양 일대를 근거지로 하여 학문과 후진양성에 전념했다. 문하에 만전당(晩全堂) 홍가신(洪可臣: 남양홍씨)·구암(久菴) 한백겸(韓百謙: 청주한씨)·모당(慕堂) 홍이상(洪履祥: 풍산홍씨)·기천(沂川) 윤효전(尹孝全: 남원윤씨) 등이 있었다.

화담은 성리학자이면서 도가사상을 절충하는 등 다양한 학문과 사상을 보합하였는데, 이러한 성향은 그의 문하에서 수학한 토정(土亭) 이지함(李之菡: 한산이씨)에게도 이어졌다. 이처럼 성리학 이해에 있어서 탄력적이었던 화담의 학풍은 그에게 직접 수학한 문인뿐 아니라, 서울의 침류대 학사들에게도 영향을 주었다. 침류대는 촌은(村隱) 유희경(劉希慶: 강화유씨)이 창덕궁 서쪽 정업원 부근 후미지고 산 가까운 곳에 나무 몇 그루를 심고 대(臺)를 만들어 이름 붙인 곳이다. 당대 명사들이 모여 이곳에서 학문을 토론하고 교유하였다. 이때 모인 문사들이 지봉(芝峯) 이수광(李睟光: 전주이씨), 상촌(象村) 신흠(申欽: 평산신씨), 남창(南窓) 김현성(金玄成: 김해김씨), 녹문(鹿門) 홍경신(洪慶臣: 남양홍씨), 소암(疎庵) 임숙영(任叔英: 풍천임씨) 등이다. 이같이 화담의 학맥은 그의 수많은 문인을 통해 계승되었고, 서울의 지식인들을 중심으로 확산되었다. 또한 화담 학풍이 추구한 유연하고 실용적인 사상경향은 조선 후기 '실학'의 원류로 기능하기도 하였다.

이처럼 양반들은 학맥을 계승해나가고, 서로 교유를 통해 학문을 교류하기도 하면서 반격을 유지해나갔다.

한편, 양반과 유사한 개념으로 선비라는 호칭이 사용되었는 바이는 유교 교양을 갖춘 "선배"라는 용어에서 유래했다는 설이 있다. 선비란 신분질서의 호칭이 아니라 세속적인 이재(理財)를 가까이 하지 아니하고, 예(禮)·의(義)·염(廉)·치(恥)를 중시하는 도덕적 윤리적 삶에 기초한 지식인으로서 인자(仁者)를 일컬음이다.

벼슬에 연연하지 아니하고 후학(後學)을 양성하고 불의에 나아가지 아니하며 안빈(安貧)을 부끄럽게 여기지 아니하고 벼슬에 나아가더라도 의(義)가 아니면 구차하게 사환(仕宦)에 집착하지 않으며 결코 곡학아세(曲學阿世)를 영달의 디딤돌로 하지 않으며 충(忠)·효(孝)를 실천에 옮기고 의로운 일에는 목숨까지도 담보 할 수 있는 것이 선비정신이다. 따라서 이러한 정신의 바탕 위에서 선비가 행하여야 할 덕목(德目)은 경(敬)이다. 경이란 스스로를 닦는 것(修己)이며, 이는 불교(佛教)의 선(禪)이나 정좌(靜坐)와 상통하는 것으로서 스스로 수양을 하여 도(道)를 실현해야 하는 것이다 (居敬集義). 율곡(栗谷)이이(李珥)는 "선비란, 마음으로 옛 성현(聖賢)의 도(道)를 사모(思慕)하고, 몸은 유교인(儒教人)의 행실로 신칙(申飭)하며, 입은 법도에 맞는 말을 하고, 공론(公論)을 지니는 자이다"라고 정의하고 있는 바 선비의 자의(字義)인 사(士)와 벼슬살이의 자의(字義)인 사(仕)는 그 뜻이 사뭇 다르다. 즉, 사(士)는 형이상학(形而上學)인 정신적 가치이며 사(仕)는 형이하학(形而下學)인 실체적 벼슬살이를 일컬음이다. 조선 중기를 넘어서면서 선비들이 과거시험에 집착하지 아니하고, 도학(道學) 공부에만 전념하는 것이 오히려 고상한 도리로 여겼던 풍조가 특히 영·호남 지역에서 강하게 나타났다.

〈선비의 상〉

이를테면 안동지역에 집성촌을 형성하여 세거해오던 전주류씨(全州柳氏: 별칭 무실류씨) 문중의 경우 16C 중반부터 근세에까지 대(代)를 이은 문집이 출간됨으로써 벼슬보다는 학문에 정진한 문중으로서 자긍심이 대단하다(현재는 댐 건설로 수몰지가 되어 龜尾市 등지로 대부분 이거).

또, 한 예로 영양의 일월산 아래 세거해온 한양조씨 문중(漢陽趙氏: 별칭 주실조씨로 세종 때 우의정을 지낸 趙涓의 후손)은 기묘사화(1519년)때 낙남(落南) 이후 근 600년 동안 재물을 빌리지 아니하고(財不借), 사람을 빌리지 아니하며(人不借: 양자를 들이지 않고 대를 이음), 글(文翰)을 빌리지 아니함(文不借)으로 일컬어 3불차(三不借) 집안으로 복 받은 문중으로 회자되어 왔다.

〈한양조씨 호은종택〉

　저술(著述)이나 문집 등을 많이 남긴 선조들을 둔 문중들은 벼슬
살이에 대한 가치를 크게 두지 아니하고 도학을 함께 논하고 문집
등을 편찬함에는 문중 간에 상호협조를 하였을 뿐만 아니라 이들
의 후손들은 대를 이어 세의(世誼)를 돈독히 하면서 선비집안으로
서 긍지를 갖고 청신(淸新)한 반격을 유지하는 일을 공통적 과업
(課業)으로 하였다. 성호(星湖) 이익(李翼: 여주이씨)은『성호사설
(星湖僿說)』에서 "영남에는 사환(仕宦) 외에 세족(世族)이라는 말
이 있다. 이는 다만 학문에 전념하고 그들에게 어떤 하자가 없는
한, 비록 10대에 걸쳐 사환이 없더라도 망족(望族: 명망있는 집안)

으로서 스스로를 높이려 세를 이어 그 지위를 유지해 나가고 있다"고 서술해 놓았다.

다. 격(格)에 맞는 혼반(婚班) 유지

혼반(婚班)이란 양반들의 혼인관계를 지칭하는 용어로서, 양반 개인이 아니라 문중과 문중 간 혼사를 통하여 맺어진 관계를 의미한다. 혼반을 통해 서로 간의 반격을 유지하고, 유대의 폭을 넓혀서 전통시대 향촌사회의 주도권을 장악하는 데에 도움을 받았다. 따라서 조선시대 반가의 통혼관계를 살펴보면 그 가문의 지체를 쉽게 알 수 있다. 그야말로 끼리끼리의 혼인이었다고나 할까?

다만 반격에 관계없이 색목(色目)이 다르거나 길혼(吉婚)이 아니거나, 선조들 간에 오해 등으로 해묵은 숙원(宿怨)이 있는 경우(예, ○○박씨와 ○○심씨), 기혼(忌婚)하여 혼반이 이루어지지 않는 경우도 있었다. 종가 중심의 집성촌을 이루고 있는 반가에서는 가격(家格)에 맞는 혼사를 반격 유지의 주요한 잣대로 삼았다.

이는 종가에 가까운 집일수록 엄격하였으며(종가끼리 혼인), 지손집이라도 하혼(下婚)을 할 경우에는 종중의 징벌적 성격인 문벌(門罰)이 가해지기도 하였다. 때로는 경제적 이유 때문에 낙혼(落婚)을 하게 될 경우 문중에서 경제적 지원을 통하여 하혼을 하지 못하도록 한 사례도 있었다. 특정 반가의 문중에서 종중원 개인 한 사람의 하혼은 문중 반격의 대외적 평균점수를 낮게 하는 결정적 요인이 될 수 있었기 때문이다. 종중원 한 사람의 낙혼으로 인하여 반격이 훼손되고, 자칫 향촌반가들이 묵시적으로 정한 혼반등급에서 문중전체가 강등되는 치명적인 손상을 초래할 수 있었다. 이 때문에 혼반의 유지는 집성반가의 문중들이 공통으로 대응해가는 가치였다고 할 수 있다.

조선중기 영남, 호남, 서울·경기 지역의 명망있는 사족(士族)간의 혼반관계를 사례를 들어 살펴보면 아래와 같다.

<실례: 조선 중기 반가의 대표적 혼맥 사례>

◆ 영남지역

인물	혼맥 관계
-영천이씨 농암(聾巖) 이현보(李賢輔) -여주이씨 회재(晦齋) 이언적(李彦迪)	문묘에 배향된 이언적과 당대 문명을 날린 이현보는 7촌의 인척 관계. 이언적의 증조모와 이현보의 조모는 자매지간.
-안동장씨 경당(敬堂) 장흥효(張興孝) -재령이씨 갈암(葛庵) 이현일(李玄逸)	이현일은 장흥효의 외손자. 장흥효는 퇴계의 학통을 이어받은 성리학자.
-인동장씨 여헌(旅軒) 장현광(張顯光) -안강노씨	노경임은 장현광의 생질이자 문인. 노경임은 23세 문과에 합격하고, 임진왜란 때는 의병을 일으켰으며, 순안어

경암(敬菴) 노경임(盧景任)	사(巡按御史)로 활약, 도승지에 추증.
−풍산류씨 　서애(西厓) 류성룡(柳成龍) −안강노씨 　경암(敬菴) 노경임(盧景任)	류성룡은 노경임의 처 삼촌.
−서흥김씨 　한훤당(寒暄堂) 김굉필(金宏弼) −청주정씨 　한강(寒岡) 정구(鄭逑)	정구는 김굉필의 외증손자. 정구는 성리학과 예학은 물론 의약·역사·풍수지리 등 다방면에 걸쳐 박학했던 대학자.
−진주정씨 　우복(愚伏) 정경세(鄭經世) −은진송씨 　동춘당(東春堂) 송준길(宋浚吉)	문묘에 배향된 송준길은 정경세의 사위로서 당파를 초월한 혼반형성. 정경세는 남인, 송준길은 노론. 정경세는 성리학과 예학의 대가로 대제학과 이조판서 등 역임.
−재령이씨 　밀암(密庵) 이재(李栽) −한산이씨 　대산(大山) 이상정(李象靖)	이상정은 이재의 외손자. 이상정은 영남학파의 중추적인 인물로 남한조·정종로·김종덕 등 배출. 이재는 이현일의 아들로 성리학의 대가.
−의성김씨 　학봉(鶴峯) 김성일(金誠一) −풍양조씨 　검간(黔澗) 조정(趙靖)	조정은 김성일 조카사위. 조정은 문과 급제, 임란의병을 일으킨 두 아들을 진중에 보내 싸우게 함.

인물	혼맥 관계
－창녕조씨 　남명(南冥) 조식(曹植) －현풍곽씨 　망우당(忘憂堂) 곽재우(郭再祐)	곽재우는 조식의 외손자이며, 동강(東岡) 김우옹(金宇顒: 義城金氏)과 동서지간. 곽재우는 문무를 겸비한 관료로 '홍의 장군'으로 유명. 조식은 실천유학의 대가로 남명학파 형성.

◆ 호남지역

인 물	혼맥 관계
－제주양씨 　소쇄옹(瀟灑翁) 양산보(梁山甫) －신평송씨 　면앙정(俛仰亭) 송순(宋純)	양산보와 송순은 내외종간. 양산보의 어머니가 송순의 고모. 양산보는 소쇄원림 주인으로 조광조의 문인. 송순은 문과 급제, 시조문학의 대가
－제주양씨 　소쇄옹(瀟灑翁) 양산보(梁山甫) －울산김씨 　하서(河西) 김인후(金麟厚)	양산보와 김인후는 사돈지간. 김인후의 딸이 양산보의 아들에게 출가. 김인후는 문묘에 배향된 성리학자
－울산김씨 　하서(河西) 김인후(金麟厚) －선산류씨 　미암(眉巖) 류희춘(柳希春)	김인후와 류희춘은 사돈지간. 김인후의 셋째 딸이 류희춘의 며느리. 류희춘은 문과 급제, 경서와 성리학에 밝음. 부인은 여류문인 송덕봉(宋德峰: 여산송씨).
－광산김씨	시가문학의 대가인 정철은 김윤제의

사촌(沙村) 김윤제(金允悌) ―연일정씨 송강(松江) 정철(鄭澈)	외손녀 사위. ※ 양산보는 김윤제의 처남. 김윤제는 문과 급제, 퇴직 후 후진 양성.
―광산김씨 사촌(沙村) 김윤제(金允悌) ―선산임씨 석천(石川) 임억령(林億齡)	김윤제의 종질인 서하당(棲霞堂) 김 성원(金成遠: 息影亭을 지음)은 임억 령의 사위. 임억령은 문과 급제, 동생 임백령의 불의에 맞서 형제간에 의절.
―선산임씨 괴마(槐馬) 임백령(林百齡) ―행주기씨 만전(晩全) 기자헌(奇自獻)	기자헌은 임백령의 외손자. 임백령은 문과 급제, 우찬성 역임. 기자 헌은 영의정 역임, 이괄의 난 때 피화.
―선산임씨 석천(石川) 임억령(林億齡) ―해남윤씨 고산(孤山) 윤선도(尹善道)	윤선도 어머니의 고모가 임억령 형제 의 조모. 윤선도는 문과 급제, 경사(經史)에 해 박하고 의약·복서(卜筮)·음양·지 리 등에 박학, 정철과 쌍벽을 이루는 시문학자.
― 해남윤씨 공재(恭齋) 윤두서(尹斗緖) ―나주정씨 다산(茶山) 정약용(丁若鏞)	정약용의 어머니는 윤두서의 손녀딸 로서 지역을 초월한 혼반 형성. 정약용은 문과 급제, 대표적 실학자. 윤두서는 윤선도의 증손으로 시·화 에 능함.

◆ 서울, 경기지역

인물	혼맥 관계
—(신)안동김씨 　김대효(金大孝) —광주이씨 　이영현(李英賢)	김생해의 아들 김대효는 이영현의 사위. 이영현은 태종의 외예(外裔 : 외가 쪽 후손)로 중종에게 총애를 받았고, 육조의 참판 등 요직을 두루 역임.
—(신)안동김씨 　사미당(四味堂) 김극효(金克孝) —동래정씨 　수부(守夫) 정광필(鄭光弼)	김생해의 아들 김극효는 임당(林塘) 정유길(鄭惟吉)의 사위. 정유길은 중종대 명재상 정광필의 손자로서 선조대 좌의정 역임. 정유길과 김극효는 장인·사위 관계인 동시에 사제지간. 정유길의 아들 수죽(水竹) 정창연(鄭昌衍)도 두루 요직을 역임하며 우의정·좌의정 등에 오름.
—(신)안동김씨 　청음(淸陰) 김상헌(金尙憲) —연안김씨 　김제남(金悌男)	김상헌과 김제남은 사돈지간. 김상헌의 양자 운수거사(雲水居士) 김광찬(金光燦)과 김제남의 손녀 혼인. 김광찬의 아들 김수홍·김수항 형제는 영의정에 오름. 김제남은 선조의 계비 인목왕후(仁穆王后)의 부친이며, 영창대군의 외조부.
—청풍김씨 　김육(金堉) —대구서씨 　만사(晩沙) 서경우(徐景雨)	김육의 딸과 서경우의 아들 서원리(徐元履) 혼인. 서경우는 약봉(藥峰) 서성(徐渻)의 아들로 우의정을 역임하였고, 기로소(耆老所)에 들어감.

-연안이씨 　월사(月沙) 이정구(李廷龜) -안동권씨 　권극지(權克智)	이정구는 예조판서 권극지의 딸과 혼인. 이정구는 대제학을 지내고, 판서와 우의정 · 좌의정 등 조정의 요직을 두루 역임하였으며, 탁월한 문장으로도 유명.
-연안이씨 　백주(白洲) 이명한(李明漢) -반남박씨 　기재(寄齋) 박동량(朴東亮)	아버지 정구, 아들 일상(一相)과 더불어 3대가 대제학을 지낸 것으로 유명한 이명한은 호조판서 등 역임한 박동량의 딸과 혼인.
-연안이씨 　백주(白洲) 이소한(李昭漢) -여주이씨 　소릉(少陵), 이상의(李尙毅)	이정구의 아들 이소한은 육조의 판서, 대사헌 등 역임한 이상의의 딸과 혼인.
-은진송씨 　제월당(霽月堂) 송규렴(宋奎濂) -안동김씨 　운수거사(雲水居士) 김광찬(金光燦)	송규렴은 김광찬(金光燦)의 사위. 송규렴은 송시열 · 송준길 등과 동종(同宗) · 동향(同鄕)으로 학문이 뛰어나 삼송(三宋)으로 일컬어짐. 김광찬(金光燦)은 김상헌의 양자로 김제남의 손녀사위.
-은진송씨 　송상유(宋相維) -연안이씨 　이천보(李天輔)	영의정을 지낸 이천보는 송상유의 딸과 혼인. 송상유는 대사성을 지낸 제월당(霽月堂) 송규렴(宋奎濂)과 김광찬(金光燦)의 딸 사이에서 태어났고, 대제학을 지낸 송상기(宋相琦)의 아우.

	이천보의 어머니는 국구(國舅)였던 김만기(광산김씨)의 딸.
−한양조씨 　용주(龍洲) 조경(趙絅) −안동김씨 　눌암(訥菴) 김찬(金瓚)	조경은 이조판서를 지낸 김찬의 사위. 조경은 대제학을 지내고, 육조의 판서 등 요직 두루 역임.
−한양조씨 　용주(龍洲) 조경(趙絅) −사천목씨 　수옹(睡翁) 목내선(睦來善)	조경의 손자 조구노(趙九輅)와 좌의정·우의정 등 요직을 지낸 목내선(睦來善)의 딸 혼인.
−한양조씨 　용주(龍洲) 조경(趙絅) −진주유씨 　퇴당(退堂) 유명천(柳命天)	조경의 손자 조구원(趙九畹)과 유명천의 딸 혼인. 유명천은 육조의 판서를 두루 역임, 홍문관제학 겸임.
−한양조씨 　녹문(鹿門) 조위봉(趙威鳳) −광주이씨 　한음(漢陰) 이덕형(李德馨)	조위봉의 딸과 이덕형의 증손 이윤적(李允廸) 혼인. 조위봉은 조경의 아들.
−광주이씨 　한음(漢陰) 이덕형(李德馨) −한산이씨 　아계(鵝溪) 이산해(李山海)	이덕형은 영의정을 지낸 이산해의 사위. 이산해는 작은아버지 토정(土亭) 이지함(李之菡)의 문하에서 수학했고, 이지함의 권유로 이덕형을 사위로 맞음.
−광주이씨	이덕형의 아들 이여규(李如圭)와 권

한음(漢陰) 이덕형(李德馨) －안동권씨 폐호(閉戶) 권반(權盼)	반(權盼)의 딸 혼인. 권반은 영의정 윤국형(尹國馨: 파평윤씨)의 문하에서 수학, 그의 사위가 되었고, 형조판서를 역임. 권반과 이수광(李睟光)과도 사돈지간.
－광주이씨 한음(漢陰) 이덕형(李德馨) －사천목씨 남간(南磵) 목행선(睦行善)	이덕형의 아들 이여황(李如璜)의 딸과 대사성·대사간·승지 등 역임한 목행선 혼인.
－광주이씨 한음(漢陰) 이덕형(李德馨) －청송심씨 양졸재(養拙齋) 심재(沈梓)	이덕형의 손자 이상건(李象乾)의 딸과 판서를 역임한 심재 혼인.
－광주이씨 한음(漢陰) 이덕형(李德馨) －청송심씨 약현(藥峴) 심단(沈檀)	이덕형의 증손 이윤원(李允元)의 딸과 윤선도(尹善道)의 외손인 심단과 혼인. 심단은 일찍 부친을 여의고 외조부 윤선도 슬하에서 성장, 판서 등 요직 역임.
－전주이씨 이유간(李惟侃) －전주유씨 사호(沙湖) 유색(柳穡)	이유간과 유색은 사돈지간. 이유간은 정종의 아들 덕천군(德泉君)의 5세손. 이유간의 아들이며 유색의 사위인 백헌(白軒) 이경석(李景奭)은 부제학 역임. 소북의 영수였던 유영경이 유색의 삼

	종숙. 유색은 이조판서에 추증.

─전주이씨
  이유간(李惟侃)
─경주이씨
  백사(白沙) 이항복(李恒福)
	이유간의 손녀와 이항복의 손자 이시
	중(李時中) 혼인.
	이유간은 40세에 사마시에 합격하고,
	이항복이 병조판서일 때 천거하여 관
	직 진출.
	이유간의 아들이며 이시중의 장인인
	이경직(李景稷)은 병조참판 역임.

─안동권씨
  만취당(晚翠堂) 권율(權慄)
─경주이씨
  백사(白沙) 이항복(李恒福)
	권율은 이항복의 장인. 권율의 부친
	권철(權轍)은 영의정 역임, 권율은 영
	의정에 추증되고, 임진왜란 시 활동
	으로 선무공신(宣武功臣) 1등에 책
	봉됨.

─전주이씨
  이유간(李惟侃)
─연일정씨
  송강(松江) 정철(鄭澈)
	이유간의 손자이며 이경직(李景稷)의
	아들 이장영(李長英)은 송강 정철의
	증손녀와 혼인.

영남지역 퇴계 이황 종가의 혼맥을 살펴보면, 퇴계 다음 대부터 종부로 맞이한 성족(姓族)은 재취를 포함하여 안동권씨(安東權氏), 의성김씨(義城金氏), 풍산류씨(豊山柳氏), 봉화금씨(奉化琴氏), 창녕성씨(昌寧成氏), 부림홍씨(缶林洪氏), 남양홍씨(南陽洪氏), 평양박씨(平讓朴氏), 진주정씨(晉州李氏), 전주류씨(全州柳氏), 순천김씨(順天金氏), 청송심씨(靑松沈氏)이다. 이들은 대부분 퇴계 종가

와 근거리에 위치하고 있는 영남의 반족이다. 또한 이 가문의 대부분은 자제들을 이황에게 사사(師事)하도록 하여, 혼맥뿐만 아니라 학맥으로도 맺어지고 있다.

호남의 하서 김인후 종가는 하서 다음 대부터 종부를 들인 성족(姓族)이 여흥윤씨(驪興尹氏), 남원진씨(南原晉氏), 행주기씨(幸州奇氏), 황주변씨(黃州邊氏), 순천박씨(順天朴氏), 문화류씨(文化柳氏), 청주한씨(淸州韓氏), 성산이씨(星山李氏), 남원윤씨(南原尹氏), 전의이씨(全義李氏), 연일정씨(延日鄭氏), 경주이씨(慶州李氏), 은진송씨(恩津宋氏), 장수황씨(長水黃氏)이다. 이들은 충남 일부를 포함한 호남권내의 반족으로 김인후 종가와 혼맥을 형성하였다.

한편 서울과 근기(近畿) 지역은 그 위치상 중앙 관직으로의 진출이 우선시 되어, 중앙의 정치적 변화에 따라 많은 성씨들이 성쇠를 거듭한 지역이다. 따라서 오랜 기간 한 지역에 정착하여 주도적인 성씨로 성장하는 삼남지역 성족의 존재양태와는 다른 양상을 보였다. 그러나 서울 · 경기 지역에서도 나름의 특성을 지닌 사족층이 형성되어갔으니, 이른바 경화사족(京華士族)이라고 부른다.

경향(京鄕)의 학계가 분기(分岐)되는 18세기를 기점으로 서울 · 경기 지역의 관직 및 경제적 부의 독점 현상이 나타나기 시작하였다. 경화사족은 사환(仕宦)을 하여 관료학자가 되고, 누대에 걸쳐 서울 생활을 하면서 문벌을 이루었고, 서로 간 혼맥을 형성해나갔다. 또한 자제교육도 재야산림을 찾지 않고 그들 간의 교류와 가학(家學) 계승을 통해 자족적으로 해결하기도 하였다. 이렇게 경화사족은 18~19세기 사회경제적, 정치적 변화와 도시의 발달이라는 배경 속에서 형성된, 일정한 특성을 지닌 서울의 사족층을 지칭하는 용어이다.

그러나 조선 전기 예종대에도 기록상 '경화벌열(京華閥閱)'이라는 용어가 나타나고 있다. 이에 따라 보다 앞선 시기의 서울을 중심으로 한 근기지역 사족의 범칭으로 '경화사족'이라는 용어를 사용하기도 한다. 이미 16세기 중후반 서울은 대외무역의 성장으로 부(富)가 집중되는 등의 변화를 겪고 있어, 서울의 사족들은 지방의 사족들과 향유한 문화가 달랐다는 것이다. 어떻든 서울과 지방의 문화가 차이를 보였다는 점, 특히 근기지역은 중앙정계와 밀착된 지역이기에 어느 지역보다 권력 지향적이라는 점이 주목된다. 이러한 측면에서 다음의 근기지역 혼맥을 살펴보면, 반격을 유지하고 나아가 정치적 기반을 확대하는 데 혼반이 상당한 의미가 됨을 확인할 수 있다.

경기도 양주일대와 서울을 기반으로 한 김상헌의 가계는 김상용(金尙容: 안동김씨)과 김상헌(金尙憲) 형제의 현달에 이어, 김수항(金壽恒)·김수흥(金壽興) 형제와 김창집(金昌集)·김창협(金昌協)·김창흡(金昌翕) 등 이른바 '5수(五壽) 6창(六昌)'의 세대를 거치면서 조선 후기 대표적인 명문 벌족가문의 위치를 공고히 하였다. 서울의 인왕산 밑 장동(壯洞)에 세도가의 근거를 두었기에 흔히 장동김씨라 말해진다. 김상헌 가문은 양주일대와 서울을 기반으로 해서 혼인을 통해 반격을 더욱 공고히 하였다. 김상헌의 조부

인 김생해는 성종의 10남 경명군(景明君) 이침(李忱)의 딸과 혼인
하였고, 그 후손들은 광주이씨(李英賢 가계) · 동래정씨(鄭光弼 가
계) · 연안김씨(金悌男 가계) · 용인이씨(李挺岳 가계) · 전주이씨
(李濡 가계) · 은진송씨(宋奎濂 가계) · 창령조씨(曹漢英 가계) · 안
정나씨(羅星斗 가계) · 풍산홍씨(洪柱天 가계) · 한산이씨(李弘淵
가계) 등 중앙의 유력가문과 혼인을 맺어 명가(名家)의 반열에 올
랐다.

　경기도 가평에 세거 터를 잡은 김육(金堉: 청풍김씨) 가문의 혼
맥도 참고가 된다. 김육의 선조(先祖) 김식(金湜)은 정암 조광조와
도의지교(道義之交)를 맺고 사림의 종주로 명성이 높아 사방의 학
자가 따랐다고 한다. 사림이 정국을 주도하게 되는 선조대에 청풍
김씨 가문은 정계에서 활동을 본격화하였다. 김육은 효종 원년 70
세의 고령에도 우의정을 역임하고, 왕실과 통혼하면서 가문의 정
치적 위세를 높였다. 그의 손녀(아들 金佑明의 女)가 세자빈으로 책
봉되었으니, 훗날 현종비 명성왕후(明聖王后)이다. 그의 또 다른 아
들 김좌명(金左明)도 종친가와 혼인을 맺었는데, 선조의 부마인 신
익성(申翊聖: 평산신씨, 정숙옹주와 혼인)이 그의 장인이다. 김우명
은 딸을 세자빈으로 들인 외에 며느리도 종친가에서 맞았으니, 복
령군 이욱(李栯)의 딸을 집안에 들였다. 또한 김육의 외손녀는 복창
군(福昌君) 이정(李楨)과 혼인하였다. 이렇듯 왕실 내지 종친가와
혼인을 맺는 외에도 중앙의 유력가문과 혼인을 통해 관계를 맺었
는데, 대구서씨(徐景雨 가계) · 전주이씨(李厚源 가계) · 임천조씨

(趙顯期 가계) · 은진송씨(宋國澤 가계) 가문 등이 이에 해당한다.

이정구(李廷龜: 연안이씨) 가문은 용인 · 가평 일대에 세거하며 가문의 성세를 이루었다. 특히 선대에 이석형(李石亨)은 당시 용인 지역에 자리 잡고 있었던 연일정씨(延日鄭氏) 가문과 혼인을 맺었는데, 포은(圃隱) 정몽주(鄭夢周)의 손자인 정보(鄭保)의 사위가 되어 지역에서의 입지 및 가문의 반격을 다졌다. 이 혼맥은 이후 이정구가 16~17세기 사림사회에서 학문 · 혈통적 우월성을 인정받는 바탕이 되기도 하였다. 이정구 가문은 특히 17세기 이후 벌족으로 성장해나갔다. 이정구는 선조 전반기에 중앙관직에 진출하여 인조대에 이르기까지 대제학을 역임, 육조의 판서와 우의정 · 좌의정 등 요직을 두루 맡았다. 이정구 이후에도 벌족으로서의 지위를 공고히 하며(3대 대제학 가문, 앞의 365쪽 참조), 가문의 정치적 지위와 반격에 걸맞은 혼맥을 형성해나갔다. 17~19세기에 이르기까지 풍양조씨(趙相愚 가계) · 청풍김씨(金若魯 가계) · 광산김씨(金萬均 가계) · 창녕조씨(曺漢英 가계) · 안동김씨(金昌協 가계 · 金壽興 가계 · 金祖淳 가계 · 金履喬 가계) · 여흥민씨(閔維重 가계) · 은진송씨(宋相維 가계) 등의 유력가문과 혼인을 통해 정계의 주요한 세력과 연결되어 있었다. 특히 안동김씨 가문과는 누대에 걸친 혼맥이 형성되었다.

포천 일대에 세거하였던 한양조씨의 조경 가문도 주목된다. 용주(龍洲) 조경(趙絅)은 대제학을 지내고, 육조의 판서 등 요직을 두루 역임하였다. 17세기 중반 포천 일대에 조경이 기틀을 마련하면서 한양조씨 집성촌이 형성되었다. 현종~영조 대 조경 가문이 혼인을 맺은 유력가문으로는 사천목씨(睦來善 가계)·광주이씨(李德馨 가계)·진주유씨(柳命天 가계)·여흥민씨(閔應協 가계) 등이 있으며, 이덕형·민응협 가계와는 중첩된 혼인관계를 맺고 있다.

광주이씨 이덕형 가문은 서울과 양근·포천 등지에 세거하며 남인가(南人家)로서의 명맥을 이어갔다. 이덕형 가문은 용주 조경 가문과 연결하여 용연서원(龍淵書院)을 세워 근기남인의 근거지로 삼고, 가문의 위상을 드러냈다. 용연서원은 한음 이덕형과 용주 조경을 제향한 서원으로, 부근의 연못 이름인 '용연(龍淵)'으로 숙종대 사액(賜額)을 받았다. 임진왜란 당시 이덕형이 세운 공로가 인정되어 흥선대원군의 서원철폐령에도 훼철되지 않았다. 한편 이덕형 가문은 남인 내의 명가와 혼인을 통해 가세(家勢)를 유지해 나갔다. 안동권씨(權盼 가계)·전주이씨(李惟弘 가계)·사천목씨(睦行善 가계)·청송심씨(沈梓·沈檀 가계)·한양조씨(趙絅 가계) 등의 중앙정계에서 활동하는 주요 남인가문과 연혼(連婚)하였다.

서울지역의 사족 가운데 대표적인 가문으로 전주이씨 덕천군파(德泉君派)의 혼맥 사례도 참고가 된다. 전주이씨 덕천군파는 왕실의 한 계파로 서울에서 대대로 세거하였다. 이 가운데 특히 이유간(李惟侃) 가문은 17세기 인조반정을 계기로 집권한 서인세력 내에서 상당한 비중을 차지하고 있었다. 이 집안은 덕천군 이후 당대 세가와의 혼맥을 통해 정치·사회적 활동의 기반을 마련하였다. 광주안씨, 원주원씨, 문화유씨, 의성김씨, 창녕성씨, 전의이씨 등과 혼맥을 형성하였다. 이유간(李惟侃) 대에 와서는 개성고씨, 죽산안씨, 안동김씨 등과 인척(姻戚) 관계를 이루었다. 이유간은 며느리와 손주며느리를 보성오씨, 전주유씨, 안동권씨, 평산신씨, 청송심씨 등에서 들였다. 특히 이유간의 아들 이경직과 이경설 형제가 모두 청송심씨에서 며느리를 맞아 중첩된 혼인관계를 맺고 있었다. 이밖에도 이유간의 손주며느리와 손주사위로 연일정씨(정철 가문), 경주이씨(이항복 가문), 진주강씨(강사상 가문), 해평윤씨(윤근수 가문) 등이 확인된다.

한편 영남지역 반가의 후손들은 중매혼으로 맺어지는 경우 반격을 찾는 정서가 오늘날까지도 완전히 지워지지 않고 잔영으로 남아있는 곳도 있는 바, 몇 개 가문의 실태를 살펴보면 다음과 같다(側室 제외. 繼配 포함).

◆ 진성이씨 퇴계종가

현재의 종손과 형제들, 종녀를 포함한 이들의 외가 및 처가의 혼맥을 살펴본 바에 의하면, 다음의 성씨와 혼인이 집중되고 있다. 풍산류씨 서애파(西厓派), 의성김씨 개암파(開巖派), 재령이씨 석계파(石溪派), 진주정씨 우복파(愚伏派), 성산이씨 월봉파(月峯派), 청주정씨 약포파(藥圃派), 인동장씨 여헌파(旅軒派), 경주최씨 잠와파(潛窩派), 여주이씨 회재파(晦齋派) 등과 혼인관계를 맺고 있다. 이들 성족과 소위 물레혼을 형성하고 있어 주목된다.

〈진성이씨 퇴계종가〉

◆ 재령이씨 청계종가

재령이씨(載寧李氏) 영해파(寧海派) 가운데 운악(雲嶽) 이함(李涵)의 장자(長子)인 청계(淸溪) 이시청(李時淸)의 영덕(盈德) 충효당(忠孝堂: 중요민속문화재 제168호) 종가 역시 근래까지 전통적 혼맥을 유지하고 있다. 영남 동부 지역의 대표적인 유림 가문으로, 청계 이시청은 퇴계학맥을 계승하여 영남 유학을 중흥시킨 갈암(葛庵) 이현일(李玄逸)의 백부이다. 현재 종손으로부터 4대조까지의 혼맥을 살펴보면, 배위는 의성김씨(안동의 芝村后, 芝谷后) · 안동권씨(안동의 屛谷后) · 영양남씨(영덕의 蘭皐后) · 진성이씨(안동의 退溪后) 등이다. 사위는 진성이씨(안동의 退溪后) · 의성김씨(안동의 靑溪后) · 한양조씨(영양의 壺隱后) · 영양남씨(영덕의 蘭皐后) 등으로 안동 · 영양 · 영덕을 중심으로 한 전통적인 반가와 혼인을 맺었다. 며느리를 들이고 딸을 출가시키는 혼사의 범위가 거의 정형화된 틀에서 이루어지고 있음을 알 수 있다.

〈재령이씨 청계종가〉

◆ 예안(선성)김씨 천운정가

예안(선성)김씨(禮安金氏) 천운정가(天雲亭家)는 조선 세조 때 이조판서를 지낸 문절공(文節公) 김담(金淡)의 소종가로서, 경북 북부 지역에서 반반한 반속(班俗)을 이어오고 있는 가문이다. 이들 소종가의 혼맥을 현재로부터 거슬러 3대에 걸쳐 살펴보면 다음과 같다. 배위(配位)는 진주강씨(춘양의 大司諫宅), 광주안씨(밀양의 都事宅), 인동장씨(인동의 旅軒宗家), 진성이씨(도산의 退溪后), 진주정씨(상주의 愚伏后) 등이다. 사위는 풍산류씨(상주의 洛坡后), 옥천전씨(봉화의 野翁亭后), 안동권씨(봉화의 沖齋后), 선산김씨(고령의 佔畢齋 宗婦) 등으로서 대부분 영남지역 사림반가와 혼맥을 유지하고 있다.

〈예안(선성)김씨 천운정가(현판:韓石峰 글씨)〉

◆ 광주이씨 박곡가

광주이씨(廣州李氏) 박곡가(朴谷家)는 조선 초기 최고의 명벌을 이룬 둔촌 이집(李集)의 후예이며, 숙종 때 대사헌을 지낸 박곡(朴谷) 이원록(李元祿)의 뒤를 잇는 전통적 반가이다. 경북 칠곡에 일족들이 집성촌을 이루고 있다. 박곡의 후손 중 번창한 해은가(海隱

家)의 혼맥을 현재로부터 거슬러 4대에 걸쳐 살펴보면 다음과 같다. 배위는 진주정씨(상주의 愚伏 宗女)·인동장씨(인동의 旅軒后)·풍산류씨(안동의 西涯后)·청주정씨(성주의 寒岡后)·풍양조씨(상주의 黔澗后)이며, 사위는 경주최씨(대구 옻골의 百弗庵 宗婦)·여주이씨(경주의 晦齋后)·인동장씨(인동의 旅軒后)·청주정씨(성주의 寒岡后)·순천박씨(달성의 醉琴軒 朴彭年后)·초계정씨(거창의 桐溪后)·진주정씨(상주의 愚伏后) 등이다. 영남지역을 중심으로 명망있는 반가와 혼맥을 이루고 있다.

〈광주이씨 해은가〉

◆ 창녕성씨 아석가

창녕성씨(昌寧成氏)는 앞의 광주이씨와 함께 일명 광이창성(廣

李昌成)이라 불리는 조선 초기의 양대 명가이다. 아석가(我石家)는 창녕성씨의 노상파에 해당한다. 고려 말 두문동 72현의 한 분인 정절공(貞節公) 성사제(成思齊)의 후손으로 벼슬보다는 향촌에서 대 집성촌을 이루고 있는 전형적인 향반의 일족이다. 이 중 부(富)를 쌓고 적선(積善)으로도 알려져 있는 아석가(별칭 성부잣집)의 혼맥을 거슬러 살펴보면 다음과 같다. 배위는 벽진이씨(克魯后)·의성김씨(畏齋后)·여주이씨(경주의 晦齋后)·청주정씨(성주의 寒岡后)·인동장씨(인동의 晩晦堂后)·성산이씨(성주의 寒洲后)·현풍곽씨(현풍의 竹齋后)·밀양손씨(밀양의 潄川后)·진주정씨(상주의 愚伏后)·선산김씨(거창의 江湖后)·남양홍씨(봉화의 小隱后: 花浦生家)이고, 사위는 광주이씨(칠곡의 朴谷后)·여주이씨(경주의 晦齋后)·풍산류씨(상주의 洛坡后)·경주이씨(백사 恒福后)·경주최씨(경주의 貞武公后) 등이다. 위의 예로든 4개 반가들의 혼반과 비슷한 혼맥을 이루고 있는 것을 확인할 수 있다.

이처럼 오늘날에도 영남 일부 향촌반가(특히 종갓집)의 혼맥 범위는 전통적 정서를 크게 벗어나지 않고 있다. 갑오개혁 이래 신분제는 철폐되었으나, 여전히 전통적 반가에서의 반격 유지를 향한 강한 의지가 작용한 결과가 아닐까 한다.

〈창녕성씨 아석헌〉

라. 유교문화에 따른 생활규범

조선시대의 양반문화는 성리학적 규범의 실천을 중심으로 한
것이었다. 따라서 주자가례에 따른 예법의 실천은 양반신분의 유
지에 유·무형으로 작용하는 요소였다. 특히 정성을 다하는 봉제
사(奉祭祀) 접빈객(接賓客)의 생활화, 유림 구성원으로서의 적극적
인 활동과 참여, 보학(譜學) 및 한학(漢學)에 대한 소양제고, 반듯
한 행동거지(노블레스 오블리주 noblesse oblige)의 실천 등은 조선
시대 양반들이 강조한 중요한 생활규범이었다.

1) 봉제사(奉祭祀) 접빈객(接賓客)

예법을 얼마나 잘 지키는가는 유교 실천의 가장 중요한 요소이다. 이 중에서도 제례에 대한 형식과 절차는 한 가문의 격을 결정 짓는 척도로 평가되기도 하였다.

조선 중기 이후 유학자들은 대부분 예학에 관심을 가졌고, 예학에 대한 이론을 정립하기도 하였다. 따라서 어떤 예학자의 이론을 따르느냐에 따라 가례의 형식과 절차가 집집이 약간씩 다른 바, 가가예문(家家禮文)이라는 말도 이에서 생겨났다. 그러나 가문에 따라 그 형식과 절차는 달라도, 정성과 최선을 다하여 조상의 신위에 경의를 표함이 외적으로 드러나야 함은 공통된 과제였다. 이는 타가문에 대한 자기가문의 반격(班格)을 과시하는 의미도 있었다. 따라서 일부 반가에서는 경제적 여건이 어려움에도 불구하고 위토마련, 묘지의 단장, 재실 건축, 제구 마련 등 현시적인 문사(門事)에 종중원들의 참여를 촉구하기도 하였다.

주자가례에 따른 의례는 문중이라는 하나의 구성체가 생겨난 조선 중기 이래 후기로 갈수록 형식과 절차가 더욱 번거로워졌다. 이러한 형태는 1910년, 조선이 망하고 일제 치하를 거쳐 새로운 민주 정부가 수립된 이후에도 잔존하였다. 유가의 법도에 따른 제례가 일부지역 종가에서는 반가의 표상으로서 그 잔재가 이어져 오고 있는 것이다.

한편 반가에서는 손님을 접대하는 법도와 격식에 따라 반격을 평가받기도 하였다. 부(富)를 어느 정도 갖춘 반가에서는 사랑채 (guest chamber)로 팔작지붕의 기와집을 짓고, 누마루에 헌함(軒檻)을 돌려 주인과 과객이 함께 머무를 수 있는 공간을 마련하였다. 더 나아가 어떤 집안에서는 아예 객사채(guest house)를 따로 지어 접빈객의 장으로 제공함으로써 자신의 가격을 현시하기도 하였다. 접빈객도 봉제사와 마찬가지로 가문에 따라 의례가 다르며, 손님을 접대하는 후박(厚薄)의 정도는 반격을 평가하는 하나의 요소가 되었다. 경주 최부잣집의 후덕한 접빈객 전통은 300년의 부를 유지케 한 든든한 근저가 되었다.

〈경주 최부잣집〉

반가에서의 봉제사 접빈객의 전통적 유습은 이를 뒷받침해야
하는 큰 집 종부들의 인고와 애환이 함께한 것이었다. 필자(筆者)
는 경북 상주의 한 종택을 방문하여 칠순이 넘은 노종부를 만나 뵌
일이 있다. 34살의 젊은 나이에 청상(靑孀)이 되어 2남 2녀를 훌륭
히 키워내고, 종가를 보존하여 봉제사 접빈객에 흐트러짐 없는 삶
을 살아 온 분이었다. 필자가 "숱한 어려움이 있었을 텐데 종가를
반듯하게 보존하고 많은 것을 이루어 놓았습니다"라고 말을 건네
자, 종부의 답변이 이러했다. "제가 뭐 한 것이 있나요. 시간이 흘
러 세월이 저절로 간 것이지요." 종부의 감추어진 인고와 애환의
깊이를 감히 가늠할 수 없는 것임을 표현한 촌철살인(寸鐵殺人)의
한마디였다.

〈진주정씨 우복종택〉

2) 유림 활동에 적극 참여

조선시대의 반격유지는 횡적으로 인정을 받아야만 가능했던 신분질서이다. 따라서 같은 성족의 문중회의는 물론 각 문중 간의 교류와 유림행사 등에 적극 참여함으로써 자기 문중의 존재를 타 문중에 인식시키고, 또한 유림구성원으로서의 지식과 정보를 공유하고, 더 나아가 유림사회의 주도적 역할을 할 수 있도록 노력을 게을리 하지 않았다. 이를테면 유림의 공통적 행사인 서원의 향사(享祀)나, 지방향교의 석전제(釋奠祭) 등 제례에 참여하였다. 또한 유림전체의 공론을 모으는 소장(疏狀) 작성 등에도 서명하여 문서상 기록물에도 이름이 남겨지도록 하였다. 각 문중 내의 행사인 각

〈1607년, 예안(선성)김씨 문회록〉

종 비각제막식, 불천위제례를 비롯한 큰 제사(종갓집 초상 등), 문집 발간에 따른 행사(출판기념회) 등에도 참석하였다. 이는 개인자격이 아니라 문중을 대표하는 자격으로 참석하는 것으로, 이러한 상호간 왕래는 공통적으로 반격을 유지하는 기본으로 인식되었다. 이러한 공동 활동을 통해 문중 상

호간 서로의 반격을 확인하였던 것이다.

따라서 반대로 유림활동에 일정기간이라도 참여를 게을리 하면, 유림행사 또는 반가 문중행사의 초청 대상 가문에서 제외되는 유벌(儒罰)을 받았다. 이는 양반사회의 횡적 대열에서 낙오되는 요인으로 작용하여, 결과적으로 반격이 격하되는 수모를 당하게 되는 것이었다. 따라서 유림행사 참여는 반격유지를 위한 반가의 주요한 생활의 한 부분이었다고 하겠다.

3) 한학(漢學)및 보학(譜學)에 관한 소양제고

양반 신분으로서 양반다운 대접을 받기 위해서는 내면적 기본 소양을 쌓아야만 했다. 즉, 유학(儒學)에 바탕을 둔 한학에 어느 정도 정통하여 길흉사(吉兇事)시에 축문 또는 제문을 짓고, 독축(讀祝)할 수 있는 능력은 갖추어야 했다. 또한 누정(樓亭)에서 치루는 시회(詩會)에 참여하여 운자(韻字)에 따라 작시(作詩)할 수준은 되어야 했다. 별서(別墅)나 누정(樓亭)에는 명사(名士)들의 시판(詩板)을 현액(懸額)함으로써 작시(作詩)한 유현(儒賢)의 이름만 보고도 누정 주인의 격(格)을 가늠할 수 있도록 하였다. 이를테면 전남 담양의 소쇄원(瀟灑園)에는 광풍각(光風閣), 제월당(霽月堂) 및 소쇄원(瀟灑園)의 글씨가 모두 우암(尤庵) 송시열(宋時烈: 은진)의 친필이며, 하서(河西) 김인후(金麟厚: 울산)의 "소쇄원 48영" 시판이 걸려 있으며 송강(松江) 정철(鄭澈: 연일), 석천(石泉) 임억령(林億齡: 선산), 면앙정(俛仰亭) 송순(宋純: 신평), 서하당(棲霞堂) 김성원(金成遠: 광산), 옥봉(玉峯) 백광훈(白光勳: 수원), 제봉(霽峰) 고경명(高敬命: 장흥) 등의 출입을 통해 소쇄원을 건립한 소쇄옹(瀟灑翁) 양산보(梁山甫: 제주) 가계(家系)의 격을 헤아릴 수 있도록 하였다.

〈소쇄원〉

한편, 경북 예천의 선몽대(仙夢臺)는 퇴계(退溪) 이황(李滉: 진성)의 종손자(從孫子)인 우암(遇岩) 이열도(李閱道)가 건립한 누정(樓亭)으로서 선몽대의 현판은 퇴계의 친필이며 퇴계의 시를 차운하여 작시한 약포(藥圃) 정탁(鄭琢: 청주), 서애(西厓) 류성용(柳成龍: 풍산), 학봉(鶴峰) 김성일(金誠一: 의성), 금계(錦溪) 황준량(黃俊良: 평해), 한음(漢陰) 이덕형(李德馨: 광주), 청음(淸陰) 김상헌(金尙憲: 안동) 등 누정을 출입한 명사들의 시판을 게액(揭額)하여 선몽대 주인의 격을 가늠케 하고 작시자의 학식을 현시하고 있다.

〈선몽대 편액〉

또한 유학에 바탕을 둔 한학의 소양과 함께 보학(譜學)에 관해서
도 상당한 지식을 갖추어야 했다. 자신의 조상에 대한 행적과 현조
(顯祖)의 연보(年譜)를 상세히 알아야 함은 기본이었다. 그리고 이
름있는 반가의 타 가문에 대한 혈계(血系)와 세적(世蹟)도 소상히
알아야 가문간의 반격을 논할 때 논리적인 공격과 수비를 통해 논
쟁에서 우위를 점할 수 있었다. 자칫 소양이 모자라는 경우에는 논
쟁에서 망신을 당하기가 십상이었다. 무식한 양반은 핏줄만 양반
이지 중인(中人)이나 상인(常人)들로부터도 조소(嘲笑)의 대상이
될 수 있었다. 그러하기에 소양이 부족한 양반 개인은 가문 중심의
반가 집성촌이라는 우산 속에서 보호를 받는데 혼신의 노력을 기
울였다.

유학의 본향이라는 안동지방에 회자되고 있는 해학(諧謔) 한 토

막을 적어본다. 반가 출신인 신혼부부가 첫날밤을 맞아 밤이 깊어가고 있었다. 부부의 연을 맺어야겠으나 신랑이 "이제 그만 잡시다"라고 할 수도 없어, 신부의 기를 꺾을 겸 유식하게 한시(漢詩) 한 구절을 던졌다. "靑袍帶下 紫臀怒" 하였더니, 신부는 기다렸다는 듯이 "紅裳袴中 白蛤笑"라고 절묘한 대구(對句)로 화답하였다. 신부 또한 신랑의 가문에 비하여 한학의 소양이 뒤질게 없었다는 해학이다. 풀이하면 신랑이 한 말은 "푸른 도포의 허리띠 아래 붉은 ○이 성을 내고 있소이다"이며, 신부가 화답한 말은 "붉은 치마의 고쟁이 속에 하얀 조개가 웃고 있소이다"이다.

4) 반듯한 행동거지(노블레스 오블리주)

양반은 양반다운 법도에 따른 생활규범이 이루어져야 했다. 하루의 일과에 있어서도 새벽에 기상하여 머리 빗고 의관을 정제한 다음, 부모님에게 밤사이 안부를 묻고, 당일의 의례일정을 챙겨 예법에 어긋남이 없도록 해야 했다. 사람을 대할 때면 온화하고 흐트러짐이 없어야 했으며, 친족 간에는 화락하고 정의(情誼)를 다해야 하고, 노복(奴僕)에게는 엄정하게 하되 마음속으로 따를 수 있도록 해야 했다. 늘 과묵하여 경솔함이 없어야 했으며, 걸음걸이 하나에도 흐트러짐이 없어야 했다. "양반은 물에 빠져도 개헤엄을 쳐서는 안 된다"는 속담은 바로 양반의 행동거지에 대한 계언(戒言)을 표현한 경구(警句)라 할 것이다.

1970년대 초 안동시장으로 있던 L모씨가 한해(旱害)지역의 관내현장을 방문하였을 때 일이다. 논에서 일하고 있던 촌노에게 다가가 "수고하십니다. 제가 안동시장입니다"라고 인사를 건넸다. 촌노는 인사를 받지도 않고 논에서 조금 떨어진 자기 집으로 들어가 잠시 후 다시 집에서 나왔다. 의관을 정제하고 두루마기를 입고서 시장에게 수인사(修人事)를 하였다고 한다. 이 일화는 당시 시장을 지낸 L모씨로부터 필자가 직접 전해들은 것이다. 아마 이 촌노는 고을의 수장인 시장과 흐트러진 모습으로 수인사를 나눈다는 것이 반속의 행동거지에 어긋난다고 의식하고 있었던 듯싶다.

양반의 반듯한 행동거지는 가정에서나 친족 간, 이웃 간의 공동체에서뿐 아니라 나랏일[國事]에 있어서도 지켜져야 하는 것이었다. 특히 국가가 위급한 상황에 노블레스 오블리주(noblesse oblige) 정신을 발휘해야만 진정한 양반이라고 할 수 있었다. 임진왜란(1592) 때나 구한말에 있었던 의병활동은 거의 대부분 양반신분이 선봉에 서서 주도해나갔다.

전라도 광주의 제봉(霽峯) 고경명(高敬命: 장흥고씨)은 문과 장원급제자로서, 60세의 나이에 임진왜란이 일어나자 의병장으로 나섰다. 그는 의병을 지휘하다가 금산전투에서 장렬히 전사하였다. 동생 경신(敬身)은 말을 구하러 제주도에 갔다가 풍랑을 만나 익사하였고, 또 다른 동생인 경형(敬兄)은 진주성 싸움에서 전사하였다. 또한 장남 종후(從厚)와 둘째 아들 인후(因厚)도 모두 문과에 급제하여 장래가 촉망되는 수재들이었으나, 각각 진주성과 금산의 전투에 참전하여 전장에서 사망하였다. 이 집안은 3부자(三父子) 불천위 가문으로, 국난 시 양반가가 행해야 할 행동거지의 진정한 모범을 보였다고 할 수 있다.

한편 백사(白沙) 이항복(李恒福: 慶州李氏)의 후손으로서 고종 때 이조판서를 지낸 이유승(李裕承)의 여섯 아들은 나라를 일본에 빼앗기자 영달할 수 있는 귀(貴)를 팽개치고, 거액의 전 재산을 독립운동에 바쳤다. 건영(健榮), 석영(石榮: 영의정 裕元의 양자로 들어감), 철영(哲榮), 회영(會榮), 시영(始榮), 호영(護榮)이 그들이다. 이 가문은 이항복으로부터 10대에 걸쳐 9대조를 제외하고 모두 문과 급제자를 배출했다. 또한 정승·판서·참판 등 고위관직에 두루 나갔으며, 이들 형제도 지방관찰사와 한성재판소장·고등법원판사·참판 등을 역임한 명사들이었다. 그러나 그들은 오직 조국 독립을 위한 일념으로 50여 명에 이르는 식솔들을 거느리고 만주를 향했고, 항일운동을 위해 헌신했다.

이들 형제 중 건영과 시영을 제외하고는 광복을 맞은 조국 땅을 밟지 못했다. 장남 건영은 독립운동이 장기화될 것을 알고 봉사손(奉祀孫)으로서 불천위를 모시기 위해 1914년 장단의 오목리로 귀향하였고, 시영은 광복 후 임시정부 국무위원 자격으로 환국하였다. 그러나 다른 형제와 그들의 자제, 가족들 다수는 고국에 돌아오지 못했다. 일례로 이유원의 양자로 들어갔던 석영은 많은 자산을 소유하고 있었으나, 작고할 때는 궁핍이 너무 심하여 프랑스조계 공동묘지에도 들어가지 못하고 중국인 공동묘지에 버리듯 묻

했다. 회영은 항일운동 도중, 대련(大連)의 일본수사경찰에 잡혀 악독한 고문 끝에 옥사하였다. 이러한 행적으로 이 가문은 노블레스 오블리주를 실천한 대표적인 가문의 사례로 일컬어지고 있다.

7. 양반문화의 현주소

성리학에 바탕을 둔 조선의 통치구조하에서 태동한 신분제사회에서의 양반문화는 조선이 개방되기 전까지 면면히 유지되었다. 1866년 병인양요(丙寅洋擾)와 1871년 신미양요(辛未洋擾)를 거치고, 1876년 일본에 의해 문호가 개방되면서 조선은 새로운 세계국제질서 속에 편입되어 갔다. 만인이 평등하다는 천주교 사상을 포함한 새로운 사상과 과학기술이 전래됨으로써 유교를 통치이념으로 하는 사회질서가 유일한 가치가 아닌 것으로 인식되게 되었다. 아울러 유교를 신봉하는 정치지도자들 또한 외세 앞에서는 나약한 존재들로 투영되기에 이르렀다. 이는 1894년 양반관리의 탐학에 저항하는 동학농민운동이 일어나게 한 의식의 저변이 되기도 하였다. 이로 인하여 갑오개혁이 단행되어 노비를 해방하는 등 제도권 내에서 신분제가 사라지게 되었다.

신분제의 붕괴는 하층민의 신분상승과 양반 지배층의 지위 하락을 가져왔으며 여기에 기존의 신분 질서의 모순에 공감하는 의식이 혼효(混淆), 팽배하게 되었으며 삶의 환경의 변화는 시너지

효과를 더하였다.

　그러나 갑오개혁이라는 조치로 양반문화 잔재를 말끔히 의식 속에서 지워버릴 수는 없었다. 일부 양반집단은 향약(鄕約)의 실시 등을 통하여 신분유지와 실추된 권위 회복을 위해 양반가문 간 합종연횡(合縱連橫)을 도모하기도 하였다. 하지만 아래와 같은 시대의 흐름을 역행하기에는 역부족이었다.

가. 산업자본주의의 등장

　조선이 개방되기 전까지는 농업사회로서 지주(地主)·영세자영농·소작농·노비 등으로 구성원 계층이 이루어져 있었다. 이 가운데 지주는 최상위 계급으로 존재하였다. 이러한 구조 속에서의 지주계급은 필연적으로 부(富)의 향유뿐 아니라, 의식상의 지배층으로 자리할 수 있었던 것이다.

　그러나 종전 지주 계급은 1950년 실시된 농지개혁의 경자유전(耕者有田) 원칙에 따라 완전히 붕괴되기에 이르렀다. 농업 위주의 산업구조가 다양한 형태로 개편되면서, 지주 계급이었던 양반계층도 상업·공업·유통업 등의 2·3차 산업에 종사하게 되었다. 이는 동족마을로 구성된 집성촌의 붕괴를 가져오게 되었고, 유교이념에 바탕을 둔 양반문화의 의식마저 지워버릴 수 있는 결정적 요인이 되었다.

　이들 산업에 종사하는 사람들은 종전 신분질서와는 관계없이,

동일한 조건에서 평등한 경쟁관계의 위치에 있거나 파트너로 존재하게 되었기 때문이다.

나. 정치적 변혁

한일합방 이후로도 양반문화에 따른 신분제 의식은 조선 500년 동안 단절 없이 이어져온 관성(慣性)에 의하여 두부모 잘라지듯이 하루아침에 싹둑 잘려지지 아니하였다. 식민통치를 하였던 일제도 이러한 의식을 통치수단으로 교묘히 이용하였다. 중앙의 국반(國班)들에게는 귀족의 작위를 수여하고, 지방의 향반(鄕班) 중 영향력이 있는 인사들에게는 도(道) 평의회(評議會) 의원 등으로 진출할 수 있게 하였다. 친일을 통해 반격의식을 향유할 수 있도록 한 것이다.

그런데 1945년 일제로부터의 해방은 기존 권력구조의 붕괴는 물론 의식 속에 잔재해있던 신분질서를 뒤틀리게 하였다. 해방 후 대한민국 정부가 수립되고 6·25전쟁이 발발할 때까지 기존 전통적 신분질서가 아닌 이데올로기(ideology)적 편 가르기로 양분되어 사람들은 사상적인 좌·우 이념대립으로 대칭관계에 놓였다. 전후(戰後) 주권재민(主權在民)에 기초한 민주주의의 성숙과정을 거친 정착은 성리학에 기초한 악습의 신분질서를 완전히 의식 속에서 추방하게 되었다.

다. 집성반촌의 붕괴

양반이 선비의 체면을 유지하면서 양반신분을 이어가기 위해서는 경제적 기반이 필요하였다. 농업 위주의 조선시대에는 이러한 물적 기반이 농지와 노비였다. 그러나 갑오개혁 이후 사회적, 정치적, 경제적 변혁은 양반신분의 기반을 흔들어놓았다. 농업사회 구조에서 형성 가능했던 동성집단 촌락도 붕괴되어, 가문중심의 인격은 그 의미가 미미하게 되었다.

집성반촌의 종손마저도 먹고 살기 위하여 종택을 비워두고 도시로 떠나갔다. 비록 도회지에서 성공(부 또는 명예)을 하였다 하여도 봉제사 등에 소홀하여 종중원의 존경심에서 멀어지게도 되었다. 향촌에 잔류하고 있는 종손은 경제적 기반이 미약하여 종중원들의 후원을 받아야 할 생활수준으로 전락한 경우도 있다. 이처럼 대부분 가문의 종손은 그 권위가 실추되고, 종중원에 대한 리더십도 찾아보기 힘든 지경에 이르렀다. 오히려 종가 쪽과는 거리가 먼 지손이라 할지라도 집성촌을 떠나 도회지에서 사회적 지위나 부를 이룩한 사람이 종친회장을 맡아서 문중을 이끌며 대표하고 있다. 사정이 이러하니 오늘날 가문 중심의 반속(班俗)이 이어져오고 있는 집성촌은 찾아보기 어렵다 할 것이다.

라. 새로운 사상의 유입과 교육, 생활환경의 변화

17C 청(淸)을 통해 유입된 천주교리는 18C 중기까지도 신앙의 대상이라기보다 학문적 연구대상이었다. 그러나 18C 말에 이르러 종교적인 신앙으로 내면화시키는 사람들이 늘어나고, 만인의 평등을 주장하는 교리는 유교적 전통적 가치의 붕괴를 유발하는 촉매제가 되었으며 그 뒤 19C 들어 문호(門戶)의 개방으로 선진문물의 도입과 함께 자유·평등사상이 확산되면서 성리학에 기초한 양반문화는 더욱 급속히 사라지게 되었다.

한편, 조선시대 교육은 성균관·향교·서원·4부학당·서당 등의 관학(官學) 또는 사학(私學)을 통해 이루어졌다. 이들 교육기관은 공통적으로 어떠한 경우라도 성리학을 최우선으로 강론하였으며, 제사와 강학을 병행하였다. 예학과 성리학의 소양을 넓히도록 하였으며, 교육을 받을 수 있는 그 자체가 신분상의 특전이었다.

오늘날은 교육을 받을 수 있는 기회가 균등함은 물론이고, 교육내용도 일부대학 특정학과를 제외하고는 유학에 근접한 강학내용을 찾아보기 힘들다. 또한 가족문화의 형태도 부부 및 자식 중심의 핵가족이 일반화되어, 가문 중심의 의식을 지닌 사람은 극소수에 불과하다. 문중회의나 문중의 대소사 등은 관심 있는 몇 사람들의 몫이 되어, 가문에 대한 자긍심으로 전통의 끈을 이어가고 있을 뿐이다.

마. 현 주소

필자는 편린이나마 오늘날 양반의식의 실태를 살펴보기 위해 간단한 설문조사를 실시해보았다.

<조사기간 2013. 9/ 조사대상: 100명(사무직 종사자)>
◆ 성씨별

인원(명)

김해김씨	13	풍양조씨	2	반남박씨	1	영천이씨	1
경주이씨	7	창녕조씨	2	달성서씨	1	나주임씨	1
전주이씨	6	연일정씨	2	영월신씨	1	안동장씨	1
경주김씨	4	남양홍씨	2	평산신씨	1	담양전씨	1
청주한씨	4	진주강씨	1	광주안씨	1	함안조씨	1
안동권씨	3	제주고씨	1	남원양씨	1	평강채씨	1
밀양박씨	3	안동김씨	1	해주오씨	1	삭녕최씨	1
인동장씨	3	김녕김씨	1	단양우씨	1	안동최씨	1
경주최씨	3	서흥김씨	1	강릉유씨	1	초계최씨	1
광산김씨	3	양근김씨	1	무송유씨	1	전주최씨	1
강릉김씨	2	수안계씨	1	원주원씨	1	해주최씨	1

무안박씨	2	광산노씨	1	함평이씨	1
여주이씨	2	남평문씨	1	덕수이씨	1
풍천임씨	2	함평모씨	1	양성이씨	1

◆ 연령별

인원(명)

인원	20대	30대	40대	50대	60대 이상
100	32	36	17	13	2

◆ 출신지별

인원(명)

인원	서울, 경기	경상도	전라도	충청도	강원도	기타
100	34	19	20	18	6	3

◆ 학력별

인원(명)

인원	학력		
	대졸	고졸	기타
100	83	17	-

<설문지>

1. 귀하의 본관 및 姓은?   본관 (   )(씨)(파)

2. 귀하의 연령은? (세) (남, 여)

3. 귀하의 고향은? (가급적 선대의)   (도   군)

4. 귀하의 학력은? (대졸, 고졸, 중졸 이하)

5. 귀하의 선조(조선시대의 조상)의 신분계층이 어떠했다고 생각합니까?
  (해당란 ○표)
            − 양반 (문, 무 관료 및 사림학자) −   (   )
            − 중인 (역관, 의관, 천문 등 종사) −   (   )
            − 상민 (농업, 공업, 상업) −   (   )
            − 천민 (백정, 화척, 노비, 봉수꾼, 무당) −   (   )
            − 잘 모름 −   (   )

6. 5번 항의 질문에서 양반이라고 답하였을 경우 그 이유는?
            − 객관적 자료를 봄 (   )
            − 할아버지나 아버지로부터 들음 (   )
            − 남들이 그렇다고 함 (   )

7. 귀하의 집이나 또는 큰 집 댁에 귀하의 성씨에 대한 족보가 있는 것을 본 적이 있습니까?
            − 있다 [우리집(   ) 큰집(   )]−없다 (   )

8. 7번 항에서 족보가 있다면 족보에서 귀하의 이름이 게재된 것을 본적이 있습니까?
            − 있다 (   )   −없다 (   )

  ※ 본 설문내용은 관련 분야의 참고자료로 활용하고 바로 폐기됩니다. 감사합니다.

<조사결과>

◆ 본인 성관에 대한 숙지여부

인원(명)

인원			성	본관	파		
계	남	여	100	100	계	남	여
100	52	48			31	20	11

◆ 자기 조상의 신분계층에 대한 생각

인원(명)

인원	양반	중인	상민	천민	잘 모름
100	81	1	7		11

◆ 양반이라고 생각하는 이유

인원(명)

인원	객관적 자료	어른들로부터 전해 들음	남들이 그렇다고 함
81	16	65	0

◆ 족보 소장 여부

인원(명)

인원	있다	없다
100	78	22

◆ 족보에 본인이름 등재 여부확인

인원(명)

인원	있다	없다
78	32	46

설문에 응답한 100명 중 100명 전원이 자신의 본관(本貫)과 성 (姓)은 알고 있으나 어느 파에 속하는지 알고 있는 인원은 31명에 불과한 바 이는 종중(宗中)에 대한 관심도가 매우 낮다고 볼 수 있 다. 특히 여성의 경우 설문에 답한 48명 중 자기가 속한 파를 정확 히 아는 경우는 11명으로 20%를 조금 넘는 수준이다. 자기의 선 조가 양반이라고 생각하는 사람은 100명 중 81명으로서 80%가 넘는 수치다. 족보의 소장은 응답자의 80% 수준인 78명이 소장 (아버지 댁이나 큰집 포함)하고 있다고 응답했으며 소장자(78명) 의 60%(46명)는 아예 족보에서 자신의 이름을 본 적이 없다고 대 답했다.

설문결과를 요약하면 설문에 응답한 사람 모두 자기의 성관은 정확히 알고 있으나 어느 파에 속하는지는 70% 정도는 모르고 있 으며 또한 자신의 선대가 양반이었다고 생각하는 사람이 80%에 이르고 있으나 왜 양반인지를 알고 있는 사람은 20% 수준에 불과 하였다(대부분 웃어른들게 전해 들음). 그리고 족보는 보관만하고 아예 펼쳐보지도 않은 사람이 60%를 상회하고 있다. 설문조사에 응답한 사람들 중 85%(85명)가 40대 이하인 바 이들 세대들에서 는 자신의 성관이나 종원(宗員)으로서의 귀속감이나 족보 수단 등 에는 별로 관심이 없는 것으로 나타나고 있다.

오늘날 우리는 누구나 평등하고 어떠한 경우에도 개인에 대한 특권이 인정되지 않는 사회에 살고 있다. 헌법 제11조 ①항에서는 "모든 국민은 법 앞에 평등하다. 누구든지 성별·종교 또는 사회적 신분에 의하여 정치적 · 경제적 · 사회적 · 문화적 생활의 모든 영역에 있어서 차별을 받지 아니한다"라고 명시하고 있다.

양반문화는 일부지역 가문에서 의례(儀禮)를 치를 때나 전통문화 행사의 복원 시에 간헐적으로 모습을 드러내고 있는 실정이다. 양반문화에 잠재된 신분적 우월의식은 어떠한 경우에도 표출되거나 개입되어서는 아니 될 것이다. 그러나 자본주의가 낳은 황금만능주의가 만연한 오늘날, 양반문화가 강조한 충(忠) · 효(孝) · 예(禮)는 한번쯤 되돌아보아야 할 덕목이다.

나라가 누란(累卵)의 위기에 처했을 때 몸 바쳐 충(忠)을 다한 선조들의 행적은 오늘을 사는 우리는 물론 후손들도 영구히 표상으로 삼아야 할 가치이다. 이를테면 임진왜란 때의 이순신(李舜臣), 권율(權慄), 김시민(金時敏) 장군 등 직접 전장에서 싸운 선열들이 그러하며 병자호란 때 충절로 생을 마감한 삼학사(홍익한 · 윤집 · 오달제), 구한말부터 일제식민 치하에서 해방되기까지 일제에 항거한 안중근 · 윤봉길 · 이봉창 · 유관순 선생 등 독립운동가와 6 · 25전쟁 때 나라를 지키기 위하여 산화(散花)한 수많은 영령 등 이들의 나라사랑 즉 충(忠)의 행적들은 신분질서를 뛰어넘는 초시대적 가치라 하겠다.

핵가족화와 탈집성촌생활로 인하여 효(孝)의 근간이 무너지고, 사람이 지녀야 할 기본적인 예(禮)를 찾아보기도 힘든 요즈음, 양반문화는 팽개쳐버리더라도 미풍양속의 전통문화는 되돌아보아야 할 것이다.

한편 양반 신분사에 대해서는 역사적 단면으로서만 고찰하여 전통 문화를 이해하는 부문으로 그쳐야만 하며, 양반신분은 모든 법제와 형식으로는 탈피되었지만 아직도 의식 속에 작은 편린으로 남아있는 부분까지 세척해내어야 할 것이다.

맺음말

    필자가 2000년대 초 지방에서 공직에 몸담고 있을 때 지인들과 보학에 대한 화제로 담소를 주고받은 일이 있었다. 이때 영남의 사림반가 후예 인사에게 다음과 같은 말을 들은 적이 있다. "성과 족보, 양반에 대한 지식을 부분적으로는 막연하게나마 알겠는데 체계적인 정리는 좀처럼 되어 있지 않다. 당신이 이 분야에 관심이 있는 것 같은데 정리해보면 어떻겠는가?" 이 이야기를 들은 이후 한번 정리해 보아야겠다는 생각을 가졌으나, 이런저런 핑계로 10여 년의 세월을 마음속 숙제로만 안고 있었다. 그러다 용기를 내어 지금까지 출간된 전문서적과 사전류를 참고하고, 종가탐방 등을 통하여 머릿속에 정리하여 둔 순서에 따라 이 책을 편저하게 되었다.

    새로운 사실(史實)의 발견이나 기왕의 사료를 검증한 논리적 서술이 이루어지지는 못했다. 다만 보학에 관심 있는 사람들이 체계적으로 접근할 수 있는 가교(架橋) 역할이 되길 바라며, 한 권의 책으로 엮어 보았다.

제一장의 성씨(姓氏) 편에서는

우리가 지금 사용하고 있는 성씨의 유래와 그 의미를 정리하였다. 지금 우리는 매일 성을 포함한 이름 석 자를 사용하고 있으나, 본인의 성(姓)에 대하여 과연 얼마나 알고 있을까? 성(姓)은 자신의 생물학적 정체성(正體性)을 나타내는 것이라고 할 수 있는데, 오늘 우리사회는 성관(姓貫)에 대하여 너무나 그 의미를 부여하지 않는다. 출신학교·출신지역 등은 지나칠 정도로 따지면서 성은 그저 이름 앞에 붙이는 관형사 또는 조음소(調音素) 역할쯤으로나 생각하고 있다. 이를테면 한글로 '진'이라 성을 써놓으면, 한자로 '陳, 秦, 晉, 眞' 중 어느 성인지 알 수 없다. 성을 한글로 쓴다는 것은 아무런 의미도 없다. 성은 본관까지 표시하는 것이 당연한 것이나, 그것이 어려우면 적어도 성만은 한자(漢子)로 표기해야 한다. 최초 성을 부여받을 때 한글로 받은 성족을 제외하고는 말이다.

제二장의 족보 편에서는

족보의 기원과 편제내용, 족보의 순기능 등에 대하여 알아보았다. 족보는 성리학에 바탕을 둔 청산해야 될 유교문화의 출판물쯤으로 생각하는 사람들이 다수다. 그러나 한 사람이 낳고 죽은 과정과 행적을 씨족적 관점에서 기술하는 족보는 혈족의 정보를 단절 없이 제공하는 귀중한 자료이다. 따라서 사료(史料)로서의 가치도 충분하다고 생각한다. 각 성족별 족보 편찬 시 수단(收單)에 참여하는 것은 자신이 속한 문중에 협조하는 일인 동시에, 나아가 생동하는 역사적 정보수집에 동참하는 의미도 되는 것이다. 이러한 소명의식으로 동참할 때 먼 훗날에도 족보는 죽은 선조들의 명첩(名帖)일 뿐이라는 단편적 관념에서 벗어날 수 있다. 나아가 우리의 후손들에게 족보는 중요한 역사적 정보를 제공하는 인적 종합사전으로 다가설 수 있으리라 믿는다.

제三장의 양반 편에서는

필자 나름대로 양반을 분류하여 기술하였다. 크게는 권세에 기반을 둔 양반과 덕망에 기반을 둔 양반으로 분정하여 고찰하였는데, 이는 필자가 임의로 구분해 본 것이다. 학문적으로 이러한 구분이 성립되어 있지는 않으나, 양반이라는 신분적 개념 자체가 제도적·법제적으로 정형화된 것이 아니므로 이러한 구분에 큰 무리는 없을 것이라 사료된다.

양반신분의 서술은 당초 각 성족별, 가문별로 접근하여 기술하려는 의도를 갖고 있었다. 그러나 아직은 다소 민감한 부문이 있어 후일의 기회로 미루었다. 여기에서는 양반에 대한 일반론적 서술을 바탕으로, 객관적 사료에 나타나는 인물들을 예시하였다. 이때 가급적 성관(姓貫)을 표시하여 독자들 각자가 자기 성족에 대한 반격을 스스로 가늠해 보도록 하였다. 물론 양반신분의 잔재는 어떠한 이유로든 완전히 청산되어야 하며, 그림자조차도 이 땅에 얼씬거려서는 안 될 망령이다. 조선시대의 양반문화가 지닌 서얼차대(庶孽差待) 및 신분계층을 구분한 차별은 악습(惡習) 중의 악습으로 이 땅에 태어나지 말았어야 할 제도 내지 습속(習俗)임을 몇 번이고 되뇌어 본다. 다만 이글은 역사 속에 존재한 뿌리를 찾아보고 확인해보는 정도의 의미이길 바란다. 또한 각종 유물, 민속자료, 유·무형의 문화재, 전통의례 등은 그것이 설령 양반문화와 관계가 있다 하더라도 전통문화의 보존차원에서 관리되어야 할 것이다.

조선은 성리학적 명분론과 의리론에 매몰되어 급변하는 대내외적 현실과 괴리되어 갔다. 이로 인해 현실 문제에 적절히 대응해나가지 못하였을 뿐만 아니라 일부 선각적 혜안(慧眼)을 지닌 인사들에 의하여 추구된 실학마저도 성리학적 세계관에 갇혀 실학은 시대가 요구하는 역할을 능동적으로 수행할 수 없는 제한적 위치에 있었고, 개방도 대응도 늦어졌다. 마침내 조선은 스스로 근대화를 이룩하지 못하고 열강외세(列强外勢)의 침탈에 대응하여 손 한번 제대로 써보지 못하고 속수무책으로 나라를 잃어버림으로서 조선왕조를 마감하는 역사를 기록하게 되었다.

이제 오늘을 사는 우리에게 양반은 다른 의미가 되어야 할 것이다. 정치 · 경제 · 문화 · 예술 · 스포츠 · 의료 · 종교계 등 본인이 속한 각 분야에서 책임과 의무를 다하고, 국위를 선양하며, 준법하는 사람들이 오늘날 우리 사회의 진정한 양반이라 할 것이다. 얼기설기 엮은 졸저가 이 분야에 관심 있는 독자들에게 조금이라도 이해를 높이는 데 도움이 되었으면 하는 바람이다.

참고문헌

1. 사전(辭典)류 및 족보(族譜)

고전간행회 편,『증보 문헌비고』, 동국문화사, 1957.

단국대학교 동양학연구소 편,『한국한자어사전』, 단국대학교출판부, 1992.

중앙일보사 편,『성씨의 고향』, 2006.

한국민족문화진흥회 편,『한국성씨보감』, 1994.

한국성씨총람편찬위원회 편,『한국인의 성보』, 2003.

한국인명대사전 편찬실 편,『한국인명대사전』, 신구문화사, 1972.

한국정신문화연구원 편,『한국문화대백과사전』, 1995.

한글학회,『우리말 큰사전』, 어문각, 1994.

한얼보학연구소 편,『보학총람』, 장원출판사, 1999.

『남양홍씨 세보』, 回想社, 1991(辛未譜).

『남양홍씨 판중추공파보』, 回想社, 2001(辛巳譜).

『전주최씨 문충공자손대동보』, 回想社, 2006.

『죽산안씨 사과공파보』, 回想社, 1976.

2. 단행본

고영진,『호남사림의 학맥과 사상』, 혜안, 2007.

宮嶋博史,『양반』, 도서출판 강, 2006.

權康洛,『嶺南人物志』, 潽文社, 2004.

권기석,『족보와 조선사회』, 태학사, 2011.

김길령,『불천위 제례』, 민속원, 2011.

金斗憲,『韓國家族制度研究』, 서울대학교출판부, 1969.

김덕진,『소쇄원사람들』, 다할미디어, 2007.

김덕진,『소쇄원사람들2』, 선인, 2011.

金鳳文,『湖南人物誌』, 호남인물지 편찬 위원회, 1991.

金祥起,『韓末義兵研究』, 一潮閣, 1997.

김정현,『우리겨레성씨이야기』, 지식산업사, 2009.

김정호,『한국의 귀화 성씨』, 지식산업사, 2003.

김학수,『17세기 명가의 내력과 가풍』, 심우반, 2005.

金學天,『譜學便覽』, 淸文閣, 2004.

金炫榮,『朝鮮時代의 兩班과 鄕村社會』, 集文當, 1999.

박영규,『조선의 왕실과 외척』, 김영사, 2003.

박종기,『5백년 고려사』, 푸른역사, 1999.

서범종,『조선시대 독서당 연구』, 원미사, 2008.

成百曉,『論語集註』, 傳統文化研究會, 2013.

成百曉,『孟子集註』, 傳統文化研究會, 2009.

서해숙,『한국 성씨의 기원과 신화』, 민속원, 2005.

신규호,『한국 역사 인물사전』, 석필, 1998.

신봉승,『문묘18현』, 청아출판사, 2011.

유봉학,『연암일파북학사상연구』, 일지사, 1995.

尹學準,『양반문화탐방기 Ⅰ, Ⅱ』, 길안사, 1995.

윤희면,『조선시대 서원과 양반』, 집문당, 2004.

李秉烋,『朝鮮前期 士林派의 現實認識과 對應』, 一潮閣, 2002.

이상진,『한국족보학개론』, 민속원, 2005.

이상해,『書院』, 열화당, 1998.

이성무,『선비평전』, 글항아리, 2011.

李成茂,『朝鮮兩班社會研究』, 一潮閣, 1997.

이성무·이희진,『다시 보는 한국사』, 청아출판사, 2013.

이수건,『한국의 성씨와 족보』, 서울대학교출판부, 2003.

李樹建,『嶺南士林派의 形成』, 영남대학교출판부, 1979.

李樹煥,『朝鮮後期 書院研究』, 一潮閣, 2001.

이순형,『한국의 명문 종가』, 서울대학교출판부, 2004.

李勝羽,『韓國人의 姓氏』, 創造社, 1977.

이영춘 외,『조선의 청백리』, 가람기획, 2004.

이해준,『朝鮮後期門中書院研究』, 景仁文化社, 2008.

李勛相,『朝鮮後期의 鄕吏』, 一潮閣, 1998.

鄭求福,『古文書와 兩班社會』, 一潮閣, 2004.

丁桂振,『譜學解說 便覽』, 명지출판사, 1989.

정만조 외,『조선시대 경기 북부지역 집성촌과 사족』, 국민대학교출판, 2004.

丁淳睦,『韓國書院教育制度研究』, 영남대학교출판부, 1979.

정순우,『서당의 사회사』, 태학사, 2013.

정용숙,『고려왕실족내혼연구』, 새문사, 1988.

趙康熙,『嶺南地方 兩班家門의 婚姻關係』, 景仁文化社, 2007.

조선사회연구회 편,『조선사회 이렇게 본다』, 지식산업사, 2010.

曹佐鎬,『韓國科擧制度史研究』, 범우사, 1996.

지두환,『조선의 왕실－왕실친인척(총목차색인)』, 역사문화, 2009.

지승종 외,『근대사회변동과 양반』, 아세아문화사, 2000.

車長燮,『朝鮮後期 閥閱 研究』, 一潮閣, 1997.

최완기,『한국의 서원』, 대원사, 1991.

崔珍玉,『朝鮮時代 生員進士研究』, 集文堂, 1998.

片泓基,『韓國科擧史』, 明義會, 1987.

한영우, 『과거, 출세의 사다리』, 지식산업사, 2013.

한국고문서학회, 『조선시대생활사 1』, 역사비평사, 1996.

한국고문서학회, 『조선시대생활사 2』, 역사비평사, 2000.

허인욱, 『옛 그림 속 양반의 한평생』, 돌베게, 2010.

3. 연구서 및 논문

강석화, 「19세기 京華士族 洪敬謨의 생애와 사상」, 『韓國史研究』 제112호, 2001.

경기대학교 소성학술연구원 편, 『한국의 서원과 학통 연구』, 국학자료원, 2002.

고영진, 「하서학과 호남사림의 동향」, 『국학연구』 제7집, 2005.

구광모, 「창씨개명정책과 조선인의 대응」, 『國際政治論叢』 제45집 4호, 2005.

권기석, 「한국의 族譜 연구 현황과 과제」, 『한국학논집』 제44집, 2011.

권내현, 「양반을 향한 긴 여정－조선 후기 어느 하천민 가계의 성장」, 『역사비평』 통권 98호, 2012.

권순형, 「고려시대 서류부가혼에 대한 연구」, 『이대사원』 30, 이화여자대학교 사학회, 1997.

권순형, 「고려의 가족제도와 여성의 생활」, 『국사관논총』 95, 국사편찬위원회 2001.

김기흥, 「신라 왕실 三姓의 연원」, 『한국고대사연구』 64, 2011.

김명자, 「16~19세기 豊山柳氏 河回派의 婚班」, 『국학연구』 제12집, 2008.

김성우, 「16세기 士族層의 관직 독점과 班常制의 대두」, 『韓國史研究』 제106호, 1999.

김용선, 「족보 이전의 가계기록」, 『한국사시민강좌』 제24집, 일조각, 1999.

김용숙, 『조선조궁중풍속연구』, 일조각, 1987.

김학수, 「17세기 旅軒學派 형성과 학문적 성격의 재검토」, 『한국인물사연구』 제13호, 2010.

김현숙, 「高句麗 初期 那部의 分化와 貴族의 姓氏-『三國史記』高句麗本紀內 出現人名 분석을 중심으로」, 『경북사학』 제16집, 경북사학회, 1993.

노명호, 「한국사 연구와 족보」, 『한국사시민강좌』 제24집, 일조각, 1999.

리종일·안화춘, 「중국에서 동래귀화한 조선인의 성씨」, 『중국조선어문제』 제6호, 1996.

미즈노 나오키(水野直樹), 「(왜?)조선총독부는 왜 '창씨개명'을 실시했을까?」, 『내일을 여는 역사』 제15호, 2004.

박진훈, 「조선 兩班의 객관적 실체에 대한 종합적 이해-李成茂의 『朝鮮初期 兩班硏究』를 중심으로」, 『韓國史硏究』 제146호.

백승종, 「위조 족보의 유행」, 『한국사시민강좌』 제24집, 일조각, 1999.

백승종, 「천태만상 족보 위조」, 『신동아』, 동아일보사, 1999.

사카모토 신이치(元眞一), 「일본: <씨>와 <家>」, 『역사비평』 통권 53호, 2000.

송찬식, 「족보의 간행」, 『한국사시민강좌』 제24집, 일조각, 1999.

신병주, 「화담학과 근기사림의 사상」, 『국학연구』 제7집, 2005.

오수창, 「조선시대의 청백리 선발과 장리 처벌」, 『한국사시민강좌』 22, 일조각, 1998.

오종록, 「조선시대의 양반은 어떤 존재였을까」, 『내일을 여는 역사』 제25호, 2006.

원정식, 「중국: 성씨와 종족」, 『역사비평』 통권 53호, 2000.

원창애, 「문과방목에 담긴 양반사회의 구조와 변화」, 『한국사시민강좌』 제46집, 일조각, 2010.

유승원, 「조선시대 "양반" 계급의 탄생에 대한 시론」, 『역사비평』 통권79호, 2007.

윤희면, 「조선시대 서원 정책과 서원의 설립 실태」, 『歷史學報』 第181輯.

윤희면, 「고종대의 書院 철폐와 양반 유림의 대응」, 『한국근현대사연구』 제10

집, 1999.

이근호,「17세기 전반 京華士族의 人的關係綱-『世舊錄』의 분석을 중심으로」,
　　　『서울학연구』제38호, 2010.

이병휴,「양반이란 무엇인가」,『한국사시민강좌』제29집, 일조각, 2001.

이성무,「朝鮮의 成均館과 書院」,『한국사시민강좌』제18집, 일조각, 1996.

李樹建,「조선시대 신분사 관련 자료의 비판」,『고문서 연구』14, 1998.

이수건,「족보와 양반의식」,『한국사시민강좌』제24집, 일조각, 1999.

이순구,「조선 초기 주자학의 보급과 여성의 사회적 지위」,『청계사학』2, 한
　　　국정신문화연구원, 1986.

이　욱,「(역사 속 작은 풍경)족보 위조의 사회사」,『내일을 여는 역사』제21호,
　　　2005.

이원명,「조선 후기 근기지역 경화사족 고찰」,『향토서울』67호, 2006.

이종서,「高麗後期 이후 '同氣' 理論의 전개와 血緣意識의 變動」,『東方學志』
　　　120, 2003.

정만조,「신분제의 동요」,『한국사 연구 입문』, 지식산업사, 1981.

정만조,「17~18세기의 서원·사우에 대한 시론」,『한국사론』2, 1975.

정진영,「조선시대 지방양반들의 일상생활」,『古文化』第53輯, 1999.

정진영,「한국: 성과 본관」,『역사비평』통권 53호, 2000.

정진영,「(왜?) 왜 김씨, 이씨가 많을까?-우리 성과 본관의 역사」,『내일을 여
　　　는 역사』제22호, 2005.

조성산,「18세기 영·호남 유학의 학맥과 학풍」,『국학연구』제9집, 2006.

진희권,「유교 사상과 조선조 형사 절차」,『동양사회사상』제6집, 2002.

차장섭,「朝鮮後期 閥閱의 槪念과 範疇」,『조선사연구』4권, 조선사연구회, 1995.

차장섭,「조선시대 족보의 편찬과 의의」,『조선시대사학보』2, 1997.

채웅석,「본관제의 성립과 성격」,『역사비평』통권 15호, 1991.

채웅석,「고려의 중앙집권과 지방자치, 본관제를 통한 지배」,『역사비평』통

권 65호, 2003.

崔在錫, 「朝鮮時代 相續制에 關한 硏究－分財記의 分析에 依한 接近」, 『歷史學
報』 53 · 54합집, 1972.

崔在錫, 「朝鮮時代의 族譜와 同族組織」, 『歷史學報』 81, 1979.

崔在錫, 「朝鮮時代의 養子制와 親族組織」, 『歷史學報』 86, 1980.

崔在錫, 「高麗時代의 親族組織」, 『歷史學報』 94 · 95합집, 1982.

최재성, 「'창씨개명'과 친일 조선인의 협력」, 『한국독립운동사연구』 제37집,
2010.

홍승기, 「신분과 평등」, 『한국사시민강좌』 제26집, 일조각, 2000.

◆ 홍현국(洪顯國)

· 건국대학교 행정학과 및 동대학원 졸업.

· 서울대학교 경영대학원 수료.

· 국방대학원 안보과정 수료.

· 제16회 행정고시(1974) 합격.

· 서울지방국세청 조사국장.

· 대구지방국세청장.

· 국세청 감사관.

· 근정포장 · 황조근정훈장 수상.

· 현재 −'세무법인 가덕' 부회장.

　　　−'기아자동차(주)' 사외이사.

한권에 담은
姓氏 族譜 兩班

초판 1쇄 인쇄일	2014년 8월 30일
초판 2쇄 발행일	2014년 11월 20일

편저자	홍현국
펴낸이	정구형
편집장	김효은
책임편집	우정민
인쇄처	미래프린팅
펴낸곳	**국학자료원**

등록일 2006 11 02 제2007 · 12호
서울시 강동구 성내동 447 · 11 현영빌딩 2층
Tel 442 · 4623 Fax 442 · 4625
www.kookhak.co.kr
kookhak2001@hanmail.net

ISBN	978-89-279-0853-1 *93900
가격	27,000원

白玉投於泥塗不能污

穢其色君子乃於濁地

不能染污亂其心

錄明心寶鑒句甲午季夏

古峴洪顕國

白 玉 投 於 泥 塗

不 能 污 穢 其 色

君 子 行 於 濁 地

不 能 染 亂 其 心

백옥은 진흙탕에 던져도

그 색깔이 더럽혀 지지 않으며

군자는 혼탁한 곳에 가게 되어도

그 마음은 어지럽혀지지 않는다.